Die Bürgenhaftung nach § 776 BGB im Spannungsverhältnis zur Gesamtschuld

Europäische Hochschulschriften Recht

European University Studies in Law

Publications Universitaires Européennes de Droit

Band/Volume 6673

Lukas Prinz

Die Bürgenhaftung nach § 776 BGB im Spannungsverhältnis zur Gesamtschuld

PETER LANG

Bibliografische Information der Deutschen Nationalbibliothek
Die Deutsche Nationalbibliothek verzeichnet diese Publikation in der Deutschen Nationalbibliografie; detaillierte bibliografische Daten sind im Internet über http://dnb.d-nb.de abrufbar.

Zugl.: Mainz, Univ., Diss., 2021.

Gedruckt auf alterungsbeständigem, säurefreiem Papier.
Druck und Bindung: CPI books GmbH, Leck

D 77
ISSN 0531-7312
ISBN 978-3-631-85563-8 (Print)
E-ISBN 978-3-631-85981-0 (E-PDF)
E-ISBN 978-3-631-85982-7 (EPUB)
E-ISBN 978-3-631-85983-4 (MOBI)
DOI 10.3726/b18722

Diese Publikation wurde begutachtet.

www.peterlang.com

Meinen Eltern

Vorwort

Die vorliegende Arbeit wurde im Wintersemester 2020/2021 vom Fachbereich Rechts- und Wirtschaftswissenschaften der Johannes Gutenberg-Universität Mainz als Dissertation angenommen. Die inhaltlichen Arbeiten waren zum Ende des Jahres 2020 abgeschlossen, nach diesem Zeitpunkt erschienene Literatur konnte daher hier keine Berücksichtigung mehr finden.

Die Dissertation ist größtenteils während meiner Zeit als Wissenschaftlicher Mitarbeiter am Lehrstuhl von *Herrn Prof. Dr. Jürgen Oechsler* entstanden. Ihm möchte ich daher ganz besonders danken. Nicht nur hat er mich auf die Norm des § 776 BGB als mögliches Thema der Doktorarbeit aufmerksam gemacht, sondern mir als Betreuer auch stets wertvolle Empfehlungen zur Gestaltung der Arbeit gegeben. Die von ihm gewährten Freiheiten während meiner Tätigkeit an seinem Lehrstuhl ermöglichten es mir zudem, das Grundkonzept der Arbeit in vergleichsweise wenig Zeit zu erstellen.

Ihm und *Herrn Prof. Dr. Curt W. Hergenröder* danke ich darüber hinaus für die überaus rasche Erstellung des Erst- und Zweitgutachtens.

Die Fertigstellung der Dissertation erfolgte während meiner Zeit als Notarassessor. Mein Dank gilt daher auch *Herrn Notar Prof. Dr. Christopher Keim*, welcher mich stets im Hinblick auf den Abschluss der Arbeit motivierte und mir die dazu erforderlichen Freiheiten gewährte.

Die Arbeiten an der Dissertation waren in vielerlei Hinsicht fordernd und intensiv. Nicht unerwähnt lassen möchte ich daher die Unterstützung durch meine Familie und meine Freunde, welche mir gerade in schwierigen Zeiten den nötigen Rückhalt gegeben haben. Ganz besonders danken möchte ich *Frau Stephanie Jäger*, die mich insbesondere während den herausfordernden Phasen stets bestärkt hat. Auch *Frau Dr. Theresa Bausch* möchte ich für ihre Unterstützung sehr herzlich danken.

Inhalt

Abkürzungsverzeichnis

a.A.	anderer Ansicht
a.E.	am Ende
a.F.	alte Fassung
aaO.	am angegebenen Ort
ABGB	Allgemeines Bürgerliches Gesetzbuch für die gesamten Deutschen Erbländer der österreichischen Monarchie von 1812
Abs.	Absatz
AGB	Allgemeine Geschäftsbedingungen
ALR	Allgemeines Landrecht für die Preussischen Staaten
Art.	Artikel
BayE	Entwurf eines bürgerlichen Gesetzbuchs für das Königreich Bayern (1861)
BGB Kgr. Sachs	Bürgerliches Gesetzbuch für das Königreich Sachsen vom 01.01.1865
BGH	Bundesgerichtshof
BT	Bundestag
BVerfG	Bundesverfassungsgericht
bzgl.	bezüglich
c.i.c.	culpa in contrahendo
CC	Code Civil (soweit nichts anderes angegeben in der aktuellen Fassung)
D.	Digesten des Justinian
ders.	derselbe
dies.	dieselbe
DresdE	Dresdener Entwurf eines allgemeinen deutschen Gesetzes über Schuldverhältnisse (1866)
Drs.	Drucksache
E I.	Entwurf des BGB der Ersten Kommission 1888
E II.	Entwurf des BGB der Zweiten Kommission 1982
Fn.	Fußnote
FS	Festschrift
Gai Inst.	Institutionen des Gaius
gem.	gemäß
GesamtHrsg.	Gesamtherausgeber

ggf.	gegebenenfalls
GoA	Geschäftsführung ohne Auftrag
h.M.	herrschende Meinung
Habil.-Schr.	Habilitationsschrift
HessE	Entwurf des BGB für das Großherzogthum Hessen (1853)
HRR	Höchstrichterliche Rechtsprechung (Zeitschrift)
i.R.d.	im Rahmen des / der
i.S.d.	im Sinne des / der
i.V.m.	in Verbindung mit
insb.	insbesondere
Iust. Inst.	Institutionen des Justinian
m.w.N.	mit weiteren Nachweisen
Nov.	Novellen des Justinian
o.g.	oben genannt
OLG	Oberlandesgericht
OR CH	Schweizer Obligationenrecht, soweit nicht anders angegeben in der Fassung von 1911
pVV	Positive Vertragsverletzung
RG	Reichsgericht
Rspr.	Rechtsprechung
S.	Satz
s.o.	siehe oben
s.u.	siehe unten
sog.	sogenannte
SRMG	Gesetz zur Modernisierung des Schuldrechts vom 26. November 2001 (BGBl. I Seite 3138)
u.a.	unter anderem
u.U.	unter Umständen
usw.	und so weiter
vgl.	vergleiche
z.B.	zum Beispiel
zit.	zitiert

Einleitung

Gibt der Gläubiger eine der in § 776 S. 1 BGB bezeichneten Kreditsicherheiten auf, wird der Bürge insoweit frei, als er aus dem aufgegebenen Recht nach § 774 BGB hätte Ersatz erlangen können. Satz 2 der Norm erstreckt diese Rechtsfolge auch auf den Fall, dass die aufgegebene Sicherheit nach der Bürgschaft entstanden ist.

Bis heute sind die Entstehungsgeschichte und die Schutzzwecke beider Rechtssätze nicht vollständig wissenschaftlich aufgearbeitet. In Teil 1 soll daher zunächst aufgezeigt werden, dass die Materialien zum Bürgerlichen Gesetzbuch insoweit nur wenige Hinweise enthalten (Teil 1 A.). § 776 S. 1 BGB geht auch nicht auf ein vergleichbares Institut des römischen Rechts zurück, obwohl die Materialien darauf hindeuten (Teil 1 B.). Zwar kannten die Zivilgesetzbücher einiger deutscher Staaten des 19. Jahrhunderts bereits entsprechende Regelungen (Teil 1 C.). Der Ursprung des § 776 S. 1 BGB liegt jedoch in den Systematisierungsbemühungen *Robert-Joseph Pothiers* um das französische Gemeine Recht Mitte des 18. Jahrhunderts (Teil 1 D.). Die Norm beruht auf dem Gedanken des Vertrauensschutzes gegenüber dem Bürgen (Teil 1 D.II.5.b., vgl. auch Teil 2 D.VIII.). Satz 2 stellt eine nachträgliche Ergänzung dar, welche in Unkenntnis des Telos des Satzes 1 entstanden sein dürfte. Eine zentrale Erkenntnis dieser Arbeit liegt in der Unterscheidung beider Institute im Hinblick auf ihren Normzweck. Satz 2 lässt sich aus heutiger Sicht als Begrenzung des Auswahlermessens des Gläubigers (iustitia distributiva) bei der Entscheidung über die Inanspruchnahme oder Entlassung eines Sicherungsgebers verstehen (Teil 1 E.II.2., sowie Teil 2 E.). Anders als Satz 1 beruht die Norm also nicht auf dem Gedanken des Vertrauensschutzes, sondern der Verteilungsgerechtigkeit.

Der zentrale Teil 2 befasst sich zunächst mit den Ausgleichsverhältnissen des Bürgen zu weiteren Sicherungsgebern gem. § 774 BGB (Teil 2 B.). Denn Voraussetzung des § 776 S. 1 BGB ist, dass der Bürge „nach § 774 hätte Ersatz erlangen können“. Anschließend werden die rechtlichen Folgen der Einwirkungen des Gläubigers auf diese Rückgriffsansprüche durch die Freigabe einer Sicherheit im Detail untersucht (Teil 2 C.). Dabei stellt sich heraus, dass § 776 S. 1 BGB als lex specialis im Verhältnis zu § 423 BGB anzusehen ist (Teil 2 C.VI.). Diese Erkenntnisse, gemeinsam mit dem von *Pothier* formulierten Schutzzweck, bilden die Grundlage für die Bestimmung der Rechtsnatur der Norm (Teil 2 D.). § 776 S. 1 BGB ist als Ausprägung des Grundsatzes *venire contra factum proprium* zu verstehen und beruht auf Vertrauensschutz (Teil 2 D.VIII.). § 776

S. 1 BGB verbietet es daher dem Gläubiger nicht, ein Sicherungsrecht aufzugeben, die Vorschrift untersagt es ihm jedoch, sich zu diesem Verhalten in Widerspruch zu setzen und den Bürgen gleichwohl in Anspruch zu nehmen. Daran anschließend stellt sich die Frage, ob es weitere Diligenzpflichten des Gläubigers gegenüber dem Bürgen gibt (Teil 2 F.). Sämtliche Überlegungen leiten dann zu der Diskussion über, ob beide Rechtssätze des § 776 BGB analog auf andere Kreditsicherheiten anwendbar sind, was vorliegend bejaht wird (Teil 2 G.). Die Darstellung der Tatbestandsvoraussetzungen des § 776 S. 1 BGB (Teil 2 H.) und seiner Rechtsfolgen (Teil 2 J.) schließen diesen Teil ab.

In Teil 3 wird § 776 S. 1 BGB im Kontext des Bankvertragsrechts thematisiert. Dazu zählt insbesondere der Einfluss der Norm auf den Entscheidungsspielraum des Gläubigers, Sicherungsmittel zugunsten einer Mehrzahl von Forderungen zu verwenden (Verwertungs- und Verteilungsverfahren, Teil 3 C.)

Teil 1: Entstehungsgeschichte und Schutzzweck der Norm

Die Entstehungsgeschichte des § 776 BGB ist bislang noch nicht umfassend wissenschaftlich aufgearbeitet. Daher sollen nachfolgend die geistesgeschichtlichen Grundlagen des historischen Instituts untersucht werden, auf das § 776 BGB zurückzuführen ist. Den Gesetzesmaterialien des BGB sind die Antworten hierzu nicht mit Sicherheit zu entnehmen. Denn im Rahmen der Beratungen zu § 776 BGB knüpfte die Erste Kommission für § 679 des Entwurfs I (§ 679 E I.) an unterschiedlichen Stellen an:

> „Es sei daher vorzuziehen, die Diligenzpflicht [...] in Uebereinstimmung mit dem älteren römischen Rechte und mit mehreren neueren Kodifikationen bis auf die Bestimmung gänzlich zu verneinen, der Gläubiger dürfe eine Sicherheit – und zwar [...] ohne Unterschied, ob diese bei Abschluß des Bürgschaftsvertrages bereits bestand oder erst später erlangt sei –, nicht aufgeben."[1]

Die Motive zu § 679 E I. enthalten zudem Verweise auf vergleichbare Regelungen des österreichischen ABGB, des Schweizerischen Obligationenrechts, den hessischen Entwurf sowie auf Art. 2037 CC (a.F.) und auf Art. 948 des Dresdener Entwurfs (DresdE) – ohne jedoch den Zweck der Bezugnahme näher zu konkretisieren.[2] Weitergehende Hinweise zum konkreten Ursprung der Norm beinhalten die Materialien nicht.

Als Ausgangspunkt für die Beratungen zu § 679 E I. diente zunächst Art. 948 DresdE.[3] Der für das Schuldrecht verantwortliche Redaktor *Franz Philipp von Kübel* verstarb 1884.[4] Demzufolge blieb der entsprechende Vorentwurf unvollendet. Für die Bürgschaft konnte *v. Kübel* kein Konzept erstellen. Fehlende Stellen ersetzte man daher zunächst durch das Obligationenrecht des DresdE.[5] An dessen Ausarbeitung hatte *v. Kübel* ebenfalls mitgewirkt.[6] Der DresdE enthielt

1 Jakobs/Schubert, SR III, S. 512; vgl. auch Mugdan II (Motive), S. 379.

2 Mugdan II (Motive), S. 379; die genannten Kodifikationen werden nachfolgend unter C.II. im Hinblick auf dem § 776 BGB vergleichbare Regelungen untersucht.

3 Jakobs/Schubert, SR III, S. 511.

4 Weiterführend zu *Franz Philipp von Kübel* siehe Jakobs/Schubert, Einf., S. 75 f.

5 *Schlosser*, Rechtsgeschichte, 12. Kapitel Rn. 28; vgl. auch *Meier*, Gesamtschulden, S. 1136 ff.

6 *Meier*, Gesamtschulden, S. 1136 ff.

folgende Norm, die als Grundlage für die Beratungen der Erste Kommission diente:

> Art. 948 DresdE: Hat der Gläubiger durch seine Verschuldung den Uebergang der im Art. 940 bezeichneten Rechte auf den Bürgen unmöglich gemacht, insbesondere Pfandrechte oder eine sonstige Sicherheit, welche bereits zur Zeit der Bürgschaftsleistung für die Hauptschuld bestellt waren, ohne Einwilligung des Bürgen aufgegeben, oder hat er die Erfolglosigkeit der Geltendmachung der auf den Bürgen übergehenden Rechte verschuldet, so wird der Letztere von seiner Verbindlichkeit insoweit befreit, als die Forderung gegen den Hauptschuldner durch die gedachten Rechte gedeckt war. Hat der Gläubiger die Erfolglosigkeit der Ausklagung des Hauptschuldners verschuldet, so wird der Bürge von seiner Verbindlichkeit insoweit befreit, als der Gläubiger ohne diese Verschuldung von dem Hauptschuldner hätte Befriedigung erlangen können.

Art. 948 DresdE geht mit großer Wahrscheinlichkeit auf Art. 2037 Code Civil (a.F.) zurück.[7] Dieser lautete im Jahr 1804 wie folgt:

> Art 2037 CC (a.F.): La caution est déchargée, lorsque la subrogation aux droits, hypothèques et privilèges du créancier, ne peut plus, par le fait de ce créancier, s'opérer en faveur de la caution.[8]

Die 1874 bestellte Vorkommission entschied sich jedoch grundsätzlich gegen den Code Civil als mögliche Vorlage zur Schaffung des BGB:

> „Der code Napoléon beruht teilweise auf eigenthümlich französischer Grundlage, wie auf den nivellirenden Gesetzen der Zwischenzeit und ist, bei unverkennbarer redaktioneller Geschicklichkeit, doch nach Form und Inhalt ungleichmäßig gearbeitet, fehlerhaft in seinem System, steht vielfach hinter dem Ergebniß der deutschen Wissenschaft und den Anforderungen des heutigen Verkehrsbedürfnisses, z.B. im Immobiliarsachenrecht, zurück und vermag insbesondere für die erforderliche Ausgleichung der innerhalb des Deutschen Reichs bestehenden Rechtsverschiedenheiten eine geeignete Grundlage nicht zu bieten."[9]

---

7 S.u. E.I.1.

8 Eigene Übersetzung: „Der Bürge wird befreit, wenn die Subrogation in die Rechte, Hypotheken und Privilegien des Gläubigers durch eine Handlung des Gläubigers nicht mehr zugunsten des Bürgen wirken."

9 Jakobs/Schubert, Einf., S. 171; *Rassow*, in: Gruchot 21 (1877), 167, 177. Die zitierte Passage entstand nur wenige Jahre nach dem Deutsch-Französischen Krieg von 1870/1871, welcher zur Reichsgründung führte. Es kann daher angenommen werden, dass die rechtsdogmatische Begründung der ablehnenden Haltung gegenüber dem Code Civil von politischen Motiven ablenken sollte, vgl. *Frohnecke*, ABGB, S. 121; *Hähnchen*, Rechtsgeschichte, Rn. 540. Dies gilt umso mehr, als der Code Civil in Fachkreisen deutscher als manche in Deutschland verfasste Gesetzbücher angesehen wurde, vgl. *Peters*, Der „germanische" Code civil, S. 118 ff. Bereits 1814, gegen Ende der napoleonischen

Die Erste Kommission nimmt in der eingangs zitierten Passage explizit auf das römische Recht Bezug. Zudem ist ein großer genereller Einfluss des römischen Rechts auf den Entwurf I erkennbar.[10] Beide Umstände deuten darauf hin, dass in der Antike bereits ein dem § 776 BGB vergleichbarer Bürgenschutz bekannt war. Vieles spricht daher dafür, dass der § 776 BGB zugrundeliegende Rechtsgedanke bereits im römischen Recht existierte, vom Code Civil und anschließend vom DresdE rezipiert wurde und über diesen Weg Einzug in das BGB fand. Es könnte sich jedoch auch um ein Institut handeln, welches auf einer eigenen Entwicklung des französischen Rechts beruht und von den Kommissionen mittelbar durch die Vorlage des Art. 948 DresdE übernommen wurde. Diesen Ansätzen soll in den folgenden Darstellungen nachgegangen werden.

A. Entstehung des § 776 BGB im Rahmen der Schaffung des BGB

Nachfolgend sollen die Materialien zum Bürgerlichen Gesetzbuch hinsichtlich der Schutzzwecke des § 776 BGB untersucht werden. Vorangestellt ist eine Darstellung der Ersatzansprüche des Bürgen, soweit dies für das Verständnis der nachfolgenden Abschnitte erforderlich ist.

I. Ersatzansprüche des Bürgen

§ 776 S. 1 BGB (§ 679 E I.) verweist für den Verlust des Ersatzrechts auf § 774 BGB (§ 676 E I.).[11] Gem. § 774 BGB geht bei Befriedigung des Gläubigers durch den Bürgen kraft Gesetzes die Forderung gegen den *Hauptschuldner*

Kriege, formulierte *v. Savigny*, Vom Beruf unserer Zeit, S. 57 f.: „Für Deutschland aber, das der Fluch dieser Revolution nicht getroffen hatte, war der Code, der Frankreich einen Theil des Weges zurück führte, vielmehr ein Schritt vorwärts in den Zustand der Revolution hinein, folglich verderblicher und heilloser als für Frankreich selbst. – Doch alle diese Ansichten haben glücklicherweise für uns Deutsche nur noch ein historisches Interesse. Napoleon zwar hatte es anders gemeint. Ihm diente der Code als ein Band mehr, die Völker zu umschlingen, und darum wäre er für uns verderblich und abscheulich gewesen, selbst wenn er allen innern Werth gehabt hätte, der ihm fehlt." Die ablehnende Haltung gegenüber dem Code Civil war folglich in Deutschland des 19. Jahrhunderts verbreitet.

10 Daher wurde der Entwurf I mitunter auch als „ein in Paragraphen gegossenes Windscheid'sches Lehrbuch" bezeichnet; vgl. *Hähnchen*, Rechtsgeschichte, Rn. 734; *Schlosser*, Rechtsgeschichte, 12. Kapitel Rn. 32 f.

11 Auführlich zu § 774 BGB als Tatbestandsmerkmal des § 776 S. 1 BGB s.u. Teil 2 B.

auf den Bürgen über. Nach römischem Recht musste der Forderungsübergang aktiv geltend gemacht werden.[12] Die Erste Kommission entschied sich jedoch aus Gründen der Praktikabilität für eine Legalzession.[13] Der zedierte Anspruch tritt neben die bestehende Rückgriffsmöglichkeit des Bürgen gegen den Schuldner aus eigenem Recht. Diese bestimmt sich nach den Vorschriften des zugrunde liegenden Rechtsgeschäfts (insbesondere Geschäftsbesorgungsvertrag, Auftrag, Geschäftsführung ohne Auftrag, Schenkung).[14]

Zugleich gehen gem. §§ 774 Abs. 1 S. 1, 412, 401 BGB die mit der Hauptforderung verbundenen weiteren *Sicherheiten* auf den Bürgen über.[15] Nach §§ 774 Abs. 2, 426 Abs. 2 S. 1 BGB erwirbt der zahlende Bürge auch den Anspruch des Gläubigers gegen einen Mitbürgen. Mitbürgen[16] sollten gem. § 769 BGB (§ 673 E I.) als Gesamtschuldner haften.[17] Der Ausgleich zwischen Mitbürgen gestaltet sich daher gem. § 426 BGB.

§ 776 S. 1 BGB schützt den Bürgen nur vor der Aufgabe konkurrierender Sicherheiten. Gibt der Gläubiger die Hauptforderung auf, wird der Bürge bereits gem. § 767 Abs. 1 S. 1 BGB frei.[18]

II. Inhalt und Ergebnisse der Beratungen der Ersten Kommission

1. *Inhalt der Beratungen der Ersten Kommission*

Die Erste Kommission leitete die Beratung zu § 679 E I. mit der Feststellung ein, dass die Bürgschaft als einseitig begünstigender Vertrag dem Gläubiger nur Rechte, aber regelmäßig keine Verpflichtungen auferlege.[19] Dennoch stelle sich vor dem Hintergrund der Regelungen einiger Vorentwürfe die Frage, ob dem Gläubiger gleichwohl eine gewisse Diligenzpflicht[20] obliege. Eine solche mindere

---

12 Dazu unter B.I.1.

13 Mugdan II (Motive), S. 376.

14 Jakobs/Schubert, SR III, S. 495; Mugdan II (Motive), S. 376; vgl. ausführlich auch unten Teil 2 B.II.

15 Mugdan II (Motive), S. 376; ausführlich unten Teil 2 B.

16 Gleiches gilt für Nebenbürgen, vgl. Schubert, Vorentwürfe SR III, S. 432; ausführlich zum Regress von Nebenbürgen *Meier*, Gesamtschulden (passim), insb. S. 1136 ff.

17 Jakobs/Schubert, SR III, S. 479 f.

18 Siehe ausführich unter Teil 2 B.II.

19 Jakobs/Schubert, SR III, S. 511; Mugdan II (Motive), S. 379.

20 Unter diesem Begriff werden Rücksichtnahmepflichten des Gläubigers verstanden, s.u. Teil 2 F.I.

jedoch den Wert der Bürgschaft für den Gläubiger und verursache möglicherweise Streitigkeiten. Deshalb sei sie grundsätzlich zu verneinen. Rücksichtnahmepflichten ergäben sich auch weder aus der Einrede der Vorausklage noch aus dem Übergang der Rechte (gem. § 774 BGB) nach Leistung an den Gläubiger.[21] Es handle sich in beiden Fällen nur Wohltaten oder Rechte des Bürgen, die aber noch nichts über mögliche Pflichten des Gläubigers aussagten.[22] Erst der Grundsatz von Treu und Glauben in Übereinstimmung mit (dem heutigen) § 242 BGB begründe eine Diligenzpflicht. Allerdings dürfe diese nicht so weit gehen, wie es Art. 948 DresdE bestimme: „So wie der Artikel laute, sei er dunkel. Er spreche wiederholt von ‚Verschuldung' oder ‚verschuldet', ohne daß ersichtlich wäre, was darunter zu verstehen sei."[23] Daher sei eine Verdeutlichung notwendig. Man erwog, dem Gläubiger die Inanspruchnahme des Bürgen zu untersagen, wenn er hinsichtlich der Rechtsverfolgung des Hauptschuldners[24] nicht die eigenübliche Sorgfalt angewandt hatte.[25] Dies würde jedoch den Gläubiger „in eine Schlimme Lage bringen" und den „Werth der Bürgschaft beträchtlich herabdrücken".[26] Eine Diligenzpflicht sei folglich – mit Ausnahme des § 679 E I. – zu verneinen.[27] Eine solche Regelung vermeide praktische Schwierigkeiten und stehe in Übereinstimmung mit § 242 BGB.[28] Verschlechtere sich die finanzielle Lage des Hauptschuldners, könne sich der Bürge im Falle der Passivität des sich auf die Bürgschaft verlassenden Gläubigers dadurch helfen, dass er an den Gläubiger

21 Mugdan II (Motive), S. 379.

22 Dazu und zum Folgeden Jakobs/Schubert, SR III, S. 512; Mugdan II (Motive), S. 379.

23 Jakobs/Schubert, SR III, S. 512.

24 Die Erste Kommission bezieht sich stets auf eine Beeinträchtigung der *Hauptschuld*. § 776 S. 1 BGB erfasst jedoch nur Einwirkungen auf weitere Sicherheiten. Denn gibt der Gläubiger die Hauptschuld auf, wird der Bürge aufgrund der Akzessorietät gem. § 767 Abs. 1 S. 1 BGB frei (s.u. Teil 2 B.II.). Da dies jedoch sämtliche Formulierungen der Beratungen zum Ersten Entwurf betrifft, kann davon ausgegangen werden, dass es sich um ein Redaktionsversehen handelt und die Ausführungen zu § 679 E I. so zu lesen sind, dass weitere Sicherheiten gemeint sind.

25 Explizit stellte die Erste Kommission auf „die Sorgfalt eines ordentlichen, durch Bürgschaft nicht gesicherten Hausvaters" ab, vgl. Jakobs/Schubert, SR III, S. 512.

26 Jakobs/Schubert, SR III, S. 512.

27 Jakobs/Schubert, SR III, S. 512; vgl. auch Mugdan II (Motive), S. 379.

28 Jakobs/Schubert, SR III, S. 512, aus Fußnote 1 der angegebenen Stelle ergibt sich, dass mit dem von der Kommission genannten „§ 61 der Zusammenstellung der das Obligationenrecht betreffenden Beschlüsse" der heutige § 242 BGB gemeint ist; vgl. insoweit auch Mugdan II (Motive), S. 379.

leiste und damit gem. § 676 E I. (§ 774 BGB) dessen Rechte gegen den Schuldner erwerbe.[29]

Daneben befasste sich die Erste Kommission mit den Wortlaut betreffenden Fragen, die abgesehen von folgender Ausnahme hier nicht weiter relevant sind. Ohne aus heutiger Sicht nachvollziehbare Beratung strich man die Formulierung, dass sich die Norm nur auf bereits zum Zeitpunkt des Abschlusses des Bürgschaftsvertrages bestehende weitere Sicherungsrechte beziehe. Stattdessen fügte man einen zweiten Absatz ein, nach dem auch später begründete Rechte erfasst sein sollten. Nach der Beschlussfassung der Ersten Kommission lautete § 679 E I. wie folgt:

> § 679 E I.: Hat der Gläubiger ein mit der Hauptforderung verbundenes, zu deren Sicherheit dienendes Nebenrecht, insbesondere ein Pfandrecht, aufgegeben, so wird der Bürge von seiner Verbindlichkeit insoweit befreit, als er, wenn das Nebenrecht im Falle der Befreiung des Gläubigers in Gemäßheit des § 676 auf ihn übergegangen sein würde, daraus Ersatz hätte erlangen können.
> Die Vorschrift des ersten Absatzes findet Anwendung, auch wenn das Nebenrecht erst nach Schließung des Bürgschaftsvertrages erworben ist.

2. *Ergebnisse der Beratungen der Ersten Kommission*

Die Materialien zu den Beratungen der Ersten Kommissionen enthalten zwar keinen konkreten Hinweis zum Ursprung des § 776 BGB. Ihnen lassen sich jedoch die nachfolgenden Erwägungen entnehmen.

a. *§ 679 E I. als einzige Diligenzpflicht des Gläubigers*

Die Erste Kommission lehnte Diligenzpflichten des Gläubigers gegenüber dem Bürgen grundsätzlich ab. § 679 E I. stelle eine Ausnahme von diesem Grundsatz dar.[30] Über den Anwendungsbereich der Norm hinaus sollen dem Sicherungsnehmer keine weiteren Pflichten auferlegt werden. Zwar vertritt insbesondere *Henssler*, dass der Gesetzgeber weitergehende Schutzpflichten gerade nicht ausschließen wollte.[31] Gegen diese Ansicht spricht allerdings, dass nach den

---

29 Mugdan II (Motive), S. 379; vgl. zum Eintrittsrecht auch *v. Kübel*, in: Schubert, Vorentwürfe SR III, S. 463 (Motive zum VorlE S. 61).

30 So auch *Dreismann*, Bürgenschutz durch Gläubigerdiligenz?, S. 88 ff.; *Eisenhardt*, MDR 1968, 541; *Knütel*, in: FS Flume I, S. 559, 587.

31 *Henssler*, Risiko als Vertragsgegenstand, S. 338 f., der dies dem Satz entnimmt, weitere Diligenzpflichten ließen „sich vielleicht nicht schlechthin verneinen"; vgl. dazu auch *Meier*, Gesamtschulden, S. 1143; *Pfeiffer*, Nebenpflichten des Bürgschaftsgläubigers, S. 27.

Vorstellungen der Ersten Kommission Diligenzpflichten „bis auf die Bestimmung [des § 679 E I., *Anm. d. Verf.*] gänzlich zu verneinen“ seien.[32] Die Erste Kommission begründet dies mit folgender zentralen Überlegung: Der Wert der Bürgschaft als Mittel der Kreditfinanzierung soll für den Gläubiger nicht durch Diligenzpflichten gemindert werden. *Knütel* ordnet dieses Argument in den historischen Kontext der Großen Depression der Jahre 1873 – 1890 ein.[33] Die Deflation führte in dieser Zeit zu erheblichen Finanzierungsschwierigkeiten. Es liege daher nahe, dass die Erste Kommission die Bürgschaft als leicht handhabbares Mittel zur Kreditfinanzierung ausgestalten wollte, um diesen Schwierigkeiten zu begegnen.[34] Für die Richtigkeit dieser Überlegung spricht, dass andere Schutzinstitute des Bürgen, wie beispielsweise das Schriftformerfordernis gem. § 766 BGB, erst nach Ende der Krise im Jahr 1892 in den Zweiten Entwurf aufgenommen wurden.[35] Unklar bleibt jedoch, warum die Erste Kommission mit § 679 E I. gerade die Aufgabe weiterer Sicherheiten und nicht (stattdessen) eine andere Handlung des Gläubigers sanktionieren wollte.

b. Verschulden

Die Erste Kommission lehnte die Aufnahme eines Verschuldensbegriffs in den Wortlaut des § 679 E I. ausdrücklich ab. Auch solle die Norm nicht dahingehend differenzieren, ob der Gläubiger die eigenübliche Sorgfalt angewandt habe.[36] Begründet wurde dies mit folgenden beiden Argumenten. Komme es auf ein Verschulden des Gläubigers an, mindere dies für ihn den Wert der Bürgschaft. Gleiches gelte für die dadurch entstehenden „Streitigkeiten“, also die gerichtliche Entscheidung darüber, ob ein Verschulden vorliege. Beide Gründe lassen sich wiederum in den soeben dargestellten historischen Kontext einordnen. Die Bürgschaft hätte für einen Kreditgeber den nachteiligen Effekt, dass er durch diese zu einer besonderen Rücksicht gegenüber dem Bürgen verpflichtet wäre. Zudem wäre die leichte Handhabbarkeit nicht mehr gegeben, wenn hinsichtlich der Frage nach einem etwaigen Verschulden ein Erkenntnisverfahren

---

32 Jakobs/Schubert, SR III, S. 512; Mugdan II (Motive), S. 379. Die Zweite Kommission bestätigt später ausdrücklich den im Hinblick auf weitergehende Gläubigerpflichten abschließenden Charakter des § 776 BGB: „Gegen die Verneinung einer Diligenzpflicht des Gläubigers gegenüber dem Bürgen (Motive aO.) wurde nichts erinnert.“, Mugdan II (Protokolle), S. 1029; siehe auch unten A.IV.

33 *Knütel*, in: FS Flume I, S. 559, 560, 564.

34 *Knütel*, in: FS Flume I, S. 559, 564.

35 Vgl. *Henssler*, Risiko als Vertragsgegenstand, S. 338, dort insb. Fn. 71 m.w.N.

36 Jakobs/Schubert, SR III, S. 512; vgl. auch Mugdan II (Motive), S. 379.

durchgeführt werden müsste. Die Erste Kommission war daher auch hinsichtlich der Ablehnung eines Verschuldenserfordernisses von der Überlegung geleitet, die Praktikabilität der Bürgschaft für den Gläubiger zu erhalten.

c. *Unterlassen*

Auch ein Unterlassen sollte nicht von § 679 E I. erfasst sein. Dafür spricht bereits der Wortlaut („Hat … aufgegeben"). Zudem verwies die Erste Kommission den Bürgen für den Fall der „Passivität" des Gläubigers ausdrücklich auf die Möglichkeit, durch Zahlung die konkurrierenden Sicherungsrechte zu erhalten.[37]

d. *Rechtsnatur der Norm*

Die Erste Kommission diskutierte die Rechtsnatur des § 679 E I. nicht. Es bieten sich lediglich folgende mittelbare Ansatzpunkte, um aus den Materialien zu dieser Frage Erkenntnisse zu gewinnen. Gesichert ist, dass die Norm kein Verschulden voraussetzen soll (siehe soeben A.II.2.b.). Dies spricht zunächst gegen die Einordnung als Schadensersatzanspruch. Nicht auszuschließen ist hingegen, dass § 679 E I. als verschuldensunabhängiger Schadensersatzanspruch verstanden wurde. Weiterhin sieht die Erste Kommission § 679 E I. in Übereinstimmung mit dem heutigen § 242 BGB. Dabei handelt es sich jedoch um einen unbestimmten Rechtsbegriff,[38] der keine weiteren Schlüsse auf die Rechtsnatur des § 679 E I. erlaubt. Gleiches gilt für den Umstand, dass man im Rahmen der Beratungen zur Norm sowohl mit „Diligenzpflichten" als auch mit „Billigkeitsrücksichten [sic!]" argumentierte.[39]

Sämtliche genannten Anknüpfungspunkte liefern keine sicheren Hinweise zur Bestimmung der Rechtsnatur des § 679 E I. Da auch die Materialien zu den Beratungen der Zweiten Kommission darüber schweigen, lassen sich jedenfalls aus der Entstehungsgeschichte des BGB keine Erkenntnisse gewinnen.

e. *Sachlicher Anwendungsbereich*

§ 679 E I. erfasst in sachlicher Hinsicht Nebenrechte, deren Aufgabe sanktioniert werden soll. Sowohl aus den Beratungen zu § 297 E I. (entspricht § 401 BGB) als auch aus den Motiven zu § 676 E I. (§ 774 BGB) ergibt sich, dass davon auch Mitbürgen erfasst sind.[40] Dieser Umstand ist nicht selbstverständlich, da einige

37 Mugdan II (Motive), S. 379.

38 Weiterführend *Bach*, in: Staudinger-Eckpfeiler, Kapitel D. Rn. 44 ff.

39 Jakobs/Schubert, SR III, S. 512 f.

40 Zu § 297 E I. vgl. Jakobs/Schubert, SR I, S. 781 ff.; zu § 676 E I. siehe Mugdan II (Motive), S. 376; vgl. insgesamt auch *Meier*, Gesamtschulden, S. 1144.

Vorentwürfe des 19. Jahrhunderts ausdrücklich zwischen Mitbürgen und sonstigen Sicherheiten differenzierten.[41] Neben Mitbürgen sollten zudem auch dingliche Sicherungsmittel als Nebenrechte erfasst sein.

f. Nachträglich bestellte Sicherheiten

Für die Beratungen der Ersten Kommission diente Art. 948 DresdE als Vorlage. Art. 948 S. 1 DresdE bestimmte, dass der Bürge nur dann von seiner Haftung befreit wurde, wenn der Gläubiger „Pfandrechte oder eine sonstige Sicherheit, welche bereits zur Zeit der Bürgschaftsleistung für die Hauptschuld bestellt waren", aufgibt. Zeitlich nach der Bürgschaft bestellte Sicherheiten konnte der Gläubiger daher aufgeben, ohne dass die Rechtsfolge des Art. 948 DresdE eintrat. Die Erste Kommission wich davon bewusst ab und erstreckte den Anwendungsbereich des § 676 E I. mittels dessen Absatz 2 auch auf solche Rechte, die erst nach Abschluss des Bürgschaftsvertrages vom Gläubiger erworben wurden. Dies begründete man mit dem Argument, dass auch dadurch praktische Schwierigkeiten in Übereinstimmung mit dem Gebot von Treu und Glauben vermieden würden.[42] Diese Argumentation entspricht derjenigen zu weiteren Diligenzpflichten und zur Ablehnung des Verschuldenserfordernisses.[43] Sie überzeugt hinsichtlich des zeitlichen Anwendungsbereichs jedoch nicht vollständig. Denn selbst wenn der Erste Entwurf für die Bürgschaft noch kein Schriftformerfordernis für den Bürgschaftsvertrag vorsah, wird sich gleichwohl regelmäßig feststellen lassen, zu welchem Zeitpunkt der Gläubiger ein Sicherungsmittel erlangt hat.

Weitergehende Anhaltspunkte, die zur Schaffung des § 676 Abs. 2 E I. führten, lassen sich den Materialien nicht entnehmen. Da insbesondere weder Art. 948 DresdE noch Art. 2037 CC a.F. eine vergleichbare Regelung kannten, stellt sich die Frage nach deren Ursprung. In den nachfolgenden Abschnitten soll daher die Entstehungsgeschichte des § 776 BGB weiter dahingehend untersucht werden, ob es sich um einen bereits bekannten Rechtsgedanken handelte.[44]

g. Rechtsfolge

Die Beratungen der Ersten Kommission liefern keine Erkenntnisse zu der Rechtsfolge des § 679 E I. Es bleibt daher unklar, ob der Bürge automatisch durch

41 S.u. C.II.

42 Jakobs/Schubert, SR III, S. 512; Mugdan II (Motive), S. 379.

43 S.o. A.II.2.a., b.

44 Das Ergebnis ist dargestellt unter E.I.

die Aufgabehandlung des Gläubigers frei werden sollte oder ob er sich einredeweise auf § 679 E I. berufen musste.

h. Persönlicher Anwendungsbereich

Vorstehend wurde bereits dargelegt, dass über den Anwendungsbereich des § 679 E I. hinaus keine Diligenzpflichten des Gläubigers bestehen sollten.[45] Sicher ist daher, dass der *sachliche Schutzbereich* der Vorschrift auf den Tatbestand des § 679 E I. beschränkt ist. Eine dem § 776 BGB vergleichbare Norm existiert für kein anderes Sicherungsmittel. Mithin stellt sich die Frage, ob auch deren *persönlicher Anwendungsbereich* abschließend ist und demzufolge nicht auf andere Kreditsicherheiten erstreckt werden kann.[46] Diesen Umstand diskutierte die Erste Kommission hingegen nicht. Die Materialien zu § 679 E I. liefern daher keine Anhaltspunkte für oder gegen eine analoge Anwendbarkeit der Norm auf andere Sicherungsrechte.[47]

3. Fazit

Die Beratungen der Ersten Kommission sind von dem zentralen Argument geleitet, den Wert der Bürgschaft für den Gläubiger nicht durch die Implementierung von Diligenzpflichten gegenüber dem Bürgen zu mindern. § 679 E I. stelle daher eine Ausnahme von dem Grundsatz fehlender Rücksichtnahmepflichten dar. Dies lässt die Schlussfolgerung zu, dass § 679 E I. einen Ausgleich zwischen dem nur einseitig begünstigenden Bürgschaftsvertrag einerseits und dem Schutz des Bürgen vor der Aufgabe weiterer Sicherheiten andererseits schaffen sollte. Hinsichtlich der Schutzwecke beider Absätze des § 679 E I. sowie der Rechtsnatur der Norm lassen sich jedoch keine weitergehenden Erkenntnisse gewinnen.

III. Inhalt und Ergebnisse der Beratungen der Zweiten Kommission

Die Zweite Kommission befasste sich intensiver als die Erste Kommission mit Fragen zur Gestaltung des Wortlauts der Norm. Diese erhielt folgende Fassung:

> § 715 E II.: Giebt der Gläubiger ein mit der Forderung verbundenes Vorzugsrecht, eine für sie bestehende Hypothek, ein für sie bestehendes Pfandrecht oder das Recht gegen

---

45 S.o. A.II.2.a.

46 Siehe ausführlich unter Teil 2 G.

47 So auch *Schürnbrand*, Schuldbeitritt, S. 151; zu den weiteren Diligenzpflichten s.u. Teil 2 F.

einen Mitbürgen auf, so wird der Bürge insoweit frei, als er aus dem aufgegebenen Rechte nach § 713 Ersatz hätte verlangen können. Dies gilt auch dann, wenn das aufgegebene Recht erst nach der Uebernahme der Bürgschaft entstanden ist.

Anders als § 679 E I. benennt § 715 E II. die vom Tatbestand erfassten Sicherungsrechte, zu denen auch Mitbürgen zählen, ausdrücklich. Zwei Anträge, über die von der Zweiten Kommission beraten wurde, zielten darauf ab, in den Wortlaut die Feststellung aufzunehmen, dass die Vorschrift nicht auf den selbstschuldnerischen Bürgen anwendbar sei. Dies lehnte man mit der Begründung ab, dass diese Anträge nicht auf einer korrekten Auslegung des Sinnes der selbstschuldnerischen Bürgschaft beruhen. Dieser bestehe darin, dass der Bürge auf die Einrede der Vorausklage verzichte. Nicht davon erfasst sei hingegen der Erwerb der dem Gläubiger zustehenden Rechte gemäß § 676.[48] Die Begründung der Antragsablehnung formuliert erstmals ausdrücklich, dass § 715 E II. das Recht des Bürgen schütze, gem. § 713 E II. (entspricht § 774 BGB) bei Befriedigung des Gläubigers dessen Rechte zu erwerben. Unklar bleiben jedoch weiterhin der dahinterstehende Schutzzweck und der Ursprung dieses Instituts.

Vier der acht gestellten Anträge betrafen § 715 S. 2 E. II. Davon schlugen drei eine Streichung vor. Ein Antrag zielte auf eine Abänderung des Satzes 2 dahingehend, dass dieser nur dann einschlägig sein sollte, wenn die weiteren Sicherungsrechte unter Mitwirkung des Bürgen bestellt würden.[49] Begründet wurden diese Anträge damit, dass im Falle von Bürgschaften für laufende Geschäftsverbindungen der Gläubiger leicht aus Unkenntnis „um jede Sicherheiten kommen" könne.[50] Dazu führte man folgendes Beispiel an: Sichere die Bürgschaft einen Kredit und gebe der Gläubiger dem Schuldner später einen zusätzlichen Kredit gegen eine Pfandsicherheit mit der Abrede, dass diese auch den durch die Bürgschaft gesicherten Teilbetrag mit erfassen solle, so hätte eine spätere Entlassung des Pfandgebers eine Befreiung des Bürgen zur Folge, woran der Gläubiger jedoch nicht denke.[51] Diese Begründung zielt ebenso wie diejenige der Ersten Kommission (s.o. A.II.2.a.) darauf ab, den Wert der Bürgschaft für den Gläubiger nicht zu mindern.

Die genannten Anträge wurden sämtlich mit der Folge abgelehnt,[52] dass § 776 S. 2 BGB die Rechtsfolge des Satzes 1 bis heute auch auf nachträglich

48 Mugdan II (Protokolle), S. 1029.
49 Jakobs/Schubert, SR III, S. 516; Mugdan II (Protokolle), S. 1029.
50 Mugdan II (Protokolle), S. 1029.
51 Mugdan II (Protokolle), S. 1029.
52 Das Abstimmungsergebnis war mit 9 zu 8 Stimmen denkbar knapp, vgl. Jakobs/Schubert, SR III, S. 516; Mugdan II (Protokolle), S. 1029.

bestellte Rechte erstreckt. Antrag 7, welcher nur den Fall der Mitwirkung des Bürgen erfassen wollte, wurde mangels Bestimmtheit des Begriffs der Mitwirkung nicht stattgegeben. Die übrigen auf eine gänzliche Entfernung des Satzes gerichteten Anträge verwarf man. Denn eine Streichung des Satzes 2 sei für den Bürgen „hart“, wenn er von dem später erworbenen Recht Kenntnis habe. Gleichwohl sei eine solche Kenntnis des Bürgen ausdrücklich nicht Voraussetzung des § 715 S. 2 E II.[53] Die Zweite Kommission führt damit erstmals einen möglichen Schutzzweck des § 715 S. 2 E II. an. Gem. § 713 E II. (§ 774 BGB) erwirbt der Bürge durch die Befriedigung des Gläubigers sämtliche diesem zustehenden Sicherungsrechte. Dies gilt unstreitig unabhängig vom Zeitpunkt deren Bestellung.[54] Erfahre der Bürge nach Abschluss des Bürgschaftsvertrages, dass zugunsten der besicherten Hauptforderung eine weitere Sicherheit bestellt wurde, erwarte er auch deren Erwerb im Falle einer Inanspruchnahme durch den Gläubiger. § 715 S. 2 E II. schützt folglich ein *nachträglich* begründetes Vertrauen des Bürgen im Sinne einer Diligenzpflicht *post contractum finitum*. Unklar bleibt jedoch, ob es sich dabei um ein bereits bekanntes Institut handelt oder ob die Kommissionen dieses der Norm – möglicherweise in Unkenntnis des Schutzzwecks des Satzes 1 – nachträglich hinzugefügt haben. Das Telos des § 776 S. 1 und des S. 2 BGB soll daher im Ergebnis des ersten Teils dieser Arbeit herausgearbeitet werden.[55] Weitergehende Diskussionen des Schutzzwecks oder des Anwendungsbereichs des § 776 BGB durch die Zweite Kommission sind den Materialien nicht zu entnehmen.

IV. Finale Fassung und Ergebnis

Die finale Fassung des § 776 BGB lautete am 01.01.1900:[56]

> § 776 BGB: Giebt der Gläubiger ein mit der Forderung verbundenes Vorzugsrecht, eine für sie bestehende Hypothek, ein für sie bestehendes Pfandrecht oder das Recht gegen einen Mitbürgen auf, so wird der Bürge insoweit frei, als er aus dem aufgegebenen Rechte nach § 774 hätte Ersatz erlangen können. Dies gilt auch dann, wenn das aufgegebene Recht erst nach der Uebernahme der Bürgschaft entstanden ist.

53 Mugdan II (Protokolle), S. 1029 f.

54 S.u. Teil 2 B.III.2. sowie B.V.1.

55 S.u. E.II.

56 Durch Art. 2 Nr. 14 VO v. 21.12.1940 (RGBl. I S. 1609) wurde die Schiffshypothek eingefügt sowie die Rechtschreibung aktualisiert.

Die Analyse der Materialien zeigt, dass man mit § 776 S. 1 BGB ein bereits bekanntes Institut in das BGB aufnahm. Dessen Ursprung bleibt jedoch unklar. Die Erste Kommission verweist diesbezüglich auf das römische Recht sowie auf die Vorentwürfe der deutschen Einzelstaaten, welche nachfolgend untersucht werden sollen. § 776 S. 1 BGB sollte als Ausgleich zwischen dem nur einseitig begünstigenden Bürgschaftsvertrag einerseits und dem Schutz des Bürgen andererseits dienen. Zentrales Argument gegen weitergehende Pflichten des Gläubigers war eine mögliche Wertminderung der Kreditsicherheit für den Sicherungsnehmer. Wohl vor dem Hintergrund der Großen Depression der Jahre 1873 – 1890 sollten Finanzierungsschwierigkeiten durch die Implementierung zusätzlicher Diligenzpflichten des Gläubigers verhindert werden (s.o. A.II.2.b.). Demgegenüber kann nicht mit hinreichender Wahrscheinlichkeit festgestellt werden, ob das Institut des § 776 S. 2 BGB bereits bekannt war oder ob es sich um eine eigene Wertentscheidung des deutschen Gesetzgebers handelt. Die Zweite Kommission begründete Satz 2 mit dem Schutz eines nachträglich begründeten Vertrauens des Bürgen auf den Erwerb weiterer Sicherungsrechte (s.o. A.III.).

B. Römisches Recht

Die Erste Kommission lehnte Diligenzpflichten des Bürgschaftsgläubigers „in Uebereinstimmung mit dem älteren römischen Rechte" bis auf die Bestimmung des § 776 BGB ab.[57] Nachfolgend soll daher untersucht werden, ob der Ursprung dieses Instituts dem römischen Recht zugeordnet werden kann.

I. Rückgriffsansprüche des Bürgen

Befriedigte ein Bürge[58] den Gläubiger, standen ihm nach römischem Recht die folgenden Rückgriffsansprüche zu.

57 Jakobs/Schubert, SR III, S. 512; Mugdan II (Motive), S. 379; s.o. Teil 1 Einleitung.

58 Das römische Recht kannte drei Formen der Bürgschaft: Die den Bürgern vorbehaltene *sponsio*, die *fidepromissio* für Nichtbürger und letztlich die *fideiussio*, welche sowohl Bürgern als auch Fremden zugänglich war und die anderen beiden Formen ab ihrem Erscheinen im letzten Jahrhundert vor Christus schnell verdrängte; *Honsell*, Römisches Recht, S. 114; *Honsell/Mayer-Maly/Selb*, Römisches Recht, S. 286 ff.; *Kaser*, Römisches Privatrecht S. 553 ff.; *Kaser/Knütel/Lohsse*, Römisches Privatrecht, § 57 Rn. 2 ff.; *Nobel*, in: FS Bürge S. 61, 65; *Puchta*, Pandekten, § 404; *Zimmermann*, The Law of Obligations, S. 117 ff. Die Unterschiede zwischen den einzelnen Erscheinungsformen wirken sich auf die hiesige Betrachtung regelmäßig nicht aus, sodass stellvertretend die *fideiussio*

1. *Zessionsregress*

Der Bürge konnte im Gegenzug für seine Zahlung vom Gläubiger die Abtretung[59] seiner Forderungen gegen den Hauptschuldner sowie gegen weitere Sicherungsgeber, insbesondere Mitbürgen,[60] verlangen (*beneficium cedendarum actionum*):[61]

> *D. 46, 1, 17 (Julian)*: „Man pflegt den Bürgen so zu Hülfe zu kommen, dass der Stipulator [Gläubiger, *Anm. d. Verf.*] genöthigt wird, Demjenigen, welcher das Ganze zu zahlen bereit ist, die Forderungen gegen die übrigen zu verkaufen."[62]

Diese Pflicht zur Abtretung begründete eine Einrede des Bürgen, sodass dieser einem Leistungsverlangen des Gläubigers den Anspruch auf die Zession entgegenhalten konnte (*exceptio cedendarum actionum*).[63] Grund dafür war, dass – anders als gem. § 774 BGB – keine Legalzession erfolgte.[64] Nötig war vielmehr eine rechtsgeschäftliche Abtretung.[65] Verlangte der Bürge diese nicht, gewährte ihm das klassische römische Recht nach erfolgter Leistung keinen Anspruch mehr darauf.[66]

Gegenstand der nachfolgenden Untersuchung sein soll. Weiterführend zu den einzelnen Bürgschaftsformen *Levy*, Sponsio, fidepromissio, fideiussio.

59 Die Dogmatik der Zession im römischen Recht war im Detail umstritten, vgl. dazu *Kaser/Knütel/Lohsse*, Römisches Privatrecht, § 55 Rn. 1 ff.; mangels Auswirkungen auf die nachfolgende Betrachtung soll darauf jedoch nicht näher eingegangen werden.

60 *Windscheid*, Pandekten, § 481 Nr. 2; vgl. auch D. 46, 1, 36 (Paulus); D. 46, 1, 59 (Paulus); *Kaser*, Römisches Privatrecht, S. 556; *Meier*, Gesamtschulden, S. 1091.

61 Ausführlich dazu *Hasenbalg*, Die Bürgschaft des gemeinen Rechts, S. 401 ff.

62 Übersetzung nach Otto/Schilling/Sintenis, Corpus Iuris Civilis.

63 *Arndts*, Pandekten, § 355 Nr. 3; *Girtanner*, Die Bürgschaft nach gemeinem Civilrechte, Buch II S. 468 ff.; *Kaser/Knütel/Lohsse*, Römisches Privatrecht, § 57 Rn. 22; *Meier*, Gesamtschulden, S. 1091; *Windscheid*, Pandekten, § 481 Nr. 2; **a.A.** *Levy*, Sponsio, fidepromissio, fideiussio, S. 165, der insoweit (ähnlich wie im Hinblick auf die Möglichkeit des Bürgen, die Einreden des Hauptschuldners geltend zu machen) nur ein prätorisches Ermessen annimmt, die Einrede also nicht als zwingend erachtet.

64 Vgl. *Windscheid*, Pandekten 9. Auflage, § 481 Nr. 3.

65 Ausführlich dazu *Neumann*, Bürgenregress, S. 151 ff.

66 Vgl. insb. D. 46, 1, 39 (Modestin): „Es ist keine Klage zu ertheilen, damit ein Bürge gegen seinen Mitbürgen klagen könne; und darum wird, wenn von zwei Bürgen für denselben Betrag der eine, welcher vom Gläubiger gewählt worden ist, das Ganze gezahlt hat, und ihm die Klagen nicht abgetreten worden sind, der andere weder vom Gläubiger noch von dem Mitbürgen belangt werden können.", Übersetzung nach Otto/Schilling/Sintenis, Corpus Iuris Civilis. Für die Notwendigkeit eines *vorherigen* Verlangens insb. *Levy*, Sponsio, fidepromissio, fideiussio, S. 164 f.; *Windscheid*, Pandekten,

2. *Eigener Rückgriffsanspruch?*

Zusätzlich zum zedierten Gläubigeranspruch konnte der Bürge auch aus eigenem Recht gegen den *Hauptschuldner* vorgehen. Maßgeblich dafür war die konkrete rechtliche Beziehung zum Hauptschuldner.[67] Regelmäßig handelte es sich um einen Auftrag, sodass eine Auftragsklage statthaft war.[68]

Gegenüber *Mitbürgen* hatte ein Bürge jedoch keinen eigenen Regressanspruch.[69] Dies begründete man damit, dass zwischen den Bürgen kein Vertrag bestehe.[70] Der Rückgriff bei weiteren Sicherungsgebern war daher einzig mittels des vom Gläubiger abgetretenen Anspruchs möglich.[71]

II. Mehrheit von Sicherungsgebern

1. *Grundsatz*

Waren mehrere Sicherheiten für eine Hauptforderung bestellt, konnte der Gläubiger die Reihenfolge ihrer Verwertung nach seinem Ermessen bestimmen.[72]

2. *Beneficium divisionis*

Zusätzlich zu dem unter B.I.1. dargestellten Zessionsregress räumte ein Erlass, welcher Kaiser *Hadrian* zugeschrieben wird, dem Bürgen die Möglichkeit ein,

---

§ 481 Nr. 2 Fn. 7 sieht als Voraussetzung einen noch bestehenden Regressanspruch gegen den Hauptschuldner.

67 *Arndts*, Pandekten, § 356; *Kaser/Knütel/Lohsse*, Römisches Privatrecht, § 57 Rn. 21; *Puchta*, Pandekten, § 406; *Windscheid*, Pandekten, § 481 Nr. 1.

68 Ausdrücklich Gai Inst. III 127 (*Nelson/Manthe*); Iust. Inst. 3.20.6; vgl. auch *Neumann*, Bürgenregress, S. 76; *Zimmermann*, The Law of Obligations, S. 131.

69 Vgl. nur D. 46, 1, 39 (Modestin): Hatte sich der Bürge das Recht nicht bei Zahlung vom Gläubiger abtreten lassen, konnte er nicht gegen Mitbürgen vorgehen.; vgl. auch *Honsell/Mayer-Maly/Selb*, Römisches Recht, S. 291; *Windscheid*, Pandekten, § 481 Nr. 3; *Zimmermann*, The Law of Obligations, S. 136.

70 *Dernburg*, Pandekten, § 81 II. Nr. 2; *ders.*, System des Römischen Rechts, § 338 II. Nr. 2.

71 Ausdrücklich *Meier*, Gesamtschulden, S. 1098.

72 D. 46, 1, 51, 3 (Papinian): „Ein Gläubiger wird nicht gezwungen, das Pfand zu verkaufen, wenn er den schlechthin angenommenen Bürgen, mit Uebergehung des Pfandes, belangen will.“, Übersetzung nach Otto/Schilling/Sintenis, Corpus Iuris Civilis. Etwas präziser ist die englische Übersetzung von *Watson*: „A creditor is not obliged to sell a pledge if, ignoring the pledge, he prefers to sue a surety who was taken without qualification.“

die Haftung zwischen Mitbürgen zu teilen (*beneficium divisionis*).[73] Grundsätzlich hafteten mehrere Bürgen als Gesamtschuldner für eine Forderung, sodass der Gläubiger von jedem Bürgen die ganze Leistung fordern konnte.[74] Unter der Bedingung, dass alle Bürgen solvent waren, konnte jeder Mitbürge mittels Gestaltungsrecht vom Gläubiger vor Inanspruchnahme die Teilung der Haftung auf Kopfquoten verlangen.[75] Der Vorteil dieses Instituts gegenüber dem *beneficium cedendarum actionum* (s.o. B.I.1.) zeigt sich in der Insolvenz eines Mitbürgen. In diesem Fall wird der Bürge privilegiert, der zuvor die Teilung verlangt hatte, während der auf das *beneficium cedendarum actionum* vertrauende Bürge das Insolvenzrisiko des Mitbürgen trug. Beide Rechte verfolgen unterschiedliche Ansätze. Mangels weiterer Relevanz für die nachfolgende Untersuchung des

---

73 *Dernburg*, Pandekten, § 81 II. Nr. 1; *ders.*, System des Römischen Rechts, § 338 II. Nr. 1; *Girtanner*, Die Bürgschaft nach gemeinem Civilrechte, Buch I.1 S. 98 ff.; *ders.* Buch II S. 457 ff.; vgl. auch Gai Inst. III 121 nebst Kommentierung von *Nelson/Manthe*, S. 164 ff.; vgl. u.a. C. 4, 18, 3; D. 46, 1, 10, 1 (Ulpian); D. 46, 1, 26 (Gaius); D. 46, 1, 27 (Ulpian); D. 46, 1, 28 (Paulus); D. 46, 1, 51, 1 (Papinian); *Arndts*, Pandekten, § 355 Nr. 2; *Hugo*, Geschichte des römischen Rechts, S. 945; *Sohm*, The Institues of Roman Law, S. 203 ff.; *Windscheid*, Pandekten, § 479.

74 *Honsell/Mayer-Maly/Selb*, Römisches Recht, S. 290.

75 Iust. Inst. 3.20.4: „Sind mehrere Bürgen vorhanden, so haften sie, wie viele sie auch sein mögen, jeder einzeln auf das Ganze. Daher steht es dem Gläubiger frei, das Ganze zu fordern, von wem er will. Aber aufgrund eines Briefes des vergöttlichten Kaisers Hadrian kann der Gläubiger gezwungen werden, von den einzelnen nur den anteiligen Betrag zu fordern, vorausgesetzt jedoch, dass alle zum Zeitpunkt der Prozeßbegründung zahlungsfähig sind. Ist daher einer von den Bürgen zu diesem Zeitpunkt nicht zahlungsfähig, so belastet das die übrigen. Aber auch wenn der Gläubiger von einem der Bürgen das Ganze erlangt hat, ist es allein dessen Schaden, wenn derjenige, für den er gebürgt hat, nicht zahlungsfähig ist. Und das muß er sich selbst zuschreiben, da er aufgrund des Briefes des vergöttlichten Kaisers Hadrian sich hätte schützen und verlangen können, daß die Klage gegen ihn auf den anteiligen Betrag gegeben wird.", Übersetzung nach Behrends/Knütel/Kupisch/Seiler, Corpus Iuris Civilis; es bestehen jedoch keine Anhaltspunkte für eine genaue Datierung des Erlasses, vgl. *Nelson/Manthe*, S. 168; der Erlass stellt eine Modifizierung einer entsprechenden Regelung zu Zeiten der Republik (*lex Furia*) dar; *Kaser*, Römisches Privatrecht, S. 554; *Levy*, Sponsio, fidepromissio, fideiussio, S. 58 ff. (ausführlich zur *lex Furia*) sowie S. 137 ff.; *Zimmermann*, The Law of Obligations, S. 131; zur *lex Furia* ebenfalls *Dernburg*, Pandekten, § 76 Nr. 2; *ders.*, System des Römischen Rechts, § 333 Nr. 2; *Girtanner*, Die Bürgschaft nach gemeinem Civilrechte, Buch I.1 S. 17; *Hasenbalg*, Die Bürgschaft des gemeinen Rechts, S. 17; *Hugo*, Geschichte des römischen Rechts, S. 399.

Ursprungs des § 776 BGB wird für weitergehende Darstellungen zum *beneficium divisionis* auf die vorstehend zitierten Quellen verwiesen.

III. Einwirkungen des Gläubigers auf die Hauptschuld

Bei Erfüllung der Hauptschuld erlosch grundsätzlich auch die Verpflichtung des Bürgen.[76] Grund dafür war allerdings weder das Akzessorietätsprinzip[77] noch der Schutz des Bürgen. Vielmehr sollte der Gläubiger nur Anspruch auf die Erfüllung *einer* Verbindlichkeit haben und nicht ohne Rechtsgrund durch den Erhalt der Forderung gegen den Bürgen bereichert werden.[78]

IV. Verlust konkurrierender Sicherungsmittel

Das *beneficium cedendarum actionum* (s.o. B.I.1.) räumte dem Bürgen das Recht ein, im Gegenzug zur Befriedigung des Gläubigers von diesem die Übertragung der weiteren Sicherungsrechte zu verlangen. Verlangte er nicht zuvor die Teilung der Haftung nach dem *beneficium divisionis* (s.o. B.II.2.), stellt sich die Frage,

---

76 D. 46, 3, 38, 2 (Afrikanus); D. 46, 3, 73 (Marcellus); D. 46, 3, 95, 4 (Papinian); *Geib*, Römisches Bürgschaftsrecht, S. 71; *Puchta*, Pandekten, § 405. Zudem war eine Klage gegen den Bürgen *und* gegen den Hauptschuldner nicht möglich; der Gläubiger war durch die Klage gegen einen von beiden hinsichtlich einer Klage gegen des jeweils anderen präkludiert, vgl. *Bürge*, Römisches Privatrecht, S. 119.

77 Die Frage der Akzessorietät des römischen Bürgschaftsrechts ist umstritten, dies ist dargestellt bei *Honsell/Mayer-Maly/Selb*, Römisches Recht, S. 288 f.; *Meier*, Gesamtschulden, S. 1066 f., 1099; grundsätzlich bejaht wird eine Akzessorietät von *Geib*, Römisches Bürgschaftsrecht, S. 76, 86, jedoch mit Ausnahmen; *Kaser/Knütel/Lohsse*, Römisches Privatrecht, § 57 Rn. 11 sprechen demgegenüber von einem „Akzessionsprinzip"; *Flume*, Akzessorietät der römischen Bürgschaftsstipulationen, S. 5, 9; sowie *Levy*, Sponsio, fidepromissio, fideiussio, S. 4 verneinen letztlich gänzlich eine Akzessorietät; *Girtanner*, Die Bürgschaft nach gemeinem Civilrechte, Buch I.1, S. 19 f. differenziert nach der Art der Bürgschaft.

78 „Der Grund für die gesamtzerstörerische Wirkung der Erfüllung sowohl der Hauptobligation als der fideiussoria obligatio, soweit solche Wirkung überhaupt vorhanden ist, kann daher nicht gesucht werden in der Identität des Leistungsinhaltes beider Obligationen, vielmehr besteht derselbe in letzter Linie darin, dass der Gläubiger von Rechts wegen nur die Erfüllung einer von beiden Obligationen haben soll: entweder der Hauptschuld oder, wenn und soweit die Hauptschuld weder erfüllt noch casuell vereitelt worden ist, der fideiussoria obligatio AUF GRUND DER NICHT ERFÜLLTEN HAUPTOBLIGATION.", *Geib*, Römisches Bürgschaftsrecht, S. 70.

wie sich der Untergang dieser Sicherungsmittel auf die Haftung des Bürgen auswirkte.

1. *Zufälliger Untergang*

Ging eine parallel zur Bürgschaft bestehende Sicherheit zufällig unter, beeinträchtigte dies nicht die Haftung des Bürgen.[79] Dem Gläubiger oblag keine Pflicht, die bestellten Sicherheiten aktiv zu erhalten.

2. *Aufgabe durch den Gläubiger*

Fraglich ist allerdings, welche Rechtsfolge eine bewusste Einwirkung des Gläubigers auf weitere Sicherheiten entfaltet.

a. *Keine Anwendung der Grundsätze aus dem Bereich der Geschäftsbesorgung*

Für den Bereich der Geschäftsbesorgung kannte das römische Recht folgende Rücksichtnahmepflicht des Gläubigers:

> *D. 46, 3, 95, 11 (Papinian)*: „Wenn der Gläubiger, als er gegen den Schuldner klagte, durch seine eigene Schuld sachfällig geworden sein wird, so dürfte er wohl durch die Auftragsklage Nichts vom Creditauftraggeber erlangen können, da es durch seinen eigenen Fehler geschehen ist, dass er dem Auftraggeber die Klagen [gegen den Schuldner] nicht abtreten kann.“[80]

Dieser Rechtssatz war auf den Bürgen nicht übertragbar. Dies wird damit begründet, dass für das Bürgschaftsrecht keine vergleichbare Regelung existiere.[81] Zudem handle es sich bei der Geschäftsbesorgung um eine gegenseitig

---

79 D. 46, 1, 52 (Papinian): „Der Schaden eines durch Einsturz verloren gegangenen Pfandes gereicht zum Nachtheil sowohl des Bürgen, als des Schuldners; auch wird es weiter nicht zur Sache gehören, ob der Bürge so angenommen worden ist: ´auf soviel, um wieviel weniger man aus dem Preis des verkauften Pfandes wird haben erhalten können´; denn man nimmt an, dass in diesen Worten auch das Ganze begriffen sei.“, Übersetzung nach Otto/Schilling/Sintenis, Corpus Iuris Civilis.

80 Übersetzung nach Otto/Schilling/Sintenis, Corpus Iuris Civilis.

81 Vgl. *Pothier*, Traité des Obligations, Rn. 557: „La raison de douter est que je ne vois aucun texte de lois qui le décide formellement à l'égard des fidéjusseurs.“, eigene Übersetzung: „Ein Grund, daran zu zweifeln, besteht darin, dass ich keinen Gesetzestext finde, der dem Bürgen formell dieses Recht zuspricht.“; ebenso auch ausdrücklich *Girtanner*, Die Bürgschaft nach gemeinem Civilrechte, Buch II S. 468, 470; *Hasenbalg*, Die Bürgschaft des gemeinen Rechts, S. 406.

verpflichtende Obligation. Der einseitig begünstigende Bürgschaftsvertrag hingegen begründe nur Rechte des Gläubigers, ohne ihm Pflichten aufzuerlegen.[82] Eine Pflicht zur Erhaltung der Klagerechte würde sich in dieses System nicht einfügen. Der Gläubiger handle daher nur dolos, wenn er dem Bürgen einen Anspruch nicht abtreten *wolle*, obwohl er ihn besitzt, nicht jedoch, wenn er einen solchen nicht mehr abtreten *könne*.[83]

b. Recht des Gläubigers zur Aufgabe konkurrierender Sicherheiten

Auf dem Gebiet des Bürgschaftsrechts existierte demgegenüber mit D. 46, 1, 15, 1 (Julian) eine Stelle, wonach ein Erlass der Schuld eines Mitbürgen den anderen Bürgen nicht befreit:

> *D. 46, 1, 15, 1 (Julian)*: „Wenn von Zweien, welche sich bei dir für Zwanzig verbürgt hatten, der Eine dir Fünf gegeben oder versprochen haben wird, damit du Nichts von ihm fordern möchtest, so wird der Andere dadurch nicht befreit werden; und wenn du von dem Anderen Fünfzehn zu fordern angefangen haben wirst, so wirst du durch keine Einrede zurückgewiesen werden; wenn du aber die [anderen, *Anm. d. Verf.*] Fünf von dem ersteren Bürgen zu fordern angefangen haben wirst, so wirst du durch die Einrede der bösen Absicht zurückgewiesen werden."[84]

Windscheid stellt in diesem Zusammenhang fest: Habe der Gläubiger ein Sicherungsmittel aufgegeben, könne dieses auf den leistenden Bürgen nicht übergehen, der Bürge habe dementsprechend eine geringere Aussicht, Rückgriff nehmen zu können.[85] Dennoch habe die Aufgabe keine Auswirkung auf die Haftung des Bürgen. Einzig mit dem *beneficium divisionis* existierte im römischen Recht eine Regelung zum Schutz des Bürgen. Die Verpflichtung des Bürgen, für

82 Vgl. *Pothier*, aaO.: „On ne peut pas dire de même à l'égard d'un fidéjusseur, que le créancier ait contracté envers lui l'obligation de lui conserver et de lui céder ses actions; le cautionnement est un contrat unilatéral par lequel il n'y a que la caution qui s'oblige.", eigene Übersetzung: „Es lässt sich aber nicht über die Bürgschaft sagen, dass eine Verpflichtung des Gläubigers besteht, dem Bürgen Klagerechte zu erhalten und abzutreten; denn die Bürgschaft ist ein einseitiger Vertrag, durch den allein den Bürgen eine Obligation trifft." Vgl. zum Fehlen von Gläubigerpflichten im römischen Recht auch *Pfeiffer*, Nebenpflichten des Bürgschaftsgläubigers, S. 22.

83 *Hasenbalg*, Die Bürgschaft des gemeinen Rechts, S. 411.

84 Übersetzung nach Otto/Schilling/Sintenis, Corpus Iuris Civilis; dass im letzten Halbsatz die „anderen" Fünf gemeint sind, ergibt sich besser aus der englischen Übersetzung nach *Watson*: „... but should you institute proceedings for the other five against the first surety, you will be defeated by the defense of bad faith."

85 *Windscheid*, Pandekten 9. Auflage, § 481 Nr. 3 [1].

die Hauptforderung einzustehen, war ansonsten unabhängig vom Bestand weiterer Kreditsicherheiten. Eine dem § 776 BGB vergleichbare Regelung kannte das römische Recht daher nicht. Vielmehr konnte der Gläubiger die Forderung gegen einen Mitbürgen aktiv aufgeben, ohne dass die Verbindlichkeit des Bürgen dadurch beeinflusst wurde. Die Gründe oder Motive dafür sind nicht bekannt. Die Regelung fügt sich jedoch in das System des römischen Bürgschaftsrechts ein. Eine Diligenzpflicht des Gläubigers dem Bürgen gegenüber war dem römischen Recht grundsätzlich fremd.[86] Zudem wirkten sich Verträge zwischen Bürgen und Gläubiger nicht automatisch auf den Hauptschuldner oder Mitbürgen aus.[87] Dies sei nur anzunehmen, wenn eine Drittbegünstigung – im Sinne eines Vertrages zugunsten Dritter – ausdrücklich gewollt war.[88]

3. *Ergebnis*

Weder ein zufälliger Untergang noch eine aktive Aufgabe eines weiteren Sicherungsrechts führten zu einem anteiligen Freiwerden des Bürgen.

V. Ergebnis

Das römische Recht kannte mit dem *beneficium cedendarum actionum* bereits ein Institut, welches dem zahlenden Bürgen einen – dem heutigen § 774 BGB vergleichbaren[89] – Anspruch auf Abtretung der Klagerechte des Gläubigers gewährte. Das *beneficium divisionis* ermöglichte dem Bürgen die Teilung der Haftung sämtlicher Sicherungsgeber vor Inanspruchnahme durch den Gläubiger. Gab der Gläubiger ein konkurrierendes Sicherungsrecht auf, erlosch dadurch

86 So auch *Meier*, Gesamtschulden, S. 1066; *Knütel*, in: FS Flume I, S. 559, 572.

87 D. 2, 14, 23 (Paulus): „Aber eine Erlaßabrede mit dem Bürgen hilft dem Hauptschuldner nicht, weil der Bürge kein [eigenes] rechtliches Interesse daran hat, daß das Geld vom Schuldner nicht eingeklagt wird. Nicht einmal den Mitbürgen wird sie helfen. Denn man hat nicht schon auf jede beliebige Weise ein [eigenes] rechtliches Interesse, sobald eine getroffene Vereinbarung einem anderen von Nutzen sein kann, sondern erst dann, wenn die Einrede über den, dem sie gewährt wird, unmittelbar dem zugute kommt, der die Vereinbartung getroffen hat, so wie beim Stipulationsschuldner und bei denen, die für diesen Schuldner einzustehen haben.“, Übersetzung nach Behrends/Knütel/Kupisch/Seiler, Corpus Iuris Civilis.

88 Dies ist vergleichbar zu den von der Rechtsprechung entwickelten Grundsätzen zu § 423 BGB, s.u. Teil 2 C.II.

89 *Zimmermann*, The Law of Obligations, S. 144 f.

nach D. 46, 1, 15, 1 (Julian) jedoch ausdrücklich nicht die Haftung des Bürgen. Ein dem § 776 BGB vergleichbarer Schutz existierte im römischen Recht nicht.

Zusammenfassend lässt sich somit feststellen, dass der von der Ersten Kommission behauptete Ursprung des § 776 BGB im römischen Recht nicht bestand.

C. Vorentwürfe der Einzelstaaten

Die Erste Kommission nahm nicht nur auf das römische Recht, sondern auch auf die Vorentwürfe der Einzelstaaten als „neuere Kodifikationen" des 19. Jahrhunderts Bezug.[90] Diese zeigen Einflüsse sowohl des Naturrechts als auch des Gemeinen Rechts. Aufzeichnungen zu einer dem § 776 BGB vergleichbaren Regelung des (deutschen) Naturrechts existieren nicht. Das Gemeine Recht kannte jedoch entsprechende Institute, die der Darstellung der Vorentwürfe vorangestellt werden.

I. Exkurs: Gemeines Recht

Das Gemeine Recht (*ius commune*) ist das römische Recht, welches durch die Kommentatoren und Glossatoren bearbeitet, ab dem frühen 12. Jahrhundert europaweit gelehrt und angewandt wurde.[91] Dem Bürgen stand nach Gemeinem Recht weiterhin die Möglichkeit der Haftungsteilung zu, die auf Kaiser *Hadrian* zurückging (*beneficium divisionis*).[92] Machte er davon keinen Gebrauch, erwarb er durch das *beneficium cedendarum actionum* (s.o. B.I.1.) infolge der Zahlung an den Gläubiger dessen Klagerechte gegen weitere Sicherungsgeber. Anders als nach klassischem Recht erfolgte dies jedoch mittels Legalzession, so dass es eines vorherigen Abtretungsverlangens nicht bedurfte.[93]

---

90 Jakobs/Schubert, SR III, S. 512; vgl. auch Mugdan II (Motive), S. 379.

91 *Coing*, in: Ius Commune I, S. 5 ff.; vgl auch *Hähnchen*, Rechtsgeschichte Rn. 373; *Daniel*, Gemeines Recht (passim); weiterführend zur Entwicklung der Bürgschaft im frühen Mittelalter *Siems*, in: FS Bürge S. 101 ff.

92 *Siems*, in: FS Bürge, S. 101, 105; unter der Bedingung, dass alle Bürgen solvent waren, konnte jeder Mitbürge mittels Gestaltungsrecht vom Gläubiger vor Inanspruchnahme die Teilung der Haftung auf Kopfquoten verlangen, vgl. dazu oben B.II.2.

93 *Dernburg*, Pandekten, § 81 II Nr. 2; *ders.*, System des Römischen Rechts, § 338 II Nr. 2; *Girtanner*, Die Bürgschaft nach gemeinem Civilrechte, Buch I.2 S. 251 ff., *ders.*, Buch II S. 538; dahinter stand die Überlegung, dass der Bürge bei Zahlung kaum die Absicht habe, seinen Regress aufzugeben. Umgekehrt habe der Gläubiger durch einen endgültigen Untergang der weiteren Sicherungsrechte auch keinen erstrebenswerten Vorteil, sodass es gerechtfertigt erschien, in der Zahlung des Bürgen stets

Nach römischem Recht blieb die Haftung des Bürgen von der Aufgabe konkurrierender Kreditsicherheiten durch den Gläubiger unbeeinflusst.[94] In bewusster Abgrenzung hierzu sollte der Bürge nach einer späten Entwicklung des Gemeinen Rechts frei werden, wenn der Gläubiger die Regressrechte dem Bürgen entzogen „oder in ihrem Erfolg verkümmert hat".[95] Davon war auch ein fahrlässiger Verlust der Nebenrechte erfasst, beispielsweise die unterlassene Anmeldung des Anspruchs im Konkurs des Schuldners.[96]

Diese Abweichung begründete man auf unterschiedlicher Weise. Teilweise verallgemeinerte man den aus dem Bereich der Geschäftsbesorgung stammenden Grundsatz aus D. 46, 3, 95, 11 (Papinian)[97] und wandte diesen auch auf die Bürgschaft an.[98] *Arndts* verwies generell auf die allgemeine *bona fides*, welche (nun) auch im Rahmen der Bürgschaft zu beachten sei.[99] Diese Begründung erinnert an diejenige der Ersten Kommission im Rahmen der Diskussion zu § 679 E I.[100] *Girtanner* führte in Bezug auf die Aufgabe der Hauptschuld an, dass sich der Bürge unter der Bedingung verbürgt habe, bei der Befriedigung des Gläubigers dessen Rechte gegen den Schuldner zu erhalten. Dies ergebe sich aus der Einrede der Vorausklage.[101] Demgegenüber sei ein Freiwerden aus den bereits zum römischen Recht angeführten Gründen abzulehnen, wenn Ansprüche gegen Mitbürgen nicht übertragen werden könnten.[102]

---

auch ein Abtretungsbegehren zu sehen. Weiterhin sollte eine Gleichstellung mit dem Geschäftsbesorger erreicht werden.

94 S.o. B.IV.2.

95 *Dernburg*, Pandekten, § 82 Nr. 3; *ders.*, System des Römischen Rechts, § 339 Nr. 3; vgl. auch *Arndts*, Pandekten, § 357 Nr. 2 Anm. 2; *Girtanner*, Die Bürgschaft nach gemeinem Civilrechte, Buch II S. 470 f.; *Hasenbalg*, Die Bürgschaft des gemeinen Rechts, S. 404 ff., insb. Fn. 4 m.w.N.; *Meier*, Gesamtschulden, S. 1099 ff.; *Pfeiffer*, Nebenpflichten des Bürgschaftsgläubigers, S. 24.

96 Vgl. Ob.-Tribunal zu Stuttgart, 1845, dargestellt bei *Hasenbalg*, Die Bürgschaft des gemeinen Rechts, S. 404 Fn. 4.

97 S.o. B.IV.2.a.

98 Vgl. *Knütel*, in: FS Flume I, S. 559, 660; D. 46, 3, 95, 11 (Papinian) ist dargestellt unter B.IV.2.a.

99 *Arndts*, Pandekten, § 357 Nr. 2 Anm. 2; auf eine Übertragung des Grundsatzes für die Geschäftsbesorgung aus D. 46, 3, 95, 11 (Papinian) komme es daher gar nicht mehr entscheidend an; vgl. auch *Knütel*, in: FS Flume I, S. 559, 561; *La Baume*, Freiwerden des Bürgen, S. 32; *Meier*, Gesamtschulden, S. 1104; **a.A.** *Geib*, Römisches Bürgschaftsrecht, S. 180.

100 S.o. A.II.1.a.

101 *Girtanner*, Die Bürgschaft nach gemeinem Civilrechte, Buch II S. 483.

102 *Girtanner*, Die Bürgschaft nach gemeinem Civilrechte, Buch II S. 469.

Das dem § 776 S. 1 BGB zugrundeliegende Institut war daher jedenfalls in der Spätphase der Rezeption des Gemeinen Rechts bekannt. Aufschluss über den dahinterstehenden Schutzzweck oder den Ursprung gibt die Quellenlage jedoch nicht.

II. Vorentwürfe der deutschen Einzelstaaten

Viele Kodifikationen der deutschen Einzelstaaten des 19. Jahrhunderts enthielten Regelungen, wonach der Bürge durch die Aufgabe einer weiteren Kreditsicherheit durch den Gläubiger von seiner Haftung frei wurde. Diese unterscheiden sich jedoch hinsichtlich der tatbestandlichen Voraussetzungen sowie in deren Begründung.

1. Allgemeines Landrecht für die Preussischen Staaten von 1794

Das Allgemeine Landrecht für die Preussischen Staaten von 1794 (ALR) vereinigte Einflüsse sowohl des römischen Rechts als auch des Naturrechts.[103] Es enthielt folgende dem § 776 BGB vergleichbare Normen:

> I. 14 § 331 ALR: Auch kann der Gläubiger, während der Bürgschaft, der ihm, noch außer selbiger, von dem Hauptschuldner bestellten Sicherheit, ohne Genehmigung des Bürgen sich nicht begeben.
> I. 14 § 332 ALR: Thut er es dennoch, so wird er seines Rechts an den Bürgen verlustig.
> I. 14 § 333 ALR: So weit jedoch der Gläubiger überzeugend nachweisen kann, daß der Bürge durch Aufgebung der anderweitigen Sicherheit nicht verkürzt worden sey, ist er sich ferner an den Bürgen zu halten wohl befugt.
> I. 14 § 390 ALR: Dagegen werden durch die Entlassung Eines von mehreren Mitbürgen die Rechte und Verbindlichkeiten der übrigen, sowohl gegen den Entlassenen, als unter sich, nicht geändert.

Das ALR differenzierte zwischen dinglichen Sicherungsmitteln des Hauptschuldners einerseits und den Mitbürgen andererseits.[104] Nur wenn der Gläubiger ein Pfand des Schuldners aufgab, sollte der Bürge frei werden.[105] *Kayser* begründete dies damit, dass zwischen Mitbürgen kein obligatorisches Band und damit keine gegenseitige Vertretung bestünde.[106] Demgegenüber sind der Bürge

103 *Harke*, Römisches Recht, § 3 Rn. 6; Hattenhauer, Preussisches ALR, S. 3 ff. (Einführung I., III.); *Schlosser*, Rechtsgeschichte, 10. Kapitel Rn. 35 f.

104 Dazu sowie weiterführend zur Stellung von Mitbürgen nach dem ALR *Meier*, Gesamtschulden, S. 1106 f.

105 *Kayser*, in: Gruchot 21 (1877), 262 ff.; *Meier*, Gesamtschulden, S. 1106.

106 *Kayser*, in: Gruchot 21 (1877), 262, 264.

und der Hauptschuldner durch den Avalvertrag verbunden. Dies spricht dafür, dass die Vereinbarung zwischen Gläubiger und Hauptschuldner, eine Realsicherheit des Schuldners aus der Haft zu entlassen, als ein Fall der Kollusion zu Lasten des Bürgen verstanden wurde. Dieser Kollusionsgedanke ist mangels Vertrags zwischen Mitbürgen auf die rechtliche Beziehung der Mitbürgen zueinander nicht übertragbar.

2. *Österreichisches ABGB*

Die gemeinverständlichen Formulierungen des 1812 in Kraft getretenen österreichischen ABGB wurden zum Vorbild für nachfolgende Kodifikationen im deutschsprachigen Raum.[107] Das ABGB enthält folgende – bis heute unverändert gebliebene – Regelung:

> § 1360 ABGB: Wenn dem Gläubiger vor, oder bey Leistung der Bürgschaft noch außer derselben von dem Hauptschuldner, oder einem Dritten ein Pfand gegeben wird; so steht ihm zwar noch immer frey, den Bürgen der Ordnung nach (§ 1355) zu belangen; aber er ist nicht befugt, zu dessen Nachtheil sich des Pfandes zu begeben.

Nachträglich bestellte Sicherheiten sind ausdrücklich nicht erfasst. Das ABGB differenzierte wie das ALR zwischen Mitbürgen und sonstigen Kreditsicherheiten:

> § 1363 ABGB: Die Verbindlichkeit des Bürgen hört verhältnißmäßig mit der Verbindlichkeit des Schuldners auf. Hat sich der Bürge nur auf eine gewisse Zeit verpflichtet; so haftet er nur für diesen Zeitraum. Die Entlassung eines Mitbürgen kommt diesem zwar gegen den Gläubiger; aber nicht gegen die übrigen Mitbürgen zu Statten (§ 896).

§ 896 ABGB entspricht § 426 BGB. Durch § 1363 S. 2 ABGB (i.V.m. § 896 ABGB) kann der in Anspruch genommene Bürge folglich – gleichsam einem nicht sicherungsgebenden Gesamtschuldner – bei dem vom Gläubiger befreiten Mitbürgen Rückgriff nehmen.[108] Wegen des fortbestehenden Ausgleichsanspruchs bleibe dem Bürgen die Regressmöglichkeit erhalten. Das Aufgabeverbot erstrecke sich daher ausdrücklich nur auf dingliche Sicherungsgeber.[109] Diese Differenzierung entspricht derjenigen der heute herrschenden Meinung zu § 776 S. 1 BGB.[110] Zu beachten ist jedoch, dass § 776 S. 1 BGB – anders als §§ 1360, 1363 BGB – bereits dem Wortlaut nach auch die Aufgabehandlung bezüglich eines Mitbürgen erfasst. Dies spricht für eine bewusste Entscheidung

---

107 *Frohnecke*, ABGB, S. 120 f.
108 Vgl. auch *Meier*, Gesamtschulden, S. 1108.
109 *Meier*, Gesamtschulden, S. 1108.
110 Ausführlich unten Teil 2 C.III.

des deutschen Gesetzgebers, nicht zwischen Mitbürgen und dinglichen Sicherungsmitteln zu differenzieren.

3. *Hessischer Entwurf von 1853*

Auch der Hessische Entwurf[111] von 1853 differenzierte zwischen Mitbürgen und sonstigen Sicherungsgebern:

> Art. 350 HessE: Hat der Gläubiger Einem von mehreren Mitbürgen die Verbindlichkeit erlassen, so haften die übrigen Mitbürgen für die Hauptschuld fort. Sie können jedoch wegen des Theils, welchen der seiner Verbindlichkeit enthobene Bürge zur Tilgung der Hauptschuld beizutragen verpflichtet gewesen wäre, nicht in Anspruch genommen werden. Auch muß das, was ein Bürge, zur Erwirkung der Befreiung von seiner Bürgschaft, dem Gläubiger geleistet hat, auf die Schuld angerechnet werden, und dem Hauptschuldner und den übrigen Mitbürgen zu Statten kommen.
> Art. 611 HessE: Gibt der Gläubiger während der Dauer der Bürgschaft die mit seiner Forderung verbundenen Unterpfands- und Vorzugsrechte ohne Einwilligung des Bürgen auf, so wird der Letztere von seiner Verbindlichkeit insoweit befreit, als der Gläubiger nicht nachzuweisen im Stande ist, daß der Bürge durch Aufgebung jener Unterpfands- und Vorzugsrechte nicht verkürzt worden sey.

Ohne die Norm des Art. 350 HessE könnte der nicht befreite Bürge beim Mitbürgen aufgrund des Gesamtschuldnerausgleichs (vergleichbar dem § 426 BGB) weiterhin Regress nehmen.[112] Art. 350 HessE soll gewährleisten, dass die Begünstigung des befreiten Mitbürgen nicht dadurch wieder beseitigt wird. Aus diesem Grund wird der nicht durch die Aufgabehandlung begünstigte Bürge anteilig frei. Dies zeigt einen zum ALR und zum ABGB gegenteiligen Ansatz. Während die beiden genannten Rechtsordnungen ein Freiwerden des Bürgen wegen der Rückgriffsmöglichkeit im Innenverhältnis der Mitbürgen ablehnen, wird der Bürge gem. Art. 350 HessE frei, gerade damit der Anspruch im Innenverhältnis erlischt.

Art. 611 HessE wird demgegenüber mit der Erwartung des Bürgen im Hinblick auf einen späteren Rückgriff begründet. Gem. Art. 603 HessE konnte der zahlende Bürge vergleichbar dem § 774 BGB Regress beim Hauptschuldner und weiteren Sicherungsgebern nehmen. Die Begründung liegt darin, dass er dies bei Eingehung der Bürgschaft vor Augen gehabt habe. Daher dürfe der Gläubiger weder durch eine Handlung noch ein Unterlassen die Gefahr begründen, dass

---

111 Abgedruckt bei Schubert, Entwurf eines bürgerlichen Gesetzbuchs für das Großherzogthum Hessen I (Gesetzesentwurf).

112 Dazu und zum Folgenden Schubert, Motive HessE, S. 175.

dieses Recht des Bürgen vereitelt oder geschmälert wird.[113] Zum Ursprung dieses Gedankens lassen sich aus den Motiven keine Erkenntnisse gewinnen.

4. *Bayerischer Entwurf von 1861*

Der Bayerische Entwurf von 1861 differenziert vergleichbar dem ALR zwischen Mitbürgen und vom Schuldner gestellten Sicherheiten:

> Art. 892 BayE: Gibt der Gläubiger während der Dauer der Bürgschaft die ihm bereits vor deren Eingehung vom Schuldner gewährte anderweitige Sicherheit für die Forderung auf, so wird der Bürge von seiner Verbindlichkeit auf jenen Betrag befreit, auf welchen durch die aufgehobene Sicherheit die Forderung des Gläubigers gegen den Schuldner gedeckt war.

Der Bürge wurde demnach nur frei, wenn der Gläubiger Sicherheiten des Hauptschuldners freigab, die *vor* Abschluss des Bürgschaftsvertrages bereits bestanden.[114] Der Verzicht auf eine Mitbürgschaft dürfte daher im Umkehrschluss nicht erfasst gewesen sein.[115] Die Motive zu Art. 892 BayE bieten keine Anhaltspunkte zur Normherkunft, hinsichtlich Art. 879 BayE (entspricht § 774 BGB) wird jedoch ausdrücklich Bezug auf die neuere Gesetzgebung (insbesondere I. 14 §§ 351 ff. ALR sowie Art. 2029 CC a.F.) genommen.[116]

5. *BGB des Königreichs Sachsen*

Gem. § 1466 BGB Kgr. Sachs erlosch die Verbindlichkeit des Bürgen, sofern ihm die Rechtswohltat der Vorausklage oder der Rückgriffsanspruch gegen den *Hauptschuldner* durch ein Verschulden des Gläubigers verloren ging.[117] Eine

---

113 Schubert, Motive HessE, S. 235.

114 Zum ALR s.o. C.II.1.; im Ergebnis für den BayE ebenso *Meier*, Gesamtschulden, S. 1131.

115 So auch *Meier*, Gesamtschulden, S. 1136.

116 Francke, Motive BayE, S. 569 f.

117 § 1466 BGB Kgr. Sachs: Die Bürgschaft erlöscht, wenn und soweit dem Gläubiger eine Verschuldung zur Last fällt, durch welche dem Bürgen die Rechtswohltat der Vorausklage oder der Rückanspruch an den Hauptschuldner vereitelt wird, insbesondere wenn der Gläubiger verschuldet, daß er von dem Hauptschuldner Befriedigung nicht erlangen kann, oder wenn er dem Hauptschuldner nach Ablauf der ursprünglich bestimmten Erfüllungszeit unter Verhältnissen Stundung giebt, unter welchen vorherzusehen ist, daß derselbe in Vermögensverfall gerathen werde. Vgl. dazu auch *Fontaine*, Diligenzpflichten des Gläubigers gegenüber dem Bürgen, S. 24.

vergleichbare Norm für die Aufgabe eines weiteren Sicherungsmittels kannte das BGB Kgr. Sachs hingegen nicht.

6. *Dresdener Entwurf*

Gem. Art. 940 des Dresdener Entwurfs von 1866[118] (DresdE) gingen bei Befriedigung des Gläubigers dessen Ansprüche sowohl gegen den Hauptschuldner als auch gegen konkurrierende Sicherungsgeber auf den Bürgen über. Dies geschah durch Legalzession[119] und unabhängig vom Willen des Hauptschuldners. Die Rechtslage ist insoweit mit der des § 774 BGB vergleichbar. Art. 948 DresdE normierte ein Freiwerden des Bürgen für den Fall der Aufgabe weiterer Sicherungsrechte durch den Gläubiger wie folgt:

> Art. 948 DresdE: Hat der Gläubiger durch seine Verschuldung den Uebergang der im Art. 940 bezeichneten Rechte auf den Bürgen unmöglich gemacht, insbesondere Pfandrechte oder eine sonstige Sicherheit, welche bereits zur Zeit der Bürgschaftsleistung für die Hauptschuld bestellt waren, ohne Einwilligung des Bürgen aufgegeben, oder hat er die Erfolglosigkeit der Geltendmachung der auf den Bürgen übergehenden Rechte verschuldet, so wird der Letztere von seiner Verbindlichkeit insoweit befreit, als die Forderung gegen den Hauptschuldner durch die gedachten Rechte gedeckt war. Hat der Gläubiger die Erfolglosigkeit der Ausklagung des Hauptschuldners verschuldet, so wird der Bürge von seiner Verbindlichkeit insoweit befreit, als der Gläubiger ohne diese Verschuldung von dem Hauptschuldner hätte Befriedigung erlangen können.

Der Norm liegt die Überlegung zugrunde, dass zwischen Bürgen und Gläubiger ein Vertrag bestehe, der auch (Neben-) Pflichten des Gläubigers begründe.[120] Diese bestünden unter anderem darin, dem Bürgen nach dessen Leistung alle Gläubigerrechte abzutreten. Daraus folge, dass der Gläubiger vom Bürgen keine Zahlung verlangen könne, wenn er zuvor die Zession und damit den Anschlussregress des Bürgen vereitelte.[121] An dieser Wechselbeziehung änderte sich aus Sicht der Verfasser nichts durch die Tatsache, dass der DresdE nun – anders als das römische Recht – eine Legalzession normierte.[122] Dieses gegenseitige Element sei allerdings restriktiv auszulegen, es bleibe bei dem Grundsatz, dass

118 Abgedruckt in: Francke, Dresdener Entwurf eines allgemeinen deutschen Gesetzes über Schuldverhältnisse von 1866 (Neudrucke privatrechtlicher Kodifikationen und Entwürfe des 19. Jahrhunderts, Band 2).

119 Protokolle DresdE, S. 4306, 4591 ff.

120 Protokolle DresdE, S. 3474 f.

121 Protokolle DresdE, S. 3476; Schubert, Vorentwürfe SR III, S. 486.

122 Protokolle DresdE, S. 3475.

der Bürgschaftsvertrag mit Ausnahme des Art. 948 DresdE keine Pflichten des Gläubigers begründe.[123] Aus der Begründung zu Art. 948 S. 2 DresdE ergibt sich zudem, dass schon eine bloße Verzögerung des Gläubigers, welche die Einrede der Vorausklage des Bürgen bedroht, eine Befreiung des Bürgen bewirkt. Aktives Tun ist dafür nicht zwingend erforderlich.[124] Diese Auslegung kann wohl auch auf Satz 1 übertragen werden, da dessen Wortlaut zwei Handlungsalternativen des Gläubigers erfasst („aufgeben" sowie „Erfolglosigkeit ... verschuldet"). Der Wortlaut der Norm spricht für ein unmittelbares Freiwerden des Bürgen (ipso iure). Ausweislich der Protokolle soll Art. 948 DresdE jedoch bloß eine Einrede des Bürgen darstellen.[125]

Zu § 776 S. 1 BGB wird mehrheitlich vertreten, dass die Norm nicht anwendbar sei, wenn dem Bürgen nach der Aufgabehandlung des Gläubigers noch der Anspruch aus eigenem Recht verbleibe.[126] Demgegenüber spricht der Wortlaut des Art. 948 DresdE dafür, dass für ein Freiwerden des Bürgen einzig der Verlust des Anspruchs aus dem übergegangenen Recht maßgeblich ist. Denn der Gläubiger musste den „Uebergang der im Art. 940 bezeichneten Rechte auf den Bürgen unmöglich gemacht" haben. Auch das Satzende nimmt ausdrücklich Bezug auf die „übergehenden Rechte".

Fraglich ist hingegen der Anknüpfungspunkt des Art. 948 DresdE. Zwar weist der DresdE insgesamt Einflüsse des Gemeinen Rechts auf.[127] Allerdings schloss Art. 1 DresdE ausdrücklich dessen subsidiäre Anwendung aus.[128] Auch das preußische ALR, der BayE und auch der Code Civil wirkten sich auf das Gesetzgebungsverfahren aus.[129] Die Materialien zu Art. 948 DresdE belegen, dass die Norm inhaltlich über das römische Recht hinausgehen sollte.[130] Für die Bürgschaft orientierte man sich am ABGB, dem ALR und dem Code Civil.[131] Gesicherte Erkenntnisse zum konkreten Ursprung der Vorschrift lassen sich den Materialien nicht entnehmen.

---

123 Protokolle DresdE, S. 3475 f.

124 Protokolle DresdE, S. 3476.

125 Protokolle DresdE, S. 3475, 3495.

126 S.u. Teil 2 C.III.

127 *Hedemann*, Dresdner Entwurf, S. 20.

128 Protokolle DresdE, S. 43; *Hedemann*, Dresdner Entwurf, S. 21; gleichwohl bezog sich die Praxis bzgl. Art. 948 DresdE stark auf D. 46, 3, 95, 11 (Papinian), vgl. Schubert, Vorentwürfe SR III, S. 486.

129 *Hedemann*, Dresdner Entwurf, S. 23.

130 Protokolle DresdE, S. 3475.

131 Protokolle DresdE, S. 3493.

7. Ergebnis

Sämtliche soeben dargestellten Vorentwürfe, mit Ausnahme des BGB Kgr. Sachs, enthielten Vorschriften, die eine Haftungsbefreiung des Bürgen vorsah. Dieser Umstand unterscheidet sie vom klassischen römischen Recht, welches dem Gläubiger die sanktionslose Aufgabe weiterer Kreditsicherheiten gestattete (s.o. B.IV.). Die Motive der vorstehenden Kodifizierungen schweigen jedoch zur Herkunft dieses Instituts. Zudem unterscheiden sie sich hinsichtlich ihrer Tatbestandsvoraussetzungen und Rechtsfolgen. Es liegt daher nahe, dass es sich um unterschiedliche Adaptionen eines bereits bekannten Rechtsgedanken handelt. Insbesondere die Motive des DresdE und des BayE nehmen im Bereich der Bürgschaft auf den Code Civil Bezug. Auch die Begründung des Art. 611 HessE entspricht der Argumentation zu Art. 2314 CC (dazu sogleich). Vor allem aber der Wortlaut des Art. 2314 CC (bis 2006: Art. 2037 CC a.F.) ist mit denen einiger deutscher Vorentwürfe vergleichbar:

> Art. 2314 CC: La caution est déchargée, lorsque la subrogation aux droits, hypothèques et privilèges du créancier, ne peut plus, par le fait de ce créancier, s'opérer en faveur de la caution. Toute clause contraire est réputée non écrite.[132]

Zur Erforschung des geisteswissenschaftlichen Ursprungs des § 776 BGB soll daher nachfolgend das französische Recht untersucht werden.

D. Code Civil

I. Einleitung

Als Grundlage für die Beratungen der Ersten Kommission zu § 776 BGB diente Art. 948 DresdE. Die Norm sowie einige andere vergleichbare Regelungen einzelner Vorentwürfe weisen ihrerseits Parallelen zu Art. 2314 CC auf.[133] Darüber hinaus wurde der Code Civil bis zum Inkrafttreten des BGB in einigen westdeutschen Territorien des Rheinlands angewandt. Der Einfluss im Bereich des Kredit(sicherungs)rechts resultiert letztlich aus dem Umstand, dass das französische Bankrecht gegen Ende des 19. Jahrhunderts als besonders modern galt.[134] Dies

---

132 Eigene Übersetzung: „Der Bürge wird befreit, wenn die Subrogation in die Rechte, Hypotheken und Privilegien des Gläubigers durch eine Handlung des Gläubigers nicht mehr zugunsten des Bürgen wirken. Jedwede anderslautende Vereinbarung ist unwirksam."

133 S.o. Teil 1 Einleitung sowie unter C.II.

134 Zum französischen Bankrecht im 19. Jahrhundert und dessen Einfluss auf die entsprechende deutsche Rechtsentwicklung vgl. *Deumer*, Die Verstaatlichung des Kredits,

spricht dafür, dass der Code Civil die Entstehung des BGB jedenfalls mittelbar über die Vorentwürfe beeinflusste.[135]

Der Code Civil trat 1804 in Kraft. Zuvor zeigte sich die Rechtsanwendung in Frankreich vergleichbar mit derjenigen in den deutschen Gebieten. Einerseits wandte man das römische Recht, welches durch die Glossatoren und Kommentatoren für die Anwendung im Mittelalter ergänzt und bearbeitet wurde (Gemeines Recht), weiter an (*droit écrit*).[136] Andererseits beruhte die Rechtsanwendung in den Gebieten Frankreichs, die weniger stark unter römischer Herrschaft standen, zudem noch auf lokalem Natur- beziehungsweise Gewohnheitsrecht (*droit coutumier*).[137] Allerdings romanisierte sich auch dieses im Laufe der Zeit.[138] Daher näherten sich die Rechtssysteme an. Diese Entwicklung mündete schließlich 1804 in der Kodifikation des Code Civil.[139] *Napoleon Bonaparte* schuf damit ein einheitliches Zivilgesetzbuch, welches sowohl Einflüsse des römischen Rechts als auch des französischen Naturrechts verband.[140] Den Grundstein für diese Verbindung legten unter anderem die Arbeiten von *Pothier*[141] und *Domat*[142] im 17. und 18. Jahrhundert. Sie schufen eine Neuordnung des römischen Rechtsstoffs mittels des naturrechtlichen Gedankenguts.[143]

S. 25 f.; *Gömmel*, in: Deutsche Börsengeschichte, S. 133, 145; *Hattenhauer*, Europäische Rechtsgeschichte, Rn. 1869 ff.

135 So im Ergebnis auch *Hähnchen*, Rechtsgeschichte, Rn. 539; *Meder*, Rechtsgeschichte, S. 290 f.; *Ranieri*, in: Schubert/Schmoeckel, 200 Jahre Code civil, S. 85, 90 ff.

136 *Harke*, Römisches Recht, § 3 Rn. 7; *Meder*, Rechtsgeschichte, S. 197 ff., 200 ff.; *Schlosser*, Privatrechtsgeschichte, S. 125 f.; siehe zum gemeinen Recht unter C.I.

137 Vgl. für Frankreich insb. *Hähnchen*, Rechtsgeschichte, Rn. 536; *Harke*, Römisches Recht, § 3 Rn. 7; *Luig*, in: Ius Commune I, S. 201; *Meder*, Rechtsgeschichte, S. 200 ff., 287 ff.; *Peters*, Der „germanische" Code civil, S. 10 f.; *Schlosser*, Privatrechtsgeschichte, S. 126; *ders.*, Rechtsgeschichte, 10. Kapitel Rn. 65; allgemein *Coing*, in: Ius Commune I, S. 23.

138 *Coing*, in: Ius Commune I, S. 6; *Harke*, Römisches Recht, § 3 Rn. 7.

139 Welcher zu Ehren seines Initiators bisweilen auch *Code Napoleon* genannt wird (offiziell nur zwischen 1807 – 1814), *Halpérin*, in: Schubert/Schmoeckel, 200 Jahre Code civil, S. 73 ff.; *Ranieri*, in: Schubert/Schmoeckel, 200 Jahre Code civil, S. 85 ff.; *Meder*, Rechtsgeschichte, S. 268; *Schlosser*, Rechtsgeschichte, 10. Kapitel Rn. 67.

140 *Hähnchen*, Rechtsgeschichte, Rn. 536 ff.; *Harke*, Römisches Recht, § 3 Rn. 7; *Kremer*, Die Mitbürgschaft, S. 50 f.; *Peters*, Der „germanische" Code civil, S. 49 ff., 118 ff.

141 *Robert-Joseph Pothier*, * 09.01.1699 (Orléans), † 02.03.1772 (ebenda).

142 *Jean Domat*, * 30.11.1625 (Clermont), † 14.03.1696 (Paris).

143 *Harke*, Römisches Recht, § 3 Rn. 4, 7.

> *Laurent*, principes de droit civil français, Rn. 304: „Quelle est la tradition du code? Personne ne l'ignore, et on ne saurait le contester, la tradition pour les auteurs du code se résume dans Pothier; [...]"[144]

Erst diese umfangreiche Aufarbeitung und Systematisierung der genannten beiden Rechtssysteme ermöglichte es der Viererkommission unter *Jean-Ètienne-Marie Portalis*, den Code Civil in nur vier Monaten zu erstellen.[145]

II. Französisches Naturrecht, insbesondere *Pothier* und *Domat*

Nachfolgend wird daher zunächst das französische Bürgschaftsrecht im Hinblick auf die Regressmöglichkeiten des Bürgen und die Folgen einer Regressvereitelung durch den Gläubiger dargestellt, wie es sich nach den Werken *Pothiers* und *Domats* bis zum Inkrafttreten des Code Civil im Jahr 1804 gestaltete.

1. Haftungsverhältnis von Mitbürgen

Hatten sich für eine Schuld mehrere Bürgen verbürgt, so haftete jeder dieser Bürgen gegenüber dem Gläubiger grundsätzlich als Gesamtschuldner in voller Höhe.[146] Es stand im Ermessen des Gläubigers, welchen Sicherungsgeber er in Anspruch nahm. Das Zahlungsverlangen gegenüber einem Mitbürgen berührte nicht die Haftung des jeweils anderen.[147] Nach römischem Recht konnte ein Bürge unter der Voraussetzung, dass alle Mitbürgen solvent waren, durch Gestaltungsrecht gegenüber dem Gläubiger die gesamtschuldnerische Haftung in eine solche nach Kopfquoten teilen (*beneficium divisionis*).[148] Dieses Recht hatte der Bürge auch nach französischem Recht weiterhin.[149] Die Möglichkeit der Teilung

---

144 Eigene Übersetzung: „Was ist die Tradition des Codes? Niemand ignoriert es, und wir können es nicht bestreiten, die Tradition für die Autoren des Codes verkörpert sich in Pothier; [...]".

145 *Harke*, Römisches Recht, § 3 Rn. 4, 7; *Peters*, Der „germanische" Code civil, S. 12 f.; *Schlosser*, Privatrechtsgeschichte, S. 130; *ders.*, Rechtsgeschichte, 10. Kapitel Rn. 67.

146 *Pothier*, Traité des Obligations, Rn. 416: „Lorsque plusieurs personnes se rendent cautions d'un débiteur principal pour la même dette, elles sont censées s'obliger chacune à toute la dette.", eigene Übersetzung: „Wenn mehrere Personen einem Hauptschuldner für die gleiche Schuld bürgen, sollen jeder von ihnen verpflichtet sein, die gesamte Schuld zu bezahlen." So auch *Domat*, Les Loix Civiles II, S. 272.

147 *Domat*, Les Loix Civiles II, S. 287; dies war nach klassischem römischen Recht noch anders, s.o. B.III. (Fn. 76).

148 Dazu oben B.IV.3.

149 *Domat*, Les Loix Civiles II, S. 281; *Pothier*, Traité des Obligations, Rn. 416.

stand einfachen (nicht sicherungsgebenden) Gesamtschuldnern allerdings ausdrücklich nicht zu.[150] Folglich hafteten Mitbürgen zwar nach den Regeln der Gesamtschuld. Sie waren durch das zusätzliche Gestaltungsrecht jedoch bessergestellt als einfache Gesamtschuldner.

2. *Rückgriffsrechte des Bürgen kraft eigenen Rechts*

Das französische Recht räumte dem Bürgen stets einen eigenen Rückgriffsanspruch gegen den Hauptschuldner ein, welcher unabhängig vom Rechtsgrund der Verbürgung war.[151] Befriedigte der Bürge den Gläubiger, konnte er daneben auch bei Mitbürgen anteiligen Ersatz verlangen. Nach römischem Recht war dies einzig mittels des zedierten Gläubigeranspruchs möglich.[152] Demgegenüber nahm *Pothier* in bewusster Abgrenzung dazu ein Forderungsrecht des Bürgen aus eigenem Recht gegen Mitbürgen an.[153] Dies wurde damit begründet, dass auch die Mitbürgen zur Leistung verpflichtet waren. Zahlte ein Bürge den vollen Betrag, habe er daher auch ihr Geschäft geführt.[154] Folglich profitierten auch die Mitbürgen durch die Befriedigung des Gläubigers. Diese Argumentation zeigt, dass *Pothier* für die Rechtsbeziehung im Innenverhältnis von Mitbürgen die Grundsätze der Geschäftsführung ohne Auftrag zugrunde legte.[155]

3. *Zusätzlicher Erwerb der Gläubigerrechte (*subrogation*)*

Zusätzlich zum vorgenannten Rückgriffsanspruch aus eigenem Recht konnte der zahlende Bürge vom Gläubiger die Abtretung seiner Klagerechte sowohl gegen den Hauptschuldner als auch gegen die übrigen Sicherungsgeber (in Höhe der jeweils auf sie entfallenden Haftungsquote) verlangen (*subrogation*).[156] Dieser

---

150 *Pothier*, Traité des Obligations, Rn. 270.

151 *Pothier*, Traité des Obligations, Rn. 430; so auch *Domat*, Les Loix Civiles II, S. 275, 280.

152 S.o. B.I.1.

153 *Pothier*, Traité des Obligations, Rn. 446: „Au contraire nos jurisconsultes françois ont pensé que la caution qui a payé toute la dette, peut, sans subrogation d'actions, en répéter une part de chacun de ses cofidéjusseurs.", eigene Übersetzung: „Im Gegenteil [zum römischen Recht, *Anm. d. Verf.*], unsere französischen Juristen waren der Meinung, dass der Bürge, der die gesamte Schuld beglichen hat, ohne Abtretung von Klagen einen Teil davon von jedem seiner Mitbürgen fordern kann."

154 *Pothier*, Traité des Obligations, Rn. 446.

155 So auch *Meier*, Gesamtschulden, S. 1112.

156 *Pothier*, Traité des Obligations, Rn. 280, die Passage betrifft sowohl die Gesamtschuld als auch die Bürgschaft, was sich unmittelbar aus deren letzten Absatz ergibt („...qu'un codébiteur solidaire, de même que les cautions, ...") sowie Rn. 556; *Domat*, Les Loix

Anspruch auf die Zession bestand nach *Pothier* in Übereinstimmung mit dem römischen Recht.[157] Der Gläubiger konnte die Abtretung nicht verweigern, da der Bürge an dieser wegen seiner Zahlungspflicht – anders als ein unbeteiligter Dritter – ein berechtigtes Interesse hatte.[158] Dabei ordnete *Pothier* die *subrogation* in den zeitgenössischen naturphilosophischen Gerechtigkeitsbegriff ein. Die Pflicht zur Abtretung gründe auf dem Gerechtigkeitsprinzip:[159]

> *Pothier*, Traité des Obligations, Rn. 556: „Cette obligation du créancier de céder ses actions est fondée sur cette règle d'équité, qu'étant obligés d'aimer tous les hommes, nous sommes obligés de leur accorder toutes les choses qu'ils ont intérêt d'avoir, lorsque nous pouvons les leur accorder sans qu'il nous en coûte rien."[160]

Dem liegt folgende Überlegung zugrunde. Befriedigt der Bürge den Gläubiger, hat der Sicherungsnehmer kein Interesse mehr an der Forderung gegen den Hauptschuldner oder gegen Mitbürgen. Daher stellt es für ihn keinen Nachteil dar, diese Rechte auf den Bürgen zu übertragen. Auch der Hauptschuldner und der weitere Sicherungsgeber sind durch die Zession nicht beeinträchtigt. Demgegenüber bedeutet es für den zahlenden Bürgen eine Verbesserung seiner Lage, da seine Rückgriffsmöglichkeiten verstärkt werden. Der Gläubiger darf daher nicht auf Kosten des Bürgen durch die verbleibenden Regressrechte ohne Rechtsgrund bereichert werden. Er hat kein Recht darauf, dem Bürgen die

---

Civiles II, S. 280; vgl. ausdrücklich für die Bürgschaft *Pothier*, Traité des Obligations, Rn. 428: „Un troisième bénéfice que les lois accordent au fidéjusseur, c'est que lorsqu'il paye, il peut requérir le créancier de le subroger à tous ses droits, actions et hypothèques, tant contre le débiteur principal qu'il a cautionné, que contre toutes les autres personnes qui sont tenues de cette dette.", eigene Übersetzung: „Ein dritter Vorteil, den die Gesetze dem Bürgen gewähren, ist, dass er, wenn er zahlt, vom Gläubiger verlangen kann, ihm alle Rechte, Handlungen und Hypotheken zu übertragen, sowohl gegen den Hauptschuldner, für den er gebürgt hat, als auch gegen alle anderen Personen, die an diese Schuld gebunden sind."; der Begriff der *subrogation* wurde teilweise sogar noch Anfang des 20. Jahrhunderts für das deutsche Recht verwendet, vgl. *Heck*, Grundriß des Schuldrechts, § 127 Nr. 7.

157 *Pothier*, Traité des Obligations, Rn. 428, vgl. auch Rn. 556. Zum römischen Recht s.o. B.I.1.

158 *Pothier*, Traité des Obligations, Rn. 556.

159 Vgl. auch *Meier*, Gesamtschulden, S. 1111.

160 Eigene Übersetzung: „Diese Verpflichtung des Gläubigers, seine Ansprüche abzutreten basiert auf diesem Gerechtigkeitsprinzip, der uns verpflichtet, alle Menschen zu lieben, wir sind verpflichtet, ihnen all die Dinge geben, an denen sie ein Interesse haben, wenn wir sie ihnen geben können, ohne dass es uns etwas kostet."

Zession nach dessen Aufforderung zu verweigern. Zentraler Grund für die *subrogation* ist daher die Abwesenheit von Einwendungen gegen das Abtretungsverlangen auf Seiten des Gläubigers.

Sowohl *Pothier* als auch *Domat* diskutieren im Zusammenhang mit der *subrogation* die Frage, ob die Leistung des Bürgen einen automatischen Forderungsübergang bewirke. Dafür spreche die Überlegung, dass der zahlende Bürge regelmäßig ein Interesse an der *subrogation* habe.[161] Nach römischem Recht musste der Bürge die Abtretung jedoch ausdrücklich bei Zahlung an den Gläubiger verlangen. Tat er dies nicht, erlosch sein Anspruch darauf.[162] Gleiches sahen *Domat* und *Pothier* auch weiterhin für das französische Recht als verbindlich an. Die Erfüllung der Hauptschuld führe zu dem Erlöschen der Forderungen. Eine *subrogation* sei daher nicht mehr möglich.[163] *Domat* bejaht eine Legalzession zwar für das Hypothekenrecht, lehnt sie jedoch für die Bürgschaft ab.[164] Auch *Pothier* sieht in der Zession lediglich eine „Möglichkeit", die der Bürge aktiv geltend machen musste.[165] Dieser Gedanke fügt sich in den soeben dargestellten Rechtsgrund des Forderungsübergangs, welcher in dem Fehlen von Einwendungen des Gläubigers gegen das Abtretungsverlangen begründet liegt, ein. Der Gläubiger muss die Rechte übertragen, sofern der Bürge dies verlangt. Erfolgt dies jedoch nicht, bleibt ohne Erlöschen der Ansprüche für sämtliche

161 Diesbezüglich nimmt *Pothier* Bezug auf die Überlegung *Charles Dumoulins*, * 1500 (Paris), † 28.12.1566 (ebenda), dass niemand im Zweifel auf sein Recht verzichtet; weiterführend zu *Dumoulin* vgl. *Gamillscheg*, Der Einfluß Dumoulins auf die Entwicklung des Kollisionsrechts (passim).

162 S.o. B.I.1.

163 *Pothier*, Traité des Obligations, Rn. 280.

164 *Domat*, Les Loix Civiles II, S. 229 (Hypothekenrecht); *ders.*, Les Loix Civiles II, S. 280 ff. (Bürgschaftsrecht).

165 *Pothier*, Traité des Obligations, Rn. 280: „En vain dit-on, pour l'opinion de Dumoulin, que le débiteur solidaire ayant le droit de se faire subroger aux actions du créancier contre ses codébiteurs ne doit pas être présumé avoir renoncé à ce droit, personne n'étant présumé renoncer à ses droits. La réponse est, que ce droit consistant dans une simple faculté qu'il a de requérir la subrogation, dont il peut user ou ne pas user, il ne suffit pas qu'il ne soit pas présumé avoir renoncé à son droit; il faut qu'il paroisse avoir usé de cette faculté; ce qui ne paraît pas, s'il ne l'a point déclaré.", eigene (leicht verkürzte) Übersetzung: „Was die Meinung Dumoulins angeht, dass niemand im Zweifel auf sein Recht verzichtet, so ist zu sagen, dass es sich bei der Subrogation [=Zession, *Anm. d. Verf.*] um eine Möglichkeit (eine Option) handelt, die der Gesamtschuldner nicht ausüben muss. Es genügt nicht, dass er auf dieses Recht nicht verzichtet hat. Er muss es positiv ausüben."

Beteiligten unklar, ob die Forderung noch beim Gläubiger besteht oder auf den Bürgen übergegangen ist. Allerdings könne ein Bürge, der die Geltendmachung der *subrogation* versäumt habe, weiterhin aus eigenem Recht gegen den Hauptschuldner vorgehen.[166]

4. *Einwirkungen des Gläubigers auf die Hauptschuld*

Ein Bürge haftete akzessorisch für eine konkrete Hauptschuld. Gab der Gläubiger die Hauptschuld auf, erlosch die Verbindlichkeit des Bürgen daher bereits aufgrund des Akzessorietätsgrundsatzes.[167]

5. *Einwirkungen des Gläubigers auf konkurrierende Sicherheiten*

Nach römischem Recht konnte der Bürge dem Zahlungsverlangen des Gläubigers dessen Pflicht zur Abtretung der Klagerechte gegen den Hauptschuldner und Mitbürgen zwar einredeweise entgegenhalten (*exceptio cedendarum actionum*).[168] Eine aktive Aufgabe weiterer Sicherungsrechte durch den Gläubiger befreite den Bürgen jedoch nicht von seiner Haftung.[169] *Pothier* geht insoweit ausdrücklich auf die Frage ein, ob der Gläubiger seinen Anspruch durch die *exceptio cedendarum actionum* gegen einen Bürgen auch dann verliert, wenn er sich durch seine eigene Handlung außerstande gesetzt hatte, dem Bürgen sein Klagerecht abzutreten.[170]

---

166 *Pothier*, Traité des Obligations, Rn. 430: „Après que la caution a payé, si elle s'est fait subroger aux droits et actions du créancier, elle peut les exercer contre le débiteur, comme le créancier auroit pu faire lui-même. Si elle a négligé d'acquérir cette subrogation, elle ne laisse pas d'avoir de son chef une action contre le débiteur principal, pour se faire rembourser de ce qu'elle a payé pour lui.", eigene Übersetzung: „Wenn der Bürge gezahlt hat und sich vom Gläubiger subrogieren ließ, kann er gegen den Hauptschuldner vorgehen, ebenso wie es der Gläubiger zuvor selbst konnte. Versäumt er es hingegen die Subrogation zu erwerben, hört er nicht auf, aus eigenem Recht eine Klage gegen den Hauptschuldner zu haben, um Ausgleich für seine Zahlung zu erlangen."

167 *Pothier*, Traité des Obligations, Rn. 557.

168 S.o. B.I.1.

169 S.o. B.IV.2.

170 *Pothier*, Traité des Obligations, Rn. 557.

a. *Keine Anwendung der Grundsätze aus dem Bereich der Geschäftsbesorgung*

Im Bereich der Geschäftsbesorgung existierte mit D. 46, 3, 95, 11 (Papinian) eine Regelung, die ein entsprechendes Freiwerden anordnete.[171] Eine analoge Anwendung auf die Bürgschaft lehnte *Pothier* jedoch ab. Denn einerseits kenne das römische Bürgschaftsrecht keine vergleichbare Anordnung. Andererseits handele es sich bei der Geschäftsbesorgung um einen gegenseitigen Vertrag. Dieser begründe Pflichten für den Gläubiger, welche jedoch nicht auf den nur einseitig begünstigenden Bürgschaftsvertrag übertragbar seien.[172] Ein Freiwerden des Bürgen könne daher nur aufgrund von Gerechtigkeitsprinzipien geboten sein.

b. *Freiwerden des Bürgen aufgrund des Vertrauensschutzes*

Weder schützte die *exceptio cedendarum actionum* den Bürgen nach klassischem römischen Recht vor der Aufgabe weiterer Sicherungsmittel durch den Gläubiger, noch sah *Pothier* eine entsprechende Regelung aus dem Bereich der Geschäftsbesorgung als übertragbar auf das Bürgschaftsrecht an.[173] Gleichwohl durfte ein Gläubiger, der sich selbst außerstande gesetzt hatte, dem Bürgen seine Klagerechte gegen andere Sicherungsgeber abzutreten, den Bürgen nicht mehr in Anspruch nehmen:

---

171 S.o. B.IV.2.a.

172 *Pothier*, Traité des Obligations, Rn. 557: „On ne peut pas dire de même à l'égard d'un fidéjusseur, que le créancier ait contracté envers lui l'obligation de lui conserver et de lui céder ses actions; le cautionnement est un contrat unilatéral par lequel il n'y a que la caution qui s'oblige. Si le créancier est obligé de céder ses actions au fidéjusseur lors du paiement qu'il lui fait, ce n'est que la seule équité qui l'y oblige, parcequ'il n'a aucun intérêt de les refuser; mais il ne doit être obligé de les céder qu'autant qu'il les a, et telles qu'il les a; et on ne doit pas lui imputer s'il ne les a pas conservées, et s'il s'est mis hors d'état de les pouvoir céder.", eigene Übersetzung: „Es lässt sich aber nicht über die Bürgschaft sagen, dass eine Verpflichtung des Gläubigers besteht, dem Bürgen Klagerechte zu erhalten und abzutreten; denn die Bürgschaft ist ein einseitiger Vertrag, durch den sich allein der Bürge verpflichtet. Wenn der Gläubiger dennoch zur Abtretung verpflichtet sein sollte, dann allein aus dem Billigkeitsprinzip (*équité*), dass er kein Interesse daran hat, es dem Bürgen zu versagen; aber er muss verpflichtet sein, ihm nur so viel zu übertragen, wie er hat; und er darf nicht beschuldigt werden, wenn er sie [die Klagerechte] nicht bewahrt hat, und er darf nicht beschuldigt werden, wenn er sie nicht gehalten hat und er sich außerstande gesetzt hat, sie abzutreten."

173 S.o. B.IV.2.a. sowie D.II.5.a.

Pothier, Traité des Obligations, Rn. 557: „Nonobstant ces raisons, il faut décider que lorsque le créancier s'est mis par son fait hors d'état de pouvoir céder au fidéjusseur ses actions, soit contre le débiteur principal, soit contre les autres fidéjusseurs, soit parcequ'il les a déchargés, soit parcequ'il a par sa faute laissé donner, congé de sa demande contre eux, le fidéjusseur peut, per *exceptionem cedendarum actionum*, faire déclarer le créancier non-recevable en sa demande, pour ce qu'auroit pu procurer au fidéjusseur la cession des actions que le créancier s'est mis hors d'état de pouvoir lui céder."[174]

In bewusster Abkehr vom römischen Recht („Nonobstant ces raisons") befürwortete *Pothier* ein Freiwerden des Bürgen: Diesem stand die *exceptio cedendarum actionum* nicht nur dann zu, wenn der Gläubiger konkurrierende Sicherungsrechte nicht abtreten wollte.[175] Vielmehr verlor der Gläubiger seine Anspruchsberechtigung auch dann, wenn er durch sein eigenes Handeln („par son fait") dem Bürgen im Gegenzug für dessen Leistung die entsprechenden Klagerechte nicht mehr abtreten konnte, weil er den weiteren Sicherungsgeber zuvor entlassen hatte. Dies begründete *Pothier* wie folgt:

Pothier, Traité des Obligations, Rn. 557: „La raison de cette décision est que lorsque plusieurs personnes se rendent ensemble cautions pour un débiteur principal, elles comptent sur le recours qu'elles auront les unes contre les autres: ce n'est que dans cette confiance qu'elles contractent leur engagement, qu'elles n'auroient pas contracté sans cela; il n'est donc pas juste que le créancier les en prive par son fait."[176]

Diese Überlegungen *Pothiers* reichen weit über die zeitgenössische Dogmatik hinaus. Denn sie stellen aus heutiger Sicht den Gedanken des Vertrauensschutzes in den Mittelpunkt. Bei Abschluss des Bürgschaftsvertrages vertrauen („comptent") Bürgen darauf, später bei konkurrierenden Kreditsicherheiten Rückgriff nehmen zu können. Nur in diesem Vertrauen („confiance") haben sie ihre Verträge geschlossen. Ohne die Möglichkeit dieser Regressmöglichkeiten

174 Eigene Übersetzung: „Diese Überlegungen dahingestellt, muss man sich doch dafür entscheiden, dass der Bürge dem Gläubiger per *exceptionem cedendarum actionum* entgegenhalten kann, nicht anspruchsberechtigt zu sein, wenn er sich durch eigenes Handeln außerstande gesetzt hat, an den Bürgen seine Klagerechte gegen den Hauptschuldner oder gegen die übrigen Bürgen abzutreten, indem er sich von der Schuld befreit hat oder weil er ihn entlassen hat."

175 Vgl. dazu oben unter B.I.1.

176 Eigene Übersetzung: „Der Grund für diese Entscheidung liegt darin, dass, wenn mehrere Personen Bürgschaften stellen, sie auch mit einer gegenseitigen Rückgriffsmöglichkeit rechnen: Im Vertrauen darauf haben sie ihre Verträge geschlossen; ohne diese Möglichkeit wären die Verträge nicht zustande gekommen; es ist daher nicht gerecht, wenn sie der Gläubiger diesbezüglich durch seine Handlung beraubt."

wären die Verträge nicht (in der konkreten Art und Weise) zustande gekommen („qu'elles n'auroient pas contracté sans cela“). Aus heutiger Sicht lässt sich diese Überlegung dem Gedanken des *venire contra factum proprium* zuordnen (dazu unter Teil 2 D.VIII.). Kennzeichnend dafür ist eine spezifische Beziehung zwischen zwei Handlungen, die beide in Widerspruch zueinander und damit in Widerspruch zum Gerechtigkeitsgedanken stehen.[177] Der Bürgschaftsvertrag kommt in einer konkreten Risikosituation zustande. Denn das Ausfallrisiko des Bürgen wird unter anderem durch seine Rückgriffsmöglichkeiten auf den Hauptschuldner und weitere Sicherungsgeber definiert. Um diesen Umstand weiß auch der Gläubiger. Durch seine Willenserklärung auf Abschluss des Bürgschaftsvertrages bindet er sich daher gegenüber dem Bürgen dahingehend, dessen Haftungsrisiko durch die Aufgabe von Sicherheiten nicht zu erhöhen. Denn er hat beim Bürgen das Vertrauen erweckt, dass dessen Haftung durch ein ganz spezifisches Risiko bestimmt ist. Dadurch hat er ein „factum“ geschaffen. Diesem darf er nicht widersprechen („venire“). Die Haftungsbefreiung des Bürgen dient damit nicht primär dem Schutz des Bürgen, sie liegt vielmehr im Fehlen von Einwendungen des Gläubigers gegen die Geltendmachung der *subrogation* begründet. Der Gläubiger darf nicht trotz Verletzung des beim Bürgen begründeten Vertrauens auf die Zession bereichert bleiben.

Zwar kann auf der Grundlage der bisherigen Ausführungen die heutige Bestimmung der Rechtsnatur des § 776 S. 1 BGB noch nicht abschließend erfolgen. Gleichwohl kann für diese Kategorisierung, die an späterer Stelle (unter E.II.1.a. sowie unter Teil 2 D.) erfolgt, auf die Gedanken *Pothiers* zurückgegriffen werden. Folgende Schlüsse sind jedoch bereits an dieser Stelle möglich. Der Vorläufer des § 776 S. 1 BGB beruht auf dem Gedanken des Vertrauensschutzes. Er schützt die konkrete Risikoeinschätzung des Bürgen, welche durch die Rückgriffsmöglichkeit bei weiteren Kreditsicherheiten definiert ist. Diese Erkenntnis wirkt sich auf die spätere Einordnung des § 776 S. 1 BGB aus (Teil 2 D.VIII.). Denn das Verbot des *venire contra factum proprium* wurzelt in denselben Überlegungen.[178] Der Gläubiger handelt durch die Freigabe konkurrierender Kreditsicherheiten dem Vertrauen des Bürgen zuwider („il n'est donc pas juste que le créancier les en prive par son fait“).

---

177 Grundlegend *Wieacker*, Zur rechtstheoretischen Präzisierung des § 242 BGB, S. 27 f.; vgl. auch *Canaris*, Vertrauenshaftung, S. 288; *Oechsler*, Gerechtigkeit im modernen Austauschvertrag, S. 212.

178 S.u. Teil 2 D.VIII.

Vor dem Hintergrund dieser Rechtsgedanken erscheint es konsequent, dass der Bürge nach der Ansicht *Pothiers* dann nicht frei wird, wenn eine Sicherheit nur durch fahrlässiges Verhalten des Gläubigers untergeht.[179] Denn handelt der Gläubiger ohne Wissen und Wollen, kann ihm kein Vorwurf im Sinne eines „venire“ gemacht werden. Insoweit entfällt das Verhaltensunrecht. Vor einem fahrlässigen Untergang müsse der Bürge sich daher selbst schützen, indem er neben dem Gläubiger über die weiteren Sicherheiten wache und eine Beeinträchtigung durch einen Dritten verhindere.[180] Dies zeigt wiederum, dass die Überlegungen *Pothiers* nicht auf die Schaffung von Schutzpflichten zugunsten des Bürgen, sondern auf die Sanktionierung von widersprüchlichem Gläubigerverhalten abzielten.

Letztlich wird deutlich, dass § 776 S. 2 BGB auf einen anderen Gedanken zurückzuführen ist als § 776 S. 1 BGB. Denn Vertrauensschutz kann der Bürge nur hinsichtlich der zum Zeitpunkt des Abschlusses des Bürgschaftsvertrages bereits bestehenden Kreditsicherheiten genießen. Auf nachträglich bestellte Sicherheiten trifft diese Überlegung nicht zu. Erstmals erscheint die Regelung des § 776 S. 2 BGB im Rahmen der Beratungen der Ersten Kommission (s.o. A.II.2.f.). Erkennbar ist diese Norm in Unkenntnis des von *Pothier* entwickelten Rechtsgedankens entwickelt worden. Daraus folgt der zentrale Schluss, dass § 776 BGB zwei verschiedene Institute umfasst, welche auf verschiedenen teleologischen Grundlagen beruhen. Satz 2 ist nicht etwa ein Spezialfall oder eine neue Interpretation des Satzes 1. Vielmehr beruht die Norm auf einem eigenen Telos. Nach vorliegendem Verständnis beschränkt § 776 S. 2 BGB das

---

179 *Pothier*, Traité des Obligations, Rn. 557: „Mais une simple négligence de sa part de n'avoir pas interrupté les acquéreurs, ou de ne s'être pas opposé aux décrets, ne doit pas lui être imputée, 1. parceque n'étant obligé à la cession de ses actions que par une pure raison d'équité, n'ayant contracté à cet égard envers les autres débiteurs et fidéjusseurs aucune obligation précise de les leur conserver, il suffit qu'il apporte à cet égard de la bonne foi, c'est-à-dire, qu'il ne fasse rien de contraire à cette obligation ; et il ne doit pas être tenu à cet égard d'une pure négligence.“, eigene Übersetzung: „Aber einfache Fahrlässigkeit seinerseits, indem er die Käufer nicht unterbrochen oder sich nicht gegen die Dekrete gewandt hat, sollte ihm nicht angelastet werden, 1. weil er nur verpflichtet ist, seine Ansprüche aus einem Gleichheitsgebot zu übertragen und er diesbezüglich gegenüber den anderen Schuldnern und Bürgen keine besondere Verpflichtung eingegangen ist, sie für sie zu verwahren, genügt es, wenn er in dieser Hinsicht in gutem Glauben handelt, d.h. dieser Verpflichtung nicht zuwiderhandelt; und in dieser Hinsicht darf nicht rein fahrlässiges Handeln erfasst sein.“

180 *Pothier*, Traité des Obligations, Rn. 557 a.E.

Auswahlermessen des Gläubigers im Sinne des Grundsatzes der Verteilungsgerechtigkeit (vgl. dazu ausführlich unter E.II.2.). § 776 S. 1 BGB beruht demgegenüber auf dem Gedanken des Vertrauensschutzes: Der Gläubiger verletzt durch die Entlassung des weiteren Sicherungsgebers das berechtigte Vertrauen des Bürgen auf die *subrogation* (daher: „il n'est donc pas juste que le créancier les en prive par son fait").

c. *Auswirkungen der Aufgabe auf die verschiedenen Ausgleichsansprüche*

Pothier thematisiert nicht explizit das Verhältnis des Rückgriffsanspruchs des Bürgen aus eigenem Recht (Innenanspruch) zu der *subrogation* (Außenanspruch) im Hinblick auf ein Freiwerden des Bürgen.[181] Nach der heute herrschenden Meinung zu § 776 S. 1 BGB wird der Bürge dann nicht frei, wenn er zwar durch die Aufgabehandlung des Gläubigers den Außenanspruch nicht erhält, jedoch mittels des Innenanspruchs weiterhin Rückgriff nehmen kann.[182] Den Überlegungen *Pothiers* ist eine vergleichbare Einschränkung jedoch nicht zu entnehmen. Vielmehr sollte der Bürge frei werden, wenn der Gläubiger ihm seine Ansprüche nicht abtreten konnte („la cession des actions que le créancier s'est mis hors d'état de pouvoir lui céder."). Dies spricht dafür, dass ein etwa verbleibender Rückgriffsanspruch aus eigenem Recht unerheblich für den Eintritt der Rechtsfolge ist.

d. *Freigabe eines nicht sicherungsgebenden Gesamtschuldners*

Der Gedanke des Vertrauensschutzes findet nach *Pothier* gleichermaßen auf nicht sicherungsgebende (einfache) Gesamtschuldner Anwendung. Auch diese rechneten nach ihrer Inanspruchnahme mit einem Rückgriff bei den übrigen Schuldnern.[183] Schließe der Gläubiger mit einem Schuldner einen Erlassvertrag, könne er die entsprechenden Klagerechte nicht an den zahlenden Gesamtschuldner abtreten. Daher würden diese anteilig von ihrer Haftung befreit.[184] Dies zeigt, dass *Pothier* das Institut des Vertrauensschutzes im Bereich der Regressvereitelung nicht ausschließlich auf die Bürgschaft beschränkte.

---

181 Zu den Begriffen siehe unten Teil 2 B.III.2.

182 S.u. Teil 2 C.III.

183 *Pothier*, Traité des Obligations, Rn. 275: „Ce n'est que sous la charge tacite de cette cession d'action, qu'ils se sont obligés solidairement, [...].", eigene Übersetzung: „Nur unter der stillschweigenden Bedingung dieser Zession der Klagerechte haften sie gesamtschuldnerisch."

184 *Pothier*, Traité des Obligations, Rn. 275.

e. *Anwendung der vorgenannten Grundsätze auf Realsicherungsgeber?*

Während *Pothier* sowohl für einfache Gesamtschuldner als auch für Bürgen ein Freiwerden bejaht, wenn der Gläubiger die *subrogation* in weitere Rechte vereitelt, fehlt eine entsprechende Aussage für dingliche Sicherungsmittel. Im Rahmen der oben unter B.II.5.b. zitierten Passage findet die Hypothek bei *Pothier* nur als (fahrlässig) aufgegebene Sicherheit Erwähnung. Ob sich der Grundstückseigentümer allerdings seinerseits gleichsam einem Bürgen oder einem Gesamtschuldner auf die vorstehend beschriebene Befreiung berufen kann, ergibt sich daraus nicht. Auch im entsprechenden Buch zum Sachenrecht befasst sich *Pothier* nur mit der Nachlässigkeit des Gläubigers bei einer Verwertung.[185] Ob der Gedanke des Vertrauensschutzes auf sämtliche Kreditsicherheiten übertragbar sein sollte, kann daher zunächst noch nicht sicher festgestellt werden.

6. *Ergebnis*

Nach römischem Recht war der Bürge für seinen Rückgriff bei konkurrierenden Kreditsicherheiten einzig auf die Abtretung der entsprechenden Klagerechte durch den Gläubiger angewiesen.[186] Demgegenüber hatte der Bürge nach französischem Naturrecht zusätzlich einen Anspruch aus eigenem Recht. Befriedigte er den Gläubiger, musste er jedoch weiterhin die Zession der Gläubigerrechte aktiv verlangen, da diese nicht mittels Legalzession übergingen. Dem Zahlungsverlangen des Gläubigers konnte der Bürge nach römischem Recht den Anspruch auf Abtretung einredeweise entgegenhalten (*exceptio cedendarum actionum*).[187] Er war jedoch nur davor geschützt, dass der Gläubiger die Zession trotz bestehender Ansprüche verweigerte. Gab der Gläubiger hingegen die weiteren Sicherheiten auf, berührte dies die Haftung des Bürgen nicht.[188] In bewusster Abkehr hierzu wurde der Bürge nach französischem Naturrecht durch eine solche Aufgabe von seiner Verbindlichkeit frei. Dies begründete *Pothier* wie folgt: Mit dem Abschluss des Bürgschaftsvertrages entstehe ein Vertrauen des Bürgen auf den Rückgriff bei konkurrierenden Kreditsicherheiten. Dadurch habe der Gläubiger ein factum geschaffen, welchem er nicht aktiv zuwiderhandeln dürfe. Das Institut des § 776 S. 1 BGB geht daher auf die Überlegungen *Pothiers* zurück und beruht auf dem Gedanken des Vertrauensschutzes.

---

185 *Pothier*, Traité des personnes et des choses, Rn. 124.

186 S.o. B.I.1.

187 S.o. B.I.1.

188 S.o. B.IV.2.

§ 776 S. 2 BGB hat demgegenüber einen anderen Ursprung. Diese Regelung erscheint erstmals im Rahmen der Beratungen der Ersten Kommission. Sie dürfte daher in Unkenntnis des Rechtsgedankens des § 776 S. 1 BGB entstanden sein.

III. Rechtsanwendung seit 1804

Der Code Civil trat 1804 in Kraft und enthielt folgende Regelung:

> Art 2037 CC (a.F.): La caution est déchargée, lorsque la subrogation aux droits, hypothèques et privilèges du créancier, ne peut plus, par le fait de ce créancier, s'opérer en faveur de la caution.[189]

Durch eine Gesetzesänderung zum 01.01.2007[190] veränderte sich die Nummerierung der Artikel im Bereich des Bürgschaftsrechts. Art. 2037 CC a.F. entspricht nunmehr Art. 2314 CC, welcher einen zusätzlichen Satz 2 enthält:

> Art. 2314 CC: La caution est déchargée, lorsque la subrogation aux droits, hypothèques et privilèges du créancier, ne peut plus, par le fait de ce créancier, s'opérer en faveur de la caution. Toute clause contraire est réputée non écrite.[191]

Mangels weiterer inhaltlicher Änderungen wird nachfolgend stets die aktuelle Rechtslage zitiert, auch soweit sich Fundstellen auf die Lage vor 2007 beziehen.

1. Haftungsverhältnis und Rückgriffsansprüche von Mitbürgen

Mitbürgen haften gem. Art. 2302 CC gesamtschuldnerisch für eine Forderung.[192] Jedoch können sie gem. Art. 2303 CC die Haftungsteilung auf Kopfquoten (*beneficium divisionis*)[193] geltend machen. Verlangt der Bürge diese nicht, stehen ihm nach der Inanspruchnahme durch den Gläubiger folgende drei Rückgriffsansprüche zu. Erstens kann er gem. Art. 2305 CC unabhängig von dem zugrunde liegenden Rechtsgeschäft aus eigenem Recht gegen den Hauptschuldner

---

189 Eigene Übersetzung: „Der Bürge wird befreit, wenn die Subrogation in die Rechte, Hypotheken und Privilegien des Gläubigers durch eine Handlung des Gläubigers nicht mehr zugunsten des Bürgen wirken."

190 Loi portant réforme des successions et des libéralités, Loi n° 2006-728 du 23 juin 2006.

191 Eigene Übersetzung: „Der Bürge wird befreit, wenn die Subrogation in die Rechte, Hypotheken und Privilegien des Gläubigers durch eine Handlung des Gläubigers nicht mehr zugunsten des Bürgen wirken. Jede gegenteilige Klausel gilt als ungeschrieben."

192 *Schmid*, Die Mehrheit von Sicherungsgebern im deutschen und französischen Recht, S. 8 ff.; abweichend insoweit *Sonnenberger/Classen*, Einführung in das französische Recht, S. 412, welche pauschal eine Teilschuld vertreten.

193 Diese geht auf ein entsprechendes Institut des römischen Rechts zurück, s.o. B.II.2.

vorgehen. Zweitens besteht gem. Art. 2310 CC ein eigener Anspruch gegen einen Mitbürgen.[194] Letztlich erwirbt der Bürge gem. Art. 2306 CC die Rechte des Gläubigers sowohl gegen den Hauptschuldner als auch (anteilig) gegen weitere Sicherheitsgeber (i.V.m. Art. 1251 Nr. 3, 1252 CC).[195] Die Übertragung der Rechte (*subrogation*) erfolgt bei Zahlung nunmehr durch Legalzession.[196] Gegen den Hauptschuldner und gegen Mitbürgen steht dem Bürge damit gleichermaßen einen Rückgriffsanspruch aus eigenem und aus abgetretenem Recht zu.

2. *Einwirkungen des Gläubigers auf konkurrierende Sicherheiten*

Gem. Art. 2314 CC wird der Bürge befreit, soweit der Gläubiger durch sein Handeln andere Sicherheiten, die für die gleiche Hauptforderung bestellt waren, aufgibt. Man verstand die Norm ausdrücklich als Kodifikation der Überlegungen *Pothiers*:[197] Der Bürge verpflichte sich in der Erwartung, nach seiner Inanspruchnahme Rückgriff bei weiteren Kreditsicherheiten nehmen zu können.

> *Laurent*, principes de droit civil français, Rn. 302: „Quand la dette principale est garantie par des hypothèques, des privilèges ou d'autres sûretés, la caution s'engage en vue de ces garanties qui lui assurent son remboursement si elle paye la dette, puisque par le payement elle est subrogée à tous les droits du créancier. La subrogation est donc une condition de son engagement; de là suit que si, par son fait, le créancier a rendu la subrogation impossible, la caution doit être déchargée."[198]

194 Art. 2310 CC ist auch anwendbar auf Solidar- oder Nebenbürgen, vgl. *Meier*, Gesamtschulden, S. 1110.

195 Vgl. auch *Meier*, Gesamtschulden, S. 1110.

196 *Planiol/Ripert*, Droit Civil Français, Rn. 1540 ff.; *Sonnenberger/Classen*, Einführung in das französische Recht, S. 413; man entschied sich in bewusster Abkehr zu den Überlegungen *Pothiers* (siehe dazu unter D.II.3.) für eine Legalzession und folgte dem Argument *Dumoulins*, dass im Zweifel niemand leiste, ohne nicht die Klagerechte erhalten zu wollen (dargestellt unter Fn. 165), vgl. *Laurent*, principes de droit civil français, Rn. 242, 246.

197 *Laurent*, principes de droit civil français, Rn. 304; vgl. zu *Pothier* unter B.II.5.b.

198 Eigene Übersetzung: „Wenn die Hauptschuld durch Hypotheken, Privilegien oder andere Sicherheiten garantiert ist, setzt sich der Bürge zwecks dieser Garantien ein, die ihm seine Rückerstattung garantieren, wenn er die Schuld zahlt, zumal er durch die Zahlung in alle Rechte des Gläubigers eintritt. Wenn also der Gläubiger durch seine Handlung den Forderungsübergang unmöglich gemacht hat, muss der Bürge befreit werden."; so auch *Fuzier-Herman*, Code Civil Art. 2037 Rn. 2.

Pothier begründete das Freiwerden des Bürgen – nach heutigem Verständnis – mit dem Gedanken des Vertrauensschutzes.[199] Die Rechtsanwendung des Code Civil geht darüber hinaus. Zwar sei der Bürgschaftsvertrag grundsätzlich nur einseitig begünstigend. Die *subrogation* ordnete man bei Schaffung des Code Civil jedoch als eine konkludente auflösende Bedingung (*condition*) des Bürgschaftsvertrages im Sinne des Art. 1184 CC ein.[200] Die heutige Rechtsanwendung leitet aus Art. 2314 CC eine echte vertragliche Nebenpflicht des Gläubigers ab.[201] Ob dieser Unterschied zu den Überlegungen *Pothiers* eine bewusste Entscheidung des Gesetzgebers war oder auf Unkenntnis beruhte, lässt sich nicht mehr feststellen.[202] Fest steht jedoch, dass Art. 2314 CC nicht nur widersprüchliches Gläubigerverhalten sanktionieren soll, sondern darüber hinaus echte vertragliche Schutzpflichten zugunsten des Bürgen begründet.[203] Dafür spricht auch die Tatsache, dass die Norm nach deren Satz 2 nicht abdingbar ist. Diese Regelung ergäbe keinen Sinn, läge dem Art. 2314 CC noch der Gedanke des Vertrauensschutzes zugrunde. Denn vereinbaren der Bürge und der Gläubiger mit Abschluss des Bürgschaftsvertrages, dass der Gläubiger konkurrierende Sicherheiten aufgeben darf, kann der Bürge gerade nicht auf den Erhalt dieser Rechte

---

199 S.o. D.II.5.b.

200 *Laurent*, principes de droit civil français, Rn. 304; *Fuzier-Herman*, Code Civil, Art. 2037 Rn. 2 f.

201 So ausdrücklich *Planiol/Ripert*, Droit Civil Français, Rn. 1560: „une faute contractuelle du créancier", eigene Übersetzung: „ein vertraglicher Fehler des Gläubigers"; vgl. auch *Piette*, Cautionnement, Rn. 259; *Simler*, Cautionnement, Rn. 835, der insoweit ausdrücklich zur quasi-deliktischen Haftung des Naturrechts abgrenzt.

202 *Laurent*, principes de droit civil français, Rn. 304; „donc les auteurs du code ont ou ignorße cette prétendue tradition que l'on oppse au code, ou ils n'en ont tenu aucun compte.", eigene Übersetzung: „also haben die Autoren des Codes diese angebliche Tradition nicht gekannt, oder sie haben sie ignoriert."

203 *Laurent*, principes de droit civil français, Rn. 310: „Les auteurs du code ne parlent pas d'équité (n°304); ils fondent l'exception de l'article 2037 sur l'intention des parties contractantes, donc sur un droit, et sur ce terrain la solution n'est pas douteuse. Nous écartons donc la tradition, parce que le législateur, tout en maintenant l'exception de subrogation, lui a donné un autre caractère.", eigene Übersetzung: „Die Autoren des Codes sprechen nicht von Gerechtigkeit (Rn. 304); sie stützen die Ausnahme in Artikel 2037 auf die Absicht der Vertragsparteien und damit auf ein Recht, und in dieser Hinsicht steht die Lösung nicht in Frage. Deshalb lehnen wir die Tradition ab, weil der Gesetzgeber ihr unter Beibehaltung der Regressausnahme (*l'exception de subrogation*) einen anderen Charakter gegeben hat."

vertrauen. Art. 2314 CC sanktioniert daher nicht nur Gläubigerverhalten, sondern soll den Anschlussregress des Bürgen schützen.

Die Einordnung des Art. 2314 CC als vertragliche Nebenpflicht wirkt sich auf die Rechtsanwendung aus. *Pothier* lehnte ein Freiwerden des Bürgen bei einem nur fahrlässigen Verlust der Sicherungsrechte ab, da der Gläubiger in diesem Fall nicht bewusst der Erwartung des Bürgen zuwiderhandelt.[204] Demgegenüber erfasst Art. 2314 CC auch fahrlässiges Gläubigerhandeln sowie Unterlassen.[205]

Die Rechtsfolge des Art. 2314 CC tritt – anders als es der Wortlaut („est déchargée") vermuten lässt – nicht automatisch ein. Vielmehr muss der Bürge dem Gläubiger die Aufgabehandlung einredeweise entgegenhalten.[206] Durch Erhebung dieser Einrede wird der Bürge in Höhe der Haftungsquote des entlassenen Mitbürgen befreit, da auch nur in diesem Umfang ein Regressanspruch bestand.[207]

Der Bürge wird jedoch dann nicht gem. Art. 2314 CC von seiner Haftung frei, wenn das aufgegebene Recht erst *nach* Abschluss des Bürgschaftsvertrages bestellt wurde. Denn der Bürge könne bei seiner Verpflichtung nicht den Erwerb von Sicherheiten erwarten, die noch nicht bestanden.[208]

Im Rahmen der Darstellung der Überlegungen *Pothiers* wurde die Frage aufgeworfen, ob der Bürge dann nicht von seiner Haftung frei wird, wenn er mittels des Rückgriffsanspruchs aus eigenem Recht weiterhin Ersatz verlangen kann.[209] Dies betrifft insbesondere einen Mitbürgen, welchem gem. Art. 2310 CC stets ein eigener Regressanspruch zusteht. Nach herrschender Meinung steht Art. 2310 CC jedoch einem Freiwerden gem. Art. 2314 CC nicht entgegen, sodass dieser insbesondere auch die Freigabe eines Mitbürgen erfasst.[210] Die Entlassung eines

204 S.o. D.II.5.b.

205 *Fuzier-Herman*, Code Civil, Art. 2037 Rn. 4; *Laurent*, principes de droit civil français, Rn. 310; *Planiol/Ripert*, Droit Civil Français, Rn. 1560; *Schmid*, Die Mehrheit von Sicherungsgebern im deutschen und französischen Recht, S. 103 ff. m.w.N.

206 *Laurent*, principes de droit civil français, Rn. 302 ff.; *Schmid*, Die Mehrheit von Sicherungsgebern im deutschen und französischen Recht, S. 110.

207 *Piette*, Cautionnement, Rn. 286; *Schmid*, Die Mehrheit von Sicherungsgebern im deutschen und französischen Recht, S. 109.

208 *Laurent*, principes de droit civil français, Rn. 308; dargestellt auch bei *Meier*, Gesamtschulden, S. 1114 m.w.N.

209 S.o. D.II.5.c.

210 *Meier*, Gesamtschulden, S. 1114 m.w.N.; dies gelte auch entgegen dem Wortlaut des Art. 1287 Abs. 3 CC; insoweit besteht ein wesentlicher Unterschied zur Rechtslage des BGB, nach der ein Freiwerden gem. § 776 S. 1 BGB von der h.M. abgelehnt wird,

Mitbürgen entfalte eine beschränkte Gesamtwirkung:[211] Die Schuld des begünstigten Mitbürgen erlischt vollständig und der sich auf Art. 2314 CC berufende Bürge wird in Höhe der anteiligen Haftungsquote von der Haftung befreit.[212]

3. *Anwendung auf den „Realbürgen"*

Den Ausführungen *Pothiers* ist nicht zu entnehmen, ob der Gedanke des Vertrauensschutzes auch auf andere Kreditsicherheiten Anwendung findet, sich also insbesondere auch Realsicherungsgeber auf ein Freiwerden berufen können, wenn der Gläubiger die *subrogation* vereitelt.[213] Der Code Civil enthält keine dem Art. 2314 CC entsprechende Regelung außerhalb des Bürgschaftsrechts. Nach dessen Inkrafttreten lehnte man daher eine analoge Anwendung ab. Ausschlaggebend war der Gedanke, dass es sich um eine Sondernorm handle, welche nur auf Bürgen anwendbar sei und restriktiv ausgelegt werden müsse.[214] Nach heute herrschender Meinung findet Art. 2314 CC auch auf dingliche Sicherheiten Anwendung. Dem liegt das Rechtsinstitut der *cautionnement réel* („Realbürgschaft") zugrunde. Denn die Rechtslage sämtlicher Sicherungsgeber sei grundsätzlich vergleichbar.[215] Insbesondere die Erwartung, durch Leistung die Rechte des Gläubigers zum Zwecke des Anschlussregresses zu erhalten, bestehe gleichermaßen. Zwar schulde ein Bürge das persönliche und unbegrenzte Einstehen für eine Forderung, wohingegen die Haftung des Bestellers einer dinglichen Sicherheit auf deren Verwertung beschränkt ist.[216] Mit Ausnahme dieses Unterschieds sei die Interessenlage aller Sicherungsgeber identisch.[217] Durch das Institut des *cautionnement réel* ist das Bürgschaftsrecht daher stets subsidiär anwendbar, sofern nicht die speziellen Regeln der jeweiligen Sicherungsmittel etwas anderes gebieten.[218]

---

wenn im Rückgriffsverhältnis noch ein Regress mittels des Innenanspruchs möglich ist, s.u. Teil 2 C.III.

211 Zum Begriff s.u. Teil 2 C.II.

212 Ausführlich *Meier*, Gesamtschulden, S. 1115 ff.

213 S.o. D.II.5.e.

214 *Laurent*, principes de droit civil français, Rn. 303.

215 *Ansault*, Le cautionnement réel (passim), insb. Rn. 271 ff.; vgl. auch *Schmid*, Die Mehrheit von Sicherungsgebern im deutschen und französischen Recht, S. 159 f.

216 Vgl. ausführlich für das deutsche Recht unter Teil 2 B.V.2.

217 *Ansault*, Le cautionnement réel, Rn. 666; *Schmid*, Die Mehrheit von Sicherungsgebern im deutschen und französischen Recht, S. 160 f.

218 *Ansault*, Le cautionnement réel, Rn. 368 ff.; *Schmid*, Die Mehrheit von Sicherungsgebern im deutschen und französischen Recht, S. 161; nicht anwendbar ist das

4. *Ergebnis*

Der Code Civil enthält mit Art. 2314 CC eine Regelung, die auf den Gedanken *Pothiers* beruht. Während dieser ein Freiwerden des Bürgen aus Gründen des Vertrauensschutzes befürwortete, begründet Art. 2314 CC eine echte vertragliche Nebenpflicht des Gläubigers. Daher erfasst die Norm auch fahrlässiges Handeln. Art. 2314 CC ist jedoch auf solche Kreditsicherheiten nicht anwendbar, welche erst nach Abschluss des Bürgschaftsvertrages hinzukamen. Der Grund liegt darin, dass der Bürge hinsichtlich dieser Sicherheiten bei Abgabe seiner Willenserklärung nicht auf eine Regressmöglichkeit vertraue. Es entspricht der herrschenden Meinung, dass der Bürge aufgrund der Aufgabehandlung trotz bestehenden eigenen Anspruchs gegen einen Mitbürgen (Art. 2310 CC) frei wird. Art. 2314 CC führt dazu, dass der Gläubiger seinen Anspruch gegen den begünstigten Sicherungsgeber vollständig und gegen den Bürgen anteilig verliert (beschränkte Gesamtwirkung). Allerdings muss sich der Bürge einredeweise auf die Norm berufen, er wird also nicht eo ipso von seiner Schuld frei.

IV. Ergebnis

Pothier formulierte im 18. Jahrhundert erstmals den Gedanken, dass der Bürge von seiner Haftung frei werden müsse, wenn der Gläubiger konkurrierende Kreditsicherheiten aufgibt. Dieser Überlegung lag – aus heutiger Sicht – der Gedanke des Vertrauensschutzes zugrunde. Der Bürge schließt den Bürgschaftsvertrag in einer konkreten Risikosituation und erwartet, im Falle einer Inanspruchnahme die weiteren Klagerechte des Gläubigers zu erhalten. Dadurch hat der Gläubiger ein Vertrauen geschaffen, welchem er nicht aktiv zuwider handeln darf. Art. 2314 CC geht nunmehr darüber hinaus und begründet eine echte vertragliche Nebenpflicht zu Lasten des Gläubigers. Da erstmals *Pothier* ein Freiwerden des Bürgen für die Fälle der Aufgabe einer konkurrierenden Kreditsicherheit befürwortete, liegt an dieser Stelle mit großer Wahrscheinlichkeit der Ursprung des Instituts des § 776 S. 1 BGB.

Sowohl vor als auch nach Inkrafttreten des Code Civils konnte sich der Bürge lediglich auf ein Freiwerden bezüglich solcher Rechte berufen, die bereits zum Zeitpunkt des Abschlusses des Bürgschaftsvertrages bestanden. Denn nur insoweit kann ein Vertrauen des Bürgen entstehen. § 776 S. 2 BGB dürfte daher in Unkenntnis der von *Pothier* formulierten Überlegungen entstanden sein. Der

---

Bürgschaftsrecht und insbesondere Art. 2314 CC jedoch auf einfache, nicht sicherungsgebende Gesamtschuldner.

geisteswissenschaftliche Ursprung dieses Instituts liegt nicht im französischen (Natur-) Recht.

Art. 2314 CC ist nach heute herrschender Meinung aufgrund des Instituts der *cautionnement réel* auch zugunsten von dinglichen Sicherungsgebern anwendbar.

E. Fazit

I. Herkunft des § 776 BGB

1. Herkunft des § 776 S. 1 BGB

Die Erste Kommission verstand § 776 BGB als übereinstimmend mit dem römischen Recht sowie mehreren Vorentwürfen der deutschen Einzelstaaten.[219] Das römische Recht gewährte dem zahlenden Bürgen zwar einen Anspruch auf Abtretung der Gläubigerrechte, der mit § 774 Abs. 1 S. 1 BGB vergleichbar ist. Der Bürge war jedoch nicht davor geschützt, dass der Gläubiger konkurrierende Sicherheiten aufgab.[220] Demgegenüber enthielten einige Vorentwürfe Bestimmungen, nach denen der Bürge durch die Aufgabe einer Sicherheit von seiner Haftung befreit wurde. Die einzelnen Regelungen weisen jedoch Unterschiede auf. Daher handelt es sich offenbar um unterschiedliche Adaptionen eines zu Beginn des 19. Jahrhunderts bereits bekannten Gedankens. Die Vorschrift des Art. 948 DresdE dürfte dabei von Art. 2314 CC (Art. 2037 CC a.F.) beeinflusst worden sein. Dafür spricht ein Vergleich der Normwortlaute. Zudem werden beide Regelungen als Ausprägung einer Diligenzpflicht verstanden, weshalb sie ein Verschulden des Gläubigers voraussetzen.[221] Letztlich verweisen die Motive einiger Vorentwürfe ausdrücklich auf den Code Civil.[222] Art. 2314 CC stellt seinerseits eine Kodifikation der Überlegungen *Pothiers* dar.[223] Dieser argumentierte erstmals, dass ein Bürge frei werden müsse, wenn der Gläubiger eine weitere Sicherheit aufgibt. Der Ursprung des § 776 S. 1 BGB liegt daher in den Überlegungen *Pothiers*. 1804 kodifizierte man diese Gedanken mit der Schaffung des Art. 2037 CC (a.F.), welcher als Vorlage des Art. 948 DresdE diente. Art. 948 DresdE war wiederum Grundlage der Beratungen zu § 776 S. 1 BGB.

219 S.o. Teil 1 Einleitung.

220 S.o. B.IV.2.

221 S.o. C.II.6. sowie D.III.2. Beide Vorschriften stellen zudem nur eine Einrede dar, s.o. aaO.

222 S.o. C.II.

223 S.o. D.III.2.

2. *Herkunft des § 776 S. 2 BGB*

Allerdings lässt sich einzig die Vorschrift des § 776 S. 1 BGB auf diese Quelle zurückverfolgen. Bei § 776 S. 2 BGB handelt es sich – historisch betrachtet – um eine spätere Ergänzung, die zu dem Institut hinzutrat, das § 776 S. 1 BGB vorausging. Denn erstmals fügte die Erste Kommission diesen Rechtssatz dem des Satzes 1 hinzu.[224] Diese Ergänzung erfolgte jedoch in Unkenntnis der Entstehungsgeschichte des Satzes 1 und der mit ihm verfolgten Schutzzwecke. Die Entstehung des Satzes 2 lässt sich – wie bereits ausgeführt – gerade nicht auf die Überlegungen *Pothiers* zurückführen.[225]

II. Historische Schutzzwecke

1. *Schutzzwecke des § 776 S. 1 BGB*

Der deutsche historische Gesetzgeber übernahm mit § 776 S. 1 BGB eine Regelung, deren Ursprung in der Tradition des französischen Naturrechts liegt. Gleichzeitig lehnte man im Rahmen der Schaffung des BGB eine Anknüpfung an das französische Recht ausdrücklich ab.[226] Die Entstehungsgeschichte des Instituts dürfte daher bei der Schaffung des BGB nicht bekannt gewesen sein. Gleichwohl kann im Rahmen der historischen Auslegung[227] der Norm deren Entwicklung zur Konkretisierung ihres Zwecks herangezogen werden.[228] Soweit nicht bewusst eine abweichende Entscheidung des deutschen Gesetzgebers getroffen wurde,[229] können Regelungen früherer Rechtsordnungen (Vorläufernormen) auch im Rahmen der Auslegung des § 776 S. 1 BGB berücksichtigt werden.[230] Insbesondere ist daher ein Rückgriff auf die Überlegungen *Pothiers*

---

224 S.o. A.II.2.f.

225 S.o. D.II.5.b.

226 S.o. Teil 1 Einleitung.

227 Der Streit, ob ein Gesetz „entstehungszeitlich" (ex tunc) oder „geltungszeitlich" (ex nunc) ausgelegt wird (vgl. *Larenz*, Methodenlehre der Rechtswissenschaft, S. 350 ff.; *Rüthers/Fischer/Birk*, Rechtstheorie, Rn. 784) ist für § 776 BGB nicht relevant, da sich der Anwendungsbereich und die hinter der Regelung stehenden Wertungen über die Jahre nicht nennenswert verändert haben.

228 *Rüthers/Fischer/Birk*, Rechtstheorie, Rn. 792, 794; *v. Savigny*, System des heutigen römischen Rechts, Band 1 S. 223.

229 Eine solche kann sich insb. in einer Änderung des Wortlauts manifestieren, vgl. *Möllers*, Methodenlehre, § 4 Rn. 152; *Müller/Christensen*, Juristische Methodik I, Rn. 361b.

230 Vgl. allgemein *Möllers*, Methodenlehre, § 4 Rn. 149 ff.; in diese Richtung für den konkreten Fall des § 776 S. 1 BGB auch *Henssler*, Risiko als Vertragsgegenstand, S. 337.

zur Bestimmung des Schutzzwecks des § 776 S. 1 BGB möglich. Denn die mit der Erstellung des BGB beauftragten Kommissionen fügten § 776 S. 1 BGB kein abweichendes Telos hinzu. Andererseits entschied man sich gegen ein Verschuldenselement, welches Art. 2314 CC und Art. 948 DresdE zugrunde lag.[231] Vielmehr begründete insbesondere die Erste Kommission § 776 S. 1 BGB mit dem Grundsatz von Treu und Glauben. Insoweit besteht eine Übereinstimmung mit der Argumentation *Pothiers*, der das Institut als eine Ausprägung des Gerechtigkeitsgebots verstand.[232]

a. Vertrauensschutz

Wie unter D.II.5.b. dargestellt, begründete *Pothier* ein Freiwerden des Bürgen in den Fällen, in denen der Gläubiger eine konkurrierende Kreditsicherheit aufgibt, wie folgt: Bei Abschluss des Bürgschaftsvertrages kalkuliere der Bürge sein Haftungsrisiko auch anhand der Möglichkeiten, seinerseits Rückgriff auf konkurrierende Sicherheiten nehmen zu können. Dies ist dem Gläubiger auch bekannt. Dadurch hat er ein factum geschaffen, welchem er nicht zuwider handeln darf.[233] Aus heutiger Sicht lässt sich diese Überlegung dem Gedanken des *venire contra factum proprium* zuordnen.[234] Der zentrale Gedanke des § 776 S. 1 BGB liegt daher im Vertrauensschutz begründet.

b. Regressschutz durch das Eintrittsrecht

Aus den Materialien zum BGB ergibt sich, dass durch § 776 S. 1 BGB das Recht des Bürgen geschützt werden sollte, durch Zahlung an den Gläubiger jederzeit gem. §§ 774 Abs. 1 S. 1, 412, 401 BGB unmittelbar dessen weiteren Sicherungsrechte zu erwerben (Eintrittsrecht). Ein nur fahrlässiges Gläubigerhandeln oder ein Unterlassen führt nicht zur Haftungsbefreiung des Bürgen.[235] Das Eintrittsrecht soll dem Bürgen daher die Möglichkeit eröffnen, seinen späteren Regress in konkurrierende Kreditsicherheiten durch Befriedigung des Gläubigers zu sichern.[236] § 776 S. 1 BGB dient demzufolge dem Regressschutz des Bürgen.

---

231 S.o. A.II.2.b.

232 S.o. D.II.5.b.

233 S.o. D.II.5.b.

234 Dazu ausführlich unter Teil 2 D.VIII.

235 S.o. A.II.2.b., c.

236 S.o. A.II.2.c.; so auch *Pothier*, s.o. D.II.5.b.

c. *Ausgleichsfunktion*

Der Bürgschaftsvertrag begründet grundsätzlich nur Rechte des Gläubigers, jedoch keine Pflichten zu seinen Lasten, er ist also einseitig begünstigend.[237] Gleichwohl sanktioniert § 776 S. 1 BGB ein spezifisches Gläubigerverhalten. Insbesondere die Erste Kommission verstand die Norm hingegen auch als Begrenzung von Gläubigerpflichten. Zwar normiere § 776 S. 1 BGB eine Rücksichtnahmepflicht, die Norm stelle jedoch eine Ausnahmevorschrift dar. Daraus resultiere der Umkehrschluss, dass über den Anwendungsbereich der Norm hinaus keine weiteren Schutzpflichten bestünden.[238] Damit kommt § 776 S. 1 BGB eine *Ausgleichsfunktion* zu. Auf der einen Seite schützt sie den Bürgen vor der Aufgabehandlung des Gläubigers. Auf der anderen Seite soll sie – jedenfalls nach den Vorstellungen der Kommissionen – hinsichtlich des sanktionierten Handelns abschließend sein und den Gläubiger vor weitergehenden Pflichten bewahren. Sie schafft daher einen Ausgleich zwischen den Interessen von Bürgen und Gläubiger.

d. *Rechtssicherheit*

Die Erste Kommission begründete § 776 S. 1 BGB unter anderem damit, dass durch die Norm Streitigkeiten vermieden werden sollten, um die Praktikabilität der Bürgschaft für den Gläubiger nicht zu beeinträchtigen.[239] Zwar erfolgte diese Argumentation vor dem Hintergrund der Großen Depression der Jahre 1873 – 1890. Gleichwohl kann daraus gefolgert werden, dass § 776 S. 1 BGB sowohl für den Gläubiger als auch für den Bürgen *Rechtssicherheit* schaffen sollte. Beide Vertragsparteien erhalten dadurch rechtliche Gewissheit über den Fortbestand der Bürgenhaftung, dass nicht erst ein konkreter Schaden des Bürgen oder ein Verschulden des Gläubigers nachgewiesen werden muss. Vielmehr genügt es, dass der Bürge darlegt, durch die Aufgabehandlung des Gläubigers nicht mehr die Ansprüche gegen weitere Sicherungsgeber gem. § 774 BGB erhalten zu können.

e. *§ 776 S. 1 BGB als bürgenspezifische Sondernorm?*

Den Materialien zum BGB lässt sich keine Aussage darüber entnehmen, ob der persönliche Anwendungsbereich des § 776 S. 1 BGB auf Bürgen beschränkt ist und dadurch eine Übertragung des Rechtsgedankens auf andere Kreditsicherheiten

237 Ausführlich unter Teil 2 A.II.

238 S.o. A.II.2.a.

239 S.o. A.II.2.a.

ausgeschlossen ist.[240] Auch *Pothier* geht nicht auf den persönlichen Anwendungsbereich des Instituts ein. Einzig das moderne französische Recht wendet Art. 2314 CC über den Gedanken des *cautionnement réel* („Realbürgschaft“) auch auf andere Sicherungsgeber an. Dem liegt die Überlegung zugrunde, dass insbesondere der Gedanke des Vertrauensschutzes auf sämtliche Kreditsicherheiten übertragbar ist.[241] Die Entstehungsgeschichte des § 776 S. 1 BGB liefert jedoch keine eindeutigen Anhaltspunkte dafür, dass eine Anwendung der Norm auf andere Sicherungsmittel nicht gewollt war.

2. *Schutzzweck des § 776 S. 2 BGB*

§ 776 S. 2 BGB beruht nicht auf den Überlegungen *Pothiers* und dem Institut des Vertrauensschutzes gegenüber dem Bürgen. Denn dieser weiß im Zeitpunkt der Vertrauensdisposition – dem Vertragsschluss – noch nichts vom Bestehen der später aufgegebenen Kreditsicherheit. Der Schlüssel zum Verständnis des § 776 S. 2 BGB liegt daher darin, dass es sich entstehungsgeschichtlich um einen – gegenüber § 776 S. 1 BGB – eigenständigen Rechtssatz handelt. Satz 2 darf somit nicht als Spezialfall des § 776 S. 1 BGB oder als gesetzgeberische Interpretation dieses Satzes verstanden werden.

Die Norm stellt vielmehr eine Ergänzung durch die mit der Erstellung des BGB befassten Kommissionen dar (s.o. E.I.2.). Die Erste Kommission begründete die Hinzufügung des Satzes 2 vergleichsweise kurz mit dem Argument, dass dadurch praktische Schwierigkeiten – beispielsweise durch die Frage, ob eine Sicherheit vor oder nach der Bürgschaft bestellt wurde – vermieden würden.[242] Erst die Zweite Kommission befasste sich ausführlicher mit dem Schutzzweck. Sie begründete Satz 2 mit der Überlegung, dass der Bürge gem. § 774 BGB durch die Befriedigung des Gläubigers sämtliche ihm zustehenden Sicherungsrechte erwirbt, und zwar unabhängig vom Zeitpunkt deren Begründung.[243] Erfahre der Bürge nach Abschluss des Bürgschaftsvertrages, dass zugunsten der besicherten Hauptforderung eine zusätzliche Sicherheit bestellt wurde, erwarte er auch deren Erwerb im Falle einer Inanspruchnahme durch den Gläubiger.[244] § 776 S. 2 BGB schützt folglich ein *nachträglich* begründetes Vertrauen des Bürgen im Sinne einer Diligenzpflicht *post contractum finitum*.

240 S.o. A.II.2.h.
241 S.o. D.III.3.
242 S.o. A.II.2.f.
243 S.u. Teil 2 B.III.2. sowie B.V.1.
244 S.o. A.III.

Beispiel: S betreibt eine Produktion und erhält von der Bank G ein Darlehen für die Anschaffung von neuen Geräten. Als Sicherheit für diese Forderung verbürgt sich die Ehefrau des S (B). Als S später in Zahlungsschwierigkeiten gerät, verlangt G eine weitere Sicherheit und droht, ansonsten den vollen noch offenen Betrag sofort fällig zu stellen. Daher verbürgt sich zusätzlich X, ein Freund des S, zur Sicherung der bestehenden Darlehensforderung.

Es besteht kein Grund, mehrere Bürgen im Hinblick auf die Reihenfolge ihrer Verpflichtung verschieden zu behandeln. Sämtliche Mitbürgen gehen ab dem Zeitpunkt der Verpflichtung des später hinzugetretenen Sicherungsgebers davon aus, beim jeweils anderen anteiligen Regress gem. §§ 774 Abs. 2, 426 BGB[245] nehmen zu können. Die Reihenfolge der Verbürgung stellt sich für diese als zufällig dar. Erst der Gläubiger hat die Ausgleichslage und ein darauf abzielendes Vertrauen herbeigeführt. Diesem darf er nicht grundlos zuwider handeln. Für die vorstehenden Überlegungen spricht der bereits von *Aristoteles* formulierte Gedanke der *austeilenden Gerechtigkeit*:[246] Nur der Gläubiger hat es in der Hand, mehrere Sicherungsgeber zusammenzuführen. Daher darf er diese auch nicht einzig wegen des Umstandes der verschiedenen zeitlichen Reihenfolge anders behandeln und nur bei dem einen, nicht aber bei dem anderen eine Begünstigung herbeiführen. Ohne § 776 S. 2 BGB könnte der Gläubiger den später hinzugetretenen Mitbürgen entlassen und anschließend den Bürgen, welcher sich zuerst verpflichtet hatte, in voller Höhe in Anspruch nehmen, nicht aber umgekehrt. Der einzelne Mitbürge hat keinen Einfluss darauf, zu welchem Zeitpunkt durch den Gläubiger zusätzliche Sicherheiten bestellt werden. Denn die Herstellung des Rückgriffsverhältnisses zwischen den Bürgen erfolgt ohne deren Mitwirken.

§ 776 S. 2 BGB begrenzt daher das Auswahl- bzw. Verteilungsermessen des Gläubigers und stellt ein Instrument der Verteilungsgerechtigkeit (*iustitia distributiva*) dar. Die Norm verhindert die vorstehend beschriebenen Zufallsergebnisse.[247] Das Argument der Verteilungsgerechtigkeit gewinnt an zusätzlicher

245 Ausführlich zu den Ausgleichansprüchen von Mitbürgen unter Teil 2 B.III.

246 *Aristoteles*, Nikomachische Ethik Buch V, Kapitel 5 Rn. 1130 b: „Von der besonderen Gerechtigkeit nun und dem ihr entsprechenden Gerechten betrifft die eine Art von Zuteilung von Ehre, Geld und den anderen Dingen, die unter die Mitglieder der Gemeinschaft aufgeteilt werden können, denn hier kann der eine ungleich oder gleich viel erhalten wieder andere.“; vgl. auch *Arnold*, Vertrag und Verteilung, S. 26 ff.; *Oechsler*, Gerechtigkeit im modernen Austauschvertrag, S. 57 ff.

247 **A.A.** Erman/*Zetzsche*, § 776 Rn. 5, der eine teleologische Reduktion des Satzes 2 vorschlägt.

Bedeutung, wenn man § 776 BGB – entgegen der herrschenden Meinung – analog auf sämtliche Sicherungsgeber anwendet.[248] Beide Sätze des § 776 BGB schützen letztlich gleichermaßen das Vertrauen des Bürgen auf den Rückgriff bei konkurrierenden Kreditsicherheiten.

248 Vgl. unter Teil 2 E. sowie Teil 2 G.II.3.a.

Teil 2: Konkretisierung des Tatbestandes und der Rechtsfolge des § 776 BGB

Nach der Untersuchung des historischen Ursprungs des § 776 BGB sollen nachfolgend dessen Tatbestandsvoraussetzungen sowie dessen Rechtsfolge im Detail dargestellt werden. Dabei ist zwischen Satz 1 und Satz 2 – soweit erforderlich – zu unterscheiden, da diese auf verschiedenen teleologischen Grundlagen beruhen.

A. § 776 S. 1 BGB im Kontext des allgemeinen Kreditsicherungsrechts

Die Bürgschaft stellt eine Form der Kreditsicherung dar, durch die sich der Bürge gegenüber einem Gläubiger verpflichtet, für dessen Forderung gegen den Hauptschuldner einzustehen.[249] Der Gläubiger erlangt durch den Bürgschaftsvertrag ein zusätzliches Haftungssubjekt in Form eines eigenen schuldrechtlichen Anspruchs gegen den Bürgen.

Das BGB kennt keinen allgemeinen Teil des Kreditsicherungsrechts.[250] Vielmehr sind einzelne gesetzliche Sicherungsmittel normiert, wie beispielsweise die Bürgschaft, das Pfandrecht an beweglichen Sachen oder die Grundpfandrechte. Nachfolgend sollen daher zunächst diejenigen Grundsätze des Kreditsicherungsrechts dargestellt werden, welche sich mitunter nicht unmittelbar aus den Regelungen der §§ 765 BGB ff. ergeben, jedoch Voraussetzung für das Verständnis des § 776 S. 1 BGB sind.

I. Haftungsumfang und -risiko des Bürgen

Der Bürgschaftsvertrag begründet eine eigene schuldrechtliche Leistungsverpflichtung des Bürgen gegenüber dem Gläubiger einer Hauptschuld.[251] Diese ist gegenüber der Hauptschuld akzessorisch.[252] Der Kreditvertrag dient dem Zweck, dem Gläubiger die Befriedigung seiner Forderung auch dann zu ermöglichen, wenn er diese gegenüber dem Hauptschuldner nicht mehr durchsetzen kann.[253]

---

249 *Herresthal*, in: Staudinger-Eckpfeiler, Kapitel K. Rn. 1; MüKo/*Habersack*, Vor § 765 Rn. 1.

250 Dazu und zum Folgenden *Herresthal*, in: Staudinger-Eckpfeiler, Kapitel K. Rn. 2.

251 *Herresthal*, in: Staudinger-Eckpfeiler, Kapitel K. Rn. 1; MüKo/*Habersack*, § 765 Rn. 84.

252 MüKo/*Habersack*, § 765 Rn. 84.

253 *Herresthal*, in: Staudinger-Eckpfeiler, Kapitel K. Rn. 1.

Es handelt sich daher um das typische Vertragsrisiko des Bürgen, im Zweifel voll für die gesicherte Hauptschuld einstehen zu müssen und weder beim Hauptschuldner noch bei anderen Sicherungsgebern Regress nehmen zu können.[254] Der Bürge haftet dabei unbeschränkt mit seinem gesamten Vermögen.[255] § 776 S. 1 BGB schützt den Bürgen nicht vor diesem Haftungsrisiko, sondern einzig vor Einwirkungen des Gläubigers auf konkurrierende Sicherheiten. Daher ist für die weitere Betrachtung der Norm auch der Leistungsinhalt der Hauptschuld unerheblich.[256] Ebenfalls wirkt es sich nicht auf § 776 S. 1 BGB aus, ob sich der Bürge selbstschuldnerisch verbürgt hat oder nicht.[257]

II. (Rücksichtnahme-) Pflichten aus dem Kreditvertrag

Der Bürgschaftsvertrag begründet ein Forderungsrecht zugunsten des Gläubigers, dem keine Ansprüche des Bürgen gegen den Gläubiger gegenüberstehen.[258] Es handelt sich somit um einen einseitig begünstigenden Vertrag. *Grundsätzlich* obliegen dem Gläubiger gegenüber dem Bürgen daher keine Pflichten. § 776 S. 1 BGB durchbricht diesen Grundsatz. Zwar verbietet es die Norm dem Gläubiger nicht, zusätzliche Sicherheiten aufzugeben. Jedoch sanktioniert sie ein bestimmtes Verhalten und schränkt den Verhaltensspielraum des Gläubigers damit jedenfalls faktisch ein. Denn der Gläubiger möchte ein Freiwerden des Bürgen im Zweifel vermeiden. Ob sich aus dem Sicherungsvertrag weitere

---

254 Vgl. nur *Henssler*, Risiko als Vertragsgegenstand, S. 351; *Nobbe*, in: Schimansky/Bunte/Lwowski, Bankrechtshandbuch II, § 91 Rn. 262; Soergel/*Gröschler*, § 765 Rn. 46, der insoweit zutreffend auf die Gesetzesmaterialien verweist; Staudinger/*Stürner*, Vorbem zu §§ 765-778 Rn. 65. Ausdrücklich (im Hinblick auf eine der Bürgschaft zugrundeliegende Geschäftsgrundlage) auch BGH v. 17.03.1994 - IX ZR 174/93 = WM 1994, 1064 (juris Rn. 16) m.w.N. sowie konkret für Aufklärungspflichten OLG Köln v. 07.02.1995 - 22 U 246/94 = WM 1995, 1965 (juris Rn. 7).

255 BGH v. 24.09.1992 - IX ZR 195/91 = WM 1992, 1893 (juris Rn. 9); indirekt auch BGH v. 02.03.2000 - IX ZR 328/98 = BGHZ 144, 52 (juris Rn. 41); vgl. auch *Herresthal*, in: Staudinger-Eckpfeiler, Kapitel K. Rn. 12; jurisPK/*Prütting*, § 765 Rn. 2; *Musielak*, JA 2015, 161, 162; *Oechsler*, Vertragliche Schuldverhältnisse, Rn. 1358; *Reinicke/Tiedtke*, Bürgschaftsrecht, Rn. 644; Staudinger/*Stürner*, Vorbem zu §§ 765-778 Rn. 2; *Tiedtke*, DNotZ 1993, 291, 293; dieser Umstand ergibt sich mittelbar auch aus dem Gesetz, da es an einer den Umfang der Haftung regelnden Norm wie §§ 1210, 1273, 1115 Abs. 2, 1118 BGB fehlt, vgl. *Derleder*, NJW 2015, 817; *Serick*, Eigentumsvorbehalt II, S. 54.

256 *La Baume*, Freiwerden des Bürgen, S. 6.

257 *La Baume*, Freiwerden des Bürgen, S. 7 ff.

258 *Esser/Weyers*, Schuldrecht II/1, S. 347; MüKo/*Habersack*, § 765 Rn. 4 ff.

Rücksichtnahmepflichten des Gläubigers ergeben, soll an späterer Stelle ausführlich dargestellt werden.[259] Sind zugunsten des Gläubigers einer Forderung mehrere Sicherheiten bestellt, liegt es im Ermessen des Gläubigers, welche Sicherheit er zuerst verwertet (Verwertungsreihenfolge).[260] Dieses Recht schränkt § 776 S. 1 BGB nicht ein.

III. Keine Differenzierung nach der Person des Bürgen oder dem Motiv der Verbürgung

Das Bürgschaftsrecht des BGB differenziert nicht nach der Person des Bürgen. Einzig die Anwendung der §§ 349, 350 HGB ist davon abhängig, dass das Rechtsgeschäft auf Seiten des Bürgen ein Handelsgeschäft darstellt. Dies betrifft insbesondere die Fälle der Bankbürgschaft.[261] Für die Anwendung des § 776 S. 1 BGB ist es jedoch regelmäßig unerheblich, ob sich eine Privatperson oder ein gewerblich Handelnder verbürgt. Für die nachfolgende Betrachtung muss daher – soweit nicht ein anderes angegeben ist – nicht hinsichtlich der Person des Bürgen differenziert werden. Die Auswirkungen des § 776 S. 1 BGB auf das Bankrecht werden in Teil 3 dieser Arbeit gesondert dargestellt.

Weiterhin wird nicht nach dem Motiv der Verbürgung unterschieden. Die Gründe, für die Verbindlichkeit eines anderen einstehen zu wollen, sind vielfältig. Sie lassen sich jedoch in die folgenden beiden Kategorien einteilen: Einerseits kann sich der Bürge aus altruistischen Motiven zur Verfügung stellen.[262] Dies trifft beispielsweise auf Eltern zu, die sich gegenüber dem Vermieter eines Kindes für die Mietforderungen verbürgen.[263] Andererseits kann die rechtliche Beziehung zwischen Bürgen und Hauptschuldner auch durch ein Entgelt geprägt sein, welches der Hauptschuldner dem Bürgen für dessen Verpflichtung entrichtet (Avalvertrag). Ein derart ausgestalteter Avalvertrag liegt insbesondere

259 S.u. F.

260 S.u. Teil 3 C.I.; problematisch ist dies jedoch bei inkongruenter Besicherung, vgl. unten Teil 3 C.II.-V. zum Verteilungsverfahren.

261 *Bülow*, Recht der Kreditsicherheiten, Rn. 893, 897; Soergel/*Gröschler*, § 766 Rn. 4; *Lambsdorff/Skora*, Hdb. d. Bürgschaftsrechts Rn. 168; *Musielak*, JA 2015, 161, 162; *Reinicke/Tiedtke*, Bürgschaftsrecht, Rn. 30.

262 Vgl. insb. BGH v. 24.09.1992 – IX ZR 195/91 = WM 1992, 1893 (juris Rn. 8); *Derleder*, NJW 2015, 817; *Dreismann*, Bürgenschutz durch Gläubigerdiligenz?, S. 74; *Rehbein*, in: FS Werner, S. 697 f.

263 Ausdrücklich *Musielak*, JA 2015, 161, 162; vgl. auch *Reinicke/Tiedtke*, Bürgschaftsrecht, Rn. 30.

in den Fällen der Bankbürgschaft vor.[264] § 776 S. 1 BGB ist gleichermaßen auf sämtliche Fälle der Bürgschaft anwendbar, ohne dass nach dem Grund der Verbürgung unterschieden werden müsste.

B. Ausgleichsansprüche des Bürgen nach § 774 BGB

§ 776 S. 1 BGB setzt unter anderem voraus, dass der Bürge aus dem vom Gläubiger aufgegebenen Recht nach § 774 BGB hätte Ersatz erlangen können. Zum Verständnis des § 776 S. 1 BGB müssen daher zunächst die Grundsätze des Ausgleichs nach § 774 BGB zwischen Sicherungsgebern dargestellt werden. Erst danach kann untersucht werden, wie sich Einwirkungen des Gläubigers auf diese Ausgleichsbeziehungen gem. § 776 S. 1 BGB auswirken (dazu unter C.).

I. Rückgriffsmöglichkeiten des Bürgen nach Leistung an den Gläubiger

Befriedigt der Bürge den Gläubiger, bestehen mehrere Möglichkeiten des Bürgen, seinerseits Regress zu nehmen. Zunächst kann er vom Hauptschuldner Ersatz verlangen (dazu sogleich unter B.II.). Waren zugunsten des Gläubigers neben der Bürgschaft noch zusätzliche Kreditsicherheiten für die Hauptschuld bestellt, kann der Bürge grundsätzlich nach seiner Inanspruchnahme auch von diesen Sicherungsgebern (anteiligen) Ersatz verlangen. In Betracht kommt ein Rückgriff bei einem Mitbürgen (dazu unter B.III.). Alternativ könnte eine weitere Personalsicherheit nicht in Form der Bürgschaft, sondern mittels Schuldbeitrittes begründet worden sein (dazu unter B.IV.). Drittens ist es möglich, dass eine Realsicherheit, beispielsweise eine Grundschuld oder ein Pfandrecht, zusätzlich neben dem Bürgen Sicherheit für die Verbindlichkeit des Schuldners geboten hat (dazu unter B.V.). Die Ausgleichsansprüche zwischen einem Bürgen und den drei genannten Formen der Kreditsicherung weisen Unterschiede auf, sodass sie nachfolgend getrennt dargestellt werden.

Für den Bürgen ist der Rückgriff bei anderen Sicherungsgebern bzw. -mitteln regelmäßig von größerem Interesse als der Regress gegenüber dem Hauptschuldner. Denn die Inanspruchnahme des Bürgen durch den Gläubiger dürfte die fehlende Leistungsfähigkeit des Hauptschuldners implizieren.[265] Der Regressanspruch gegenüber einem insolventen Hauptschuldner ist für den

---

264 *Lambsdorff/Skora*, Hdb. d. Bürgschaftsrechts, Rn. 7; *Musielak*, JA 2015, 161, 162; *Reinicke/Tiedtke*, Bürgschaftsrecht, Rn. 30.

265 So auch *Weber*, WM 2001, 1229.

Bürgen wertlos. Umso wichtiger ist für ihn ein möglicher Rückgriff bei weiteren Sicherungsgebern.

Zwischen den Möglichkeiten, beim Hauptschuldner oder bei parallel zum Bürgen haftenden Sicherungsgebern Rückgriff zu nehmen, besteht mangels anderslautender gesetzlicher Anordnung kein Stufenverhältnis, sondern Anspruchskonkurrenz.[266] Selbst wenn der Hauptschuldner zahlungswillig und -fähig ist, kann der in Anspruch genommene Bürge unmittelbar bei anderen Sicherungsgebern anteiligen Regress nehmen, ohne zuvor vom Hauptschuldner Ersatz verlangt zu haben. Für die Anwendung des § 776 S. 1 BGB ist es daher irrelevant, ob Ersatzansprüche des Bürgen gegen den Hauptschuldner bestehen oder ob diese durchsetzbar sind.

II. Regressverhältnis des Bürgen zum Hauptschuldner

Der Bürge kann nach Befriedigung des Gläubigers Rückgriff bei dem Hauptschuldner nehmen. Der Bürgschaft wird regelmäßig ein Geschäftsbesorgungsvertrag zugrunde liegen, sodass ein Anspruch aus §§ 675 Abs. 1, 670 BGB (im Falle der GoA gem. §§ 677, 683 S. 1, 670 BGB) besteht.[267] Zusätzlich erwirbt der Bürge durch Leistung an den Gläubiger mittels Legalzession gem. § 774 Abs. 1 S. 1 BGB die Hauptforderung gegen den Schuldner.[268] Die zedierte Forderung tritt dabei neben den eigenen Regressanspruch des Bürgen aus dessen Rechtsverhältnis zum Hauptschuldner und dient dessen Verstärkung und Sicherung.[269] Zwischen beiden Ausgleichsansprüchen des Bürgen besteht Anspruchskonkurrenz. § 776 S. 1 BGB setzt jedoch die Aufgabe eines weiteren Sicherungsmittels

---

266 Dazu und zum Folgenden *Meier*, Gesamtschulden, S. 1195; zustimmend BeckOGK/*Madaus*, § 774 Rn. 68; MüKo/*Habersack*, § 774 Rn. 25; **a.A.** *Bülow*, Recht der Kreditsicherheiten, Rn. 1024.

267 BeckOGK/*Madaus*, § 765 Rn. 16 ff.; BeckOK/*Rohe*, § 765 Rn. 13 ff.; Jauernig/*Stadler*, § 774 Rn. 7; MüKo/*Habersack*, § 774 Rn. 17; Staudinger/*Stürner*, § 765 Rn. 117 ff.; hat sich der Bürge schenkweise zur Verfügung gestellt, besteht hingegen kein Ersatzanspruch, vgl. Mugdan II (Motive), S. 377; vgl. auch *Dreismann*, Bürgenschutz durch Gläubigerdiligenz?, S. 77; *Rödl*, Auswirkungen des Rechtsstreites zwischen Gläubiger und Hauptschuldner für den Bürgen, S. 22 ff.

268 MüKo/*Habersack*, § 774 Rn. 17.

269 BGH v. 10.02.2000 – IX ZR 328/98 = BGHZ 143, 381 = WM 2000, 715; *Esser/Weyers*, Schuldrecht II/1, S. 355; *Heck*, Grundriß des Schuldrechts, § 127 Nr. 6; jurisPK/*Prütting*, § 774 Rn. 9; *Larenz/Canaris*, Schuldrecht II/2 § 60 IV. 1., S. 15; *Meier*, Gesamtschulden, S. 261; Nobbe/*Nobbe*, Kommentar zum Kreditrecht § 774 Rn. 49; Staudinger/*Stürner*, § 774 Rn. 3.

voraus. Wirkt der Gläubiger auf die Hauptschuld ein, indem er zum Beispiel mit dem Schuldner einen Erlassvertrag im Sinne des § 397 BGB schließt, wird der Bürge nicht gem. § 776 S. 1 BGB frei. Vielmehr erlischt der Anspruch gegen den Bürgen bereits gem. § 767 Abs. 1 S. 1 BGB. Da für die Verpflichtung des Bürgen der jeweilige Bestand der Hauptschuld maßgeblich ist, folgt aus deren Aufgabe ein automatisches Freiwerden des Bürgen.[270] Denn die Bürgschaft ist ein akzessorisches Recht.[271]

III. Das Ausgleichsverhältnis zwischen Mitbürgen gem. § 774 BGB

Der Bürge wird gem. § 776 S. 1 BGB nur dann von seiner Haftung frei, wenn er aus dem aufgegebenen Sicherungsmittel nach § 774 BGB hätte Ersatz erlangen können. Um die Folgen der Einwirkungen des Gläubigers auf das Regressverhältnis zwischen Bürgen verstehen zu können, muss zunächst erörtert werden, nach welchen Grundsätzen der Rückgriff zwischen Mitbürgen erfolgt. Denn insoweit ist der Bürge nicht wie im Rahmen der Einwirkung auf die Hauptschuld durch den Akzessorietätsgrundsatz geschützt.

Der nachfolgenden Darstellung liegt die folgende Konstellation zugrunde: Für eine Forderung eines Gläubigers gegen einen Schuldner haben sich zwei Bürgen verpflichtet, von denen einer den Gläubiger befriedigt. In dieser Situation existieren mehrere rechtliche Beziehungen zwischen den Beteiligten, die es zu unterscheiden gilt: Das Verhältnis zwischen dem Gläubiger und den Bürgen bestimmt sich durch die *Sicherungsbeziehung* bzw. das *Sicherungsverhältnis*. Diese Beziehung wird durch den Sicherungsvertrag konkretisiert. Die Sicherungsgeber haften dem Gläubiger gegenüber grundsätzlich subsidiär, also nachrangig zum Hauptschuldner.[272] Die Mitbürgen (gleichsam wie verschiedenartige Sicherungsgeber, dazu sogleich unter B.V.) sind durch die *Rückgriffsbeziehung* bzw. das *Rückgriffsverhältnis* miteinander verbunden. Mitbürgen haften als Gesamtschuldner gegenüber dem Gläubiger jeweils in voller Höhe, untereinander jedoch im Zweifel zu gleichen Anteilen (zu den Einzelheiten sogleich). Wird ein

---

270 BeckOGK/*Madaus*, § 767 Rn. 17 f.; *Meier*, Gesamtschulden, S. 1146; MüKo/*Habersack*, § 767 Rn. 4; Soergel/*Gröschler*, § 767 Rn. 9; Staudinger/*Stürner*, § 767 Rn. 10; jeweils m.w.N; vgl. auch *Maisenhälder*, Vorgänge Gläubiger-Hauptschuldner, Gläubiger-Bürge, S. 58 ff.; *Schmidt*, Akzessorietät der Bürgschaft, S. 43 f.; *Wacke*, AcP 170 (1970), 42, 63.

271 Allgemein zur Akzessorietät *Heck*, Grundriß des Schuldrechts, § 126 Nr. 2, § 127 Nr. 4.

272 BeckOGK/*Madaus*, § 765 Rn. 26; MüKo/*Habersack*, § 770 Rn. 3.

Bürge vom Gläubiger in Anspruch genommen, kann er mittels seiner Ansprüche aus der Rückgriffsbeziehung bei dem Mitbürgen Rückgriff nehmen.

Ein Spannungsverhältnis zwischen Sicherungs- und Rückgriffsbeziehung zeigt sich immer dann, wenn der Gläubiger durch die Privilegierung eines Sicherungsgebers, beispielsweise in Form eines Verzichts, zugunsten eines Mitbürgen auf das vorgenannte Haftungsgefüge einwirkt. In diesen Fällen stellt sich die Frage, wie sich Veränderungen der Sicherungsbeziehung auf die Rückgriffsbeziehung auswirken.

1. *Ausgangspunkt: Mitbürgen als Gesamtschuldner*

Haben sich für eine Forderung mehrere Personen verbürgt, so haften diese gem. § 769 BGB als *Gesamtschuldner*, auch wenn sie die Bürgschaft nicht gemeinschaftlich übernommen haben.[273] § 769 BGB konkretisiert damit für die Bürgschaft die Auslegungsregel des § 427 BGB.[274] Das Gesetz differenziert nicht zwischen Mitbürgen und Nebenbürgen.[275] Daher soll im Rahmen dieser Arbeit auch nicht weiter im Hinblick auf etwaige Besonderheiten einer Nebenbürgschaft eingegangen werden.

§ 774 Abs. 2 BGB verweist für den Rückgriff zwischen mehreren Bürgen auf die gesamtschuldnerische Ausgleichsregel des § 426 BGB. Durch diesen Verweis konkretisiert § 774 Abs. 2 BGB die Haftungsquote zwischen Mitbürgen. Denn wendete man einzig § 774 Abs. 1 S. 1 BGB an, ginge der Anspruch des Gläubigers gegen einen Mitbürgen auf den zahlenden Bürgen in voller Höhe über (§§ 412, 401 BGB).[276] Das Gesetz zielt jedoch auf eine Ausgleichshöhe nach dem Maßstab des § 426 Abs. 1 S. 1 BGB, im Zweifel also auf eine anteilige Haftung.[277]

---

273 *Bülow*, Recht der Kreditsicherheiten, Rn. 1023; *Derleder*, NJW 2015, 817, 820; *Fischer*, in: Lwowski/Fischer/Gehrlein, Kreditsicherung, § 9 Rn. 125; *Hüffer*, AcP 171 (1971), 470, 473; *Kremer*, Mitbürgschaft, S. 62 ff.; Nobbe/*Nobbe*, Kommentar zum Kreditrecht, § 774 Rn. 59 ff.

274 Weiterführend *Lippmann*, AcP 111 (1914), 135, 165 ff.; *Meyer*, JuS 1993, 559, 561.

275 BGH v. 04.06.1987 – IX ZR 31/86 = WM 1987, 924 (juris Rn. 10); weiterführend zur Nebenbürgschaft *Meier*, Gesamtschulden (passim).

276 BGH v. 13.01.2000 – IX ZR 11/99 = WM 2000, 408; *Lippmann*, AcP 111 (1914), 135, 167 f.; *Meier*, Gesamtschulden, S. 1052; MüKo/*Habersack*, § 774 Rn. 26 f.; Staudinger/*Stürner*, § 774 Rn. 43 m.w.N.

277 BGH v. 10.11.1983 – IX ZR 34/82 = WM 1983, 1386 (juris Rn. 9); *Horn*, Bürgschaften und Garantien, Rn. 644; *Meier*, Gesamtschulden, S. 1140; *Musielak*, JA 2015, 161, 165; Nobbe/*Nobbe*, Kommentar zum Kreditrecht, § 774 Rn. 72; Staudinger/*Stürner*, § 774 Rn. 55; *Tiedtke*, WM 1986, 69, 75.

Durch eine ausdrückliche oder konkludente vertragliche Regelung unter Mitbürgen ist hingegen nach § 426 Abs. 1 S. 1 BGB („... soweit nicht ein anderes bestimmt ist.") eine Modifikation der Haftungsquoten möglich.[278] Aus der Natur der Sache kann sich im Einzelfall auch ein gänzlicher Ausschluss der Haftung im Innenverhältnis ergeben.[279] Die Vorschrift des § 769 BGB ist disponibel, § 774 Abs. 2 BGB garantiert auch bei deren Abbedingung einer Gesamtschuld einen anteiligen Regress.[280]

2. *Ausgleichsansprüche zwischen Mitbürgen*

Befriedigt ein Mitbürge den Gläubiger, so eröffnen sich ihm grundsätzlich – wie einem nicht sicherungsgebenden (einfachen) Gesamtschuldner[281] – drei Anspruchsgrundlagen für seinen Rückgriff bei den übrigen Bürgen:[282] Erstens kann er aus eigenem Recht gem. § 426 Abs. 1 S. 1 BGB (nachfolgend *Innenanspruch* bzw. *Innenausgleichsanspruch* genannt, dazu sogleich unter B.III.2.a.) Regress nehmen. Zweitens geht bei Leistung der Anspruch des Gläubigers gegen Mitbürgen mittels Legalzession gem. § 774 Abs. 1 S. 1 BGB auf ihn über (nachfolgend *Außenanspruch* genannt, dazu sogleich unter B.III.2.b.). Drittens können gesetzliche oder vertragliche Ansprüche bestehen, welche außerhalb der Gesamtschuld stehen.[283] Auf die letztgenannten Ansprüche soll hier mangels

---

278 BGH v. 10.11.1983 – IX ZR 34/82 = WM 1983, 1386 (juris Rn. 9); v. 15.05.1986 – IX ZR 96/85 = WM 1986, 961 (juris Rn. 39); v. 04.06.1987 – IX ZR 31/86 = WM 1987, 924; vgl. auch Mugdan II (Motive), S. 376; *Schlechtriem*, in: FS Caemmerer, S. 1013, 1039; Staudinger/*Stürner*, § 774 Rn. 51 ff.; für eine Aufbürdung des alleinigen Ausfallrisikos zulasten eines Bürgen (vergleichbar der Ausfallbürgschaft) müssten konkrete Anhaltspunkte bestehen, vgl. BGH v. 14.07.1983 – IX ZR 40/82 = BGHZ 88, 185 (juris Rn. 10 a.E.); die Vereinbarung darf zudem nicht zu Lasten des Gläubigers gehen, vgl. BGH v. 05.03.2002 – XI ZR 184/01 = WM 2002, 744 (juris Rn. 16).

279 BGH v. 10.11.1983 – IX ZR 34/82 = WM 1983, 1386 (juris Rn. 9, 11); v. 24.09.1992 – IX ZR 195/91 = WM 1992, 1893 (juris Rn. 12 ff.).

280 BGH v. 14.07.1983 – IX ZR 40/82 = BGHZ 88, 185 (juris Rn. 10); v. 11.06.1992 – IX ZR 161/91 = WM 1992, 1315 (juris Rn. 15); in diese Richtung auch schon RGZ 81, 414, 419 f.; *Braun-Melchior*, AcP 132 (1930), 175, 180 ff.; *Lippmann*, AcP 111 (1914), 135, 165; Staudinger/*Stürner*, § 774 Rn. 43.

281 Vgl. dazu *Meier*, Gesamtschulden, S. 293 ff.; *Schmidt-Kessel*, in: Staudinger-Eckpfeiler, Kapitel H. Rn. 109 ff.

282 *Meier*, Gesamtschulden, S. 1183 ff.; *Nobbe*, in: Schimansky/Bunte/Lwowski, Bankrechtshandbuch II, § 91 Rn. 460 ff.

283 BGH v. 06.10.2009 – VI ZR 24/09 = NJW-RR 2010, 831 (Rn. 10).

Relevanz für § 776 S. 1 BGB nicht weiter eingegangen werden. Die Ausgleichsansprüche des Bürgen gem. § 774 BGB bestehen unstreitig unabhängig von der zeitlichen Reihenfolge der Bestellung der Kreditsicherheiten.[284] Der Bürge kann also aufgrund der nachfolgend dargestellten Ansprüche auch Rückgriff bei einem Mitbürgen nehmen, der sich *nachträglich* verbürgt hat.

a. Ausgleich aus eigenem Recht (Innenanspruch)

Ein Bürge kann nach seiner Inanspruchnahme durch den Gläubiger von einem Mitbürgen Ausgleich aus eigenem Recht gem. § 426 Abs. 1 S. 1 BGB verlangen. Dieser Anspruch entsteht nicht erst mit der Inanspruchnahme durch den Gläubiger, sondern bereits ab Begründung der Gesamtschuld.[285] Er steht nicht zur Disposition des Gläubigers, vielmehr können nur die Mitbürgen den Innenanspruch modifizieren.[286] Nach dem soeben Gesagten bestimmt sich die Ausgleichshöhe vorbehaltlich abweichender Regelungen nach Kopfquoten.

Umstritten ist die Frage, kraft welcher Verweisung im Bürgschaftsrecht § 426 Abs. 1 S. 1 BGB anwendbar ist. Der BGH und die wohl überwiegende Anzahl der Stimmen in der Literatur wenden den genannten Ausgleichsanspruch mittels der Verweisung des § 774 Abs. 2 BGB an.[287] Eine andere Meinung hält § 426 Abs. 1 S. 1 BGB bereits aufgrund der generellen Anordnung der Gesamtschuld gem. § 769 BGB für anwendbar.[288] Beide Ansichten führen zum gleichen Ergebnis.

---

284 Vgl. nur BeckOGK/*Madaus*, § 774 Rn. 24; MüKo/*Habersack*, § 774 Rn. 9; Staudinger/*Stürner*, § 774 Rn. 19; jeweils m.w.N.

285 BGH v. 21.11.1953 – VI ZR 82/52 = BGHZ 11, 170 (juris Rn. 12); v. 09.10.1963 – VIII ZR 132/62 = MDR 1965, 126; siehe ausführlich unten B.II.2.a.

286 BGH v. 23.10.1986 – IX ZR 203/85 = WM 1986, 1550 (juris Rn. 13, 21 ,23).

287 BGH v. 11.06.1992 – IX ZR 161/91 = WM 1192, 1312 (juris Rn. 15); v. 09.12.2008 – XI ZR 588/07 = WM 2009, 213 (Rn. 12, 13); so auch *Endemann*, Bürgerliches Recht I, S. 867 (§ 192) Fn. 5; *Habersack*, AcP 198 (1998), 152, 158, der dies mit dem Wortlaut des § 774 Abs. 2 BGB („nur nach § 426" begründet); *Henle*, Bürgerliches Recht II, S. 853; *Kremer*, Mitbürgschaft, S. 172 f. (der § 774 Abs. 2 BGB gegenüber § 769 BGB als „besondere Bestimmung" ansieht); *Lambsdorff/Skora*, Hdb. d. Bürgschaftsrechts, Rn. 88, 306; MüKo/*Habersack*, § 769 Rn. 6; *ders.* § 774 Rn. 26; *Schwedhelm*, Gesamtschuldverhältnis, Rn. 242 f.; wohl auch *Crome*, System des Deutschen Bürgerlichen Rechts II, § 295 Ziffer 4. lit. a., § 297.

288 *Becker*, NJW 1971, 2151, 2153; *Braun-Melchior*, AcP 132 (1930), 175, 188 f.; *Finger*, BB 1987, 1416, *Meyer*, JuS 1993, 559, 560; *Muermann*, Die Konkurrenz von Bürgschaft, Hypothek und Pfand, S. 29; *Reinicke/Tiedtke*, Bürgschaftsrecht, Rn. 406; *dies.*, Kreditsicherung, Rn. 408; *Sternberg*, in: Gruchot 52 (1908), 545, 546; *Tiedtke*, JZ 1987, 491;

Daher ist die praktische Relevanz dieses Streits grundsätzlich gering.[289] Dies gilt jedoch nicht für die Betrachtung des § 776 S. 1 BGB: Denn die Norm ordnet ein Freiwerden nur dann an, wenn der Bürge nach § 774 BGH hätte Ersatz erlangen können. Gelangt man über § 769 BGB zu § 426 Abs. 1 S. 1 BGB, so spräche dies dafür, dass der Innenanspruch des Bürgen für ein Freiwerden gem. § 776 S. 1 BGB nicht beachtlich ist (ausführlich unter C.VII.). Für eine Verweisung des § 774 Abs. 2 BGB auf § 426 Abs. 1 S. 1 BGB spricht jedoch folgendes Wortlautargument: § 774 Abs. 2 BGB nennt § 426 BGB ausdrücklich.[290] Daher kann § 774 Abs. 2 BGB als lex specialis gegenüber § 769 BGB angesehen werden. Demgegenüber zeigt die Entstehungsgeschichte des § 774 BGB, dass dessen Absatz 2 nach den Vorstellungen des Gesetzgebers wohl einzig auf § 426 Abs. 1 S. 2, Abs. 2 BGB verweisen sollte. Die Anwendung des § 426 Abs. 1 S. 1 BGB ergab sich für die Erste und Zweite Kommission bereits aus § 769 BGB.[291] Nachdem dies in § 676 E I. (heute: § 774 BGB) zunächst auch sprachlich so vorgesehen war,[292] änderte die Zweite Kommission den Wortlaut in die heutige Fassung, allerdings nur aus redaktionellen Gründen.[293] Dies spricht dafür, dass der Gesetzgeber durch § 774 Abs. 2 BGB nur die durch Zession vom Gläubiger auf den Bürgen übergehenden Ansprüche erfassen wollte. Im Umkehrschluss resultiere der Innenausgleichsanspruch des Bürgen gegen Mitbürgen aus § 769 i.V.m. § 426 Abs. 1 S. 1 BGB. Dafür spricht auch die nunmehr amtliche Überschrift des § 774 BGB („Gesetzlicher Forderungsübergang"). Der Anspruch aus § 426 Abs. 1 S. 1 BGB besteht jedoch bereits mit Begründung der Bürgschaft aus eigenem Recht des Bürgen und geht nicht erst auf diesen über (s.o.).

Da die Zweite Kommission den Wortlaut des § 774 Abs. 2 BGB in die heutige Fassung änderte und dieser ausdrücklich auf § 426 BGB verweist, dürfte die wohl herrschende Meinung zutreffen und § 426 Abs. 1 S. 1 BGB mittels der Verweisung des § 774 Abs. 2 BGB als lex specialis gegenüber § 769 BGB anwendbar

---

Weber, BB 1971, 333, 335; *ders.*, JuS 1971, 553, 557; wohl auch NK-BGB/*Beckmann*, § 774 Rn. 9.

289 So auch *Meier*, Gesamtschulden, S. 1141.

290 *Habersack*, AcP 198 (1998), 152, 158.

291 Jakobs/Schubert, SR III, S. 503; vgl. auch *Meier*, Gesamtschulden, S. 1140 f.

292 § 676 S. 1 E I.: Soweit der Bürge den Gläubiger befriedigt hat, wird auf ihn dessen Forderung gegen den Hauptschuldner kraft des Gesetzes übertragen; die mit der Forderung verbundenen, in der Haftung von Mitbürgen bestehenden Nebenrechte gehen jedoch nur nach Maßgabe des § 337 Abs. 2, 3 [entspricht § 426 Abs. 1 S. 2, Abs. 2 BGB, *Anm. d. Verf.*] auf den Bürgen über.

293 Jakobs/Schubert, SR III, S. 503.

sein. Nachfolgend wird der Innenanspruch daher stets auf die §§ 774 Abs. 2, 426 Abs. 1 S. 1 BGB als Rechtsgrundlage zurückgeführt. Gleichwohl bleibt festzuhalten, dass der Innenausgleichsanspruch nach dem Verständnis des historischen Gesetzgebers wohl nicht in § 774 BGB wurzeln sollte.

b. Ausgleich aus zediertem Recht (Außenanspruch)

Zusätzlich zum bereits bestehenden Innenausgleichsanspruch erwirbt der Bürge durch Zahlung den Anspruch des Gläubigers gegen den Mitbürgen (Außenanspruch). Dieser Forderungsübergang vollzieht sich mittels Legalzession.[294] Der Außenanspruch geht jedoch nur insoweit auf den Bürgen über, als dieser gem. § 426 Abs. 1 S. 1 BGB Rückgriff nehmen kann. Die Höhe beider Ansprüche ist daher identisch.[295]

Auch die dogmatische Begründung des Übergangs des Außenanspruchs auf den leistenden Bürgen ist umstritten. Gem. §§ 774 Abs. 1, 412, 401 BGB erwirbt der Bürge durch die Zahlung an den Gläubiger neben der Hauptforderung auch die damit verbundenen Nebenrechte. Die wohl überwiegenden Stimmen in der Literatur sehen in §§ 774 Abs. 2, 426 Abs. 2 BGB jedoch eine Sonderregelung für den Forderungsübergang bei Mitbürgen.[296] Dies wird damit begründet, dass sonst die Forderung *in voller Höhe* auf den zahlenden Bürgen überginge, obwohl unter Gesamtschuldnern nur ein anteiliger Regress stattfinden soll.[297] Die Gegenansicht, zu der auch der BGH zählen dürfte, argumentiert für eine Beschränkung der §§ 774 Abs. 1 S. 1, 412, 401 BGB, die § 774 Abs. 2 gebiete.[298]

294 *Lambsdorff/Skora*, Hdb. d. Bürgschaftsrechts Rn. 281; *Musielak*, JA 2015, 161, 164 f.; *Reinicke/Tiedtke*, Bürgschaftsrecht Rn. 359 ff.; Soergel/*Gröschler*, § 774 Rn. 2, 6; Staudinger/*Stürner*, § 774 Rn. 14 ff.

295 BGH v. 06.10.2009 – VI ZR 24/09 = NJW-RR 2010, 831 (Rn. 10); so auch *Hartmaier*, Ausgleichsfragen, S. 28 ff.; HK-BGB/*Schulze*, § 426 Rn. 12.

296 BeckOGK/*Madaus*, § 774 Rn. 64 ff.; *Bülow*, Recht der Kreditsicherheiten, Rn. 1010, 1024; *Esser/Weyers*, Schuldrecht II/1, S. 356; *Heck*, Grundriß des Schuldrechts, § 127 Nr. 7; *Kremer*, Mitbürgschaft, S. 203; *Nobbe*, in: Schimansky/Bunte/Lwowski, Bankrechtshandbuch II, § 91 Rn. 460; Nobbe/*Nobbe*, Kommentar zum Kreditrecht, § 774 Rn. 67; Staudinger/*Stürner*, § 774 Rn. 19; Staudinger/*Looschelders*, § 426 Rn. 258; *Strohal*, DJZ 1903, 373; *Vahldiek*, Der Ausgleich zwischen mehreren Sicherungsgebern, S. 11; vgl. auch *Hartmaier*, Ausgleichsfragen, S. 33; *Kopp*, JR 2016, 347; in diese Richtung wohl auch *Dyck*, Die Zahlungen des Bürgen als vorläufige Sicherheit, S. 57, 111 ff.

297 PWW/*Brödermann*, § 774 Rn. 25.

298 *Habersack*, AcP 198 (1998), 152, 158; jurisPK/*Prütting*, § 774 Rn. 15; *Lambsdorff/Skora*, Hdb. d. Bürgschaftsrechts, Rn. 89; MüKo/*Habersack*, § 774 Rn. 26; *Rehbein*,

Eine früher vertretene Einzelansicht lehnt für Mitbürgen eine Legalzession wegen des bestehenden (inhaltsgleichen) Innenausgleichs gänzlich ab.[299] Eine Anwendung des § 426 Abs. 2 S. 1 BGB durch § 769 BGB wird nicht vertreten. Abgesehen von der abzulehnenden letztgenannten Meinung ist ein Streitentscheid wegen des identischen Ergebnisses entbehrlich. Nachfolgend soll der Übergang des Anspruchs gegen den weiteren Bürgen auf den Leistenden stets aus §§ 774 Abs. 2, 426 Abs. 2 S. 1 BGB hergeleitet werden.

3. *Besonderheiten des Mitbürgenregresses*

Anders als ein nicht sicherungsgebender Gesamtschuldner[300] kann ein Bürge, der nur einen Teilbetrag geleistet hat, diesbezüglich schon unmittelbar Regress bei einem Mitbürgen in Höhe der anteiligen Haftungsquote nehmen. Denn dem zahlenden Bürgen darf wegen seiner subsidiären Haftung nach dem Hauptschuldner ein Abwarten, ob noch eine weitere Inanspruchnahme erfolgt, nicht zugemutet werden.[301]

> Beispiel: Für die Forderung des G gegen S über 100.000 € haben sich die vier Bürgen B^1, B^2, B^3 und B^4 verbürgt. Eine Haftungsquote ist nicht vereinbart. G nimmt nun B^1 zunächst in Höhe von 25.000 € in Anspruch. B^1 kann bereits jetzt bei seinen Mitbürgen anteiligen Regress (jeweils 6.250 €) nehmen.

---

in: FS Werner, S. 697, 716 f.; RGRK/*Mormann*, § 774 Rn. 3; so wohl auch BGH v. 14.07.1983 - IX ZR 40/82 = BGHZ 88, 185 (juris Rn. 11): „Durch den Ausschluß der §§ 422 ff BGB im Verhältnis D Bank - Bürgen wurden danach weder der *Übergang der Forderung* der D Bank gegen die E GmbH auf den zuerst in Anspruch genommenen Bürgen *mitsamt den* der Sicherung der Forderung dienenden *Bürgschaften* (§§ 774 Abs. 1, 412, 401 BGB) abbedungen noch der Ausgleich unter den Mitbürgen, der sich nach §§ 774 Abs. 2, 426 BGB richtet.“ [*Hervorhebungen durch d. Verf.*].

299 *Lippmann*, AcP 111 (1914), 135, 169 ff.

300 Vgl. dazu *Schmidt-Kessel*, in: Staudinger-Eckpfeiler, Kapitel H. Rn. 111.

301 BGH v. 21.02.1957 - VII ZR 216/56 = WM 1957, 517 (juris Rn. 44); v. 19.12.1985 - III ZR 90/84 = WM 1986, 363 (juris Rn. 10); v. 15.05.1986 - IX ZR 96/85 = WM 1986, 961 (juris Rn. 16); v. 23.10.1986 - IX ZR 203/85 = WM 1986, 1550 (juris Rn. 19); BeckOGK/*Kreße*, § 426 Rn. 45; *Dyck*, Die Zahlungen des Bürgen als vorläufige Sicherheit, S. 57 f., 114 ff.; *Fischer*, in: Lwowski/Fischer/Gehrlein, Kreditsicherung, § 9 Rn. 125; *Meier*, Gesamtschulden, S. 1191; *Reinicke/Tiedtke*, Bürgschaftsrecht, Rn. 407; *Selb*, Mehrheit von Gläubigern und Schuldnern, S. 92 f.; Staudinger/*Stürner*, § 774 Rn. 47; Staudinger/*Looschelders*, § 426 Rn. 258; ausführlich zu den jeweiligen Rückgriffsquoten BeckOGK/*Madaus*, § 774 Rn. 71 ff.; ausführlich zur dogmatischen Begründung *Kopp*, JR 2016, 347, 348 ff.; PWW/*Brödermann*, § 774 Rn. 29.

Dies gilt jedoch vorbehaltlich zweier Ausnahmen. Ist der Hauptschuldner zum Zeitpunkt der Inanspruchnahme des Bürgen zahlungsunfähig, kann der Hauptschuldner dem Bürgen zunächst keinen Ersatz leisten. In diesem Fall besteht ein Rückgriffsrecht bei Mitbürgen erst nach vollständiger Inanspruchnahme.[302] Ist umgekehrt der leistende Bürge zahlungsunfähig, steht nicht fest, dass er etwaige zu viel geleistete Beträge an die übrigen Bürgen erstatten kann. Auch in dieser Konstellation darf er nicht Regress bezüglich Teilbeträgen verlangen.[303] Der Ausgleichsanspruch besteht bereits vor Inanspruchnahme durch den Gläubiger in Form eines Befreiungsanspruchs.[304] Der Innenanspruch kann zudem nicht durch einseitige Vereinbarung eines Bürgen mit dem Gläubiger ausgeschlossen werden.[305] Für die Anwendung des § 776 S. 1 BGB bedeutet dies Folgendes: Ein Ersatzanspruch gem. § 774 BGB besteht auch für Teilbeträge. Ein Freiwerden des Bürgen setzt daher keine bestimmte Höhe eines Verzichts zugunsten des Mitbürgen voraus.

Letztlich ist zu beachten, dass die Verpflichtung von Bürgen nicht nur auf Zahlung einer Geldforderung gerichtet sein muss. Sie richtet sich nach der Hauptschuld, daher können auch vertretbare Handlungen oder Sachleistungen geschuldet sein.[306] Hinsichtlich nicht monetärer Verbindlichkeiten ist jedoch umstritten, ob der Innenausgleichsanspruch aus §§ 774 Abs. 2, 426 Abs. 1 S. 1 BGB stets nur auf Geld gerichtet ist oder auch auf diejenige Leistung abzielt, die vom Hauptschuldner zu erbringen war.[307] Da sich dieses Problem auf die

---

302 BGH v. 21.02.1957 – VII ZR 216/56 = WM 1957, 517 (juris Rn. 45); *Reinicke/Tiedtke*, Bürgschaftsrecht, Rn. 409; mit umgekehrten Regel-Ausnahme-Verhältnis ebenso *Horn*, Bürgschaften und Garantien, Rn. 642.

303 BGH v. 17.03.1982 – VIII ZR 30/81 = WM 1982, 610; *Reinicke/Tiedtke*, Bürgschaftsrecht, Rn. 410.

304 BGH v. 15.05.1986 – IX ZR 96/85 = WM 1986, 961 (juris Rn. 14 f.); *Herrmann*, Verjährung bei Bürgschaft und Gesamtschuld, S. 194 ff.

305 BGH v. 23.10.1986 – IX ZR 203/85 = WM 1986, 1550 (juris Rn. 21, 23).

306 BeckOGK/*Madaus*, § 765 Rn. 113; MüKo/*Habersack*, § 765 Rn. 79; *Pfeiffer*, Nebenpflichten des Bürgschaftsgläubigers, S. 2; Staudinger/*Stürner*, Vorbem zu §§ 765-778 Rn. 13. In Betracht kommt z.B. ein werkvertraglicher Erfüllungsanspruch, vgl. BGH v. 12.03.1980 – VIII ZR 57/79 = WM 1980, 741.

307 **Für einen qualitativ variablen Ausgleichsanspruch** (allerdings jeweils mit zahlreichen Ausnahmen) BeckOGK/*Kreße*, § 426 Rn. 34 f.; explizit für Sicherungsgeber auch ausdrücklich *Hüffer*, AcP 171 (1971), 470, 473; *Schlechtriem*, in: FS Caemmerer, S. 1013, 1043; der Meinung von *Schlechtriem* schließt sich wohl auch BGH v. 20.12.1990 – IX ZR 268/89 = WM 1991, 399 (juris Rn. 11 a.E.) an; **für einen ausschließlich monetären Ausgleichsanspruch** BeckOK/*Gehrlein*, § 426 Rn. 5; MüKo/*Heinemeyer*, § 426 Rn. 13 f.; *Selb*, Mehrheit von Gläubigern und Schuldnern, S. 92;

Anwendung des § 776 S. 1 BGB auf Mitbürgen nicht auswirkt, soll nachfolgend stets von einem monetären Ausgleichsanspruch ausgegangen werden.[308]

4. Ergebnis

Grundsätzlich erfolgt der Ausgleich zwischen Mitbürgen wie der Gesamtschuldnerausgleich nicht sicherungsgebender Gesamtschuldner. Auch ein Bürge kann sowohl aus eigenem Recht (Innenanspruch) als auch aus zediertem Recht (Außenanspruch) bei einem Mitbürgen Regress nehmen. Für die nachfolgende Betrachtung sind jedoch folgende Besonderheiten zu beachten: Sowohl für den Innen- als auch für den Außenanspruch ist es umstritten, aufgrund welcher Verweisungsnorm der jeweilige Ausgleichsanspruch anwendbar ist. Dieses Problem wirkt sich auf die Auslegung des § 776 S. 1 BGB aus: Da die Vorschrift auf entgangene Ansprüche aus § 774 BGB abstellt, ist es von Bedeutung, ob ein Regressanspruch auch gem. § 774 BGB begründet wird.

IV. Das Ausgleichsverhältnis zwischen Bürgschaft und Schuldbeitritt

Als Personalsicherheit kommt auch ein Schuldbeitritt in Betracht.[309] Der Schuldbeitritt ist gesetzlich nicht geregelt. Daher existiert auch keine Norm, die das Ausgleichsverhältnis zu konkurrierenden Sicherungsgebern bestimmt. Ein Beitretender haftet anders als ein Bürge nicht bestandsakzessorisch, sondern gesamtschuldnerisch neben dem Hauptschuldner.[310] Gleichwohl wendet die herrschende Meinung §§ 774 Abs. 2, 426 BGB analog auf das Verhältnis zwischen Bürgen und Beitretenden an. Dies begründet man mit der Interessenlage, welche vergleichbar zu der zweier Mitbürgen sei.[311] Denn beide Sicherungsgeber

Staudinger/*Stürner*, § 765 Rn. 113; wohl auch RGRK/*Weber*, § 426 Rn. 15; **differenzierend** Staudinger/*Looschelders*, § 426 Rn. 41.

308 Die Problematik des Anspruchsinhalts des § 426 Abs. 1 BGB wird jedoch relevant für den Innenausgleich zwischen verschiedenartigen Sicherungsgebern, siehe unter B.V.

309 Ausführlich zum Schuldbeitritt unten G.III.2.a.; vgl. generell Staudinger/*Stürner*, Vorbem zu §§ 765-778 Rn. 396 ff.

310 S.u. G.III.2.a. m.w.N.

311 OLG Celle v. 08.01.1986 – 9 U 280/85 = WM 1986, 1224, 1225; OLG Hamm v. 04.10.1989 – 11 U 66/89 = MDR 1990, 920; BeckOGK/*Madaus*, § 774 Rn. 78; *ders.* § 765 Rn. 482; *Bülow*, Recht der Kreditsicherheiten, Rn. 1011, 1025, 1598; MüKo/*Habersack*, § 765 Rn. 108; *ders.* § 774 Rn. 32; MüKo/*Heinemeyer*, § 426 Rn. 49; Nobbe/*Nobbe*, Kommentar zum Kreditrecht, § 774 Rn. 79 f.; *Schmitz*, in: FS Merz, S. 553, 555 ff.; *Schürnbrand*, Schuldbeitritt, S. 143; der BGH hat sich zur Anwendung dieser

haften *persönlich* (und ohne eine etwaige abweichende vertragliche Regelung auch unbegrenzt) für eine Forderung. Für das Ausgleichsverhältnis zwischen einem Bürgen und einem der Schuld Beigetretenen gelten daher die vorstehenden Ausführungen zum Ausgleich unter Mitbürgen sinngemäß.

V. Das Ausgleichsverhältnis zwischen Bürgschaft und Realsicherheiten

1. *Ausgangspunkt: Erwerb der Nebenrechte bei Befriedigung des Gläubigers*

Die §§ 769, 774 Abs. 2 BGB verweisen für das Ausgleichsverhältnis zwischen mehreren Bürgen auf die Regeln zur Gesamtschuld (siehe oben unter B.III.). Eine solche Bestimmung fehlt für das Verhältnis zwischen verschiedenartigen Sicherungsmitteln, insbesondere dem Zusammentreffen von Bürgschaft und Realsicherheit.[312] Ist als zusätzliche Sicherheit neben einem Bürgen beispielsweise eine Grundschuld oder ein Pfandrecht an einer beweglichen Sache bestellt, stellt sich die Frage, wie der Ausgleich zwischen diesen verschiedenartigen Sicherungsmitteln erfolgt.

Befriedigt der Bürge den Gläubiger, geht nicht nur die Forderung des Gläubigers gegen den Hauptschuldner gem. § 774 Abs. 1 S. 1 BGB auf den Bürgen über. Der Bürge erwirbt auch die *Nebenrechte* zu der gesicherten Hauptforderung gem. §§ 774 Abs. 1 S. 1, 412, 401 BGB.[313] Zu den unmittelbar erfassten Neben rechten zählen die unselbstständigen, akzessorischen Rechte wie beispielsweise Hypotheken.[314] Diese gehen wie die Hauptforderung ohne weiteren Rechtsakt auf den leistenden Bürgen über. Für den Übergang von selbstständigen, nicht akzessorischen Rechten, ist jedoch eine Mitwirkungshandlung des Gläubigers

---

Grundsätze auf den Schuldbeitritt bisher jedoch noch nicht geäußert; kritisch Staudinger/*Stürner*, § 774 Rn. 73 f.; **a.A.** *Reinicke*, NJW 1966, 2141, 2144 ff.; ausführlich zur analogen Anwendung des § 776 BGB auf den Schuldbeitritt unter G.III.2.

312 Vgl. *Steinbach/Lang*, WM 1987, 1237; *Tiedtke*, WM 1990, 1270; *Weber*, WM 2001, 1229, 1231.

313 Vgl. u.a. *Derleder*, NJW 2015, 817, 820; *Dreismann*, Bürgenschutz durch Gläubigerdiligenz?, S. 78; Erman/*Zetzsche*, § 774 Rn. 7; *Lambsdorff/Skora*, Hdb. d. Bürgschaftsrechts, Rn. 285; *Müller*, WM 2014, 869; *Musielak*, JA 2015, 161, 165; *Selb*, Mehrheit von Gläubigern und Schuldnern, S. 116, 122 f.; vgl. zu § 401 BGB ausführlich *Ganter*, in: FS Lwowski, S. 187, 188 ff.; Soergel/*Gröschler*, § 774 Rn. 3; *Rehbein*, in: FS Werner, S. 697, 713 ff.

314 Staudinger/*Stürner*, § 774 Rn. 19; *Weber*, WM 2001, 1229.

erforderlich. Diesbezüglich steht dem Bürgen gem. §§ 774 Abs. 1 S. 1, 412, 401 BGB analog ein Anspruch auf Übertragung zu.[315] Die Ratio dieser Regelung (§ 774 Abs. 1 S. 1 i.V.m. §§ 412, 401 BGB) geht bereits auf das römische Recht zurück.[316] Ihr liegt folgende Überlegung zugrunde: Befriedigt der Bürge den Gläubiger, hat der Gläubiger kein Interesse mehr an dem Anspruch gegen den Hauptschuldner und zusätzlichen, mit der Hauptschuld verbundenen Sicherungsmitteln. Für den Bürgen sind diese Ansprüche jedoch von Bedeutung, da er grundsätzlich nur subsidiär haftet und die Möglichkeit der Inanspruchnahme weiterer Sicherungsgeber wiederum seinen Regressanspruch gegen den Hauptschuldner sichert.[317]

Für den Übergang der Sicherungsrechte nach §§ 774 Abs. 1 S. 1, 412, 401 BGB ist es unerheblich, ob diese zeitlich vor oder nach der Bürgschaft begründet

---

315 RGZ 72, 138, 141; RGZ 89, 193, 195; BGH v. 17.12.1959 – VII ZR 194/58 = WM 1960, 371, 372; v. 15.06.1964 –VIII ZR 305/62 = BGHZ 42, 53 (juris Rn. 30); v. 25.01.1967 – VIII ZR 124/64 = WM 1967, 213 (juris Rn. 13); v. 24.09.1980 – VIII ZR 291/79 = BGHZ 78, 137 (juris Rn. 19); v. 11.01.1990 – IX ZR 58/89 = BGHZ 110, 41 (juris Rn. 11); v. 18.09.1997 – IX ZR 283/96 = BGHZ 136, 347 (juris Rn. 17); v. 02.03.2000 – IX ZR 328/98 = BGHZ 144, 52 (juris Rn. 34); v. 06.04.2000 – IX ZR 2/98 = WM 2000, 1141 (juris Rn. 26); v. 05.04.2001 – IX ZR 276/98 = WM 2001, 1060 (juris Rn. 40); OLG München v. 05.03.1998 – 24 U 6/97 (juris Rn. 37); OLG Köln v. 02.10.1998 – 19 U 27/98 (juris Rn. 6); OLG Köln v. 22.01.2003 – 13 U 198/01 (juris Rn. 34); *Bülow*, Recht der Kreditsicherheiten, Rn. 1020; *Bülow*, WM 1989, 1877, 1878; *Derleder*, NJW 2015, 817; *Dyck*, Die Zahlungen des Bürgen als vorläufige Sicherheit, S. 14 ff.; *Herresthal*, in: Staudinger-Eckpfeiler, Kapitel K. Rn. 84; jurisPK/*Prütting*, § 774 Rn. 7; *Lambsdorff/Skora*, Hdb. d. Bürgschaftsrechts, Rn. 285; *Müller*, Schuldrecht BT, Rn. 1813; *Müller*, WM 2014, 869, 870; Nobbe/*Nobbe*, Kommentar zum Kreditrecht, § 774 Rn. 35; *Rehbein*, in: FS Werner, S. 697, 714; *Selb*, Mehrheit von Gläubigern und Schuldnern, S. 116; *Serick*, Eigentumsvorbehalt I, S. 217; *ders.*, Eigentumsvorbehalt III, S. 428; Soergel/*Gröschler*, § 774 Rn. 3; Staudinger/*Stürner*, § 774 Rn. 21; *Tiedtke*, WM 1990, 1270, 1271; der BGH (v. 29.06.1989 – IX ZR 175/88 = BGHZ 108, 179) führt insoweit ausdrücklich aus, dass es sich nicht aus dem Willen des Gesetzgebers ergebe, dass der Besteller einer Grundschuld ohne Regressmöglichkeit gegen Mitsicherer bleiben soll; vgl. auch das Musterformular für Grundschulden bei *Epp*, in: Schimansky/Bunte/Lwowski, Bankrechtshandbuch II, Anh. 2 zu § 94 Punkt 3. (1).

316 S.o. Teil 1 B.I.1.

317 BeckOGK/*Madaus*, § 774 Rn. 28 ff.; *Derleder*, NJW 2015, 817, 820; *Musielak*, JA 2015, 161; *Larenz/Canaris*, Schuldrecht II/2, § 60 IV. 2., S. 15; *Weber*, WM 2001, 1229; anschaulich auch *Tiedtke*, WM 1990, 1270, 1273 für den Fall der Leistung eines dinglichen Sicherungsgebers im Hinblick auf dessen Zessionsanspruch: „Die Forderung führt ein Schattendasein. Sie besteht nur, damit sie [...] abgetreten werden kann.“

wurden.[318] Es stellt sich im Zusammenhang mit der Leistung des Bürgen folgendes Problem: Durch die Zahlung tritt die Erfüllung der Hauptschuld ein, sodass diese nebst allen akzessorischen Rechten gem. § 362 BGB untergehen würde („Erfüllungsproblematik"). Dies löst man dadurch, dass die Zahlung des Bürgen nicht als Leistung auf die (Haupt-) Forderung gesehen und ihr damit die diesbezügliche Tilgungswirkung abgesprochen wird.[319] Eine alternative Begründung zweifelt zwar nicht an der Tilgungswirkung, sieht § 774 Abs. 1 S. 1 BGB in diesem Fall jedoch als lex specialis zu § 362 BGB an.[320]

§ 774 BGB findet per Verweis entsprechende Anwendung auf Hypothekenschuldner (§ 1143 Abs. 1 S. 2 BGB) und auf Verpfänder (§ 1225 S. 2 BGB), welche jeweils nicht zugleich persönlicher Schuldner sind.[321]

2. *Grundproblem des Ausgleichs: Keine echte Gesamtschuld auf Tatbestandsebene*

Mit der grundsätzlichen Möglichkeit des Rückgriffs bei einem dinglichen Sicherungsgeber ist jedoch noch nicht die Frage beantwortet, wie der Ausgleich zwischen verschiedenartigen Sicherungsgebern erfolgt. Exemplarisch soll für die nachfolgende Betrachtung folgende Ausgangslage zugrunde gelegt werden:

Beispiel: S schuldet dem Gläubiger G 100.000 €. Zur Sicherung dieser Verbindlichkeit verbürgt sich B in voller Höhe. Zugleich bestellt X eine Hypothek[322] an seinem Grundstück, ebenfalls für dieselbe Forderung und in voller Höhe. Besondere Haftungsquoten sind zwischen B und X nicht vereinbart.

---

318 BeckOGK/*Madaus*, § 774 Rn. 29; Mugdan II (Motive), S. 376; Staudinger/*Stürner*, § 774 Rn. 19.

319 BGH v. 15.06.1964 – VIII ZR 305/62 = BGHZ 42, 53 (juris Rn. 30); v. 10.02.2000 – IX ZR 397/98 = WM 2000, 715 (juris Rn. 28); *Kremer*, Mitbürgschaft, S. 72 f.; *Pfeiffer*, Nebenpflichten des Bürgschaftsgläubigers, S. 4; *Reinicke/Tiedtke*, Bürgschaftsrecht, Rn. 28, 359; *Schmidt*, Akzessorietät der Bürgschaft, S. 157; Staudinger/*Stürner*, Vorbem zu §§ 765-778 Rn. 12; *ders.* § 774 Rn. 3; ausführlich zur Auslegung einer entsprechenden, der Zahlung des Bürgen zugrunde liegenden Tilgungsbestimmung BGH v. 14.01.1998 – XII ZR 103/93 = WM 1998, 443 (insb. juris Rn. 15).

320 Staudinger/*Stürner*, § 774 Rn. 3.

321 Vgl. Staudinger/*Stürner*, § 774 Rn. 60; *Weber*, WM 2001, 1229, 1231.

322 Für nicht akzessorische Sicherheiten gelten die nachfolgenden Ausführungen mit der Maßgabe, dass die Forderung nebst Bürgschaft nicht per cessio legis übergeht, sondern aktiv vom Gläubiger übertragen werden muss.

Anders als im Rahmen des Schuldbeitritts besteht im Fall des Zusammentreffens einer dinglicher Sicherheit und eines Bürgen jedenfalls auf Tatbestandsebene keine Gesamtschuld.[323] Dem liegt folgende Überlegung zugrunde: Ein dinglicher Sicherungsgeber verschafft dem Gläubiger ein zusätzliches Haftungs*objekt*, welches den alleinigen (und daher begrenzten) Verwertungsgegenstand darstellt; demgegenüber bietet der Bürge dem Gläubiger ein (weiteres) Haftungs*subjekt*, da er für die Hauptforderung mit seinem ganzen Vermögen einsteht.[324] Der Bürge *schulde* daher dem Gläubiger die Leistung, wohingegen ein Realsicherungsgeber lediglich *hafte*.[325] Demzufolge fehlt es an einem identischen Leistungsinteresse im Sinne des § 421 BGB, sodass eine unmittelbare Anwendung des § 774 Abs. 2 BGB jedenfalls auf Tatbestandsebene ausscheidet.[326]

3. *Ausgleichshöhe zwischen mehreren verschiedenen Sicherungsgebern – „Wettlauf der Sicherungsgeber"*

a. Ausgangspunkt

Lehnt man eine gesamtschuldnerische Haftung ab, hätte dies folgende Konsequenz: De lege lata würde der Bürge durch die Leistung an den Gläubiger gem. §§ 774 Abs. 1 S. 1, 412, 401 BGB die Hypothek erwerben, welche zusätzlich für die gesicherte Forderung bestellt war. Umgekehrt würde der Hypothekar bei Befriedigung des Gläubigers gem. §§ 1143 Abs. 1 S. 1, 774 Abs. 1, 412, 401 BGB neben der Hauptschuld auch durch cessio legis die Bürgschaft erhalten.[327] In beiden Fällen ginge mangels Bestehens einer dem § 774 Abs. 2 BGB vergleichbaren Norm die jeweils andere Sicherheit *in voller Höhe* auf den jeweils leistenden

323 BGH v. 29.06.1989 – IX ZR 175/88 = BGHZ 108, 179 (juris Rn. 18); v. 24.09.1992 – IX ZR 195/91 = WM 1992, 1893.

324 *Herresthal*, in: Staudinger-Eckpfeiler, Kapitel K. Rn. 1; vgl. auch oben unter A.I.

325 Vgl. Becker, NJW 1971, 2151, 2153; *Dyck*, Die Zahlungen des Bürgen als vorläufige Sicherheit, S. 57 f.; *Hüffer*, AcP 171 (1971), 470, 481; *Larenz/Canaris*, Schuldrecht II/2, § 60 IV. 3. a), S. 16; Palandt/*Grüneberg*, Einl v § 241 Rn. 10 f.; *Schlechtriem*, in: FS Caemmerer, S. 1013, 1042 f.; angedeutet auch von BGH v. 04.11.1997 – XI ZR 181/96 = WM 1997, 2396 (juris Rn. 10). Aus Gründen der sprachlichen Gestaltung wird im Rahmen dieser Arbeit auch bzgl. der Verbindlichkeit des Bürgen von „Haftung" gesprochen.

326 BGH v. 29.06.1989 – IX ZR 175/88 = BGHZ 108, 179; v. 24.09.1992 – IX ZR 195/91 = WM 1992, 1893; BeckOGK/*Madaus*, § 774 Rn. 81; **a.A.** (für eine unmittelbare Anwendung der Regeln über die Gesamtschuld) *Steinbach/Lang*, WM 1987, 1237.

327 Vgl. *Hüffer*, AcP 171 (1971), 470, 471 f.; jurisPK/*Prütting*, § 774 Rn. 17; *Larenz/Canaris*, Schuldrecht II/2, § 60 IV. 3. a), S. 16; *Weber*, WM 2001, 1229, 1231.

Sicherungsgeber über, sodass folglich derjenige begünstigt wäre, der zuerst leistet.[328] Demnach hätte jeder Sicherungsgeber ein Interesse daran, als Erster zu leisten, um 100% seiner Aufwendungen vom anderen Sicherungsgeber ersetzt zu erhalten. Dieses Problem wird daher auch als „Wettlauf der Sicherungsgeber"[329] bezeichnet. Auf der anderen Seite hätte es der Gläubiger in der Hand, das Insolvenzrisiko durch seine Inanspruchnahme zu verteilen. Denn es liegt grundsätzlich im Ermessen des Gläubigers zu bestimmen, in welcher Reihenfolge er die Sicherheiten verwertet.[330] Es wäre daher entweder vom Zufall oder der Willkür des Gläubigers abhängig, welcher Sicherungsgeber letztlich einzustehen habe. Dies widerspricht jedoch dem Grundsatz ausgleichender Gerechtigkeit.[331]

b. Die früher herrschende Meinung

Die früher herrschende Meinung nahm eine Privilegierung des Bürgen an. Der Bürge sollte bei Leistung die Hypothek mit erwerben, im umgekehrten Fall sollte der Hypothekar jedoch nicht die Bürgschaft mit erlangen.[332] Dies begründete man mit dem soeben dargestellten, unterschiedlichen Haftungsumfang: Weil der dingliche Sicherungsgeber nur mit dem belasteten Vermögensrecht hafte, der

---

328 BGH v. 29.06.1989 – IX ZR 175/88 = BGHZ 108, 179 (juris Rn. 20 f.); vgl. auch BeckOGK/*Madaus*, § 774 Rn. 81; *Larenz/Canaris*, Schuldrecht II/2, § 60 IV. 3. a), S. 16; MüKo/*Habersack*, § 774 Rn. 33; *Nobbe*, in: Schimansky/Bunte/Lwowski, Bankrechtshandbuch II, § 91 Rn. 482; *Pawlowski*, JZ 1974, 124; *K. Schmidt*, JuS 1990, 61, 62; *Strohal*, DJZ 1903, 373, 374.

329 BGH v. 29.06.1989 – IX ZR 175/88 = BGHZ 108, 179 (juris Rn. 21); BeckOGK/*Madaus*, § 774 Rn. 81; *Bülow*, WM 1989, 1877, 1878; *Dyck*, Die Zahlungen des Bürgen als vorläufige Sicherheit, S. 61; *Hüffer*, AcP 171 (1971), 470, 471; *Larenz/Canaris*, Schuldrecht II/2, § 60 IV. 3. a), S. 16; *Musielak*, JA 2015, 161, 166; *Weber*, WM 2001, 1229, 1231.

330 S.u. Teil 3 C.I.

331 BGH v. 29.06.1989 – IX ZR 175/88 = BGHZ 108, 179 (juris Rn. 23); BeckOGK/*Madaus*, § 774 Rn. 81; Staudinger/*Stürner*, § 774 Rn. 65; so auch *Hüffer*, AcP 171 (1971), 470, 471.

332 *Braun-Melchior*, AcP 132 (1930), 175, 205; *Ehlscheid*, BB 1992, 1290, 1293; *Enneccerus/Lehmann*, Bürgerliches Recht, § 194 II. 3.; *La Baume*, Freiwerden des Bürgen, S. 1 f.; RGRK/*Mormann*, § 774 Rn. 8; *Tiedtke*, BB 1984, 19, 20 f.; *ders.*, DNotZ 1993, 291, 294; *Strohal*, DJZ 1903, 373, 375; auch heute wird dies insb. noch von *Reinicke/Tiedtke*, Bürgschaftsrecht, Rn. 643 ff. sowie Staudinger/*Stürner*, § 774 Rn. 68 vertreten. Diese Meinung ist zudem dargestellt bei *Hüffer*, AcP 171 (1971), 470, 474; sowie *Medicus/Petersen*, Bürgerliches Recht, Rn. 940. Becker, NJW 1971, 2151, 2154 lehnte gar jedweden gesetzlichen Ausgleich mangels Vorliegens einer Gesamtschuld ab.

Bürge aber stets mit seinem gesamten, auch zukünftigen Vermögen,[333] sei der Bürge schutzwürdiger. Zudem ergebe sich aus der bürgenspezifischen Norm des § 776 S. 1 BGB eine Besserstellung des Bürgen.[334]

Diese Meinung hat sich zu Recht nicht durchgesetzt, insbesondere hat § 776 S. 1 BGB für die vorliegende Fragestellung keine Aussagekraft. Zunächst regelt die Norm die Folgen der Einwirkung des Gläubigers auf den Ausgleich von Sicherungsgebern. So ist schon nach dem Willen des historischen Gesetzgebers ausdrücklich nur der Gläubiger Adressat der Norm. Nur ihm legt § 776 S. 1 BGB eine punktuelle Diligenzpflicht[335] auf. Daher ist sie schon tatbestandlich mangels Vertrages zwischen zwei Sicherungsgebern nicht anwendbar.[336] Damit könnte man nur noch aus dem Umstand, dass es eine dem § 776 S. 1 BGB vergleichbare Norm für dingliche Sicherheiten nicht gibt, eine gesetzgeberisch intendierte Besserstellung des Bürgen ableiten. Auch dieses Argument ist jedoch nicht zwingend. Denn aus dem unterschiedlichen Haftungsinhalt von Bürgen und Realsicherungsgebern resultiert nicht automatisch eine höhere Schutzbedürftigkeit: Einerseits kann auch für die Bürgschaft ein Höchstbetrag vereinbart werden (Höchstbetragsbürgschaft), andererseits kann auch das mit einer Hypothek belastete Grundstück das ganze Vermögen des Bestellers ausmachen.[337] Zudem fehlt es an einer bewussten gesetzgeberischen Entscheidung, den Bürgen durch § 776 S. 1 BGB gegenüber dinglichen Sicherungsgebern besserzustellen.[338] Selbst wenn man annähme, dass der Bürge schutzbedürftiger sei als dingliche Sicherungsgeber, folgt daraus noch kein Argument dafür, dass der ein Haftungsrisiko freiwillig auf sich nehmende Bürge dieses gänzlich auf die Besteller solcher Sicherheiten abwälzen dürfen soll.[339]

---

333 S.o. A.I.

334 *Braun-Melchior*, AcP 132 (1930), 175, 205; *Reinicke/Tiedtke*, Bürgschaftsrecht, Rn. 646; RGRK/*Mormann*, § 774 Rn. 8; Staudinger/*Stürner*, § 774 Rn. 68; *Strohal*, DJZ 1903, 373, 375.

335 Zum Begriff s.u. F.I.

336 BGH v. 24.09.1992 – IX ZR 195/91 = WM 1992, 1893 (juris Rn. 9); BeckOGK/*Madaus*, § 774 Rn. 82; *Knütel*, in: FS Flume I, S. 559, 560; *Musielak*, JA 2015, 161, 166; *Tiedtke*, BB 1984, 19, 20 f.; *ders.*, DNotZ 1993, 291, 294.

337 BeckOGK/*Madaus*, § 774 Rn. 82; gegen eine generell höhere Schutzbedürftigkeit des Bürgen auch *Hüffer*, AcP 171 (1971), 470, 482; ausführlich zur Vergleichbarkeit des Haftungsrisikos unter E.III.4.b.

338 S.o. Teil 1 A.II.2.h.

339 *Hüffer*, AcP 171 (1971), 470, 483; *Pawlowski*, JZ 1974, 124.

Hüffer führt noch ein weiteres Argument an: Ein Bürge wird nur insoweit gem. § 776 S. 1 BGB frei, als ein Ersatzrecht nach § 774 BGB bestand. Inwieweit der Bürge von einem dinglichen Sicherungsgeber Ersatz verlangen kann, ist aber gerade im Rahmen der vorliegenden Fragestellung zu beantworten.[340] Dieses Zirkelschluss-Argument überzeugt. Denn § 776 S. 1 BGB setzt Ersatzansprüche nach § 774 BGB voraus und bestimmt diese nicht.

Zudem ist nach zahlreichen Stimmen in der Literatur und der hier vertretenen Ansicht der Rechtsgedanke des § 776 S. 1 BGB auch auf andere Sicherungsgeber übertragbar.[341] Folgt man dieser Ansicht, spricht auch dies gegen eine Privilegierung des Bürgen.

c. *Die heute herrschende Meinung sowie die Rechtsprechung des BGH*

Die heute herrschende Meinung lehnt eine Besserstellung des Bürgen ab und löst den „Wettlauf der Sicherungsgeber" mit einer analogen Anwendung der Gesamtschuldregeln (§ 426 bzw. § 774 Abs. 2 BGB) auf der Rechtsfolgenseite. Auch ohne eine zwischen ihnen getroffene Vereinbarung stünden die Sicherungsgeber auf einer Stufe. Aufgrund dieser Gleichrangigkeit sei folglich auch (jedenfalls aufgrund des Rechtsgedankens des § 242 BGB) eine gleichrangige Regressmöglichkeit anzunehmen.[342] Denn sämtliche Sicherheiten verfolgen – ungeachtet ihrer

340 *Hüffer*, AcP 171 (1971), 470, 482; *Larenz/Canaris*, Schuldrecht II/2, § 60 IV. 3. a), S. 16.

341 S.u. G.II.

342 Vgl. u.a. BGH v. 29.06.1989 – IX ZR 175/88 = BGHZ 108, 179 (juris Rn. 18 ff., insb. Rn. 22) m. Anm. *K. Schmidt*, JuS 1990, 61; v. 09.10.1990 – XI ZR 200/89 = WM 1990, 1956 (juris Rn. 17); v. 20.12.1990 – IX ZR 268/89 = WM 1991, 399 (juris Rn. 10 f.); v. 24.09.1992 – IX ZR 195/91 = WM 1992, 1893 (juris Rn. 8 ff.).; v. 05.04.2001 – IX ZR 276/98 = WM 2001, 1060 (juris Rn. 41); v. 09.12.2008 – XI ZR 588/07 = WM 2009, 213 (Rn. 13); BeckOGK/*Kreße*, § 426 Rn. 76; BeckOGK/*Madaus*, § 774 Rn. 83; *Bülow*, WM 1989, 1877, 1880; *Dyck*, Die Zahlungen des Bürgen als vorläufige Sicherheit, S. 64 ff.; Erman/*Zetzsche*, § 774 Rn. 18 f.; *Esser/Weyers*, Schuldrecht II/1, S. 356 f.; *Fischer*, in: Lwowski/Fischer/Gehrlein, Kreditsicherung, § 9 Rn. 128; *Hartmaier*, Ausgleichsfragen, S. 106 ff.; *Herresthal*, in: Staudinger-Eckpfeiler, Kapitel K. Rn. 72; *Hüffer*, AcP 171 (1971), 470, 480 ff. der dies als „Wertungsfrage" begreift; jurisPK/*Prütting*, § 774 Rn. 17 ff.; *Lambsdorff/Skora*, Hdb. d. Bürgschaftsrechts, Rn. 313; *Medicus/Petersen*, Bürgerliches Recht, Rn. 941; MüKo/*Habersack*, § 774 Rn. 34; *Musielak*, JA 2015, 161, 166; *Nobbe*, in: Schimansky/Bunte/Lwowski, Bankrechtshandbuch II, § 91 Rn. 483; Nobbe/*Nobbe*, Kommentar zum Kreditrecht, § 774 Rn. 81 ff.; Palandt/*Sprau*, § 774 Rn. 13; *Pawlowski*, JZ 1974, 124; *Schlechtriem*, in: FS Caemmerer, S. 1013, 1042 ff.; *Schwedhelm*, Gesamtschuldverhältnis, Rn. 246; Soergel/*Gröschler*, § 774 Rn. 29; *ders.* § 776 Rn. 18; Soergel/*Habersack*, § 1225 Rn. 10; *Westermann/Gursky/Eickmann*,

Verschiedenheit – denselben Zweck, nämlich die Sicherung der Hauptforderung des Gläubigers.[343] Zudem zeigten die §§ 774, 1143, 1225 BGB, dass dem Gesetz Ausgleichsansprüche zwischen mehreren Sicherungsgebern keineswegs fremd seien.[344] Im Ergebnis besteht damit eine „Ausgleichsgesamtschuld" und ein anteiliger Regress, wie er auch unter Mitbürgen stattfindet. Im Zweifel erfolgt die Haftungsverteilung zu gleichen Anteilen, wenn eine weitere Sicherheit nicht ausdrücklich nachrangig bestellt ist.[345] In seiner Grundsatzentscheidung vom 29.06.1989 musste der BGH zunächst noch nicht auf die Auswirkungen des § 776 S. 1 BGB auf eine etwaige Privilegierung des Bürgen gegenüber dinglichen Sicherungsgebern eingehen, da die Norm im zugrunde liegenden Fall wirksam ausgeschlossen war.[346] Die häufige Betonung der Gleichstufigkeit aller Sicherungsgeber spricht jedoch bereits dafür, dass die getroffene Lösung unabhängig von der Anwendbarkeit des § 776 S. 1 BGB gelten sollte. Dies bestätigte der BGH wenige Jahre später ausdrücklich: § 776 S. 1 BGB habe grundsätzlich keinen Einfluss auf den Ausgleich verschiedener Sicherungsgeber.[347]

Die herrschende Meinung überzeugt bereits aufgrund der soeben dargestellten Überlegungen zu § 776 S. 1 BGB. Zudem führt sie zu einem sachgerechten Ausgleich zwischen verschiedenen Sicherungsgebern, der unabhängig von der Reihenfolge der Inanspruchnahme durch den Gläubiger ist.[348] Denn nicht nur Bürgen wollen im Zweifel einen Ausgleich untereinander erreichen (§ 769 BGB),

---

Sachenrecht, § 101 Rn. 11, 128 Rn. 22; kritisch jedoch noch *Tiedtke*, WM 1990, 1270, 1271, der die oben zitierte Entscheidung v. 29.06.1989 nicht verallgemeinerungsfähig hält, da der BGH eine Gleichstufigkeit nur aufgrund einer im konkreten Einzelfall bestehenden Vertragsklausel bejaht habe; ebenfalls kritisch *Selb*, Mehrheit von Gläubigern und Schuldnern, S. 123.

343 *K. Schmidt*, JuS 1990, 61, 62.

344 BGH v. 29.06.1989 – IX ZR 175/88 = BGHZ 108, 179 (juris Rn. 24).

345 BGH v. 29.06.1989 – IX ZR 175/88 = BGHZ 108, 179 (juris Rn. 17); BeckOGK/*Madaus*, § 774 Rn. 83; *Larenz/Canaris*, Schuldrecht II/2, § 60 IV. 3. b), S. 16 f.; MüKo/*Habersack*, § 774 Rn. 34; *Nobbe*, in: Schimansky/Bunte/Lwowski, Bankrechtshandbuch II, § 91 Rn. 486.

346 BGH v. 29.06.1989 – IX ZR 175/88 = BGHZ 108, 179 (juris Rn. 17); aus diesem Grund stimmten dieser Rspr. zunächst das OLG Frankfurt a.M. v. 02.05.1990 – 23 U 127/89 (juris Rn. 28) und der IV. Zivilsenat (v. 16.01.1991 – IV ZR 263/89 = NJW-RR 1991, 682, juris Rn. 14) auch ausdrücklich nur für den Fall zu, dass § 776 BGB abbedungen wurde.

347 BGH v. 24.09.1992 – IX ZR 195/91 = WM 1992, 1893 (juris Rn. 9); vgl. auch *Gursky*, JZ 1997, 1154, 1165.

348 BGH v. 29.06.1989 – IX ZR 175/88 = BGHZ 108, 179; MüKo/*Habersack*, § 774 Rn. 33.

sondern auch verschiedenartige Sicherungsgeber, sodass der Rechtsgedanke des § 769 BGB insoweit übertragbar scheint.[349] Das zentrale Argument liegt dabei in der *Gleichstufigkeit* der Sicherungsgeber.[350] Für die herrschende Meinung spricht auch ein systematisches Argument: Sowohl § 1143 Abs. 1 S. 2 als auch § 1225 S. 2 BGB verweisen auf § 774 BGB (die erstgenannte Norm jedoch nur auf § 774 *Abs. 1* BGB, § 1225 BGB insgesamt auf § 774 BGB) und damit auf den Bürgenregress.[351]

Im Ergebnis hat damit ein zahlender Bürge gegenüber einem Realsicherungsgeber – vorbehaltlich eines selbstständigen gesetzlichen oder vertraglichen Anspruchs – ebenfalls zwei Ansprüche. Erstens kann der Bürge aus eigenem Recht gem. § 426 Abs. 1 S. 1 BGB (analog) Rückgriff nehmen, also durch den *Innenanspruch.* Zweitens besteht eine Regressmöglichkeit aus zediertem Recht des Gläubigers gem. §§ 774 Abs. 1 S. 1, 412, 401 BGB (*Außenanspruch*).

d. *Ausgleichsinhalt und -umfang zwischen verschiedenartigen Sicherungsgebern*

Während in der Literatur die Begründung der Ausgleichsgesamtschuld umfassend aufgearbeitet ist, finden sich zu der Frage des konkreten Leistungs*inhalts* des Ausgleichsanspruchs gem. § 426 Abs. 1 S. 1 BGB im Falle des Zusammentreffens verschiedenartiger Sicherungsgeber nur wenige Aussagen. Die vereinzelten Literaturmeinungen sowie der BGH stimmen jedoch darin überein, dass der Bürge im Rückgriffsverhältnis zum dingliche Sicherungsgeber von diesem die Duldung der anteiligen Verwertung der besicherten Sache fordern kann.[352] Dies

349 So ausdrücklich Soergel/*Gröschler*, § 774 Rn. 29.

350 *Weber*, WM 2001, 1229, 1232; vgl. auch *Nobbe*, in: Schimansky/Bunte/Lwowski, Bankrechtshandbuch II, § 91 Rn. 485.

351 Der Grund liegt darin, dass sich der Regress bei der Gesamthypothek nach §§ 1143 Abs. 2, 1173 BGB richtet und die Regelung des § 774 Abs. 2 BGB ersetzt, für das Pfandrecht existiert aber keine solche Spezialnorm, vgl. *Medicus/Petersen*, Bürgerliches Recht, Rn. 941 a.E.

352 BGH v. 20.12.1990 – IX ZR 268/89 = WM 1991, 399 (juris Rn. 11); vgl. zur entsprechenden Deutung dieses Zitats auch *Gursky*, JZ 1997, 1154, 1165; so auch ausdrücklich und unter Ablehnung einer nur monetären Ausgleichsverpflichtung *Herresthal*, in: Staudinger-Eckpfeiler, Kapitel K. Rn. 73; *Schlechtriem*, in: FS Caemmerer, S. 1013, 1043, 1045; vgl. ebenfalls *Hüffer*, AcP 171 (1971), 470, 473, der in diesem Zusammenhang ausdrücklich klarstellt, dass nicht das Sicherungsrecht als solches übergeht, sondern das Verwertungsrecht daran.

gelte auch unabhängig von der konkreten Verbindlichkeit des Hauptschuldners.[353] Denn ein dinglicher Sicherungsgeber schuldet gegenüber dem Gläubiger gerade nicht die Erfüllung der Hauptschuld, sondern er haftet mit der zur Verfügung gestellten Sache als Sicherheit.[354] Für den Besteller einer Hypothek oder Grundschuld lässt sich dieses Ergebnis beispielsweise unmittelbar aus § 1147 (i.V.m. § 1192 Abs. 1) BGB entnehmen.[355] Die Ausgleichslast im Innenverhältnis zum Bürgen darf nicht weiter gehen als die Belastung der Realsicherheit im Außenverhältnis zum Gläubiger. Dies wäre aber der Fall, wenn man den Regress über § 426 BGB (analog) ausschließlich auf Zahlung ausrichten würde.[356] Würde der dingliche Sicherungsgeber gem. § 426 Abs. 1 S. 1 BGB (analog) einen Ausgleich in Geld schulden, würde er im Innenverhältnis faktisch bürgenähnlich haften. Seine Haftung gegenüber dem Bürgen wäre in der Rückgriffsbeziehung stärker ausgeprägt als in der Sicherungsbeziehung gegenüber dem Gläubiger.

In der geschilderten Konstellation wird der Unterschied zwischen Personal- und Realsicherheit deutlich: Für den Ausgleich zwischen Mitbürgen wird vertreten, dass diese im Innenverhältnis zu der Leistung verpflichtet sind, für die sie sich zugunsten des Hauptschuldners verbürgt haben.[357] Demgegenüber schuldet, wer eine Realsicherheit stellt, nur die Verwertung der zur Verfügung gestellten Sache. Setzt man die soeben dargestellte Rechtsprechung der Ausgleichsgesamtschuld konsequent um, ergibt sich für den Ausgleich in der Rückgriffsbeziehung folgende Konsequenz: Der Bürge schuldet dem anderen Sicherungsgeber einen Ausgleich in Geld, der dingliche Sicherungsgeber haftet dem Bürgen gegenüber auf die Verwertung der Sache. Der Innenausgleichsanspruch ist damit seinem

---

353 Dies gilt jeedenfalls bei solchen Realsicherheiten, die anders als die Hypothek nicht nur für Geldforderungen möglich sind.

354 Vgl. auch *Herresthal*, in: Staudinger-Eckpfeiler, Kapitel K. Rn. 73; dafür, dass der Ausgleichsanspruch im Innenverhältnis nicht identisch mit dem Anspruch im Außenverhältnis sein muss auch RGRK/*Weber*, § 426 Rn. 5; vorliegend zeigt sich erneut der unter B.V.2. dargestellte Unterschied zwischen Schuld und Haftung.

355 Vgl. auch *Herresthal*, in: Staudinger-Eckpfeiler, Kapitel K. Rn. 73.

356 *Schlechtriem*, in: FS Caemmerer, S. 1013, 1043: „Die Ausgleichslast kann nicht weiter gehen als die Belastung durch die Realsicherheit für die zunächst gesicherte fremde Schuld. Ein einschränkungslos auf Zahlung gerichteter Ausgleichsanspruch, wie in § 426 I 1 BGB primär gewährt, kann deshalb nicht angenommen werden."; *ders.* aaO. S. 1045: „Ein Ausgleichsanspruch aus § 426 I BGB verpflichtet zwar persönlich schuldende Sicherer zur Zahlung, kann aber Realsicherer nur zur Duldung und Ermöglichung der Verwertung zwingen."

357 S.o. B.III.3.

Inhalt nach verschieden. Gleiches gilt für den durch Legalzession auf den Bürgen übergegangenen Außenanspruch. Zahlt der Bürge, so erwirbt er zusätzlich gem. §§ 774 Abs. 1 S. 1, 412, 401 BGB die Sicherheit selbst. Er hat folglich zwei inhaltsgleiche Ansprüche gegen den Besteller dinglicher Sicherheiten auf Duldung der Vollstreckung: denjenigen aus dem Innenverhältnis und den übergegangenen aus dem Außenverhältnis.[358]

Denkt man die genannte Rechtsprechung zur Ausgleichsgesamtschuld konsequent fort, muss schließlich hinsichtlich des Umfangs des übergegangenen Rechts aus §§ 774 Abs. 1 S. 1, 412, 401 BGB das Gleiche gelten wie unter Bürgen gem. §§ 774 Abs. 2, 426 Abs. 2 S. 1 BGB:[359] Damit der Innen- und der Außenanspruch kongruent sind, darf der Außenanspruch ebenfalls nur in dem Umfang übergehen, in welcher der Innenanspruch besteht.[360] Dafür spricht neben der soeben dargestellten Rechtsprechung des BGH auch das systematische Argument, dass insbesondere § 1143 Abs. 1 S. 2 BGB und § 1225 S. 2 BGB auf § 774 BGB verweisen.[361] Da im Zweifel von gleichen Anteilen auszugehen ist (§ 426 Abs. 1 S. 1 erster Fall BGB), erwirbt ein zahlender Bürge eine Hypothek oder eine Grundschuld zur Hälfte, umgekehrt besteht auch nur eine hälftige Haftung des Bürgen bei Zahlung des Bestellers des Grundpfandrechts.[362] Selbstverständlich sind zwischen den Sicherungsgebern abweichende Haftungsquoten möglich. In Literatur und Rechtsprechung werden in diesem Zusammenhang insbesondere zwei Fälle genannt. Im Rahmen der Haftung auf verschiedene Höchstbeträge ermitteln sich die entsprechenden Ausgleichsquoten je nach den Höchstbeträgen.[363] Zudem kann sich aus der Natur der Sache eine abweichende Haftungsquote ergeben. Dies ist insbesondere dann der Fall, wenn die weitere Sicherheit durch den Hauptschuldner selbst gestellt wird.[364] Da dieser im Innenverhältnis

358 *Schlechtriem*, in: FS Caemmerer, S. 1013, 1043.

359 Dazu oben unter B.III.2.

360 So auch BeckOGK/*Kreße*, § 426 Rn. 85 ff.; *Hartmaier*, Ausgleichsfragen, S. 104; Staudinger/*Looschelders*, § 426 Rn. 272.

361 BeckOGK/*Kreße*, § 426 Rn. 76; Staudinger/*Looschelders*, § 426 Rn. 272.

362 BGH v. 09.12.2008 – XI ZR 588/07 = WM 2009, 213 (Rn. 13); BeckOGK/*Madaus*, § 774 Rn. 84; Staudinger/*Looschelders*, § 426 Rn. 272.

363 Weiterführend unter J.III.3. sowie Teil 3 C.III.2.b.

364 BGH v. 15.05.1986 – IX ZR 96/85 = WM 1986, 961 (juris Rn. 39); v. 20.12.1990 – IX ZR 268/89 = WM 1991, 399 (juris Rn. 20); v. 24.09.1992 – IX ZR 195/91 = WM 1992, 1893 (juris Rn. 12 ff.); v. 09.12.2008 – XI ZR 588/07 = WM 2009, 213 (Rn. 14 ff.); OLG Hamm v. 25.04.1990 – 31 U 4/90 = WM 1990, 1238; BeckOGK/*Madaus*, § 774 Rn. 84; *Glöckner*, ZIP 1999, 821, 827.

regelmäßig in voller Höhe zur Leistung verpflichtet ist, kann er keinen anteiligen Regress nehmen. Eine ausdrückliche Vereinbarung zwischen verschiedenartigen Sicherungsgebern bezüglich einer internen Haftungsquote wird – soweit ersichtlich – bisher nicht diskutiert. Es ist jedoch kein Grund erkennbar, warum dies nicht wie unter Mitbürgen möglich sein soll. Ist darüber hinaus ein echtes Stufen- oder Nachrangverhältnis der Haftung vereinbart, fehlt es hingegen an einer Gleichstufigkeit im Sinne des § 426 BGB, sodass keine Gesamtschuld mehr anzunehmen ist.[365]

4. *Ergebnis*

Der Ausgleich zwischen Mitbürgen einerseits und zwischen verschiedenartigen Sicherungsgebern andererseits ist jedenfalls auf Rechtsfolgenebene ähnlich. Denn in sämtlichen Konstellationen steht dem zahlenden Sicherungsgeber der Innenausgleich gem. § 426 Abs. 1 S. 1 BGB (direkt oder analog) zu, welcher auf einen anteiligen Regress zu im Zweifel zu gleichen Anteilen gerichtet ist. Hinzu tritt stets ein anteiliger Übergang aus dem Außenverhältnis gem. §§ 774 Abs. 2, 426 Abs. 2 S. 1 BGB bei der Bürgschaft bzw. §§ 774 Abs. 1 S. 1, 412, 401 BGB bei dinglichen Sicherheiten. Innen- und Außenanspruch entsprechen sich ihrem Inhalt und ihrer Höhe nach.

Ein Unterschied besteht jedoch im Forderungsinhalt: Während Bürgen für eine monetäre Hauptforderung stets auch Zahlung schulden, haften dingliche Sicherungsgeber ausschließlich mit der Verwertung der besicherten Sache. Bestehen also verschiedenartige Sicherungsgeber für eine Forderung, ist der jeweilige Ausgleich in der Rückgriffsbeziehung auch verschieden.

VI. Ergebnis

Befriedigt der Bürge den Gläubiger, stehen ihm sowohl gegen den Hauptschuldner als auch gegen weitere Sicherungsgeber regelmäßig zwei gesetzliche Rückgriffsmöglichkeiten zur Verfügung. Einerseits kann er Regress aus dem Innenverhältnis kraft eigenen Rechts und andererseits mittels des zedierten Anspruchs aus dem Außenverhältnis nehmen.

Für den Rückgriff beim *Hauptschuldner* besteht hinsichtlich des Innenanspruchs keine bürgenspezifische Norm, dieser richtet sich nach dem konkreten, der Bürgschaft zugrunde liegenden Rechtsgeschäft (insbesondere

---

365 BGH v. 24.09.1992 – IX ZR 195/91 = WM 1992, 1893 (juris Rn. 10); Staudinger/*Looschelders*, § 426 Rn. 273.

Geschäftsbesorgungsvertrag oder GoA). Gem. § 774 Abs. 1 S. 1 BGB erhält der Bürge bei Leistung zusätzlich die Forderung des Gläubigers gegen den Hauptschuldner. Da der Bürge nur subsidiär zum Hauptschuldner haftet, kann er über beide Wege vollständigen Ersatz verlangen.

Gegenüber einem *Mitbürgen* besteht aus dem Innenverhältnis ein Ausgleichsanspruch aus §§ 774 Abs. 2, 426 Abs. 1 S. 1 BGB und aus dem Außenverhältnis ein solcher aus §§ 774 Abs. 2, 426 Abs. 2 S. 1 BGB. Die Ausgleichshöhe richtet sich jeweils nach § 426 Abs. 1 S. 1 BGB. Diese Regeln wendet die herrschende Meinung analog auf die Fälle des *Schuldbeitritts* an.

Unabhängig von der Reihenfolge der Inanspruchnahme können auch *verschiedenartige Sicherungsgeber* stets einen Ausgleich nach den Regeln der Gesamtschuld verlangen. Befriedigt der Bürge den Gläubiger, steht ihm gegen den Besteller einer dinglichen Sicherheit ein Innenausgleichsanspruch gem. § 426 Abs. 1 S. 1 BGB analog zu. Der Außenanspruch des Gläubigers geht bei Leistung gem. §§ 774 Abs. 1 S. 1, 412, 401 BGB auf den Bürgen über bzw. ist bezüglich nicht akzessorischer Rechte entsprechend zu übertragen. Die Ausgleichshöhe richtet sich nach § 426 Abs. 1 S. 1 BGB (analog). Der Inhalt des Ausgleichsanspruchs divergiert jedoch: Während ein Bürge gegenüber einem weiteren Sicherungsgeber im Rückgriffsverhältnis die Geldzahlung der anteiligen Hauptforderung schuldet, ist der Anspruch gegen dingliche Sicherungsgeber stets auf Verwertung der Sicherheit gerichtet.

C. Die Folge der Einwirkung des Gläubigers auf die gesamtschuldnerische Haftung der Sicherungsgeber im Hinblick auf die Anwendung des § 776 S. 1 BGB

I. Problemaufriss

Nachdem der grundsätzlich gesamtschuldnerische Charakter des Innenausgleichs geklärt werden konnte, stellt sich die Frage, inwieweit sich der (teilweise) Verzicht des Gläubigers auf eine Kreditsicherheit zwischen den Sicherungsgebern auswirkt.

Zu Beginn der Darstellung steht der Ausgleich zwischen Mitbürgen. In einem ersten Schritt werden dabei die einschlägigen Prinzipien der Gesamtschuld erörtert (dazu unter C.II.) und in einem zweiten Schritt auf die Mitbürgschaft angewendet (dazu unter C.III.). Nach der vorstehend dargestellten ständigen Rechtsprechung orientiert sich auch der Ausgleich zwischen verschiedenartigen Sicherungsgebern anhand des § 426 BGB,[366] sodass auch insoweit die Folgen der

366 S.o. B.V.

Aufgabehandlung auf die Rückgriffsbeziehung zu untersuchen sind (dazu unter C.IV.).

Schwerpunkt der nachfolgenden Untersuchung soll dabei der Verzicht[367] auf eine Kreditsicherheit durch den Gläubiger beziehungsweise der Erlassvertrag[368] zugunsten eines Gesamtschuldners sein, was an folgender Konstellation untersucht werden soll:

Beispiel: Hauptschuldner S schuldet dem Gläubiger G 100.000 €. Für die gesamte Forderung hat sich ein Bürge (B) verbürgt. Zusätzlich haftet ebenfalls ein weiterer Sicherungsgeber in voller Höhe. Besondere Haftungsquoten sind nicht vereinbart. G verzichtet später auf das zusätzliche Sicherungsrecht. B macht geltend, anteilig nach § 776 S. 1 BGB frei geworden zu sein.

Stets ist dabei zwischen den verschiedenen Schuldverhältnissen zu unterscheiden: Dies ist auf der einen Seite die Sicherungsbeziehung der Sicherungsgeber zum Gläubiger. Auf der anderen Seite handelt es sich um die Rückgriffsbeziehung zwischen den Sicherungsgebern, die wiederum zwei Regressmöglichkeiten beinhaltet (dem Innenanspruch aus § 426 Abs. 1 S. 1 BGB und dem Außenanspruch aus § 426 Abs. 2 S. 1 bzw. §§ 774 Abs. 1 S. 1, 412, 401 BGB).

Nach einem Zwischenergebnis (dazu unter C.V.) wird zu überlegen sein, welche Konsequenzen sich aus den getroffenen Feststellungen für die Anwendung und die Auslegung des § 776 S. 1 BGB ergeben (dazu unter C.VI. – C.X.).

II. Ausgangspunkt: Wirkung eines Erlasses bei nicht sicherungsgebenden Gesamtschuldnern

Schulden im Sinne des § 421 BGB mehrere eine Leistung in der Weise, dass jeder die ganze Leistung zu bewirken verpflichtet, der Gläubiger aber die Leistung nur einmal zu fordern berechtigt ist (Gesamtschuldner), so kann der Gläubiger die Leistung nach seinem Belieben von jedem der Schuldner ganz oder zu einem Teil fordern. Da dem Gläubiger für nur eine Forderung mehrere Schuldner zur Verfügung stehen, treffen die §§ 422 – 425 BGB Sonderregeln für die Auswirkung von Tatsachen, die einen Gesamtschuldner betreffen, auf den jeweils anderen.

§ 423 BGB regelt dabei den Fall des Erlasses zugunsten eines Gesamtschuldners. Danach wirkt ein zwischen dem Gläubiger und einem Gesamtschuldner

---

367 Zum Verzicht als Aufgabehandlung s.u. H.I.1.

368 Dem Erlass entsprechend gleichgestellt i.S.d. § 423 BGB ist insb. auch der Vergleich, jurisPK/*Rüßmann*, § 423 Rn. 5.

vereinbarter Erlass auch für die übrigen Schuldner. Dies gilt allerdings nur, wenn die Vertragschließenden das ganze Schuldverhältnis aufheben wollten.

Beispiel: S^1 und S^2 schulden dem Gläubiger G gesamtschuldnerisch 100.000 €. Es ist keine besondere Haftungsquote vereinbart. G schließt nun einen Erlassvertrag (§ 397 BGB) mit S^1 und möchte anschließend S^2 (vollständig) in Anspruch nehmen.[369]

Ein Erlass zugunsten einem von zweien Gesamtschuldnern kann drei alternative Wirkungen entfalten. Erstens könnte eine *Gesamtwirkung* Folge sein mit dem Ergebnis, dass beide Schuldner in voller Höhe von ihrer Verbindlichkeit befreit werden.[370] Der Gläubiger würde demnach sämtliche Ansprüche gegen alle Schuldner verlieren. Dabei handelt es sich um einen ausnahmsweise zulässigen Verfügungsvertrag zugunsten Dritter.[371]

Zweitens kommt eine *Einzelwirkung* in Betracht. Demnach begünstigt die Freistellung nur den am Erlassvertrag beteiligten Schuldner, nicht aber den weiteren Schuldner.[372] Dieser könnte weiterhin vom Gläubiger hinsichtlich des vollen Betrages in Anspruch genommen werden. Er kann allerdings seinerseits nach § 426 Abs. 1 S. 1 BGB beim begünstigten Schuldner im Innenverhältnis Regress nehmen.[373] Die Einzelwirkung schützt daher nur vor einer direkten Inanspruchnahme durch den Gläubiger und dem (Insolvenz-) Risiko hinsichtlich des daran anschließenden Rückgriffs bei dem weiteren Schuldner.[374] Sie nutzt dem begünstigten Schuldner insbesondere dann, wenn der andere Forderungsgegner gänzlich ausfällt. Da der Gläubiger das Insolvenzrisiko des nicht begünstigten Schuldners mangels Möglichkeit der Inanspruchnahme des befreiten Schuldners voll trägt, muss der begünstigte Schuldner sogar weniger als seinen Haftungsanteil (nämlich gar nicht) leisten.[375]

Drittens ist eine *beschränkte Gesamtwirkung* möglich.[376] Diese befreit den am Erlassvertrag beteiligten Schuldner gegenüber dem Gläubiger in voller Höhe. Um nicht über den „Umweg" des Innenausgleichs zwischen den Gesamtschuldnern

369 Vgl. mit ähnlichem Beispiel auch *Bentele*, Gesamtschuld und Erlass, S. 15 ff.
370 Vgl. *Bentele*, Gesamtschuld und Erlass, S. 15 ff.; *Schwedhelm*, Gesamtschuldverhältnis, Rn. 98; Staudinger/*Looschelders*, § 423 Rn. 1, 18.
371 *Bentele*, Gesamtschuld und Erlass, S. 15 m.w.N.
372 Vgl. *Bentele*, Gesamtschuld und Erlass, S. 37 ff.; *Schwedhelm*, Gesamtschuldverhältnis, Rn. 102; Staudinger/*Looschelders*, § 423 Rn. 1, 19.
373 Staudinger/*Looschelders*, § 423 Rn. 1, 20; zu den Einzelheiten sogleich unter B.II.2.
374 *Bentele*, Gesamtschuld und Erlass, S. 43.
375 *Bentele*, Gesamtschuld und Erlass, S. 43.
376 Vgl. dazu und zum Folgenden Staudinger/*Looschelders*, § 423 Rn. 1, 20.

weiterhin seinen Anteil schulden zu müssen, wird der andere Schuldner gleichzeitig gegenüber dem Gläubiger in Höhe der Ausgleichsquote des begünstigten Schuldners frei. Er schuldet damit gegenüber dem Gläubiger nur noch die auf ihn entfallende Haftungsquote (bei zwei Schuldnern im Zweifel die Hälfte). Der begünstigte Schuldner kann weder vom Gläubiger noch im Innenverhältnis gem. § 426 Abs. 1 S. 1 BGB in Anspruch genommen werden. Die beschränkte Gesamtwirkung stellt damit die Schuldner so, als sei der Innenausgleich bereits erfolgt.

1. Wirkung auf die Haftungsbeziehung zwischen Gesamtschuldner und Gläubiger

Ein Erlass entfaltet nach der Rechtsprechung des BGH grundsätzlich nur eine Einzelwirkung zugunsten des jeweiligen Gesamtschuldners.[377] Demnach wirkt sich die Begünstigung eines Gesamtschuldners weder auf die Schuld des anderen Schuldners in der Außenbeziehung[378] zum Gläubiger noch auf den gesamtschuldnerischen Ausgleich im Rückgriffsverhältnis gem. § 426 BGB aus.[379]

Denn ein Parteiwille, der auf eine Gesamtwirkung abziele, könne nach Ansicht des BGH nur bei Hinzutreten besonderer Anhaltspunkte angenommen werden und sei regelmäßig nicht gewollt.[380] Folglich wird die Schuld der übrigen, nicht begünstigten Schuldner gegenüber dem Gläubiger nicht berührt,

---

377 BGH v. 21.03.2000 – IX ZR 39/99 = WM 2000, 1003 (juris Rn. 20): Dies ergebe sich schon aus dem Wortlaut der Norm, die ausdrücklich die Gesamtwirkung nur dann anordnet, „wenn die Vertragschließenden das ganze Schuldverhältnis aufheben wollten", maßgeblich ist also der Parteiwille; vgl. auch *Bentele*, Gesamtschuld und Erlass, S. 54; MüKo/*Heinemeyer*, § 423 Rn. 2; *Nobbe*, in: Schimansky/Bunte/Lwowski, Bankrechtshandbuch II, § 91 Rn. 463; *Schmidt-Kessel*, in: Staudinger-Eckpfeiler, Kapitel H. Rn. 106; *Wacke*, AcP 170 (1970), 42.

378 Dies entspricht der Sicherungsbeziehung bei Sicherungsgebern, vgl. dazu oben unter B.III.

379 BGH v. 09.10.1963 – VIII ZR 132/62 = MDR 1965, 126 für den Fall der Bürgschaft; vgl. auch *Bentele*, Gesamtschuld und Erlass, S. 37 ff.; RGRK/*Weber* § 426 Rn. 6; *Wacke*, AcP 170 (1970), 42, 44.

380 BGH v. 19.12.1985 – III ZR 90/84 = WM 1986, 363 (juris Rn. 12); v. 11.06.1992 – IX ZR 161/91 = WM 1992, 1315 (juris Rn. 20); v. 21.03.2000 – IX ZR 39/99 = WM 2000, 1003 (juris Rn. 20); BeckOGK/*Kreße*, § 423 Rn. 4; *Bentele*, Gesamtschuld und Erlass, S. 10 ff.; *Gernhuber*, Erfüllung, S. 384 f.; jurisPK/*Rüßmann*, § 423 Rn. 8 ff.; Staudinger/*Rieble*, § 397 Rn. 280; *Wacke*, AcP 170 (1970), 42; umfassend zu den entsprechenden Auslegungskriterien *Schwedhelm*, Gesamtschuldverhältnis, Rn. 102 ff.

sodass diese weiterhin in Anspruch genommen werden können.[381] Es erlischt nur der Anspruch des Gläubigers gegen den begünstigten Gesamtschuldner.

2. *Wirkung auf die Rückgriffsbeziehung zwischen den Gesamtschuldnern*

a. *Innenanspruch gem. § 426 Abs. 1 S. 1 BGB*

Diese Einzelwirkung wirkt sich nicht auf den Innenanspruch der Gesamtschuldner aus dem Rückgriffsverhältnis gem. § 426 Abs. 1 S. 1 BGB aus. Denn dieser Anspruch liegt im Gemeinschaftsverhältnis der Gesamtschuldner begründet und entsteht daher schon bei Begründung des Gesamtschuldverhältnisses und nicht erst bei Inanspruchnahme eines Gesamtschuldners. Daraus folgt, dass dieser auch nicht mehr nachträglich einseitig durch den Gläubiger beeinflusst werden kann. Insbesondere ein Erlassvertrag bleibt ohne Auswirkungen auf die Ausgleichspflicht nach § 426 Abs. 1 S. 1 BGB.[382]

Wirkte der Erlassvertrag zwischen dem Gläubiger und einem Schuldner dahingehend, dass der andere Schuldner dem Gläubiger gegenüber weiterhin in voller Höhe für die Forderung einstehen muss, jedoch nicht mehr beim begünstigten Schuldner Regress nehmen kann, käme dies einem unzulässigen Vertrag zu Lasten Dritter gleich.[383]

---

381 Staudinger/*Looschelders*, § 423 Rn. 5.

382 BGH v. 21.11.1953 – VI ZR 82/52 = BGHZ 11, 170 (juris Rn. 12); v. 09.10.1963 – VIII ZR 132/62 = MDR 1965, 126; v. 05.03.1981 – III ZR 115/80 = WM 1981, 679; v. 15.05.1986 – IX ZR 96/85 = WM 1986, 961 (juris Rn. 15); v. 23.10.1986 – IX ZR 203/85 = WM 1986, 1550 (juris Rn. 19); v. 21.03.1991 – IX ZR 286/90 = WM 1991, 873 (juris Rn. 23); v. 11.06.1992 – IX ZR 161/91 = WM 1992, 1315 (juris Rn. 17 f., 19 ff.); v. 21.03.2000 – IX ZR 39/99 = WM 2000, 1003 (juris Rn. 24); v. 06.10.2009 – VI ZR 24/09 = NJW-RR 2010, 831 (Rn. 10); v. 27.09.2016 – XI ZR 81/15 = WM 2016, 2292 (Rn. 23); v. 08.11.2016 – VI ZR 200/15 = MDR 2017, 149 (Rn. 11); LG Flensburg v. 13.08.1986 – 4 O 163/86 = NJW-RR 1987, 440, 441. Diese Rspr. geht zurück auf die Rspr. des Reichsgerichts, RGZ 69, 422, 426; RGZ 79, 288, 290 sowie RG, JW 1938, 516, 519. Vgl. auch *Bentele*, Gesamtschuld und Erlass, S. 8 f., 39 ff.; *Fischer*, in: Lwowski/Fischer/Gehrlein, Kreditsicherung, § 9 Rn. 124; *Gernhuber*, Erfüllung, S. 385; *Larenz*, Schuldrecht I, S. 587; RGRK/*Weber*, § 426 Rn. 6; *Weber*, WM 2001, 1229, 1233; ausdrücklich für die Bürgschaft HK-BGB/*Schulze*, § 426 Rn. 3; *Meier*, Gesamtschulden, S. 1183 ff.; *Nobbe*, in: Schimansky/Bunte/Lwowski, Bankrechtshandbuch II, § 91 Rn. 464.

383 BGH v. 11.06.1992 – IX ZR 161/91 = WM 1992, 1315 (juris Rn. 21); BeckOGK/*Kreße*, § 421 Rn. 12; *Bentele*, Gesamtschuld und Erlass, S. 39 f.; *Fischer*, in: Lwowski/Fischer/Gehrlein, Kreditsicherung, § 9 Rn. 126; *Wacke*, AcP 170 (1970), 42, 44. Dies stellt z.B.

Regelmäßig führt ein Erlass zugunsten eines Gesamtschuldners daher dazu, dass dieser im Innenverhältnis der Gesamtschuldner weiterhin gem. § 426 Abs. 1 S. 1 BGB Ausgleich schuldet. Eine abweichende Betrachtung ist nur anzunehmen, wenn sich dies aus der Natur der Sache, insbesondere aus einer entsprechenden Vereinbarung, ergibt.[384] Der BGH bestätigt insoweit ausdrücklich, dass eine Gesamtwirkung nur dann erreicht werden kann, wenn im Wege eines Vertrages zu Gunsten Dritter auch der nicht beteiligte Gesamtschuldner in der Höhe befreit wird, in welcher er Regress nehmen könnte.[385] Sofern dies – wie wohl regelmäßig – nicht der Fall ist, verstößt der nicht entlassene Schuldner auch nicht gegen Treu und Glauben (§ 242 BGB), wenn er nach seiner Inanspruchnahme gegen den Begünstigten vorgeht.[386] Allerdings kann sich in der Folge das Problem eines „Regresskreisels" ergeben, wenn ein Gesamtschuldner nach seiner Inanspruchnahme Regress beim begünstigten Schuldner nimmt und dieser wiederum dem Gläubiger gegenüber seine Freistellung geltend macht.[387]

b. *Außenanspruch gem. § 426 Abs. 2 S. 1 BGB*

Der Erlass lässt zwar den Ausgleichsanspruch aus dem Innenverhältnis grundsätzlich unberührt, er wirkt sich jedoch auf den Außenanspruch (§ 426 Abs. 2 S. 1 BGB) aus. Gem. § 397 BGB ist die Forderung gegen den begünstigten Gesamtschuldner untergegangen und kann demnach nicht mehr auf den leistenden Schuldner übergehen.[388] Sollte – durch andere Formen der Aufgabe – die Forderung nicht gem. § 397 BGB erloschen sein, kann der begünstigte

---

§ 896 S. 3 ABGB ausdrücklich klar: „Die erhaltene Befreyung eines Mitverpflichteten kann den übrigen bey der Forderung des Ersatzes nicht nachtheilig seyn."

384 Ausdrücklich BGH v. 11.06.1992 – IX ZR 161/91 = WM 1992, 1315 (juris Rn. 24 ff.) für Mitbürgen.

385 BGH v. 21.03.2000 – IX ZR 39/99 = WM 2000, 1003 (juris Rn. 24); so auch LG Flensburg v. 13.08.1986 – 4 O 163/86 = NJW-RR 1987, 440, 441.

386 BGH v. 11.06.1992 – IX ZR 161/91 = WM 1992, 1315 (juris Rn. 22 ff.). Vielmehr könne sich ein entlassener Bürge in Fällen eines willkürlichen Erlasses wegen dessen Sittenwidrigkeit nicht auf diesen berufen, so ausdrücklich LG Flensburg v. 13.08.1986 – 4 O 163/86 = NJW-RR 1987, 440, 441.

387 Weiteführend dazu *Bentele*, Gesamtschuld und Erlass, S. 46 ff.; vgl. auch BeckOGK/*Kreße*, § 423 Rn. 19, 22; MüKo/*Heinemeyer*, § 423 Rn. 4; Erman/*Böttcher*, § 423 Rn. 4; Esser/*Schmidt*, Schuldrecht I/2 § 39 II 2b; Staudinger/*Looschelders*, § 423 Rn. 16; *Wacke*, AcP 170 (1970), 42, 57 („Anspruchskreisel").

388 BGH v. 25.04.1989 – VI ZR 146/88 = NJW-RR 1989, 918 (juris Rn. 14); BeckOGK/*Kreße*, § 426 Rn. 14; *Bentele*, Gesamtschuld und Erlass, S. 42.

Gesamtschuldner dem anderen die ihn begünstigende Abrede mit dem Gläubiger gem. § 404 BGB entgegenhalten.[389]

Die Einzelwirkung führt daher zu einem Verlust des Außenanspruchs. Regelmäßig ist demnach der nicht begünstigte Schuldner hinsichtlich seines Rückgriffs auf seinen Innenanspruch aus § 426 Abs. 1 S. 1 BGB beschränkt.

3. *Erlass nur ein* pactum de non petendo?

Wacke vertritt aufgrund der oben dargestellten rechtlichen Folgen hinsichtlich des Erlasses gegenüber einem Gesamtschuldner, dass es sich bei der Begünstigung eines Gesamtschuldners durch den Gläubiger nicht um einen echten Erlass im Sinne des § 397 BGB handle. Vielmehr stelle die Befreiung mangels Gesamtwirkung lediglich ein *pactum de non petendo* dar.[390] Da der privilegierte Schuldner gegenüber anderen Gesamtschuldnern im Innenverhältnis noch zum Ausgleich verpflichtet ist, sei seine Schuld – anders als es die Folge eines Erlasses sei – nicht gänzlich erloschen. § 423 BGB – und in der Folge auch § 776 S. 1 BGB bei Bürgen – seien daher nicht anwendbar, denn diese würden nur den „echten" Erlass und nicht das *pactum de non petendo* unter Gesamtschuldnern erfassen.[391]

Dem wird insbesondere von *Bentele* zutreffend entgegengehalten, dass § 423 BGB die Außenbeziehung zwischen den Gesamtschuldnern und dem Gläubiger regele, was sich schon aus der systematischen Stellung der Norm ergebe.[392] Im Außenverhältnis sei der begünstigte Schuldner jedoch frei geworden. Es sei für die Einordnung als Erlass unerheblich, wenn im Innenverhältnis ein Regressanspruch zwischen den Gesamtschuldnern verbleibe.[393] Zudem unterscheiden sich der „echte" Erlass und das *pactum de non petendo*: Gem. § 397 BGB erlischt das Forderungsrecht im Außenverhältnis endgültig.[394] Dies ist in den vorliegend beschriebenen Konstellationen der Fall, da der Anspruch untergeht und nicht nur nicht durchsetzbar ist. Daher liegt ein Erlass im Sinne

---

389 BGH v. 25.04.1989 – VI ZR 146/88 = NJW-RR 1989, 918 (juris Rn. 14).

390 *Wacke*, AcP 170 (1970), 42, 47, 62; so auch *Bayer*, EWiR 1992, 869, 870; BeckOGK/*Madaus*, § 769 Rn. 17; Erman/*Böttcher*, § 423 Rn. 4; in diese Richtung auch BGH v. 27.02.1989 – II ZR 182/88 = WM 1989, 609 (juris Rn. 14); vgl. dazu auch ausführlich *Meier*, Gesamtschulden, S. 1148 f.

391 *Wacke*, AcP 170 (1970), 42, 62.

392 *Bentele*, Gesamtschuld und Erlass, S. 44, der insoweit auf RGZ 69, 422, 424 verweist.

393 *Bentele*, Gesamtschuld und Erlass, S. 44 ff.

394 Vgl. *Gernhuber*, Erfüllung, S. 367.

der Norm vor. Daraus folgt, dass § 423 BGB und damit auch § 776 S. 1 BGB nicht grundsätzlich mangels Vorliegens eines Erlasses unanwendbar sind.[395]

4. Hintergrund der Einzelwirkung des § 423 BGB

Schon die Erste Kommission setzte sich im Rahmen ihrer Beratungen mit der Wirkung des Erlasses auseinander. Man erwog, die Rechtsfolgen eines Erlasses auch bei einem Gesamtschuldverhältnis denjenigen der Erfüllung gleichzustellen, sodass dieser Gesamtwirkung entfalte.[396] Dieser Vorschlag wurde abgelehnt. Es sei stets im Einzelfall zu prüfen, ob der Gläubiger alle oder nur einen Schuldner von der Verbindlichkeit befreien wolle.[397] Die Frage, ob bei einer Gesamtschuld eine oder mehrere Obligationen bestünden und folglich ein Erlass nur zugunsten eines Gesamtschuldners möglich sei, wollte man nicht verbindlich entscheiden. Die Rechtsfolge der Einzelwirkung entspricht jedoch – vorbehaltlich eines entgegenstehenden Willens des Gläubigers – nunmehr der herrschenden Meinung.[398] Der BGH und die Literatur begründen dies mit dem Gläubigerwahlrecht aus § 421 BGB.[399] Die Gesamtwirkung der Erfüllung gem. § 422 Abs. 1 BGB sei der Überlegung geschuldet, dass der Gläubiger sich die von den Gesamtschuldnern geforderte Leistung nicht mehrfach verschaffen dürfe.[400] Diese Erwägung treffe beim Erlass nicht zu, daher liege die Wirkung

395 Zudem wird von *Wacke* folgender Umstand nicht bedacht: „Erlässt" der Gläubiger einem dinglichen Sicherungsgeber seine Verpflichtung, wird das Sicherungsrecht an der Sache (z.B. eine Hypothek oder ein Pfandrecht) aufgehoben und kann somit nicht mehr auf den Bürgen übergehen (dazu sogleich C.IV.). Da der Bürge somit seine Regressmöglichkeit in die Sicherheit verliert, kann schwerlich nur von einem Stillhalteabkommen gesprochen werden. Selbst wenn man nur ein *pactum de non petendo* annimmt, oder die Parteien ausdrücklich nur ein solches vereinbaren, muss § 776 S. 1 BGB jedoch anwendbar sein: Zwar geht das (dingliche) Sicherungsrecht dann nicht unter, der Sicherungsgeber kann dem Bürgen jedoch nach Übergang der Forderung gem. §§ 774 Abs. 1, 412, 401 BGB die Einrede aus dem Abkommen gem. §§ 412, 404 BGB entgegenhalten. Im Ergebnis stellt damit das *pactum de non petendo* für den nicht begünstigten Bürgen eine Aufgabe dar, da er auch in diesem Fall seine Regressmöglichkeit in die Sicherheit verliert.

396 Jakobs/Schubert, SR I, S. 936 f.

397 Dazu und zum Folgenden Jakobs/Schubert, SR I, S. 937.

398 S.o. C.II.1.

399 BGH v. 20.04.1967 – II ZR 220/65 = BGHZ 47, 376 (juris Rn. 10); v. 15.05.1972 – II ZR 168/69 = WM 1972, 929 (juris Rn. 12 f.); BeckOGK/*Kreße*, § 423 Rn. 12; Staudinger/*Looschelders*, § 423 Rn. 3; jeweils m.w.N.

400 BGH v. 15.05.1972 – II ZR 168/69 = WM 1972, 929 (juris Rn. 12).

insoweit in der Hand des Gläubigers. Da der Gläubiger ein Wahlrecht habe, welchen Gesamtschuldner er in Anspruch nehme, könne er von einzelnen die Leistung in voller Höhe fordern und die anderen Gesamtschuldner unberücksichtigt lassen.[401]

Die Argumentation ist überzeugend. Denn die dargestellte Rechtsfolge des § 423 BGB stellt letztlich den Umkehrschluss aus dem Recht des Gläubigers dar, gem. § 421 BGB zu bestimmen, welchen Schuldner er in Anspruch nimmt.[402] Dadurch, dass der Gläubiger von einem Gesamtschuldner in voller Höhe die Leistung fordert, gibt er gleichzeitig zu verstehen, dass er den anderen Schuldner anschließend nicht (mehr) belangen wird. § 423 BGB stellt demgegenüber klar, dass es dem Gläubiger unbenommen ist, die Reihenfolge umzukehren: Da der Gläubiger ohnehin von jedem Gesamtschuldner allein die ganze Leistung fordern kann (§ 421 BGB), kann er auch zuvor einzelne von dieser Pflicht befreien und dann die übrigen in Anspruch nehmen. Für die Gesamtschuldner macht es keinen Unterschied, ob der Gläubiger erst einen von ihnen aus der Schuld entlässt und dann von dem anderen die Leistung fordert oder ob er unmittelbar einen Schuldner in Anspruch nimmt. Daher führt die Einzelwirkung auch nicht zu einem Nachteil des nicht begünstigten Schuldners. Diesem bleibt sein Anspruch auf Ausgleich gem. § 426 Abs. 1 S. 1 BGB erhalten, etwaige ihm zustehende Einwendungen bleiben bestehen.[403] Dieses Ergebnis bedarf auch keiner Korrektur auf Wertungsebene, da zwischen den Gesamtschuldnern keine Solidargemeinschaft besteht.[404]

5. *Ergebnis*

§ 423 BGB ordnet grundsätzlich eine Einzelwirkung des Erlasses an, die im Ergebnis nur zu einer teilweisen Begünstigung des befreiten Schuldners führt. Denn dieser muss zwar keine unmittelbare Inanspruchnahme durch den Gläubiger mehr in voller Höhe befürchten. Der Gläubiger kann jedoch weiterhin von dem anderen Schuldner Zahlung in voller Höhe verlangen.[405] Diesem ist es wiederum möglich, gem. § 426 Abs. 1 S. 1 BGB bei dem begünstigten Schuldner anteilig Rückgriff zu nehmen. Trotz des Erlasses bleibt der eigentlich befreite Schuldner über den „Umweg“ des § 426 Abs. 1 S. 1 BGB weiterhin zur Zahlung

---

401 Staudinger/*Looschelders*, § 423 Rn. 3.
402 Staudinger/*Looschelders*, § 423 Rn. 3.
403 BGH v. 20.04.1967 – II ZR 220/65 = BGHZ 47, 376 (juris Rn. 10).
404 Staudinger/*Looschelders*, § 423 Rn. 4.
405 *Wacke*, AcP 170 (1970), 42, 46.

verpflichtet. Der Erlass führt daher einzig zur Gewissheit, höchstens die eigene Haftungsquote ausgleichen zu müssen, und dies auch nur im Innenverhältnis.[406] Im Vergleich zur hypothetischen Lage des begünstigten Gesamtschuldners als alleinigem Schuldner steht er jedoch schlechter, da insoweit ein Erlass eine *vollständige* Haftungsbefreiung bewirken würde.[407]

Begründet wird diese Rechtsfolge des Erlasses mit dem Gläubigerwahlrecht gem. § 421 BGB. Spiegelbildlich zu dem Recht des Gläubigers, bestimmen zu können, welchen der Gesamtschuldner er in Anspruch nimmt, kann er auch festlegen, von wem er keine Zahlung mehr verlangt.

Im Ergebnis besteht trotz des Erlasses ein Ausgleichsanspruch aus § 426 Abs. 1 S. 1 BGB des in Anspruch genommenen Schuldners gegen den begünstigten Gesamtschuldner. Die Rückgriffsmöglichkeit gem. § 426 Abs. 2 S. 1 BGB geht hingegen verloren. Denn es existiert keine Forderung des Gläubigers mehr gegen den am Erlassvertrag beteiligten Schuldner, die auf den leistenden Gesamtschuldner übergehen könnte. Der nicht begünstigte Gesamtschuldner ist damit auf seinen Innenanspruch beschränkt.

III. Anwendung des § 776 S. 1 BGB im Rahmen des Verzichts auf eine Mitbürgschaft

Mitbürgen haften gem. § 769 BGB als Gesamtschuldner.[408] Neben § 426 BGB, auf den § 774 Abs. 2 BGB ausdrücklich verweist,[409] könnte damit auch der wertsetzende Gedanke des § 423 BGB auf das Verhältnis zwischen Mitbürgen anwendbar sein. Gem. § 423 BGB entfaltet der Erlass zugunsten eines Gesamtschuldners grundsätzlich nur Einzelwirkung (siehe soeben C.II.). Allerdings existiert im Bürgschaftsrecht mit § 776 S. 1 BGB eine eigene Norm, welche die Aufgabe einer Mitbürgschaft regelt. Daher stellt sich die Frage, ob § 776 S. 1 BGB für Mitbürgen eine andere als die vorstehend unter C.II. dargestellten Rechtsfolge gebietet. Abweichend von § 423 BGB könnte die Freigabe eines von mehreren Mitbürgen gem. § 776 S. 1 BGB eine beschränkte Gesamtwirkung entfalten.

Beispiel: S schuldet dem Gläubiger G 100.000 €. B^1 und B^2 verbürgen sich gegenüber G für die Schuld des S. Es ist keine besondere Haftungsquote vereinbart und beide Bürgen

406 Eine Insolvenz des nicht begünstigten Schuldners käme daher mittelbar dem begünstigten Schuldner zugute, vgl. *Wacke*, AcP 170 (1970), 42, 46.

407 *Wacke*, AcP 170 (1970), 42, 45.

408 Siehe ausführlich dazu oben B.III.1.

409 Dazu ausführlich oben B.III.2.

haften für die volle Schuld. G verzichtet nun auf die Bürgschaft des B^1 und nimmt anschließend B^2 vollständig in Anspruch.

Für die Frage der Wirkung des Verzichts auf eine Mitbürgschaft knüpfen der BGH und die überwiegenden Stimmen in der Literatur in neuerer Zeit[410] ausdrücklich an die soeben dargestellte Rechtslage unter nicht sicherungsgebenden Gesamtschuldnern an. Dies begründet man mit § 774 Abs. 2 BGB. Zwar kann der in Anspruch genommene Bürge bei Leistung an den Gläubiger den Außenanspruch aus §§ 774 Abs. 2, 426 Abs. 2 S. 1 BGB nicht mehr erwerben, da dieser durch den Verzicht untergegangen ist.[411] Jedoch wird der Innenanspruch aus § 426 Abs. 1 S. 1 BGB (i.V.m. § 774 Abs. 2 BGB) durch den Gläubiger nicht beeinflusst.[412] Nach der wohl herrschenden Meinung bleibt daher ein Mitbürge trotz eines ihn begünstigenden Verzichts durch den Gläubiger im Rückgriffsverhältnis wegen des weiterhin bestehenden Innenanspruchs aus §§ 774 Abs. 2, 426 Abs. 1 S. 1 BGB dem nicht befreiten Mitbürgen gegenüber weiterhin zum Ausgleich verpflichtet.[413]

Nach Ansicht des BGH besteht daher kein Unterschied zu einfachen, nicht sicherungsgebenden Gesamtschuldnern.[414] Die Rechtsprechung erachtet eine andere Betrachtungsweise auch nicht wegen der Bestimmung des § 776 S. 1 BGB für gerechtfertigt. Einer Entscheidung aus dem Jahr 1992[415] lag der Fall zugrunde, dass der nicht privilegierte Bürge vom durch den Gläubiger zuvor befreiten Mitbürgen Ausgleich nach § 426 Abs. 1 S. 1 BGB verlangte. Diesen Ausgleichsanspruch sah der IX. Senat als gegeben an und argumentiert wie folgt:[416] Mitbürgen haften gem. § 769 BGB als Gesamtschuldner. Daraus resultiert ein Ausgleichsverhältnis im Rückgriffsverhältnis. Die Aufgabe des Rechts gegen einen Mitbürgen wirkt nur dann auch gegenüber dem anderen Bürgen, wenn ein Aufhebungswille des Gläubigers hinsichtlich des ganzen Schuldverhältnisses

410 Weiterführend zum Meinungsstand vor 1991 *Meier*, Gesamtschulden, S. 1168 ff.

411 S.o. C.II.2.b. zur vergleichbaren Lage unter nicht sicherungsgebenden Gesamtschuldnern.; so auch *Meier*, Gesamtschulden, S. 1148.

412 S.o. C.II.2.a.

413 BGH v. 11.06.1992 – IX ZR 161/91 = WM 1992, 1315 (juris Rn. 18); zustimmend OLG Hamm v. 13.05.1998 – 31 U 36/98 = WM 1999, 1969 (juris Rn. 34); vgl. auch *Fischer*, in: Lwowski/Fischer/Gehrlein, Kreditsicherung, § 9 Rn. 126; *Meier*, Gesamtschulden, S. 1148 ff.; *Nobbe*, in: Schimansky/Bunte/Lwowski, Bankrechtshandbuch II, § 91 Rn. 367, 464; *Reinicke/Tiedtke*, Bürgschaftsrecht, Rn. 239.

414 BGH v. 11.06.1992 – IX ZR 161/91 = WM 1992, 1315 (juris Rn. 18).

415 BGH v. 11.06.1992 – IX ZR 161/91 = WM 1992, 1315.

416 BGH v. 11.06.1992 – IX ZR 161/91 = WM 1992, 1315 (juris Rn. 18).

bestand.[417] Dies ist aber regelmäßig nicht der Fall. Auch bei sicherungsgebenden Gesamtschuldnern gilt nach Ansicht des BGH der Grundsatz der Einzelwirkung. Demnach hat der Verzicht auf eine Mitbürgschaft regelmäßig nicht auch die Freistellung von dem Ausgleichsanspruch im Innenverhältnis zur Folge.[418] Der nicht befreite Bürge kann weiterhin aus dem Innenverhältnis gem. §§ 774 Abs. 2, 426 Abs. 1 S. 1 BGB gegen den anderen Sicherungsgeber vorgehen. Der IX. Senat sah aufgrund dieses Ersatzrechts die Voraussetzungen des § 776 S. 1 BGB als nicht gegeben an. Durch diese Rechtsprechung ergeben sich gegenüber der soeben unter C.II. dargestellten Auswirkungen eines Erlasses zugunsten eines nicht sicherungsgebenden Gesamtschuldners keine Besonderheiten.

Zum gleichen Ergebnis gelangt die überwiegende Ansicht in der Literatur, die § 776 S. 1 BGB in den Fällen der Freigabe eines Mitbürgen nur ausnahmsweise für anwendbar hält.[419] Nach dieser Ansicht besteht weiterhin ein Recht nach § 774 BGB im Sinne des § 776 S. 1 BGB, aus dem der Bürge Ersatz verlangen kann. § 776 S. 1 BGB ist nach wohl herrschender Meinung demnach nur dann im Falle der Freigabe eines Mitbürgen anwendbar, wenn der nicht privilegierte Bürge keinen Ausgleichsanspruch im Rückgriffsverhältnis mehr hat oder einen solchen nicht mehr durchsetzen kann.[420] Zwar führt die Aufgabehandlung dazu, dass der Bürge den Außenanspruch gegen den begünstigten Mitbürgen nicht mehr erwerben kann. Daher verliert er auch etwaige Vorteile aus diesem Anspruch, beispielsweise hinsichtlich einer etwaigen günstigeren Verzinsung oder einer Gerichtszuständigkeit.[421] Nach der herrschenden Meinung fällt dies jedoch für die Beurteilung, ob ein Ersatzanspruch aus § 774 BGB besteht, nicht

---

417 BGH v. 11.06.1992 – IX ZR 161/91 = WM 1992, 1315 (juris Rn. 20).

418 BGH v. 11.06.1992 – IX ZR 161/91 = WM 1992, 1315 (juris Rn. 21).

419 *Bülow*, Recht der Kreditsicherheiten, Rn. 1010; *Dreismann*, Bürgenschutz durch Gläubigerdiligenz?, S. 296; Erman/*Zetzsche*, § 776 Rn. 4; *Meier*, Gesamtschulden, S. 1150, 1172 ff.; *Meyer*, JuS 1993, 559, 563; Nobbe/*Nobbe*, Kommentar zum Kreditrecht, § 774 Rn. 63; *ders.* § 776 Rn. 5, 16; *Nobbe*, in: Schimansky/Bunte/Lwowski, Bankrechtshandbuch II, § 91 Rn. 367; PWW/*Brödermann*, § 776 Rn. 2, 12; Staudinger/*Stürner*, § 774 Rn. 49 f.; § 776 Rn. 15; wohl auch OLG Naumburg v. 21.07.1999 – 6 U 213/98 (juris Rn. 39 f.); BeckOGK/*Madaus*, § 769 Rn. 17; Palandt/*Sprau*, § 774 Rn. 14; *Reinicke/Tiedtke*, Bürgschaftsrecht, Rn. 239; *Wacke*, AcP 170 (1970); 43, 62; *Weber*, WM 2001, 1229, 1234.

420 So auch ausdrücklich BGH v. 11.06.1992 – IX ZR 161/91 = WM 1992, 1315 (juris Rn. 18).

421 Zu den Vorteilen des zedierten Anspruchs siehe MüKo/*Heinemeyer*, § 426 Rn. 42 f.

weiter ins Gewicht.[422] Ein Freiwerden nach § 776 S. 1 BGB kommt demnach nur in Betracht, wenn der Bürge infolge der Aufgabehandlung seinen Rückgriffsanspruch gegen einen Mitbürgen nicht durchsetzen kann.[423] *Meier* sieht die Entlassung eines Mitbürgen daher auch dann als Fall des § 776 S. 1 BGB an, wenn der begünstigte Mitbürge ein eigenes Sicherungsrecht (beispielsweise eine Grundschuld) zur weiteren Sicherung seiner Verpflichtung bestellt hatte, welches für den Bürgen durch die Aufgabe mittelbar wegfällt.[424] Zudem wird eine Differenzierung im Hinblick auf Nebenbürgen erwogen, der hier jedoch nicht weiter nachgegangen werden soll.[425]

Meier stellt den zentralen Gedanken der herrschenden Meinung wie folgt dar: Zwar verliert der Bürge den Außenanspruch. Der praktisch gleichwertige Innenanspruch bleibt dem Bürgen aber erhalten. Vor diesem Hintergrund wird ein Freiwerden des Bürgen regelmäßig mangels echter Beeinträchtigung als eine zu harte Sanktion für den Gläubiger angesehen, die nicht im Verhältnis zum Schutzzweck des § 776 S. 1 BGB steht.[426] Dem ist entgegenzuhalten, dass es sich dabei um eine Wertungsentscheidung handelt. Ob ein Aufrechterhalten der Bürgenhaftung gerechtfertigt ist, wird noch zu prüfen sein (siehe unter C.VI. - C.VIII.).

Die Anwendung dieser Grundsätze führt zu folgendem Ergebnis: Trotz eines Verzichts auf eine Mitbürgschaft kann der Gläubiger vom nicht begünstigten Bürgen die Zahlung in voller Höhe verlangen. Dieser kann seinerseits gem. §§ 774 Abs. 2, 426 *Abs. 1* S. 1 BGB bei dem entlassenen Bürgen anteiligen Rückgriff nehmen. Nur aus dem sonst nach §§ 774 Abs. 2, 426 *Abs. 2* S. 1 BGB übergehenden Außenanspruch ist kein Regress mehr möglich, da in der Person des Gläubigers keine Forderung gegen den befreiten Bürgen mehr besteht, welche zediert werden kann. Dies fällt nach der wohl herrschenden Meinung jedoch hinsichtlich

422 BGH v. 11.06.1992 - IX ZR 161/91 = WM 1992, 1315 (juris Rn. 18 ff.); BeckOGK/*Madaus*, § 769 Rn. 17; Erman/*Zetzsche*, § 776 Rn. 4; *Schürnbrand*, Schuldbeitritt, S. 148; Staudinger/*Stürner*, § 774 Rn. 49 f.; § 776 Rn. 15; *Weber*, WM 2001, 1229, 1234; diese Betrachtungsweise ähnelt den Regelungen einiger Vorentwürfe, welche ebenfalls ein Freiwerden des Bürgen durch den Verzicht auf eine Mitbürgschaft wegen des verbleibenden Innenausgleichsanspruchs ablehnten, s.o. Teil 1 C.II.1. (ALR); C.II.2. (ABGB); C.II.4. (BayE).

423 BGH v. 11.06.1992 - IX ZR 161/91 = WM 1992, 1315 (juris Rn. 18); vgl. auch *Reinicke/Tiedtke*, Bürgschaftsrecht, Rn. 240; Staudinger/*Stürner*, § 776 Rn. 15.

424 *Meier*, Gesamtschulden, S. 1150 f., 1174.

425 *Meier*, Gesamtschulden, S. 1181 ff.

426 *Meier*, Gesamtschulden, S. 1150.

Art und Umfang der Haftung nicht weiter ins Gewicht, da beide Ansprüche praktisch inhaltsgleich eine persönliche Haftung des befreiten Bürgen beinhalten.[427] Folglich sieht man mangels spürbaren Nachteils des nicht begünstigten Bürgen das Tatbestandsmerkmal „Wegfall des Ersatzrechts aus § 774 BGB“ im Sinne des § 776 S. 1 BGB als nicht erfüllt an, sodass ein Freiwerden nach dieser Norm ausscheidet. § 776 S. 1 BGB führt damit nach der herrschenden Meinung nicht dazu, dass die Aufgabe des Rechts gegen einen Mitbürgen andere Rechtsfolgen bewirkt als der Erlass bei nicht sicherungsgebenden Gesamtschuldnern. In beiden Fällen entfaltet die Begünstigung nur eine Einzelwirkung.

Dieses Ergebnis bedarf jedoch einer weitergehenden Betrachtung. Denn § 776 S. 1 BGB erfasst ebenso den Fall der Freigabe einer dinglichen Sicherheit. Insoweit können sich Unterschiede zu dem Ausgleichsverhältnis zwischen Mitbürgen ergeben, die sich möglicherweise auf die grundsätzliche Auslegung des § 776 S. 1 BGB auswirken (dazu sogleich unter C.IV. sowie unter C.VIII.). Darüber hinaus soll begutachtet werden, ob dem § 776 S. 1 BGB unter Umständen gänzlich eigene Wertungen zugrunde liegen, die eine von § 423 BGB verschiedene Rechtsfolge gebieten (dazu unter C.VI. sowie C.VII.). Erst dann kann eine abschließende Beantwortung der Frage, ob die Freigabe eines Mitbürgen nicht doch eine beschränkte Gesamtwirkung aufgrund von § 776 S. 1 BGB entfaltet, erfolgen (dazu unter C.VIII.).

IV. Anwendung des § 776 S. 1 BGB im Rahmen der Aufgabe einer Realsicherheit

1. *Ausgangspunkt*

Neben einem Bürgen kann auch eine dingliche Sicherheit, beispielsweise eine Grundschuld, der Absicherung einer Forderung dienen.

> Beispiel: B hat sich beim Gläubiger G für eine Schuld des S von 100.000 € verbürgt. Parallel hat X eine Grundschuld zugunsten derselben Schuld an seinem Grundstück bestellt. Es ist keine besondere Haftungsquote vereinbart. G und X einigen sich dahingehend, dass die Grundschuld nicht mehr Sicherheit bieten soll. G hebt sodann die Grundschuld gem. § 875 BGB auf und nimmt später B vollständig in Anspruch.

Nach der Rechtsprechung zur Ausgleichsgesamtschuld steht dem in Anspruch genommenen Bürgen ohne die Aufgabe des weiteren Sicherungsmittels ein anteiliger Rückgriffs- bzw. Verwertungsanspruch aus dem Innenverhältnis

427 S.o. B.III.2.; vgl. auch *Meier*, Gesamtschulden, S. 1150; *Weber*, WM 2001, 1229, 1234, in diese Richtung auch *Schürnbrand*, Schuldbeitritt, S. 148.

gegen den dinglichen Sicherungsgeber aus § 426 Abs. 1 S. 1 BGB (analog) zu.[428] Darüber hinaus ist die Grundschuld gem. §§ 774 Abs. 1 S. 1, 412, 401 BGB in gleichem Umfang auf den Bürgen zu übertragen. Durch den Verzicht auf die Grundschuld fällt der Außenanspruch jedoch weg. Der aus §§ 774 Abs. 1 S. 1, 412, 401 BGB resultierende Anspruch auf Übertragung der Grundschuld erlischt wegen Unmöglichkeit. Auf den Innenanspruch aus § 426 Abs. 1 S. 1 BGB (analog) kann der Gläubiger allerdings nicht einwirken.[429] Diese Situation ist damit grundsätzlich vergleichbar zu derjenigen der Freigabe eines Mitbürgen.[430]

In der Literatur wird daher vertreten, dass § 776 S. 1 BGB sowohl bei der Aufgabe einer Personal- als auch einer Realsicherheit regelmäßig tatbestandlich nicht anwendbar ist, da aufgrund der Rechtsprechung zur Ausgleichsgesamtschuld eine Ersatzmöglichkeit gem. § 426 Abs. 1 S. 1 BGB (analog) besteht.[431] Daraus folgern insbesondere *Stürner* und *Nobbe* eine verringerte praktische Bedeutung der Norm. Deren Argumentation beruht auf dem Gedanken, dass der Innenanspruch für den Bürgen auch nach einer Aufgabehandlung erhalten bleibt und somit ein tatbestandlicher Verlust einer Ersatzmöglichkeit regelmäßig nicht eintritt.[432] Insbesondere *Stürner* verweist dabei auf die sogleich darzustellende Entscheidung des BGH vom 20.12.1990 – IX ZR 268/89.[433] Der BGH musste im konkreten Fall jedoch die Frage der Anwendbarkeit des § 776 S. 1 BGB bei der Aufgabe einer Realsicherheit wegen des verbleibenden Innenanspruchs nicht entscheiden. Denn ein Verpfänder berief sich auf die Norm und der IX. Senat negierte ein Freiwerden gem. § 776 S. 1 BGB bereits mangels Analogiefähigkeit.[434] Ob das Gericht die Vorschrift jedenfalls *auch* wegen der

---

428 S.o. B.V.3.

429 S.o. C.II.2.a. sowie für den konkreten Fall der Aufgabe einer Realsicherheit sogleich unter C.IV.2.

430 S.o. C.III.

431 Staudinger/*Stürner*, § 776 Rn. 15; ebenso NK-BGB/*Beckmann*, § 776 Rn. 4; PWW/*Brödermann*, § 776 Rn. 2, 12; so i.E. auch *Bülow*, Recht der Kreditsicherheiten, Rn. 1010; *Epp*, in: Schimansky/Bunte/Lwowski, Bankrechtshandbuch II, § 94 Rn. 388; *Nobbe*, in: Schimansky/Bunte/Lwowski, Bankrechtshandbuch II, § 91 Rn. 367, 484; *Wacke*, AcP 170 (1970), 42, 62; **a.A.** *Schürnbrand*, Schuldbeitritt, S. 148 f.; *Weber*, WM 2001, 1229, 1234.

432 Staudinger/*Stürner*, § 776 Rn. 6; in diese Richtung auch *Nobbe*, in: Schimansky/Bunte/Lwowski, Bankrechtshandbuch II, § 91 Rn. 367; diese Meinung diskutiert auch *Schürnbrand*, Schuldbeitritt, S. 148.

433 Staudinger/*Stürner*, § 776 Rn. 15.

434 BGH v. 20.12.1990 – IX ZR 268/89= WM 1991, 399 (juris Rn. 12); zur Analogiefähigkeit s.u. G.

verbleibenden Regressmöglichkeit gem. § 426 Abs. 1 S. 1 BGB nicht für erfüllt ansah, lässt sich der Entscheidung nicht mit Sicherheit entnehmen.

Für die Anwendbarkeit des § 776 S. 1 BGB ergeben sich nach der dargestellten Meinung keine Unterschiede zwischen dem Zusammentreffen zweier Mitbürgen einerseits und der parallelen Haftung eines Bürgen und einer Realsicherheit andererseits.

2. *Unterschied zum Verzicht auf eine Mitbürgschaft*

Der Fall der Aufgabe einer Realsicherheit unterscheidet sich jedoch in einem bedeutsamen Punkt von dem der Freigabe nur eines von mehreren Mitbürgen: Mitbürgen sind „echte" Gesamtschuldner im Sinne des § 421 BGB, deren Leistungsinhalt sowohl im Rückgriffsverhältnis untereinander als auch im Sicherungsverhältnis zum Gläubiger identisch ist.[435] Anders ist dies beim Zusammentreffen von Personal- und Realsicherheit. Beide Sicherungsgeber schulden beziehungsweise haften in den jeweiligen Leistungsverhältnissen (auf) *Verschiedenes*. Der Bürge schuldet das persönliche Einstehen mit seinem Vermögen, der Besteller einer dinglichen Sicherheit haftet mit dem zur Verfügung gestellten Gegenstand auf dessen Verwertung. Dies betrifft gleichermaßen den Innenanspruch aus § 426 Abs. 1 S. 1 BGB (analog) und den Außenanspruch aus §§ 774 Abs. 1 S. 1, 412, 401 BGB.[436]

Gibt der Gläubiger eine Grundschuld auf, so kann der Grundstückseigentümer denknotwendig nicht mehr Vollstreckung in diese schulden, und zwar weder gegenüber dem Gläubiger noch gegenüber dem Bürgen. Denn durch das Erlöschen des Grundpfandrechts ist insoweit objektive Unmöglichkeit im Sinne des § 275 Abs. 1 BGB eingetreten. Der spätere Anschlussregress aus §§ 774 Abs. 1 S. 1, 412, 401 BGB in die *Sicherheit* geht daher ins Leere. Gleiches gilt auch für den Innenausgleich, der ebenfalls auf Verwertung der Sicherheit gerichtet ist.[437] Nach Ansicht des BGH entfällt der Innenanspruch jedoch nicht. Vielmehr soll sich der Anspruchsinhalt ändern. Demnach ist der (ehemalige) dingliche Sicherungsgeber nach der Aufgabehandlung nicht mehr zur Duldung

---

435 Der Streit, ob der Innenanspruch stets nur auf Zahlung oder inhaltlich variabel ist (s.o. B.III.3.) kann hier dahinstehen, da beide Bürgen jedenfalls dasselbe schulden.

436 S.o. B.V.3.d. sowie zum Unterschied zwischen Schuld und Haftung B.V.2.

437 S.o. B.V.3.d.

der Verwertung verpflichtet, sondern zu einer dem Wert der Grundschuld entsprechenden Ausgleichszahlung.[438]

Im Ergebnis besteht demnach zwar kein Außenanspruch mehr, wohl aber weiterhin ein Innenanspruch aus § 426 Abs. 1 S. 1 BGB (analog). Dieser ist gerichtet auf Zahlung, welche der Höhe nach beschränkt auf den Wert der untergegangenen Sicherheit ist.[439] Eine dogmatische Begründung für diese „Wandlung" führt der BGH jedoch nicht an. Anknüpfungspunkte bieten insoweit die Rechtsgedanken der §§ 818 Abs. 2, 346 Abs. 2 BGB: Kann der Schuldner die eigentlich geschuldete Sache nicht mehr herausgeben, so haftet er subsidiär jedenfalls auf Wertersatz in Geld.[440] Ähnlich ist es im vorliegenden Fall. Durch die Aufhebung der Realsicherheit ist es dem dinglichen Sicherungsgeber im Sinne des § 275 Abs. 1 BGB unmöglich geworden, dem Bürgen nach § 426 Abs. 1 S. 1 BGB (analog) ein Verwertungsrecht zu gewähren. Eine Wiederbeschaffungspflicht gegenüber dem parallel sichernden Bürgen kann – in Übereinstimmung mit der herrschenden Meinung zu § 818 Abs. 2 BGB[441] – nicht angenommen werden. Gegenüber dem Gläubiger dürfte ein solcher Anspruch bereites deswegen nicht bestehen, weil dieser die Sicherheit freigegeben hat und einem erneuten Verlangen daher jedenfalls die dolo-agit-Einrede entgegenstünde. Nr. 13 Abs. 2 S. 4 AGB-Banken bestätigt dieses Ergebnis im Bereich des Bankrechts.[442]

Verglichen mit dem oben dargestellten Ausgleichsverhältnis zwischen Mitbürgen ergibt sich damit folgende Situation: Durch die Aufgabehandlung kann der Bürge den Außenanspruch des Gläubigers gegen den (ehemaligen) Sicherungsgeber nicht mehr erwerben. Es verbleibt jedoch jeweils ein Innenregressanspruch aus § 426 Abs. 1 S. 1 BGB (analog). Im Unterschied zu Mitbürgen, die von vornherein untereinander Zahlung schulden, *verändert* sich die

438 BGH v. 20.12.1990 – IX ZR 268/89= WM 1991, 399 (juris Rn. 11); vgl. dazu auch *Gursky*, JZ 1997, 1154, 1165; *Nobbe*, in: Schimansky/Bunte/Lwowski, Bankrechtshandbuch II, § 91 Rn. 484.

439 BGH v. 20.12.1990 – IX ZR 268/89= WM 1991, 399 (juris Rn. 11).

440 BeckOK/*Wendehorst*, § 818 Rn. 20 ff.; Staudinger/*S. Lorenz*, § 818 Rn. 21.

441 RGZ 56, 383, 387; BGH v. 10.07.1981 – V ZR 79/80 (juris Rn. 28); BeckOK/*Wendehorst*, § 818 Rn. 18; MüKo/*Schwab*, § 818 Rn. 49; Staudinger/S. *Lorenz*, § 818 Rn. 21; letztere jeweils m.w.N.

442 Demnach besteht ein Besicherungsanspruch dann nicht, wenn ausdrücklich vereinbart ist, dass durch den Kunden keine Sicherheit zu bestellen ist. Eine solche Vereinbarung dürfte in der Aufgabe vorliegen, denn diese kann auch konkludent geschlossen werden, vgl. *Bunte*, in: Schimansky/Bunte/Lwowski, Bankrechtshandbuch I, § 18 Rn. 22; *Grundmann*, in: Großkomm. HGB 10/1, 2. Teil, Rn. 346 ff.

Ausgleichsanspruch gegenüber dem ehemaligen Besteller einer Grundschuld allerdings von einem Verwertungsrecht an der Sache zu einer persönlichen Zahlungsforderung.

3. *Eigene Wertungsentscheidung des § 776 S. 1 BGB*

Die Veränderung des Regressanspruchs ist nach der unter C.IV.1. dargestellten (wohl herrschenden) Literaturmeinung ohne Auswirkung auf die Anwendung des § 776 S. 1 BGB. Diese Lösung erscheint jedoch aus mehreren Gründen bedenklich, was bereits bemerkt worden ist.[443] Da es vorliegend einzig auf die „Wandlung" des Innenregressanspruchs ankommt, kann die Frage, inwieweit im Hinblick auf ein Auseinanderfallen von Innen- (§§ 774 Abs. 2, 426 Abs. 1 S. 1 BGB) und Außenanspruch (§§ 774 Abs. 1 S. 1, 412, 401 BGB bzw. §§ 774 Abs. 2, 426 Abs. 2 S. 1 BGB) zu differenzieren ist, hier noch dahinstehen.[444]

a. *Wortlaut*

Der Wortlaut des § 776 S. 1 BGB setzt nicht voraus, dass der Bürge keinerlei Ersatz verlangen kann. Vielmehr ist entscheidend, ob der Bürge „aus dem *aufgegebenen Recht* nach § 774 hätte Ersatz erlangen können" [*Hervorhebung durch d. Verf.*].[445] Daher stellt der Wortlaut auf das konkrete Recht, welches der Gläubiger aufgegeben hat, ab. In dem oben gebildeten Beispiel stellt dies die Grundschuld dar. Durch deren Erlöschen kann sie bei Zahlung weder gem. §§ 774 Abs. 1, 412, 401 BGB auf den Bürgen übergehen, noch kann dieser mittels § 426 Abs. 1 S. 1 BGB (analog) deren Verwertung verlangen. Der nun durch die „Wandlung" modifizierte schuldrechtliche Zahlungsanspruch aus § 426 Abs. 1 S. 1 BGB (analog) tritt demgegenüber nur an die Stelle des untergegangenen Sachenrechts. Faktisch handelt es sich dabei um eine dingliche Surrogation. Dafür fehlt es jedoch an einer gesetzlichen Anordnung (vergleichbar der §§ 951, 1247 S. 2 BGB). Es ist zu bezweifeln, dass § 776 S. 1 BGB dahingehend ausgelegt werden kann, dass unter einem Recht nach § 774 BGB auch einen durch

443 *Finger*, BB 1974, 1416, 1422; *Gursky*, JZ 1997, 1154, 1165; *Schlechtriem*, in: FS Caemmerer, S. 1013, 1043 (allgemein zum Ausgleich und nicht konkret im Hinblick auf § 776 S. 1 BGB); *Schürnbrand*, Schuldbeitritt, S. 148; Soergel/*Habersack*, § 1225 Rn. 11; *Weber*, WM 2001, 1229, 1234.

444 Dazu ausführlich unten C.VII.

445 In diese Richtung, ohne jedoch dezidiert auf den bestehenden Innenanspruch aus § 426 Abs. 1 BGB einzugehen OLG Stuttgart v. 11.04.2001 – 9 U 215/00 = WM 2002, 439 (juris Rn. 34 a.E.).

„Wandlung“ entstandener Zahlungsanspruch zu verstehen ist. Vielmehr schützt § 776 S. 1 BGB gerade die *Verwertungsmöglichkeit* aus dem Recht.[446]

Weiterhin setzt der Wortlaut nur voraus, dass der Bürge ohne die Aufgabehandlung hätte Ersatz erlangen können. Dass dem Bürgen jedweder Ersatzanspruch verloren gehen muss, lässt sich ihm nicht entnehmen. Ein Schaden im Sinne des § 249 BGB ist gerade nicht Tatbestandsvoraussetzung.[447] § 776 S. 1 BGB setzt nicht voraus, dass der Bürge eine auch tatsächliche Verschlechterung seiner Regresschancen erfährt. Auf eine solche Auslegung liefe die herrschende Meinung jedoch im Ergebnis hinaus.

b. Schutzzweck der Norm

Dieses Wortlautargument wird unterstützt durch den Sinn und Zweck der Norm: § 776 S. 1 BGB dient dem Vertrauensschutz.[448] Das Institut soll die Erwartung des Bürgen schützen, nach der Leistung an den Gläubiger dessen Sicherheiten verwerten zu können. Der Bürge hat grundsätzlich ein Interesse daran, die konkreten dinglichen Sicherheiten zu erhalten und zu verwerten, da sie ihm die Möglichkeit bieten, effektiv und schnell durch deren Verwertung Befriedigung zu erlangen.[449] Dieses Interesse ist in seine Risikoentscheidung eingeflossen, den Bürgschaftsvertrag zu unterzeichnen. Dem soll der Gläubiger nicht durch die Aufgabehandlung zuwiderhandeln dürfen. Zwar führt seine Handlung nach der dargestellten Rechtsprechung nicht zu einem gänzlichen Verlust von Ausgleichsansprüchen. Die nur persönliche Ausgleichsverpflichtung bietet dem Bürgen jedoch im Vergleich zur Verwertung eines Grundpfandrechts keinen gleichwertigen, sondern einen geringeren Schutz. Denn der Bürge kann nicht unmittelbar aus dem Recht vollstrecken, sondern muss zunächst aufwendig Zahlung verlangen und seinen Anspruch einklagen.[450] Zudem verliert der Bürge gegebenenfalls die günstige Rangstelle der Grundschuld im Grundbuch. Im Ergebnis trägt damit der Bürge das Insolvenzrisiko des ehemaligen dinglichen Sicherungsgebers.[451] Selbst wenn dem Bürgen also noch ein „gewandelter“

---

446 Auf die Relevanz der Verwertungsmöglichkeit stellt auch das OLG Köln v. 23.10.2007 – 13 W 48/07 (juris Rn. 5) ab, allerdings unabhängig von den Fällen des Erlasses.

447 S.u. D.I.2.

448 S.o. Teil 1 E.II.1.a.

449 *Schürnbrand*, Schuldbeitritt, S. 148 f.; *Weber*, WM 2001, 1229, 1234.

450 *Weber*, WM 2001, 1229, 1234.

451 *Gursky*, JZ 1997, 1154, 1165; *Schürnbrand*, Schuldbeitritt S. 149; wohl auch MüKo/*Damrau*, § 1225 Rn. 9.

Innenanspruch verbleibt, hat der Gläubiger durch die Aufgabehandlung dennoch das geschaffene Vertrauen, welches sich gerade auch die Werthaltigkeit der konkreten Sicherheiten bezieht, enttäuscht.

Zudem dient § 776 S. 1 BGB auch dem Regressschutz.[452] Die Norm soll es dem Bürgen ermöglichen, jederzeit durch Zahlung an den Gläubiger die Zession der weiteren Rechte zu bewirken. Im Umkehrschluss muss der Bürge dann von seiner Haftung frei werden, wenn dies nicht mehr möglich ist. Nach der herrschenden Meinung bliebe die Haftung des Bürgen bestehen, obwohl dieser nicht mehr die Abtretung herbeiführen kann. Daher ist auch das Eintrittsrecht[453] des Bürgen verletzt.

Letztlich soll nach den Vorstellungen der mit der Erstellung des BGB befassten Kommissionen durch die Norm auch Rechtssicherheit sowohl für den Gläubiger als auch für den Bürgen geschaffen werden.[454] Auch dieser Schutzzweck wäre verletzt. Denn die herrschende Meinung bejaht ein Freiwerden trotz bestehendem Innenanspruch des Bürgen dann, wenn der Bürge durch die Aufgabehandlung konkrete Nachteile erlitten hat.[455] Zur Beantwortung der Frage, ob die Folge des § 776 S. 1 BGB eingetreten ist, müsste daher stets bewiesen werden, ob eine solche Beeinträchtigung vorliegt.

Der Gedanke, dass die Aufgabe einer Realsicherheit trotz verbleibendem Zahlungsanspruch aus § 426 Abs. 1 S. 1 BGB (analog) einen rechtlich relevanten Nachteil darstellen kann, lag auch einer Entscheidung des BGH aus dem Jahr 1969 zugrunde,[456] allerdings in einem anderem, hier verkürzt dargestellten Zusammenhang: Im konkreten Fall wurde dem Gläubiger eine Gesamtgrundschuld von mehreren Sicherungsgebern bestellt und später die Eintragung hinsichtlich derjenigen Grundstücke des Darlehensnehmers, der im Innenverhältnis gegenüber den anderen Sicherungsgebern voll haften sollte, gelöscht. Da die übrigen Sicherungsgeber weiterhin mit ihren Grundstücken hafteten, bejahte der BGH einen Schaden mit folgendem Argument: Den Eigentümern der nicht freigegebenen Grundstücke steht jeweils ein Ersatzanspruch gegen den Eigentümer des Grundstücks, dessen Belastung aufgehoben wurde, zu. Durch

452 Zum Regressschutz als Schutzzweck auch *Meier*, Gesamtschulden, S. 1157, 1173.

453 S.o. Teil 1 E.II.1.b.

454 S.o. Teil 1 E.II.1.d.

455 S.o. C.III.

456 BGH v. 09.05.1969 – V ZR 26/66 = BGHZ 52, 93; der BGH lehnte in der gleichen Entscheidung eine analoge Anwendung des § 776 BGB auf die Grundschuld ab, siehe dazu ausführlich unter G.II.

die Aufgabe verlieren die anspruchsberechtigten Eigentümer jedoch die dingliche Sicherung des Anspruchs, die sie sonst gem. § 1173 Abs. 2 Hs. 1 BGB erworben hätten.[457]

Damit erkennt der BGH die Möglichkeit eines Nachteils im Falle des Verlusts einer dinglichen Sicherung an, selbst wenn im Innenverhältnis weiterhin ein Zahlungsanspruch besteht.[458] Dafür spricht auch, dass der BGH für die Definition der Aufgabe im Sinne der Norm auf die Verwertungsmöglichkeit Bezug nimmt.[459] Folglich muss nicht nur im Rahmen dieses Tatbestandsmerkmals auf die Verwertung abgestellt werden, sondern auch im Rahmen des Verlusts des Ersatzrechts aus § 774 BGB. Darüber hinaus hat der BGH in einer neueren Entscheidung, welche die Abtretung als Form der Aufgabe betraf, ein Freiwerden des Bürgen nach § 776 S. 1 BGB bejaht, ohne jedoch auf einen etwaigen auf Zahlung gerichteten verbleibenden Innenanspruch einzugehen. Ein Gläubiger hatte eine Grundschuld, welche neben einer Bürgschaft eine Forderung absicherte, abgetreten. Da dadurch das den Regress des Bürgen sichernde Recht verloren ging, ordnete der BGH die Abtretung als Aufgabehandlung im Sinne des § 776 S. 1 BGB ein, sodass der Bürge nach der Norm frei wurde.[460] Verzichtet ein Gläubiger auf eine Mitbürgschaft, sieht die Rechtsprechung demgegenüber die tatbestandlichen Voraussetzungen der Vorschrift regelmäßig nicht als gegeben an.[461] Dies deutet darauf hin, dass der BGH zwischen Personal- und Realsicherheiten differenziert. Daher könnte der Verlust des Verwertungsrechts an einer dinglichen Sicherheit zu einem Freiwerden nach § 776 S. 1 BGB führen. Im konkreten Fall war allerdings maßgeblich die Frage der Auswirkungen der Abtretung der Grundschuld als Form des Aufgebens zu entscheiden. Der XI. Senat diskutierte folglich den Umstand eines etwaigen verbleibenden (gewandelten) Innenanspruchs nicht. Dies ist bei der Interpretation der Entscheidung im Hinblick auf deren Aussagegehalt zu dem hier diskutierten Problem zu berücksichtigen.

---

457 BGH v. 09.05.1969 – V ZR 26/66 = BGHZ 52, 93 (juris Rn. 9).

458 Vgl. dazu *Meier*, Gesamtschulden, S. 1155 f.; *Schanbacher*, WM 1998, 1806, 1807.

459 Siehe ausführlich m.w.N. unten H.I.

460 BGH v. 04.06.2013 – XI ZR 505/11 = BGHZ 197, 335 (Rn. 18), vgl. auch die Vorinstanz OLG Bamberg v. 17.11.2011 – 1 U 88/11 = WM 2012, 691 (Rn. 15): „Jedenfalls besteht der Zweck der Vorschrift in der Sicherung des Rückgriffs des vom Gläubiger in Anspruch genommenen Bürgen nach §§ 774 Abs. 1 Satz 1, 412, 401 BGB."

461 S.o. C.III.

c. Schutz des begünstigten dinglichen Sicherungsgebers

Letztlich muss auch die Situation des Eigentümers der vormals belasteten Sache betrachtet werden. Bestellt der Hauptschuldner selbst eine Grundschuld an einem ihm gehörigen Grundstück, haftet er bereits aus der besicherten Forderung und darüber hinaus aus dem regelmäßig in der Grundschuldbestellungsurkunde enthaltenen abstrakten Schuldanerkenntnis[462] persönlich. Anders ist dies bei einem vom Hauptschuldner personenverschiedenen Eigentümer. Dieser hatte sich bei Stellung der Sicherheit darauf eingestellt, *dinglich beschränkt* mit der Sicherheit zu haften.[463] Zwar ist es nicht ausgeschlossen, dass darüber hinaus auch eine persönliche Haftung übernommen wird.[464] Sofern die persönliche Haftungsübernahme jedoch – wie üblich – in einer Urkunde mit der dinglichen Unterwerfungserklärung erfolgt, verstößt dies nach zutreffender Ansicht des BGH gegen § 307 BGB, da es sich um eine unangemessene Haftungserweiterung handle.[465] Daher soll nachfolgend nur von einer rein dinglichen Haftung des Sicherungsgebers ausgegangen werden.[466]

Würde nun beispielsweise eine Grundschuld am Grundstück des Sicherungsgebers vom Gläubiger gem. § 875 BGB[467] aufgehoben, sähe sich der vormalige Sicherungsgeber nach der vorgenannten herrschenden Meinung einem Zahlungsanspruch und nicht mehr bloß einem Verwertungsanspruch des nicht befreiten Bürgen im Innenverhältnis ausgesetzt.[468] Er würde daher im Innenverhältnis vergleichbar einem Bürgen eine persönliche Geldleistung schulden. Wendete man nun § 776 S. 1 BGB auf den Bürgen nicht an, weil im Innenverhältnis noch ein (gewandelter) Zahlungsanspruch bestünde, würde die Befreiung

462 BGH v. 02.10.1990 – XI ZR 306/89 = NJW 1991, 286 (juris Rn. 19 ff.) m.w.N.

463 BGH v. 05.03.1991 – XI ZR 75/90 = BGHZ 114, 9 (juris Rn. 22) m.w.N.; vgl. auch *Schlechtriem*, in: FS Caemmerer, S. 1013, 1043.

464 *Epp*, in: Schimansky/Bunte/Lwowski, Bankrechtshandbuch II, § 94 Rn. 245 ff.; Anh. 1 zu § 94 Anm. 13.

465 BGH v. 05.03.1991 – XI ZR 75/90 = BGHZ 114, 9 (juris Rn. 22); vgl. auch BeckOGK/*R. Rebhan*, § 1191 Rn. 77; MüKo/*Lieder*, § 1191 Rn. 89; jeweils m.w.N.; *Wolfsteiner*, Die vollstreckbare Urkunde, Rn. 6.26.

466 Hätte der vom Hauptschuldner personenverschiedene Eigentümer zusätzlich wirksam die persönliche Haftung übernommen, müsste der Sicherungsgeber von Beginn an zumindest *auch* mit einer persönlichen Haftung rechnen, sodass die nachfolgenden Überlegungen auf diesen Fall nicht zutreffen würden.

467 Vgl. dazu *Bülow*, Recht der Kreditsicherheiten, Rn. 347; *Schlechtriem*, in: FS Caemmerer, S. 1013, 1043; *Westermann/Gursky/Eickmann*, Sachenrecht, § 106 Rn. 3.

468 *Gursky*, JZ 1997, 1154, 1165; Soergel/*Habersack*, § 1225 Rn. 11.

des eigentlich begünstigten Sicherungsgebers für diesen zum Danaergeschenk, weil sich dessen Einstandspflicht gegenüber dem nicht befreiten Bürgen zu einer persönlichen Haftung verschlechterte.

Zwar räumt § 1142 BGB dem Eigentümer des mit einer Hypothek (oder einer Grundschuld)[469] belasteten Grundstücks das Recht ein, die Zwangsvollstreckung in das Grundstück durch Zahlung an den Gläubiger abzuwenden. Daher könnte man argumentieren, dass die vom BGH vorgeschlagene Wandlung dieses Recht vorwegnimmt. Folglich wäre der Sicherungsgeber hinsichtlich einer Aufgabe seiner Sicherheit nicht mehr schutzwürdig. Dagegen sprechen jedoch zwei Argumente: Erstens räumt die Norm dem Eigentümer das *Recht* („berechtigt") ein, die Zwangsvollstreckung durch Zahlung abzuwenden, was sich vorliegend in eine Pflicht verkehren würde. Gehören einem Sicherungsgeber beispielsweise mehrere Grundstücke, verfügt er jedoch über wenig liquide Mittel, hat der Eigentümer im Falle einer Inanspruchnahme möglicherweise kein Interesse am Recht des § 1142 BGB. Zweitens sieht sich der Eigentümer nach der Wandlung nicht mehr dem Gläubiger der Sicherungsrechte als Zahlungsschuldner gegenüber, sondern dem Bürgen. Da der Bürge allerdings nicht den Außenanspruch vom Gläubiger erwirbt, weil dieser durch die Aufgabe des Grundpfandrechts untergegangen ist, könnte der Eigentümer ihm etwaige Einreden aus dem Sicherungsvertrag mit dem Gläubiger nicht gem. § 404 BGB entgegenhalten.

Letztlich kann auch keine konkludente Zustimmung des dinglichen Sicherungsgebers in die Wandlung seiner Schuld angenommen werden. Regelmäßig bedarf es zwar einer Mitwirkungshandlung des Sicherungsgebers zur endgültigen Aufgabe. So ist beispielsweise zur Aufhebung einer Hypothek oder Grundschuld nach § 1183 BGB sowie § 27 GBO die Zustimmung des Eigentümers erforderlich.[470] Trotz des Vorliegens eines anknüpfungsfähigen Verhaltens kann darin jedoch keine Einwilligung in die Wandlung gesehen werden. Dies ergibt sich aus den beiden vorstehend ausgeführten Gründen. Denn aus Sicht eines objektiven Dritten in der Person des Sicherungsgebers bringt diesem die Aufgabe nur Vorteile, ohne dass es seinem Willen entspricht, nunmehr gegenüber einem Bürgen persönlich aus § 426 Abs. 1 S. 1 BGB (analog) zu haften. Erst recht liegt keine Zustimmung in den Fällen rein einseitiger Aufgabehandlungen, beispielsweise durch Abtretung einer Grundschuld,[471] vor.

---

469 § 1142 BGB ist auch auf die Grundschuld anwendbar, vgl. BGH v. 28.09.1989 – V ZB 17/88 = WM 1989, 1760 (juris Rn. 26); MüKo/*Lieder*, § 1142 Rn. 24.

470 Dies schützt das Anwartschaftsrecht des Eigentümers an einer Eigentümergrundschuld, vgl. *Demharter*, § 27 Rn. 2; MüKo/*Lieder*, § 1183 Rn. 1.

471 S.u. H.I.1.a.

Die vorgenannten Überlegungen treffen auf Grundpfandrechte nur dann nicht zu, wenn diese nicht nach § 875 BGB vollständig aufgehoben wurden, sondern durch einseitigen Verzicht des Gläubigers zur Eigentümergrundschuld wurden.[472] Denn in diesem Fall existiert die Grundschuld (zugunsten des Eigentümers) anders als im oben unter C.IV.1. gebildeten Beispiel oder in der unter C.IV.2. genannten Entscheidung noch. Folglich bleibt der Regressanspruch des Bürgen weiterhin auf Verwertung der Sicherheit gerichtet, eine „Wandlung" zu einer persönlichen Haftung erfolgt nicht. Gleiches gilt für bewegliche Sachen, solange sich diese noch im Besitz und im Eigentum des Sicherungsgebers befinden.

Aufgrund der genannten Argumente ist im Falle des endgültigen Wegfalls der Sicherheit auch zum Schutz des dinglichen Sicherungsgebers ein Freiwerden des Bürgen in Höhe der jeweiligen Haftungsquote geboten. Anderenfalls sähe sich der vormalige dingliche Sicherungsgeber durch die Handlung des Gläubigers einer persönlichen Haftung ausgesetzt.

4. *Fazit*

Gibt der Gläubiger eine Realsicherheit auf, die parallel zur Bürgschaft besteht, soll sich nach der Rechtsprechung der Innenanspruch des Bürgen aus § 426 Abs. 1 S. 1 BGB (analog) gegen diesen von einem Anspruch auf Verwertung der Sicherheit in einen Zahlungsanspruch wandeln. Daraus folgern einige Stimmen in der Literatur, dass § 776 S. 1 BGB ebenso wie bei der Freigabe eines Mitbürgen mangels Verlustes eines Ersatzrechts nicht anwendbar sei.

Die „Wandlung" bedeutet jedoch einen Nachteil für den Bürgen, da für ihn der Zugriff auf die Realsicherheit günstiger war und er nun das Insolvenzrisiko des ehemaligen Sicherungsgebers trägt. Folglich kann er nicht mehr aus dem „aufgegebenen Recht nach § 774" Ersatz verlangen. Daher muss der Bürge gem. § 776 S. 1 BGB frei werden. Für diese Lösung spricht zudem das Interesse des ehemaligen dinglichen Sicherungsgebers, der sich ansonsten nach der Freigabe des belasteten Gegenstands einem persönlichen Zahlungsanspruch ausgesetzt sähe.

Für den Fall der Freigabe einer Realsicherheit wird daher zu Recht jedenfalls von einigen Stimmen in der Literatur eine Anwendbarkeit des § 776 S. 1 BGB bejaht.[473]

---

472 Zu den Rechtsfolgen des Verzichts auf die Grundschuld vgl. BeckOGK/*R. Rebhan*, § 1196 Rn. 20; *Schöner/Stöber*, Grundbuchrecht, Rn. 2706.

473 So insb. *Schürnbrand*, Schuldbeitritt, S. 148 f.; *Weber*, WM 2001, 1229, 1234.

V. Zwischenergebnis

Nach herrschender Meinung wird ein Bürge regelmäßig nicht nach § 776 S. 1 BGB frei, wenn der Gläubiger auf eine Mitbürgschaft verzichtet. Die Rechtslage unterscheide sich nicht zu der von nicht sicherungsgebenden (einfachen) Gesamtschuldnern. Demzufolge entfalte ein Verzicht nur eine Einzelwirkung, sodass der nicht privilegierte Bürge dem Gläubiger weiterhin in voller Höhe hafte, jedoch seinerseits beim Begünstigten über den Innenanspruch des § 426 Abs. 1 S. 1 (i.V.m. § 774 Abs. 2) BGB anteiligen Regress nehmen könne. Der Wegfall einzig des Außenanspruchs rechtfertige kein Freiwerden nach § 776 S. 1 BGB.

Zum gleichen Ergebnis gelangt die wohl überwiegende Meinung auch für den Fall der Aufgabe einer Realsicherheit. Insoweit merken einige Stimmen in der Literatur bereits zu Recht an, dass durch den Wegfall der dinglichen Sicherheit sowohl beim Bürgen als auch beim (ehemaligen) Sicherungsgeber Nachteile entstehen und daher der Bürge – jedenfalls bei Aufgabe einer Realsicherheit – nach § 776 S. 1 BGB frei werden muss.[474] Da der Bürge durch die Aufgabehandlung die Möglichkeit zur Verwertung der belasteten Sache verliert, ist eine Aufrechterhaltung der Haftung nicht geboten.

Damit ergäbe sich für die Anwendung des § 776 S. 1 BGB jedoch eine uneinheitliche Auslegung: Ein Freiwerden des Bürgen hinge davon ab, ob der Gläubiger eine Realsicherheit oder die Forderung gegen einen Mitbürgen aufgibt. Nachfolgend soll daher untersucht werden, ob sich nicht aus dem Schutzzweck des § 776 S. 1 BGB eine von § 423 BGB abweichende Rechtsfolge auch unter Mitbürgen ergibt (dazu sogleich unter C.VI.), die eine von der oben dargestellten herrschenden Meinung abweichende Betrachtung gebietet. Daran schließt sich die Frage an, ob für ein Freiwerden nach § 776 S. 1 BGB sowohl der Innen- als auch der Außenanspruch für den Bürgen verloren gehen müssen, oder ob nicht lediglich der Außenanspruch maßgeblich ist (dazu unter C.VII.). Beide Aspekte münden sodann in der Diskussion, ob die Norm nicht eine einheitliche Anwendung dergestalt gebietet, dass es unerheblich für ein Freiwerden ist, ob eine Personal- oder Realsicherheit aufgegeben wird (dazu unter C.VIII.).

---

474 So insb. *Schürnbrand*, Schuldbeitritt, S. 148 f.; *Weber*, WM 2001, 1229, 1234.

VI. Besonderheiten des § 776 S. 1 BGB gegenüber einfachen Gesamtschuldnern

§ 423 BGB normiert für nicht sicherungsgebende Gesamtschuldner die Folgen des Erlasses zugunsten eines Gesamtschuldners.[475] Das Bürgschaftsrecht enthält mit § 776 S. 1 BGB jedoch eine spezifische Vorschrift für diese Konstellation. Daher stellt sich die Frage, ob § 776 S. 1 BGB nicht eigene Wertungen zugrunde liegen, die spezieller als die des § 423 BGB sind.

1. Vergleichbarkeit mit den Grundsätzen der „gestörten Gesamtschuld“

§ 776 S. 1 BGB liegt die Situation zugrunde, dass eine Haftungsbeziehung zwischen zwei Sicherungsgebern – nämlich dem Bürgen und dem weiteren Sicherungsgeber – zu einem Gläubiger besteht und dieser Gläubiger nur einen der beiden begünstigt. Die sich daraus ergebenden Wertungsfragen weisen Parallelen zu dem Problem der „gestörten Gesamtschuld“ auf.

a. Ausgangspunkt: Grundsätze der „gestörten Gesamtschuld“

Der Begriff der „gestörten Gesamtschuld“ beschreibt die Situation, dass durch Haftungserleichterungen oder -freistellungen einer von zwei Gesamtschuldnern in seiner Haftung gegenüber dem Gläubiger privilegiert ist, der andere hingegen nicht.[476] Daraus folgt die Frage, zu wessen Lasten die Begünstigung geht. Insoweit kommen alle drei Beteiligten in Betracht: Erstens ist es möglich, den Anspruch des Gläubigers um den Haftungsanteil des befreiten Gesamtschuldners zu kürzen. Zweitens könnte der privilegierte Schuldner vollständig aus der Haftung ausscheiden, sodass der andere Schuldner nunmehr die alleinige Last trägt. Drittens könnte die Privilegierung lediglich dazu führen, dass der eigentlich privilegierte Schuldner einzig gegenüber dem Gläubiger nicht mehr haftet, im Innenverhältnis (gegenüber dem anderen Gesamtschuldner) aber weiterhin

475 Der Erlass entfaltet grundsätzlich nur eine Einzelwirkung, sodass der nicht begünstigte Schuldner vom Gläubiger weiterhin in voller Höhe in Anspruch genommen werden kann, seinerseits jedoch beim begünstigten Schuldner gem. § 426 Abs. 1 BGB Rückgriff nehmen kann, s.o. C.II.

476 HK-BGB/*Schulze*, § 426 Rn. 13 ff.; Palandt/*Grüneberg*, § 426 Rn. 18 ff.; *Schmidt-Kessel*, in: Staudinger-Eckpfeiler, Kapitel H. Rn. 121; *Selb*, Mehrheit von Gläubigern und Schuldnern, S. 126 ff.; anschaulich dargestellt auch bei *Medicus/Petersen*, Bürgerliches Recht, Rn. 928 ff.

Verantwortung trägt.[477] In der Literatur wird teilweise vertreten, dass für sämtliche Fälle einheitlich eine Anspruchskürzung des Gläubigers im Außenverhältnis zu erfolgen hat.[478] Allerdings ist keine der gerade genannten Wege „allgemeingültig" für sämtliche Konstellationen.[479] Daher unterscheidet insbesondere der BGH je nach Fallgruppe. So sei in den Fällen der gesetzlichen Haftungsprivilegierungen der §§ 104 – 106 SGB VII der erstgenannte Lösungsweg (anteilige Kürzung des Gläubigeranspruchs) vorzugswürdig.[480] Im Bereich der familienrechtlichen Haftungsmilderung sei die zweite Variante (vollständige Freistellung des privilegierten Schuldners) einschlägig.[481] Die letztgenannte Variante, die im Ergebnis nur eine Haftungsfreistellung im Außenverhältnis bewirkt, soll regelmäßig in den Fällen der vertraglichen Haftungsfreistellung Anwendung finden, da ansonsten ein unzulässiger Vertrag zu Lasten Dritter vorläge.[482]

Zum vorliegenden Fall der Freigabe nur eines von mehreren Sicherungsgebern besteht dabei folgende Parallele: Der Gläubiger gewährt einem von mehreren Schuldnern bzw. Sicherungsgebern dadurch einen Vorteil, dass er die gegen ihn gerichtete Forderung aufgibt. Daraus resultiert jeweils die Frage, welcher der drei Beteiligten den daraus resultierenden Nachteil zu tragen hat. Jedoch unterscheiden sich die Fälle der „gestörten Gesamtschuld" und der Aufgabe einer Sicherheit in folgendem Punkt: Eine Konstellation der „gestörten Gesamtschuld" liegt nur dann vor, wenn die Haftungsprivilegierung eines Schuldners zeitlich *vor* dem Entstehen der Gesamtschuld erfolgt. Nachträgliche Störungen des Gesamtschuldverhältnisses werden durch die §§ 421 – 426 BGB erfasst.[483]

---

477 *Mollenhauer*, NJ 2011, 1, 3; *Schmidt-Kessel*, in: Staudinger-Eckpfeiler, Kapitel H. Rn. 121a.

478 *Mollenhauer*, NJ 2011, 1, 4; Staudinger/*Looschelders*, § 426 Rn. 159; jeweils m.w.N.

479 *Schmidt-Kessel*, in: Staudinger-Eckpfeiler, Kapitel H. Rn. 122; Staudinger/*Looschelders*, § 426 Rn. 159.

480 Grundlegend BGH v. 12.06.1973 – VI ZR 163/71 = NJW 1973, 1648; vgl. auch BGH v. 11.11.2003 – VI ZR 13/03 = BGHZ 157, 9; BeckOGK/*Kreße*, § 426 Rn. 27 ff.; HK-BGB/*Schulze*, § 426 Rn. 15; jeweils m.w.N.

481 BGH v. 01.03.1988 – VI ZR 190/87 = NJW 1988, 2667; BeckOGK/*Kreße*, § 426 Rn. 29 m.w.N.

482 BeckOGK/*Kreße*, § 426 Rn. 30; *Mollenhauer*, NJ 2011, 1, 4 f.; *Schmidt-Kessel*, in: Staudinger-Eckpfeiler, Kapitel H. Rn. 122; vgl. grundlegend für den Fall der vertraglichen Haftungsfreistellung BGH v. 03.02.1954 – VI ZR 153/52 = BGHZ 12, 213; fortgeführt durch BGH v. 27.06.1961 – VI ZR 205/60 = BGHZ 35, 317 (juris Rn. 13 f.); v. 09.03.1972 – VII ZR 178/70 = BGHZ 58, 216.

483 HK-BGB/*Schulze*, § 426 Rn. 14; *Mollenhauer*, NJ 2011, 1; *Selb*, Mehrheit von Gläubigern und Schuldnern, S. 126 ff. („vorgängige vertragliche Haftungsfreistellung");

Dementsprechend kann § 776 S. 1 BGB nicht als ein Spezialfall der „gestörten Gesamtschuld" angesehen werden, da die Norm einzig die *nachträgliche* Befreiung eines Sicherungsgebers regelt.[484]

b. Übertragung der Wertentscheidungen auf den Fall des § 776 S. 1 BGB

Es bietet sich jedoch an, Bezug auf die zur „gestörten Gesamtschuld" dargestellten Wertungsentscheidungen im Hinblick auf eine *nachträgliche* Störung des Binnenverhältnisses mehrerer Sicherungsgeber zu nehmen. Denn die entsprechenden Argumentationen weisen Parallelen auf. Der BGH führt in seiner Leitentscheidung zur (vor-) vertraglichen Haftungsfreistellung an, die Rechtsprechung zur „gestörten Gesamtschuld" ziele darauf ab, Gläubigerwillkür zu verhindern.[485] Dies erinnert an die Begründungen der Kommissionen, dass § 776 S. 1 BGB eine spezielle Ausprägung des Grundsatzes von Treu und Glauben sei.[486] Die zur „gestörten Gesamtschuld" entwickelten Grundsätze können daher zur Auslegung des § 776 S. 1 BGB hinsichtlich der Frage, wer die Last der Haftungsprivilegierung zu tragen hat, dienen.

Der dem § 776 S. 1 BGB zugrunde liegende Sachverhalt scheint der oben dargestellten 3. Variante der „gestörten Gesamtschuld" (vertragliche Haftungsfreistellung) zu entsprechen, da der Gläubiger durch die Aufgabehandlung in den Haftungsverband der Sicherungsgeber eingreift. Wie vorstehend dargestellt, bleibt ein (einfacher) Gesamtschuldner gem. § 423 BGB auch nach einem Erlass im Rückgriffsverhältnis weiterhin gem. § 426 Abs. 1 S. 1 BGB anteilig zum Ausgleich verpflichtet (s.o. C.II.). Dies entspräche der vom BGH vertretenen Lösung zur „gestörten Gesamtschuld" bei einer vertraglichen Haftungsfreistellung. Der begünstigte Sicherungsgeber wird lediglich in der Sicherungsbeziehung zum Gläubiger freigestellt, haftet hingegen weiterhin in der Rückgriffsbeziehung zum Bürgen (Einzelwirkung). Der einzige Unterschied läge im Zeitpunkt der Haftungsbefreiung.

Weber, WM 2001, 1229, 1234; auch der BGH v. 03.02.1954 – VI ZR 153/52 = BGHZ 12, 213 (juris Rn. 13) unterscheidet hinsichtlich des Zeitpunkts der Privilegierung: „Ebenso wie der Innenausgleich nicht *nach* dem Schadensfall dadurch beseitigt werden kann, daß zwischen dem Geschädigten und einem der Schädiger Haftungserlaß vereinbart wird (...), geht es nicht an, daß durch Parteiabrede für den *vorausbedachten* Schadensfall dem Geschädigten die für ihn günstige volle Schadenshaftung eines Schädigers gesichert bleiben soll" [*Hervorhebungen durch d. Verf.*].

484 So ausdrücklich *Weber*, WM 2001, 1229, 1234.

485 BGH v. 03.02.1954 – VI ZR 153/52 = BGHZ 12, 213 (juris Rn. 13).

486 S.o. Teil 1 A.II.1.; ausführlich zur Rechtsnatur siehe unten D.

Es sprechen jedoch überwiegende Argumente dafür, § 776 S. 1 BGB in die vorgenannte 1. Kategorie einzuordnen und gleichsam den Fällen der §§ 104 – 106 SGB VII eine unmittelbare Kürzung des Gläubigeranspruchs anzunehmen. Zunächst besteht mit § 776 S. 1 BGB eine ausdrückliche *gesetzliche* Anordnung hinsichtlich des Freiwerdens des Bürgen. Anders als in den Fällen der „gestörten Gesamtschuld", in denen die Privilegierung einzig durch einen Vertrag herbeigeführt wird, hat vorliegend der Gesetzgeber eine eigene Wertentscheidung getroffen. Die Folgen der Haftungserleichterung beruhen also nicht ausschließlich auf der vertraglichen Vereinbarung. Weiterhin kommt § 776 S. 1 BGB vergleichbar den §§ 104 – 106 SGB VII eine *Befriedungsfunktion* zu. Das Institut der §§ 104 – 106 SGB VII dient dem Schutz des Betriebsfriedens. Dies soll dadurch erreicht werden, dass eine Inanspruchnahme des privilegierten Schädigers auch über den Regressweg verhindert wird.[487] In seiner Grundentscheidung zu dieser Fallgruppe (zur alten Rechtslage der §§ 636, 637 RVO) entschied der BGH, dass aus der gesetzlichen Regelung zwar folge, dass der durch die §§ 636, 637 RVO privilegierte Schädiger endgültig freigestellt werden solle. Daraus ergebe sich aber nicht, dass der andere Schädiger den Gesamtschaden alleine zu tragen habe.[488] Folglich führt die Privilegierung zur anteiligen Kürzung des Gläubigeranspruchs (beschränkte Gesamtwirkung).

Aus vergleichbaren Erwägungen sah bereits der Hessische Entwurf eines BGB aus dem Jahr 1853 mit Art. 350 HessE eine beschränkte Gesamtwirkung als Rechtsfolge der Aufgabe einer Sicherheit vor: Der eigentlich begünstigte Sicherungsgeber sollte nicht durch den Anschlussregress des Bürgen doch leisten müssen.[489]

c. *Subsidiarität der Bürgenhaftung als entscheidendes Merkmal*

Bei Privilegierungen innerhalb von Gesamtschuldnerausgleichsverhältnissen ist stets der Grund der Haftungsprivilegierung mit zu berücksichtigen.[490] Durch die spezielle Normierung des § 776 S. 1 BGB ergibt sich für Bürgen ein wertungsmäßiger Unterschied zu einfachen Gesamtschuldnern. Dieser liegt in folgender zentraler Überlegung begründet: § 776 S. 1 BGB trifft für den besonderen Fall *sicherungsgebender Gesamtschuldner* eine Wertentscheidung dahingehend, dass eine Befreiung des nicht begünstigten Bürgen gewollt ist. Der zentrale

487 *Schmidt-Kessel*, in: Staudinger-Eckpfeiler, Kapitel H. Rn. 122.
488 BGH v. 12.06.1973 – VI ZR 163/71 = NJW 1973, 1648 (juris Rn. 11 f.).
489 S.o. Teil 1 C.II.3.
490 BGH v. 11.11.2003 – VI ZR 13/03 = NJW 2004, 951 (juris Rn. 16).

Unterschied gegenüber der Gesamtschuld besteht darin, dass die Sicherungsgeber nur *subsidiär* haften und ihrer Verbindlichkeit kein eigener Anspruch gegen den Gläubiger gegenübersteht, der eine Aufrechterhaltung der vollen Haftung rechtfertigen würde (weiterführend dazu sogleich unter C.VI.2.).[491] § 776 S. 1 BGB trifft daher die Wertung, dass der Schutz des Sicherungsgebers gegenüber der zunächst eigenschädlichen Handlung des Gläubigers Vorrang vor den konkret getroffenen Abreden im Innen- oder Außenverhältnis haben soll.

Gegen eine Gleichbehandlung des § 776 S. 1 BGB mit den Fällen der vertraglichen Haftungsprivilegierung spricht zudem, dass die Aufgabe im Sinne der Norm nicht zwingend in einem Vertrag zwischen Gläubiger und dem weiteren Sicherungsgeber bestehen muss.[492] Vielmehr kann der Gläubiger eine Sicherheit auch einseitig ohne Beteiligung des Sicherungsgebers aufgeben, beispielsweise durch Abtretung oder Zerstörung der Sache.

§ 776 S. 1 BGB normiert damit einen Spezialfall der gesetzlichen Befreiung von Gesamtschuldnern. Die Existenz der Norm wäre nicht zu erklären, wenn die erfassten Fälle genauso zu lösen wären wie die der nicht sicherungsgebenden Gesamtschuldner. Der Gesetzgeber beabsichtigte mit § 776 S. 1 BGB offensichtlich eine Privilegierung des nur subsidiär haftenden Bürgen gegenüber sonstigen Gesamtschuldnern.[493] Auch wenn wegen der nur nachträglichen Befreiung eine unmittelbare Anwendung der Grundsätze zur „gestörten Gesamtschuld“ nicht möglich ist, lassen sich dennoch deren Wertentscheidungen auf die Fälle des § 776 S. 1 BGB übertragen. Dieser trifft eine gesetzliche Anordnung zur Haftungsbefreiung, sodass wie in den Fällen der §§ 104 – 106 SGB VII eine unmittelbare Kürzung des Gläubigeranspruchs in Höhe des entsprechenden Haftungsanteils geboten ist (beschränkte Gesamtwirkung).

---

491 Vgl. *Meier*, Gesamtschulden, S. 1149: „Danach ist § 776 BGB ein besonderes Privileg für Mitbürgen“; zu diesem Gedanken auch *Derleder*, NJW 2015, 817: Die Bürgschaft beruhe „nicht auf gegenseitiger Vorteilsgewährung“. Daran ändert in den Fällen der Bankbürgschaft auch die Tatsache nichts, dass die Bank vom Hauptschuldner eine Vergütung erhält. Denn diese besteht aus einem Entgelt und einer Risikopauschale, beides entspricht jedoch auch in der Summe nicht einem vollwertigen, mehr oder weniger gleichwertigen synallagmatischen Anspruch gegenüber dem Gläubiger.

492 Ausführlich unten H.I.1.a., b.

493 In diese Richtung auch *Meier*, Gesamtschulden, S. 1147 ff.

2. *§ 776 S. 1 BGB als lex specialis zu § 423 BGB*

Wie soeben dargestellt, sind *nachträgliche* Beeinflussungen des Gesamtschuldverhältnisses durch die §§ 421 – 426 BGB geregelt.[494] Dies würde dazu führen, dass die Freigabe nicht zugunsten des nicht privilegierten Gesamtschuldners (hier: Bürgen) wirkt (Einzelwirkung), dieser allerdings weiterhin im Innenverhältnis über § 426 Abs. 1 S. 1 BGB Regress nehmen kann.[495] Wertungsmäßig würde damit ein anderes Ergebnis erreicht, als es der soeben dargestellte Vergleich mit den Fällen der „gestörten Gesamtschuld" gebieten würde. Demnach müssten die von § 776 S. 1 BGB erfassten Sachverhalte grundsätzlich zu einer anteiligen Kürzung des Anspruchs des Gläubigers gegenüber dem nicht befreiten Bürgen führen. Es ist jedoch davon auszugehen, dass der Zeitpunkt der Handlung nicht zu grundlegend anderen Ergebnissen führen soll. Um den Widerspruch zur Rechtslage gemäß §§ 423, 426 Abs. 1 S. 1 BGB[496] aufzulösen, kommt § 776 S. 1 BGB als lex specialis gegenüber § 423 BGB in Betracht.[497]

Spezialität setzt voraus, dass der Tatbestand der spezielleren Norm sämtliche Merkmale der allgemeineren Norm und darüber hinaus noch mindestens ein weiteres Merkmal enthält sowie dass sich die Rechtsfolgen ausschließen.[498] Sowohl § 423 BGB als auch § 776 S. 1 BGB setzen tatbestandlich voraus, dass der Gläubiger durch einen Erlass bzw. eine Aufgabehandlung in den Haftungsverband von Gesamtschuldnern eingreift. § 776 S. 1 BGB enthält darüber hinaus das unterscheidende und daher spezielle Merkmal, dass die Schuldner Sicherungsgeber sind, also nur *subsidiär* nach dem eigentlichen Hauptschuldner haften.[499] In der Rechtsfolge divergieren beide Vorschriften: Während im Falle einfacher Gesamtschuldner § 423 BGB nur eine Einzelwirkung eines Erlasses anordnet,[500] folgt aus § 776 S. 1 BGB die beschränkte Gesamtwirkung einer Aufgabe.

494 S.o. C.VI.1.a.

495 S.o. C.II.

496 Vgl. auch *Meier*, Gesamtschulden, S. 1144: „Die Vorschrift des § 776 steht damit in einem merkwürdigen Gegensatz zur allgemeinen Vorschrift des § 423."

497 In diese Richtung auch *Bayer*, EWiR 1992, 869, 870.

498 *Larenz*, Methodenlehre, S. 267 f.

499 Selbst wenn man von einer selbstschuldnerischen Bürgschaft ausgeht, im Rahmen derer dem Bürgen die Einrede der Vorausklage gem. § 773 Abs. 1 Nr. 1 BGB nicht zusteht, bleibt die Wertung, dass die Bürgschaft nur der Sicherung einer anderen Schuld dient und damit der Bürge nicht der Schuldner der Hauptverbindlichkeit ist, bestehen; vgl. ausführlich *Straus*, Schutz des Bürgen, S. 10 ff.

500 S.o. C.II.1.

Der Grund für die unterschiedliche Rechtsfolge muss in dem zusätzlichen Merkmal liegen. Die nur subsidiäre Haftung des Bürgen als Sicherungsgeber rechtfertigt dessen anteiliges Freiwerden, wenn der Gläubiger einen weiteren Sicherungsgeber aus dessen Haftung entlässt. Nicht sicherungsgebende Gesamtschuldner gehen hingegen bei (vertraglicher) Begründung ihrer Verbindlichkeit davon aus, dem Gläubiger im Zweifel die ganze Leistung erbringen zu müssen (§ 421 BGB). Damit korreliert jedoch, dass ihnen im Gegenzug ein eigener (Leistungs-) Anspruch gegen den Gläubiger zusteht. Deliktische Gesamtschuldner, insbesondere solche im Sinne des § 840 BGB, sind im Zweifel gleichermaßen für den Schaden beim Gläubiger verantwortlich, so dass der Gläubiger auch beide voll in Anspruch nehmen können muss. In beiden Fällen stehen dem Forderungsrecht des Gläubigers *unmittelbar* die Gesamtschuldner gegenüber. Sowohl das eigene Forderungsrecht vertraglicher Gesamtschuldner als auch die Schädigung durch deliktische Gesamtschuldner rechtfertigen jeweils die Aufrechterhaltung der eigenen Verbindlichkeit im Falle eines Erlasses zugunsten des anderen Gesamtschuldners und die daraus resultierende starke Stellung des Gläubigers gegenüber den Gesamtschuldnern.[501]

Demgegenüber hoffen Sicherungsgeber, dass der Sicherungsfall nicht eintritt und sie nicht in Anspruch genommen werden. Zudem erhalten sie aus ihrer Verpflichtung gegenüber dem Gläubiger auch keine eigenen unmittelbaren Vorteile.[502] Sie haften – sogar wenn ihnen die Einrede der Vorausklage nach § 771 BGB nicht zusteht – nur *nachrangig*.[503] Daher ist es gerechtfertigt, dass Bürgen (sowie nach hier vertretener Ansicht sämtliche Sicherungsgeber, s.u. G.) gem. § 776 S. 1 BGB im Falle des Verzichts auf eine andere Sicherheit (anteilig) frei werden, die Verbindlichkeit einfacher Gesamtschuldner hingegen auch nach einem Erlass zugunsten eines anderen Gesamtschuldners unberührt bleibt.[504] Der BGH selbst betont, allerdings in anderem Zusammenhang, dass der Schutz des § 776 S. 1 BGB und der Umstand der nur nachrangigen Haftung in Zusammenhang stehen.[505] § 776 S. 1 BGB ist damit spezieller gegenüber § 423 BGB. Dies bewirkt unter anderem, dass abweichend von § 423 BGB durch die Freigabe

---

501 Vgl. zur starken Position des Gläubigers („Pascha") *Heck*, Grundriß des Schuldrechts, § 76 Nr. 4a); *Meier*, Gesamtschulden, S. 231; *Schmidt-Kessel*, in: Staudinger-Eckpfeiler, Kapitel H. Rn. 96; *Wandt*, in: FS Kollhosser II, S. 769 m.w.N.; *Weber*, WM 2001, 1229, 1231.

502 S.o. C.VI.1.c.

503 Ausdrücklich BGH v. 02.03.2000 – IX ZR 328/98 = BGHZ 144, 52 (juris Rn. 41).

504 *Reinicke/Tiedtke*, Kreditsicherung, Rn. 73.

505 BGH v. 02.03.2000 – IX ZR 328/98 = BGHZ 144, 52 (juris Rn. 41).

des einen Sicherungsgebers auch eine unmittelbare anteilige Befreiung des anderen erfolgt.[506]

§ 776 S. 1 BGB ist unstreitig nicht auf nicht sicherungsgebende Gesamtschuldner anwendbar.[507] Grund dafür ist, dass sich die Haftung eines Bürgen gegenüber dem Gläubiger rechtlich von derjenigen eines Gesamtschuldners unterscheide, weil er für eine *fremde* Schuld einsteht. Daher bedürfe er eines besseren Schutzes.[508] Wenn § 776 S. 1 BGB nicht auf nicht sicherungsgebende Gesamtschuldner anwendbar sein soll, weil Bürgen schwächer haften, dann darf umgekehrt auch § 423 BGB nicht auf Bürgen anwendbar sein.

Für eine Einordnung des § 776 S. 1 BGB als lex specialis zu § 423 BGB spricht auch der Wortlaut der Norm. Während § 423 BGB eine Einzelwirkung anordnet, deutet der Wortlaut des § 776 S. 1 BGB – gerade im direkten Vergleich – auf eine beschränkte Gesamtwirkung hin.

Ein Rechtsvergleich zu Art. 2314 CC, der ebenfalls eine beschränkte Gesamtwirkung für die Freigabe eines Sicherungsgebers anordnet,[509] bekräftigt ebenfalls die vorstehenden Argumente.

3. *Ergebnis*

Die dem § 776 S. 1 BGB zugrunde liegende Konstellation erinnert an das Problem der „gestörten Gesamtschuld". Ein Vergleich auf Wertungsebene führt zu dem Ergebnis, dass § 776 S. 1 BGB derjenigen Fallgruppe der „gestörten Gesamtschuld" ähnlich ist, die auf einer gesetzlichen Haftungsbefreiung beruht. Diese ist im Sinne einer anteiligen Kürzung des Gläubigeranspruchs zu lösen (beschränkte Gesamtwirkung). Überträgt man diese Wertung auf § 776 S. 1 BGB, muss folglich auch die Befreiung eines Sicherungsgebers zur anteiligen Befreiung des Bürgen führen.

Vergleicht man die Norm mit § 423 BGB, ergibt sich auf Tatbestandsseite folgender Unterschied: § 423 BGB normiert die Rechtsfolgen eines Erlasses zugunsten eines einfachen Gesamtschuldners, dessen Schuld mit einem unmittelbaren Gegenanspruch oder einer deliktischen Handlung korreliert. Demgegenüber haften Sicherungsgeber nur *subsidiär* und ohne eigenes Leistungsinteresse oder Verschulden. Daher handelt es sich bei § 776 S. 1 BGB um eine *lex specialis* im

506 Im Ergebnis wohl auch *Meier*, Gesamtschulden, S. 1149.

507 S.u. G.III.1.

508 BGH v. 20.02.1967 – III ZR 51/66 = BGHZ 47, 248 (juris Rn. 20); OLG Hamm v. 24.06.1983 – 11 W 46/83 = ZIP 1983, 922, 923.

509 S.o. Teil 1 D.III.2.

Verhältnis zu § 423 BGB. Daraus folgt, dass § 776 S. 1 BGB anders als § 423 BGB eine beschränkte Gesamtwirkung anordnet.

VII. Außenanspruch als einzig maßgeblicher Anspruch

Nach der oben dargestellten herrschenden Meinung wird der Bürge regelmäßig nicht nach § 776 S. 1 BGB frei, wenn der Gläubiger einen weiteren Sicherungsgeber aus dessen Haftung entlässt (s.o. C.III., C.IV.1.). Zwar gehe der Außenanspruch unter, dem Bürgen stehe jedoch weiterhin für seinen Rückgriff der Innenanspruch zu. Da beide Ansprüche praktisch gleichwertig seien (insbesondere im Fall von Mitbürgen), fehle es an einem spürbaren Nachteil für den Bürgen, sodass ein Freiwerden nach § 776 S. 1 BGB nicht gerechtfertigt sei. Damit impliziert die herrschende Meinung, dass § 776 S. 1 BGB tatbestandlich voraussetzt, dass *beide* Ansprüche, Innen- und Außenanspruch, für den Bürgen verloren gehen müssen.

Vieles spricht jedoch dafür, dass § 776 S. 1 BGB einzig auf den nach § 774 BGB übergehenden Außenanspruch abstellt.[510]

1. Historische Auslegung

Ein erstes Argument dafür liefert die Entstehungsgeschichte des § 774 BGB. Der erste Entwurf des § 774 BGB (§ 676 E I.) verwies einzig auf den heutigen § 426 Abs. 1 S. 2, Abs. 2 BGB und nicht auf § 426 Abs. 1 S. 1 BGB.[511] Dem lag die Überlegung zugrunde, dass sich das Bestehen des Regressanspruchs aus § 426 Abs. 1 S. 1 BGB bereits aus § 769 BGB ergebe.[512] Dieser ordnet die gesamtschuldnerische Haftung von Mitbürgen an. Demgegenüber sollte § 774 Abs. 2 BGB die Haftungs*quote* regeln.[513] Damit erfasste das (Regress-) Recht aus § 676 E I. nach den Vorstellungen der Ersten Kommission nur den Anspruch aus übergegangenem Recht (Außenanspruch), nicht jedoch den eigenen Ausgleichsanspruch (Innenanspruch). Den vorgenannten Verweis änderte erst die Zweite Kommission aus lediglich „redaktionellen" Gründen in die heutige vollständige Verweisung auf § 426 BGB.[514] Demzufolge liegt es nahe, dass nach den Vorstellungen der

510 So wohl auch *Schanbacher*, WM 1998, 1806, 1807.

511 Jakobs/Schubert, SR III, S. 502; vgl. auch *Meier*, Gesamtschulden, S. 1140 f.; s.o. B.III.2.a.

512 *Meier*, Gesamtschulden, S. 1140 f.

513 *Meier*, Gesamtschulden, S. 1140.

514 Jakobs/Schubert, SR III, S. 503.

Kommissionen ein Freiwerden des Bürgen bereits dann eintreten sollte, wenn der Außenanspruch für diesen durch eine Gläubigerhandlung verloren geht – ohne dass es auf einen verbleibenden Innenanspruch ankommt. Eine konkrete Aussage der Kommissionen auf die Auswirkungen des Verweises des § 774 BGB auf ein etwaiges Erlöschen der Bürgenhaftung nach § 776 S. 1 BGB existiert allerdings nicht.

Den Ausgangspunkt der Kommissionsberatungen stellte Art. 948 DresdE dar. Dieser beruht wiederum auf Art. 2037 CC (a.F.). Nach beiden Normen wird ein Bürge bereits dann frei, wenn durch die Aufgabehandlung des Gläubigers der Außenanspruch wegfällt.[515] Die historische Genese spricht also dafür, dass ein verbleibender Innenanspruch für die Anwendung des § 776 S. 1 BGB irrelevant ist.

2. *Wortlaut*

Auch der Wortlaut der amtlichen Überschrift des § 774 BGB („Gesetzlicher Forderungsübergang") spricht dafür, dass für § 776 S. 1 BGB einzig der Außenanspruch maßgeblich ist. Denn der Innenanspruch (§ 426 Abs. 1 S. 1 BGB) entsteht bereits mit Begründung der Bürgschaft unmittelbar in der Person des Bürgen selbst und geht nicht erst bei Leistung auf den Bürgen über.[516] Zwar verweist § 774 Abs. 2 BGB nach wohl überwiegender Ansicht auch auf § 426 Abs. 1 S. 1 BGB.[517] Insoweit ist jedoch zu beachten, dass die Bezugnahme auf § 426 Abs. 1 S. 1 BGB nach den Vorstellungen der Kommissionen nur dazu diente, die Ausgleichs*quote* von Mitbürgen denen von Gesamtschuldnern gleichzustellen. § 426 Abs. 1 S. 1 BGB sollte bereits gem. § 769 BGB anwendbar sein.[518]

Auch nach dem Wortlaut des § 776 S. 1 BGB steht ein verbleibender Innenausgleichsanspruch der Anwendung der Norm nicht entgegen. Dieser spricht hinsichtlich des entgangenen Ersatzes im Konjunktiv („hätte Ersatz erlangen können" anstatt „konnte keinen Ersatz verlangen").[519] Demnach ist es nicht zwingende Voraussetzung, dass der sich auf § 776 S. 1 BGB berufende Bürge vollkommen ohne Regressmöglichkeit steht.

---

515 S.o. Teil 1 C.II.6. sowie Teil 1 D.III.2.

516 S.o. B.III.2.a.

517 S.o. B.III.2.a.

518 Vgl. oben unter B.III.1. sowie unter C.VII.1.

519 Gleichwohl gilt es zu beachten, dass nach h.M. für die Anwendung des § 776 S. 1 BGB das aufgegebene Ersatzrecht auch werthaltig gewesen sein muss, s.u. H.III.3.

3. *Systematik und Sinn und Zweck*

Daran anknüpfend ergibt sich folgende Überlegung: Da der Gläubiger nie selbst Inhaber des Anspruchs aus § 426 Abs. 1 S. 1 BGB war, kann er diesen denknotwendig nicht im Sinne des § 776 S. 1 BGB aufgeben.[520] Verfügungsberechtigt ist er einzig bezüglich des Außenanspruchs aus §§ 774 Abs. 2, 426 Abs. 2 S. 1 bzw. §§ 774 Abs. 1, 412, 401 BGB. § 776 S. 1 BGB setzt voraus, dass der Bürge aus dem „aufgegebenen Recht" hätte Ersatz verlangen können. Da der Gläubiger einzig den Außenanspruch aufgeben kann, muss der Innenanspruch folglich für die Frage, ob insoweit ein Ersatzanspruch besteht, unberücksichtigt bleiben.[521] Daher reduziert die herrschende Meinung, welche § 776 S. 1 BGB wegen des bestehenden Innenanspruchs nicht anwendet,[522] die Norm teleologisch.[523]

Eine teleologische Reduktion bedarf eines Grundes auf der Wertungsebene, der eine Einschränkung gerade deshalb gebietet, damit Gleiches gleich und Ungleiches ungleich behandelt wird.[524] Es leuchtet in diesem Zusammenhang nicht ein, den Bürgen anders zu behandeln, je nachdem ob eine Personal- oder Realsicherheit bestellt ist. Denn der Bürge verliert auch gegenüber einem Mitbürgen den Ausgleichsanspruch aus §§ 774 Abs. 2, 426 Abs. 2 S. 1 BGB aus dem Außenverhältnis.[525] Der zedierte Anspruch dient der zusätzlichen Sicherung des Innenausgleichsanspruchs aus § 426 Abs. 1 S. 1 BGB („bestärkende Legalzession").[526] Diese Sicherung fällt infolge des Verzichts auf eine Mitbürgschaft durch den Gläubiger weg und mit ihr auch sämtliche Vorteile, die mit dem sonst übergegangenen Anspruch verbunden gewesen wären, insbesondere ein günstiger Gerichtsstand oder Realsicherheiten, welche nur für den befreiten Bürgen

520 S.o. C.II.2. zur Wirkung eines Erlasses auf den Innen- und den Außenanspruch.

521 In diese Richtung, jedoch ohne nähere Begründung Erman/*Zetsche*, § 776 Rn. 4 a.E., der bzgl. der Anwendbarkeit des § 776 S. 1 BGB auf §§ 412, 401 BGB abstellt.

522 S.o. C.III.

523 So auch *Schanbacher*, WM 1998, 1806, 1807; *Weber*, WM 2001, 1229, 1234.

524 *Larenz*, Methodenlehre, S. 392.

525 S.o. C.III.; vgl. auch ausdrücklich in diesem Zusammenhang Soergel/*Gröschler*, § 776 Rn. 16.

526 BGH v. 15.01.1988 – V ZR 183/86 = WM 1988, 446 (juris Rn. 30); v. 06.10.2009 – VI ZR 24/09 = NJW-RR 2010, 831 (Rn. 10); BeckOGK/*Kreße*, § 426 Rn. 85; MüKo/*Heinemeyer*, § 426 Rn. 48; *Kopp*, JR 2016, 347, 348; *Larenz*, Schuldrecht I, S. 588; *Reinicke/Tiedtke*, Bürgschaftsrecht, Rn. 362; *Schmidt-Kessel*, in: Staudinger-Eckpfeiler, Kapitel H. Rn. 114; *Selb*, Mehrheit von Gläubigern und Schuldnern, S. 113 f.; Staudinger/*Looschelders*, § 426 Rn. 135; *Wandt*, in: FS Kollhosser II, S. 769, 774.

bestellt wurden.[527] Wie schon im Zusammenhang mit der Aufgabe dinglicher Sicherheiten dargestellt, bietet § 776 S. 1 BGB für den Bürgen einen *Regressschutz*, der durch den Verlust des Außenanspruchs aktiviert wird.[528] Der BGH betont selbst, wenn auch in anderem Zusammenhang, die Wichtigkeit des nach § 774 S. 1 BGB übergehenden Außenanspruchs für die „Verstärkung der Durchsetzbarkeit des Rückgriffsanspruchs" des Bürgen.[529]

4. *Rechtsprechung des BGH zur Abtretung als Aufgabehandlung*

Konkret in Bezug auf § 776 S. 1 BGB stellen darüber hinaus sowohl der BGH als auch das OLG Bamberg jedenfalls für den Fall der Abtretung einer Realsicherheit durch den Gläubiger[530] einzig auf den Außenanspruch ab. Beide Gerichte stellen für die Anwendung der Norm die Frage in den Vordergrund, ob es eine Aufgabe darstelle, wenn infolge einer Abtretung die Grundschuld nicht gem. §§ 774 Abs. 1 S. 1, 412, 401 BGB auf den Bürgen übergehen kann. Auf ein verbleibendes Ersatzrecht aus dem Innenanspruch gem. § 426 Abs. 1 S. 1 BGB (analog) gehen demgegenüber weder der BGH noch das OLG Bamberg ein.[531]

Da die Einordnung der Abtretung als Aufgabehandlung im Vordergrund der jeweiligen Entscheidungen steht, diskutiert insbesondere der BGH die Frage der Anspruchskonkurrenz des Bürgenregresses nicht und geht auch nicht auf den bestehenden Ausgleichsanspruch aus §§ 774 Abs. 2, 426 Abs. 1 S. 1 BGB (analog) ein. Dass der XI. Senat jedoch den Außenanspruch als entscheidend ansieht, spricht ebenfalls für die hier vertretene Auffassung, dass einzig dieser maßgeblich ist.

5. *Ergebnis*

Schon die Entstehungsgeschichte des § 776 S. 1 BGB deutet darauf hin, dass dieser hinsichtlich des aufgegebenen Rechts nach § 774 BGB einzig auf den zedierten Außenanspruch abstellt und der bereits bestehende Innenanspruch aus §§ 774 Abs. 2, 426 Abs. 1 S. 1 BGB für ein Freiwerden nicht relevant ist.

---

527 So ausdrücklich *Meier*, Gesamtschulden, S. 1150 f., 1174; *Schanbacher*, WM 1998, 1806, 1807; Soergel/*Gröschler*, § 776 Rn. 16.

528 *Meier*, Gesamtschulden, S. 1157, 1173; *Schanbacher*, WM 1998, 1806, 1807; s.o. B.VII.3.

529 BGH v. 02.03.2000 – IX ZR 328/98 = BGHZ 144, 52 (juris Rn. 41).

530 Dazu sogleich C.IX.

531 BGH v. 04.06.2013 – XI ZR 505/11 = BGHZ 197, 335 (Rn. 18); OLG Bamberg v. 17.11.2011 – 1 U 88/11 = WM 2012, 691 (Rn. 15).

Deutlicher ergibt sich dies hingegen aus der Überschrift des § 774 BGB und aus dem Argument, dass der Gläubiger einzig den Außenanspruch aufgeben kann. § 776 S. 1 BGB ordnet das Freiwerden für den Fall an, dass „aus dem aufgegebenen Recht“ hätte Ersatz verlangt werden können. Da der Innenanspruch nicht aufgegeben werden kann, muss dieser folglich für die Frage, ob insoweit ein Ersatzanspruch besteht, unberücksichtigt bleiben. Die oben dargestellte herrschende Meinung, nach welcher § 776 S. 1 BGB dann nicht einschlägig sein soll, wenn der Bürge aufgrund von §§ 774 Abs. 2, 426 Abs. 1 S. 1 BGB noch Rückgriff nehmen kann, führt demnach eine teleologische Reduktion durch. Eine solche ist jedoch nicht geboten. Letztlich stellt auch die Rechtsprechung in neueren Entscheidungen auf den Außenanspruch ab.

VIII. Einheitliche Anwendung des § 776 S. 1 BGB unabhängig von der Art der freigegebenen Sicherheit

Die unter C.III. dargestellte herrschende Meinung wendet § 776 S. 1 BGB nicht an, wenn einer von mehreren *Mitbürgen* vom Gläubiger aus der Haftung entlassen wird. Denn durch den verbleibenden Innenausgleichsanspruch stelle der Verlust des nach §§ 774 Abs. 2, 426 Abs. 2 S. 1 BGB zedierten Anspruchs keinen nennenswerten Nachteil für den nicht begünstigten Bürgen dar, da beide Regressansprüche hinsichtlich Forderungsinhalt und -höhe gleichwertig seien.[532] Bei der Aufgabe einer *Realsicherheit* soll sich nach der wohl überwiegenden Literaturmeinung der Innenanspruch von einem Verwertungsanspruch in einen Zahlungsanspruch des Bürgen „wandeln“; der Bürge verliere somit ebenfalls kein Ersatzrecht aus § 774 BGB.[533] Allerdings ist im Fall der Aufgabe einer dinglichen Sicherheit ein Freiwerden des Bürgen aufgrund der oben unter C.IV.3. genannten Argumente geboten, da der Bürge nicht mehr auf das aufgegebene „Recht“ zugreifen kann.[534]

Damit ergäbe sich jedoch eine uneinheitliche Anwendung im Rahmen des § 776 S. 1 BGB, die davon abhinge, ob der Gläubiger einen Mitbürgen von seiner Verbindlichkeit befreit oder eine dingliche Sicherheit aufgibt. Fraglich ist, ob sich nicht vielmehr eine einheitliche Anwendung des § 776 S. 1 BGB unabhängig von der Natur des aufgegebenen weiteren Sicherungsmittel gebietet. Dafür sprechen mehrere Argumente:

532 S.o. C.III.
533 S.o. C.IV.
534 S.o. C.IV.4.

1. (Mit-) Bürgschaft als Spezialfall der Gesamtschuld

Das Gesetz ordnet mit § 769 BGB ausdrücklich eine gesamtschuldnerische Haftung an, demgemäß soll der Innenausgleich wegen § 774 Abs. 2 BGB stets nach § 426 BGB vollzogen werden. Jedoch besteht im Vergleich zu § 421 BGB insoweit ein Unterschied, als der Bürge *subsidiär* zu einem Hauptschuldner haftet. Die Mitbürgschaft kennzeichnet eine Zwitterstellung zwischen der gesamtschuldnerischen Haftung untereinander auf der einen Seite und der grundsätzlich nur nachrangigen Verbindlichkeit als Sicherungsgeber auf der anderen Seite.

Für die Rechtsanwendung kommt es infolgedessen darauf an, welcher der beiden Aspekte für den Bürgen überwiegt. Ein Argument für einen Vorrang der Stellung als Gesamtschuldner ist die soeben genannte ausdrückliche gesetzliche Anordnung nach § 769 BGB. Dagegen spricht, dass sich der Bürge regelmäßig den oder die anderen Gesamtschuldner – anders als einfache vertragliche Gesamtschuldner – nicht aussucht, sondern das Gesetz eine solche Verbindung herstellt. Insbesondere muss er nicht einmal wissen, dass neben ihm ein weiterer Sicherungsgeber existiert. Wie oben dargestellt, hat ein Sicherungsgeber zudem im Unterschied zu Gesamtschuldnern keinen eigenen Primäranspruch gegen den Gläubiger, der eine Aufrechterhaltung der Haftung für diesen Fall rechtfertigen würde.[535] Die Mitbürgschaft ist daher eher durch ihren Sicherungscharakter als durch ihre gesamtschuldnerische Struktur gekennzeichnet. Dies ist der Grund, warum mit § 776 S. 1 BGB eine Norm existiert, welche eine andere Rechtsfolge normiert als die Regelung des § 423 BGB für nicht sicherungsgebende Gesamtschuldner.[536] Folglich muss der speziellere Tatbestand des

---

535 Siehe soeben C.VI.1. Selbst wenn es sich um eine Bankbürgschaft handelt, also im Unterschied zur klassischen „Familienbürgschaft" keine altruistischen Motive vorliegen, ist das Leistungsinteresse der Bank ein anderes als das des Hauptschuldners. Denn sie erhält nur vom Schuldner ein Entgelt, nicht aber vom Gläubiger. Damit besteht selbst bei kommerziellem Interesse des (Bank-) Bürgen keine synallagmatische Verpflichtung gegenüber dem Gläubiger. In diese Richtung spricht auch der Umstand, dass die Stellung einer Sicherheit auch nicht als entgeltlich i.S.d. § 312 Abs. 1 BGB angesehen wird, vgl. ausführlich dazu *Meier*, ZIP 2015, 1156, 1158 f.; *v. Loewenich*, WM 2015, 113; *Musielak*, JA 2015, 161, 167; jeweils m.w.N.

536 In diese Richtung auch *Meier*, Gesamtschulden, S. 1149; vgl. auch *Reinicke/Tiedtke*, Bürgschaftsrecht, Rn. 236: „Der Bürge steht damit besser als der Gesamtschuldner, der grundsätzlich hinnehmen muss, dass der Gläubiger einem anderen Gesamtschuldner die (gesicherte) Schuld erlässt. Der Bürge, der mit seinem ganzen Vermögen haftet und diese Haftung oft aus altruistischen Erwägungen in der Hoffnung übernimmt, der Hauptschuldner werde seine Schuld selbst erfüllen, wird vom Gesetzgeber

§ 776 S. 1 BGB auch Vorrang gegenüber der allgemeinen Regelung der §§ 423, 426 BGB genießen. Dafür spricht auch die Überlegung, dass der Gläubiger durch die Aufgabe einer Sicherheit zum Ausdruck bringt, dass ihm die Absicherung des Primäranspruchs, welche für ihn grundsätzlich einseitig begünstigend ist, weniger wert ist.

Diese Überlegungen gelten gleichermaßen und unabhängig davon, ob ein weiterer Bürge oder eine dingliche Sicherheit neben dem Bürgen haftet. Denn aus Sicht des Bürgen stellt sich die Auswahl der zusätzlichen Sicherheit als zufällig dar.[537]

2. *§ 776 S. 1 BGB als lex specialis zu § 423 BGB*

§ 776 S. 1 BGB stellt eine lex specialis gegenüber § 423 BGB dar. Die unter C.III. dargestellte herrschende Meinung prüft die Voraussetzungen des § 776 S. 1 BGB bei der Entlassung eines Mitbürgen hingegen erst *nach* der Anwendung der §§ 423, 426 BGB.[538] § 776 S. 1 BGB geht jedoch den Wertungen dieser Normen vor, dementsprechend ist ein unmittelbares Freiwerden des Bürgen auch im Außenverhältnis intendiert. Daher muss die Norm *anstelle* von § 423 BGB geprüft werden.[539] § 776 S. 1 BGB ordnet folglich, anders als § 423 BGB, eine beschränkte Gesamtwirkung an. Der Bürge wird also in Höhe seiner Haftungsquote gegenüber dem Gläubiger frei, sodass es eines Ausgleichsanspruchs aus § 426 BGB gegenüber dem Mitbürgen gar nicht mehr bedarf.

3. *§ 776 S. 1 BGB als Konfliktlöser zwischen divergierenden Ausgleichsansprüchen*

Sowohl in der Sicherungsbeziehung zwischen den Sicherungsgebern und dem Gläubiger als auch in der Rückgriffsbeziehung zwischen den Sicherungsgebern untereinander bestehen verschiedene Ausgleichsansprüche (s.o. B.III. – B.V.). § 776 S. 1 BGB regelt den Fall, dass der Gläubiger einseitig durch die

---

rücksichtsvoll behandelt. Der Gesamtschuldner weiß, dass er schuldet und zahlen muss; der Bürge hofft, der Kelch werde an ihm vorübergehen." Gleichwohl schließen sich *Meier*, Gesamtschulden, S. 1149 ff.; *Reinicke/Tiedtke*, aaO., Rn. 239 der herrschenden Ansicht an, dass § 776 S. 1 BGB unter Mitbürgen wegen des verbleibenden Innenanspruchs aus § 426 Abs. 1 BGB regelmäßig keine Anwendung finde; ausführlich oben B.III.

537 Ausführlich zu dieser Überlegung sogleich, C.VIII.7.

538 BGH v. 11.06.1992 – IX ZR 161/91 = WM 1992, 1315; siehe auch oben C.III.

539 S.o. C.VI.

Aufgabehandlung auf die Rechtsbeziehungen einwirkt. Durch die beschränkte Gesamtwirkung der Freigabe eines Sicherungsgebers wird auch der parallel haftende Bürge von seiner Haftung befreit.

Neben der anteiligen Kürzung der Ansprüche des Gläubigers gegen den Bürgen müssen auch die wechselseitigen Rückgriffsansprüche der Sicherungsgeber angepasst werden, damit nicht bloß eine Einzelwirkung vorliegt. Innen- und Außenanspruch stehen in Wechselwirkung und können sich gegenseitig beeinflussen.[540] Geht der Außenanspruch aus § 426 Abs. 2 S. 1 BGB durch die Aufgabehandlung des Gläubigers unter, erlischt daher auch der Innenanspruch nach § 426 Abs. 1 S. 1 BGB zwischen den Sicherungsgebern.[541] Denn der nicht befreite Bürge soll vor dem Wegfall der mit dem Außenanspruch aus § 426 Abs. 2 S. 1 BGB verbundenen Privilegien (günstigere Verjährung, Gerichtszuständigkeit usw., insbesondere aber auch eine zusätzliche Realsicherheit, die nur für den Mitbürgen bestellt wurde) geschützt werden. Ohne die Vorteile aus dem Außenanspruch ist der Bürge mit dem nun einzig verbleibenden Innenanspruch schlechter gestellt.[542] Zudem soll auch der ursprünglich entlassene Sicherungsgeber vor einer Inanspruchnahme durch einen Rückgriff „ums Eck" geschützt werden. Da auch dessen Verbindlichkeit kein Primäranspruch gegen den Gläubiger gegenübersteht, ist eine beschränkte Gesamtwirkung auch gerechtfertigt. Insoweit wird auf die Argumentation unter C.VI.2. verwiesen.

Da § 776 S. 1 BGB den Konflikt zwischen untergegangenem Außen- und verbleibendem Innenanspruch einheitlich dahingehend löst, dass bereits der Wegfall des Außenanspruchs für ein Erlöschen der Bürgenhaftung genügt,[543] ist die Norm auch auf die Freigabe aller Kreditsicherheiten, einschließlich Mitbürgen, gleichermaßen anzuwenden.

4. *Grundsätze der Ausgleichsgesamtschuld*

Für ein Freiwerden nach § 776 S. 1 BGB auch im Verhältnis zwischen Mitbürgen spricht zudem die Rechtsprechung des BGH zur Ausgleichsgesamtschuld: Demnach stehen grundsätzlich alle Sicherheiten auf einer Stufe, ohne dass insbesondere Personalsicherheiten gegenüber Realsicherheiten privilegiert wären.[544] Dem würde es widersprechen, wenn nun der Eintritt der Rechtsfolge des § 776

540 Ausdrücklich BGH v. 06.10.2009 – VI ZR 24/09 = NJW-RR 2010, 831 (Rn. 10).
541 Ausführlich dazu unten J.III.2.
542 So auch Soergel/*Gröschler*, § 776 Rn. 16.
543 S:o. C.VII.
544 S.o. B.V.3.b.

S. 1 BGB davon abhängen würde, ob eine Real- oder eine Personalsicherheit durch den Gläubiger aufgegeben wird. Der BGH argumentiert im Zusammenhang mit dem Ausgleichsverhältnis zwischen Bürgen und dinglichen Sicherungsgebern mit einer „Vermeidung von Zufallsergebnissen".[545] Solche würden jedoch im Falle einer unterschiedlichen rechtlichen Behandlung erreicht werden.

Hinzu kommt die Überlegung, dass es nicht allein in der Entscheidungsgewalt des Gläubigers liegen darf, ob der Bürge gem. § 776 S. 1 BGB frei wird. Dies wäre jedoch nicht gewährleistet, wenn er durch die Auswahl des weiteren Sicherungsmittels auf die Anwendbarkeit der Norm Einfluss nehmen könnte (ausführlich zu diesem Gedanken sogleich unter C.VIII.7.).

5. *Vertrauensschutz, Rechtssicherheit und Wortlaut*

§ 776 S. 1 BGB beruht auf dem Institut des Vertrauensschutzes und stellt einen Fall des Verbots widersprüchlichen Verhaltens dar.[546] Schafft der Gläubiger bei Abschluss des Bürgschaftsvertrages ein factum in Form des Vertrauens des Bürgen auf den Erwerb der weiteren Sicherheiten, darf er sich dazu nicht in Widerspruch setzen. Dies wäre jedoch möglich, wenn man § 776 S. 1 BGB wegen des noch verbleibenden Innenausgleichsanspruchs trotz Aufgabehandlung nicht anwenden würde.

Darüber hinaus soll § 776 S. 1 BGB den Bürgen auch davor schützen, nicht aufwendig einen entgangenen Regress nachweisen zu müssen.[547] Dieser Schutzzweck wäre verletzt, wenn der Bürge gegenüber dem Gläubiger bei Aufgabe eines Mitbürgen stets erst aktiv darlegen müsste, dass er tatsächlich einen Regressverlust erlitten hätte.[548] Für den Bürgen würde dies eine Ungewissheit bedeuten, da sein Freiwerden nur bei der Aufgabe einer Realsicherheit gewiss wäre, anderenfalls aber nicht. Solche Unsicherheiten soll § 776 S. 1 BGB aber gerade verhindern, was der BGH in seiner neueren Entscheidung ausdrücklich (wenn auch in anderem Zusammenhang) betont hat.[549]

Zudem spricht auch ein weiteres Wortlautargument für eine generelle Anwendung der Norm auf Mitbürgen: Diese sind in § 776 S. 1 BGB ausdrücklich

---

545 BGH v. 09.12.2008 – XI ZR 588/07 = WM 2009, 213 (Rn. 13).

546 S.o. Teil 1 D.II.5.b. sowie unter Teil 2 D.VIII.

547 S.o. Teil 1 E.II.1.d.

548 In diese Richtung auch *Meier*, Gesamtschulden, S. 1174 f. mit der Begründung, dass § 776 S. 1 BGB zu einer Schadensersatzvorschrift würde, wenn der Bürge erst nachweisen müssete, dass er den Regress nicht durchsetzen kann.

549 BGH v. 04.06.2013 – XI ZR 505/11 = BGHZ 197, 335 (Rn. 19).

genannt.[550] Die Anwendung der allgemeinen Regelungen zur Gesamtschuld durch die herrschende Meinung würde jedoch dazu führen, dass die spezielle Regelung des § 776 S. 1 BGB entgegen ihres Wortlauts unzulässig dadurch eingeschränkt würde, dass sie auf Mitbürgen faktisch nicht anwendbar wäre.

6. *Gesetzgeberische Entscheidung*

Zahlreiche dem späteren § 776 S. 1 BGB vergleichbare Kodifizierungen der Vorentwürfe differenzierten ausdrücklich zwischen Mitbürgen und anderen Kreditsicherheiten.[551] Der deutsche Gesetzgeber hat den Wortlaut der Norm jedoch auch auf Mitbürgen erstreckt. Zwar ist *Meier* insoweit zuzustimmen, dass sich die Kommissionen nicht konkret mit der Konstellation des Verzichts auf eine Mitbürgschaft auseinandersetzten.[552] Dies muss hingegen konkretisiert werden: Es fehlt an einer Aussage darüber, „wie" die Freigabe eines Mitbürgen in das System des „Doppelregresses" nach § 426 BGB integriert werden kann. Dass Mitbürgen von § 776 S. 1 BGB erfasst sein sollen, lässt sich den Materialien jedoch sicher entnehmen.[553] Folgte man der herrschenden Meinung, würde der Bürge durch den Verzicht auf eine Mitbürgschaft regelmäßig nicht gem. § 776 S. 1 BGB frei. Das gesetzgeberische Ziel kann daher nur dadurch erreicht werden, dass es für den Verlust eines Ersatzrechts auf die Aufgabe des Außenanspruchs ankommt und somit alle Kreditsicherheiten gleichermaßen erfasst sind. Dafür spricht auch, dass bereits *Pothier* ein Freiwerden des Bürgen trotz bestehenden eigenen Regressanspruchs gegen Mitbürgen (vergleichbar dem § 426 Abs. 1 S. 1 BGB) annahm.[554]

7. *Transaktionskosten*

Letztlich gebietet auch ein ökonomisches Argument das Freiwerden des Bürgen in den Fällen der Freigabe eines Mitbürgen. Differenzierte man hinsichtlich der Anwendbarkeit des § 776 S. 1 BGB je nach Sicherungsgeber, würde dazu führen,

---

550 So wiederum ebenfalls *Meier*, Gesamtschulden, S. 1149, welche den Wortlaut jedoch ausdrücklich auf den Fall einschränken will, dass der entlassene Mitbürge ein weiteres Sicherungsrecht für seine eigene Verpflichtung bestellt hat.

551 S.o. Teil 1 C.II.

552 *Meier*, Gesamtschulden, S. 1145; auch ist unklar, ob und inwieweit die Vorlagen des DresdE und des Code Civil bei der Beratung eine Rolle spielten, vgl. *Meier*, Gesamtschulden, S. 1147.

553 S.o. Teil 1 A.II.2.e., A.III.

554 S.o. Teil 1 D.II.5.c.

dass verschiedene Sicherheiten sowohl vom Gläubiger als auch vom jeweiligen Sicherungsgeber unterschiedlich behandelt würden. Die rechtliche Wertung einer Sicherheit darf jedoch nicht dadurch beeinträchtigt werden, dass sie ökonomisch teurer ist als eine andere. Denn die Kosten dürfen nur die *tatsächlichen* Vor- und Nachteile widerspiegeln, ohne durch das Recht künstlich beeinflusst zu werden.[555] Sicherheiten müssen für alle Beteiligten daher nur anhand deren ökonomischen Werts kalkulierbar sein, ohne dass das Recht falsche Anreize setzt. Zur Veranschaulichung dienen soll folgendes

> Beispiel: Die S-GmbH (S) bittet die G-Bank (G) um ein Darlehen für Gewerbezwecke. Die B-AG (B) hat bereits zugesagt, sich für die Forderung zu verbürgen. G verlangt jedoch eine weitere Sicherheit. In Betracht kommen eine zusätzliche Bürgschaft, welche A, ein Minderheitsgesellschafter der S, zu stellen bereit wäre, oder die Bestellung einer erstrangigen Grundschuld am Grundstück der Konzernmutter M-AG (M).

Vorrangige Überlegungen eines Gläubigers sollten die jeweiligen Vor- und Nachteile der jeweiligen Sicherheit sein. Während eine zweite Bürgschaft grundsätzlich schnell und mit geringem Aufwand zu erhalten und zu vollstrecken ist, bietet eine Grundschuld mit dem besicherten Grundstück einen bestandsfesten Wert unabhängig vom Insolvenzrisiko des Bestellers. Dafür ist sie jedoch mit höherem Aufwand bei der Bestellung (aufgrund der regelmäßig in der Grundschuldbestellungsurkunde enthaltenen Unterwerfungserklärung, welche eine notarielle Beurkundung erfordert) und der Vollstreckung verbunden.[556] Ein Gläubiger sollte daher vor allem die *Transaktionskosten* hinsichtlich beider Alternativen im Auge behalten. Transaktionskosten sind die Kosten, die anfallen, um das Wirtschaftssystem überhaupt zu betreiben.[557] Bildlich gesprochen sind sie vergleichbar mit der Reibung im Bereich der Physik[558] und stellen im Bereich des Kreditsicherungsrechts den Aufwand des Gläubigers dar, um an die eine oder andere Sicherheit zu gelangen (ex-ante Kosten), und das Risiko, diese zu verwerten (ex-post Kosten).[559] Ein Gläubiger wird als *Homo Oeconomicus*[560]

---

555 Grundlegend *Williamson*, The Economic Institutions of Capitalism, S. 21.

556 Vgl. *Herresthal*, in: Staudinger-Eckpfeiler, Kapitel K. Rn. 12.

557 *Williamson*, The Economic Institutions of Capitalism, S. 18 f.

558 *Williamson*, The Economic Institutions of Capitalism, S. 19: „Transaction costs are the economic equivalent of friction in physical systems."

559 Vgl. zur Unterscheidung zwischen ex-ante und ex-post Kosten *Williamson*, The Economic Institutions of Capitalism, S. 20 f.

560 Wohl erstmals verwendet von *Ingram*, A History of Political Economy, S. 108 („*economic man*"); vgl. zur Begriffsgeschichte des homo oeconomicus *Persky*, Retrospectives: The Ethology of Homo Economicus, The Journal of Economic Perspectives, Vol. 9,

die für ihn günstigste Alternative wählen, also diejenige mit den niedrigsten Transaktionskosten.[561] Ist die Vermögenslage eines potenziellen Bürgen unklar, wird es wirtschaftlich sinnvoller sein, auf eine Grundschuld zu bestehen. Ist umgekehrt ein möglicher Bürge sicher solvent und die Bestellung der Sicherheit kurzfristig nötig, wird die Bürgschaft gegenüber einem Grundpfandrecht bevorzugt werden. Nun würde hingegen eine unterschiedliche Anwendung des § 776 S. 1 BGB diese Überlegung wie folgt beeinflussen: Die Grundschuld wäre dergestalt mit einer Bürgschaft verbunden, dass sie nicht mehr aufgegeben werden könnte, ohne dass der Bürge anteilig befreit werden würde.[562] Der Gläubiger wäre daher in seiner diesbezüglichen Dispositionsfreiheit eingeschränkt und müsste das Risiko, dass der Bürge durch § 776 S. 1 BGB befreit wird, in seine Kalkulation einpreisen. Demgegenüber hätte eine weitere Bürgschaft für ihn nach der oben dargestellten herrschenden Meinung[563] den Vorteil, dass ein Freiwerden des Bürgen regelmäßig nicht in Betracht kommt, selbst wenn der Gläubiger den Anspruch gegen einen Mitbürgen aufgeben würde. Folglich beeinflusst die unterschiedliche Beurteilung des § 776 S. 1 BGB die vom Gläubiger zu beachtenden Transaktionskosten. Dies ist jedoch nicht gewollt. Denn die Transaktionskostenökonomie verlangt, dass die Kontrahierungskosten aller Art gleichrangig sind.[564] Rechtlich sollen damit über die tatsächlichen Kosten hinaus keine zusätzlichen Transaktionskosten entstehen, sondern vielmehr alle Sicherungsmittel gleich bepreist werden. Denn damit sind die Sicherheiten für alle Beteiligten, insbesondere für den Gläubiger, kalkulierbar. Die unterschiedliche Behandlung durch § 776 S. 1 BGB führte jedoch dazu, dass die Transaktionskosten der Sicherheiten künstlich verändert werden, da der Gläubiger diese auch einkalkulieren muss. Damit würden durch das Gesetz wettbewerbsfremde Anreize dahingehend gesetzt werden, möglichst nicht eine Realsicherheit mit einer Personalsicherheit zu kombinieren, sondern einer Bürgschaft eher eine weitere Bürgschaft hinzuzufügen. Dies kann nicht durch die Norm intendiert sein, deren primärer Zweck der Vertrauensschutz des Bürgen auf den Erhalt weiterer Sicherheiten ist. Den Bürgenschutz könnte ein Gläubiger aufgrund der

---

No. 2 (Spring, 1995), pp. 221-231; diese Lehre geht davon aus, dass der wirtschaftlich denkende Mensch grundsätzlich die für ihn günstigste von mehreren Alternativen wählen wird.

561 *Williamson*, The Economic Institutions of Capitalism, S. 20 ff., 49.

562 Dies umfasst insbesondere auch eine Abtretung der Grundschuld, s.u. H.I.1.b.

563 S.o. C.III.

564 *Williamson*, The Economic Institutions of Capitalism, S. 21: „Transaction cost economics insists that contracting costs of all kinds be accorded parity."

genannten Überlegungen folglich leicht umgehen. Im Ergebnis gebietet sich daher aufgrund einer ökonomischen Betrachtung eine Gleichbehandlung aller von § 776 S. 1 BGB erfassten Fälle. Der Bürge muss auch dann frei werden, wenn eine Mitbürgschaft im Sinne der Norm aufgegeben wird.

8. *Ergebnis*

Betrachtet man die Freigabe eines Mitbürgen isoliert, so mag auf Wertungsebene ein Erlöschen der Haftung des anderen Mitbürgen gem. § 776 S. 1 BGB als eine zu harte Sanktion angesehen werden.[565] Gibt der Gläubiger demgegenüber eine Realsicherheit auf, ist eine Aufrechterhaltung der Bürgenhaftung von vornherein nicht mehr gerechtfertigt. Sämtliche vorgenannten Argumente sprechen jedoch für eine einheitliche Anwendung des § 776 S. 1 BGB, unabhängig davon, ob der Gläubiger eine Personal- oder Realsicherheit aufgibt. Insbesondere der Zweck des § 776 S. 1 BGB, Konflikte zwischen Innen- und Außenverhältnis einheitlich lösen zu wollen, der Wortlaut und die ökonomische Betrachtung gebieten es, den Bürgen entgegen der herrschenden Meinung auch dann frei werden zu lassen, wenn ein Mitbürge aus seiner Haftung entlassen wird.

IX. Exkurs: Anwendung des § 776 S. 1 BGB auch im Falle einer Abtretung eines konkurrierenden Sicherungsrechts anstelle eines Verzichts

1. *Ausgangspunkt*

Die „Aufgabe“ im Sinne des § 776 S. 1 BGB ist weit zu verstehen, sodass nicht nur ein Verzicht auf ein Sicherungsrecht erfasst ist.[566] Vielmehr ist es auch möglich, dass der Gläubiger eine weitere Sicherheit nicht unmittelbar in ihrer Existenz aufhebt, sondern diese – ohne die gesicherte Forderung – an einen Vierten abtritt. Dies ist freilich nur bei nicht akzessorischen Sicherungsmitteln (insbesondere der Grundschuld, dem Sicherungseigentum sowie der Sicherungszession) möglich.[567] Im Unterschied zu den soeben geschilderten Fällen ist die

---

565 S.o. C.III.

566 S.u. H.I.

567 Vgl. BGH v. 07.07.1980 – III ZR 28/79 = WM 1980, 1085. Würde der Gläubiger die gesicherte Forderung mit übertragen, stellt sich das hier erörterte Problem nicht, da die Bürgschaft als akzessorisches Sicherungsrecht gem. § 401 Abs. 1 BGB zugleich mit übergeht und damit in einem Haftungsverband mit der Realsicherheit bleibt. In diesem Fall liegt lediglich ein Gläubigerwechsel vor, der das Ausgleichsverhältnis zwischen den Sicherungsgebern nicht berührt.

Existenz der Sicherheit selbst nicht aufgehoben, sondern deren Zuordnung wird an einen neuen Gläubiger verschoben, wodurch der Haftungsverband beider Sicherheiten getrennt wird. Zur Veranschaulichung dient folgendes, an eine jüngere Entscheidung des BGH angelehntes

> Beispiel: Gläubiger G gewährt dem Schuldner S ein Darlehen in Höhe von 3 Mio. €, dafür verbürgt sich Bürge B in voller Höhe, zugleich bestellt X eine Grundschuld ebenfalls über den gesamten Betrag. G tritt die Grundschuld später an Z ab, erwirbt sie aber ein Jahr später zurück.[568]

Zwar hat der BGH in der zitierten Entscheidung ausführlich das Tatbestandsmerkmal der Aufgabe und die Rechtsfolge des § 776 S. 1 BGB diskutiert, nicht näher eingegangen ist der XI. Senat jedoch auf den Verlust des Ersatzrechts aus § 774 BGB.[569] Insoweit ist allerdings fraglich, wie sich die Abtretung auf die Ausgleichsverhältnisse zwischen den Sicherungsgebern auswirkt.

2. *„Untergang" des Außenanspruchs nach §§ 774 Abs. 1 S. 1, 412, 401 BGB*

Nach der hier vertretenen und soeben dargestellten Meinung kommt es für ein Freiwerden nach § 776 S. 1 BGB einzig auf den Verlust des Außenanspruchs an.[570] Dieser ist für den leistenden Bürgen im Falle der Abtretung der Grundschuld verloren. Zwar erlischt der Verwertungsanspruch – anders als bei einem Verzicht – nicht. Allerdings ist der Gläubiger nicht mehr Inhaber der Grundschuld. Somit kann der Bürge durch die Befriedigung des Gläubigers nicht mehr dessen Anspruch gem. §§ 774 Abs. 1 S. 1, 412, 401 BGB erhalten, da nunmehr der Zessionar der Inhaber des Sicherungsmittels ist. Der Bürge müsste daher an diesen zahlen, um eine Übertragung des Rechts auf ihn herbeizuführen, was für ihn aber wirtschaftlich unsinnig wäre, da er dem Zessionar gegenüber

568 Angelehnt an BGH v. 04.06.2013 – XI ZR 505/11 = BGHZ 197, 335. Das genannte Beispiel ist zudem dargestellt unter J.IV.1., generell zu Tatbestand und Rechtsfolge i.R.d. § 776 S. 1 BGB im Falle der Abtretung unter H.I.1.a. (Tatbestand) bzw. J.II. (Rechtsfolge). Der Originalfall ist dargestellt unter J.I.

569 BGH v. 04.06.2013 - XI ZR 505/11 = BGHZ 197, 335 (Rn. 18): „Dieses Schutzes durch § 776 Satz 1 BGB bedarf der Bürge unabhängig davon, ob ein seinen künftigen Regress gemäß § 774 Abs. 1 Satz 1, §§ 412, 401 BGB sicherndes Recht dem ursprünglichen Sicherungsgeber oder einem Dritten übertragen wird, da sein Rückgriffsanspruch in beiden Fällen in gleicher Weise beeinträchtigt ist."

570 S.o. C.VII.

nichts schuldet. Folglich ist durch die Abtretung das Eintrittsrecht des Bürgen[571] verletzt.

Hinsichtlich des Außenanspruchs entspricht die Lage einer Abtretung damit der eines Verzichts: Der Bürge kann mangels Inhaberschaft des Gläubigers durch Zahlung den Anspruch nicht mehr erhalten.

3. *Folgen der Abtretung für den Innenausgleich gem. § 426 Abs. 1 S. 1 BGB (analog)*

Fraglich ist, ob der Bürge auch dann gem. § 776 S. 1 BGB frei wird, wenn man mit der wohl herrschenden Meinung annimmt, dass ein verbleibender Innenanspruch aus § 426 Abs. 1 S. 1 BGB (analog) dieser Rechtsfolge grundsätzlich entgegensteht. Die Abtretung unterscheidet sich von einem Verzicht dadurch, dass die Sicherheit selbst bestehen bleibt, jedoch auf einen neuen Gläubiger übertragen wird. Insoweit stellt sich die Frage, ob und inwieweit sich dies auf den Anspruch aus § 426 Abs. 1 S. 1 BGB (analog) auswirkt. Soweit ersichtlich wurden diese Rechtsfolgen der Abtretung bisher noch nicht diskutiert. Es entspricht allerdings ständiger Rechtsprechung, dass das Ausgleichsverhältnis zwischen Gesamtschuldnern durch die Entlassung eines Gesamtschuldners grundsätzlich nicht beeinflusst wird, da es sich um ein selbstständiges Schuldverhältnis handelt.[572] In einem vom BGH entschiedenen Fall hatte eine Stadt ein mit einer Grundschuld belastetes Grundstück erworben und sodann den Gläubiger befriedigt. Der Bürge, der sich neben der Grundschuld für die Hauptforderung verbürgt hatte, wollte nun der Stadt seine Einwendungen aus dem Gesamtschuldverhältnis der Sicherungsgeber entgegenhalten. Dies war jedoch nach Ansicht des BGH nicht möglich. Denn aus dem Gesamtschuldverhältnis der Sicherungsgeber könnten Rechte und Pflichten nur zwischen diesen selbst entstehen.[573] Auch durch die Zession sei die klagende Stadt nicht in dieses Verhältnis eingetreten.[574] Daraus wird deutlich, dass die Rechtsbeziehungen

---

571 S.o. Teil 1 E.II.1.b.

572 BGH v. 20.12.1990 – IX ZR 268/89 = WM 1991, 399 (juris Rn. 11); vgl. auch BGH v. 11.06.1992 – IX ZR 161/91 = WM 1992, 1312 (juris Rn. 17); *Mordhorst*, in: Lwowski/Fischer/Gehrlein, Kreditsicherung, § 5 Rn. 43; vgl. auch oben B.II.1.b. m.w.N. Dass sich auch Personenwechsel nicht auf den Ausgleichsanspruch auswirken, zeigt BGH v. 05.03.2002 – XI ZR 184/01 = WM 2002, 744.

573 BGH v. 05.03.2002 – XI ZR 184/01 = WM 2002, 744 (juris Rn. 15); vgl. auch *Reinicke/Tiedtke*, Kreditsicherung, Rn. 1334 ff.

574 BGH v. 05.03.2002 – XI ZR 184/01 = WM 2002, 744 (juris Rn. 16).

zwischen den Sicherungsgebern von einer Zession nicht beeinträchtigt werden. Damit bliebe also der Innenausgleichsanspruch zwischen dem Bürgen und dem Eigentümer des mit der Grundschuld belasteten Grundstücks auch nach der Abtretung der Grundschuld weiterhin bestehen.

In diese Richtung deutet auch die Wertung des § 936 BGB. Der Innenausgleichsanspruch stellt ein schuldrechtliches Recht dar, der Erwerber kann jedoch nur hinsichtlich *dinglicher* Rechte gutgläubig lastenfrei erwerben.[575] Für die Grundschuld ergibt sich schon wegen § 1192 Abs. 1a BGB nichts anderes, da dem Erwerber einer Sicherungsgrundschuld trotz dessen Gutgläubigkeit die Einreden weiterhin entgegengehalten werden können. Zudem handelt es sich bei dem Innenausgleichsanspruch des Bürgen auch nicht um eine Einrede *gegen* die Grundschuld im Sinne des § 1192 Abs. 1a BGB. Vielmehr macht der Bürge ein Verwertungsrecht *an* dieser geltend. Auch die sachenrechtlichen Wertungen sprechen daher dafür, dass der Innenausgleichsanspruch des Bürgen gegenüber dem haftenden Eigentümer durch die Zession nicht beeinträchtigt wird. Damit bleibt nach den allgemeinen gesamtschuldnerischen Regeln und Wertungen dem Bürgen der Anspruch gegen den Besteller der Grundschuld aus § 426 Abs. 1 S. 1 BGB (analog) auf Verwertung der Sicherheit bei einer Abtretung erhalten. Insoweit dürfte jedoch auch nach der herrschenden Meinung ausnahmsweise ein Freiwerden gem. § 776 S. 1 BGB zu bejahen sein. Denn die Norm sei auch dann trotz bestehendem Innenausgleichsanspruch anwendbar, wenn der Bürge infolge der Aufgabehandlung seinen Ausgleichsanspruch gegen einen Mitbürgen nicht durchsetzen könne.[576] Eine solche Situation liegt hier vor, da der Bürge zwar grundsätzlich seinen schuldrechtlichen Verwertungsanspruch aus § 426 Abs. 1 S. 1 BGB (analog) behält, jedoch der dingliche Verwertungsanspruch des Neugläubigers vorgeht. Denn die Verwertung einer Grundschuld nach § 1147 BGB ist nur durch den im Grundbuch eingetragenen Gläubiger möglich.[577] Auch auf das Sicherungseigentum oder eine zur Sicherheit zedierte Forderung kann nur vom (Neu-) Gläubiger als *Inhaber* zugegriffen werden.[578] Dieser Vorrang ergibt

---

575 BeckOGK/*Klinck*, § 936 Rn. 5 ff., 13; MüKo/*Oechsler*, § 936 Rn. 3, 5; jeweils m.w.N.

576 S.o. C.III. m.w.N.

577 Vgl. nur MüKo/*Lieder*, § 1147 Rn. 16; daran ändert auch der Umstand nichts, dass der Neugläubiger für den speziellen Fall der Grundschuld diese wegen § 1192 Abs. 1a BGB regelmäßig nicht vollstrecken kann, wenn er vom Altgläubiger nicht zugleich die Forderung zediert erhält.

578 Vgl. grundsätzlich *Ganter*, in: Schimansky/Bunte/Lwowski, Bankrechtshandbuch II, § 90 Rn. 541 ff., 562a; *Reinicke/Tiedtke*, Kreditsicherung, Rn. 703 ff.; für den Erwerb der Forderung oder des (Sicherungs-) Eigentums muss der Neugläubiger überdies

sich einerseits aus der Wertung des § 137 S. 1 BGB. Trotz etwaigem Verstoß des Altgläubigers gegen die (konkludente) Abrede, Sicherheiten nicht aufzugeben, ist der dingliche Verfügungsvertrag mit dem Neugläubiger gleichwohl wirksam. Andererseits wäre durch eine Zugriffsmöglichkeit des Bürgen die Verkehrsfähigkeit von Sicherungsmitteln, die zuvor parallel zu einem anderen Sicherungsmittel bestanden haben, faktisch aufgehoben. Demzufolge liegt insoweit bezüglich der Verwertungsmöglichkeit des Bürgen ein Fall der subjektiven Unmöglichkeit im Sinne des § 275 Abs. 1 BGB vor, da der Eigentümer des belasteten Grundstücks dem Bürgen keine Verwertung ermöglichen kann und der Neugläubiger regelmäßig nicht zur Herausgabe bereit und gegenüber dem Bürgen auch nicht verpflichtet ist. Die Stellung einer Ersatzsache durch den Besteller der Realsicherheit dürfte gegenüber dem Bürgen nicht geschuldet sein,[579] da auf eine solche Doppelbelastung kein Anspruch existiert. Damit kommt für den Bürgen die Abtretung jedenfalls *wirtschaftlich* einem Verlust gleich, da der Neugläubiger eine Sperrposition innehat und der Bürge sowohl faktisch als auch rechtlich an der Verwertung gehindert ist.

Im Ergebnis besteht somit formal noch ein Ersatzrecht aus § 426 Abs. 1 S. 1 BGB (analog). Dieses ist für den Bürgen jedoch wertlos. Auch nach der wohl herrschenden Meinung ist daher ein Freiwerden nach § 776 S. 1 BGB anzunehmen.

4. *Lösung des Konflikts über § 776 S. 1 BGB*

Erneut zeigt sich in dieser Konstellation ein Konflikt zwischen den beiden Ansprüchen des Bürgen aus § 426 Abs. 1 S. 1 BGB (analog) einerseits und §§ 774 Abs. 1 S. 1, 412, 401 BGB andererseits. Die hier vertretene Lösung, einzig auf den Außenanspruch abzustellen, bietet gerade im Fall der Abtretung für alle Beteiligten die sachgerechteste Lösung. Denn der Bürge sieht sich nicht der Nachweispflicht ausgesetzt, dass er mit seinem nur schuldrechtlichen Verwertungsanspruch tatsächlich (vollständig) ausgefallen ist. Zu Lasten des haftenden Eigentümers besteht darüber hinaus nicht die Gefahr einer doppelten Inanspruchnahme, einerseits durch den Neugläubiger, andererseits durch den Bürgen.[580]

---

nicht einmal gutgläubig hinsichtlich des Ausgleichsanspruchs des Bürgen sein, da er beide Rechte vom Berechtigten erwirbt.

579 S.o. C.IV.2.

580 Dazu bereits oben C.III.3.c.; ausführlich zur Anwendung des § 776 S. 1 BGB auch auf den Besteller der abgetretenen Grundschuld unten J.IV.

X. Ergebnis

Nach Rechtsprechung und herrschender Meinung soll ein Bürge aufgrund §§ 423, 426 BGB dann nicht frei werden, wenn ein Mitbürge von seiner Verbindlichkeit befreit wird, da der inhaltsgleiche Innenausgleichsanspruch aus §§ 774 Abs. 1, 426 Abs. 1 S. 1 BGB bestehen bleibe.[581] Anders zu beurteilen ist die Lage bei der Aufgabe einer Realsicherheit. Zwar kann ein Bürge auch von deren Besteller Ausgleich nach § 426 Abs. 1 S. 1 BGB (analog) verlangen. Der Ausgleichsanspruch ist zunächst auf eine anteilige Verwertung der Sicherheit gerichtet. Durch die Aufgabehandlung wandelt sich dieser jedoch nach den Rechtsgedanken der §§ 818 Abs. 2, 346 Abs. 2 BGB wegen Untergangs der Sicherheit in einen Zahlungsanspruch. Dadurch verliert der Bürge die Verwertungsmöglichkeit in Bezug auf eine Realsicherheit, sodass er nun einerseits das Insolvenzrisiko des Sicherungsgebers trägt und andererseits keine Möglichkeit zur raschen Befriedigung durch Verwertung des Sicherungsguts mehr hat. Zudem muss auch der (ehemalige) dingliche Sicherungsgeber vor einer nun persönlichen Haftung im Innenverhältnis geschützt werden.[582] Durch die Aufgabe einer dinglichen Sicherheit wird der Bürge daher gem. § 776 S. 1 BGB frei.

Dieses Ergebnis muss jedoch – nach hier vertretener Auffassung – auch dann gelten, wenn ein Mitbürge befreit wird.[583] Denn § 776 S. 1 BGB stellt eine lex specialis im Verhältnis zu § 423 BGB dar, die es gebietet, den Verzicht zugunsten eines Sicherungsgebers anders zu behandeln als den Erlass zugunsten eines einfachen Gesamtschuldners. Zentraler Unterschied ist insoweit die Wertung, dass *sicherungsgebende* Gesamtschuldner mangels eigener Ansprüche gegen den Gläubiger besser zu stellen sind als Schuldner, die vom Gläubiger eine Leistung erhalten. Die Wertungen ähneln dabei denen der „gestörten Gesamtschuld“. Vergleichbar zu den Fällen der §§ 104 – 106 SGB VII gebietet die spezielle Normierung des § 776 S. 1 BGB eine unmittelbare Anspruchskürzung zu Lasten des Gläubigers. Diese Wertungen wirken sich schließlich auf die Anwendung der §§ 421 ff. BGB für sicherungsgebende Gesamtschuldner aus. Anders als es der Regelfall § 423 BGB anordnet, bewirkt die Haftungsfreistellung eine unmittelbare Anspruchskürzung auch zugunsten des Bürgen, sodass § 776 S. 1 BGB anstelle von § 423 BGB zu prüfen ist. Auf § 426 BGB kommt es folglich nicht mehr an. Denn als Folge der Anwendung des § 776 S. 1 BGB wird der nicht begünstigte

581 S.o. C.III.
582 S.o. C.IV.
583 So im Ergebnis auch Soergel/*Gröschler*, § 776 Rn. 16.

Bürge so gestellt, als sei der Binnenausgleich bereits erfolgt. Der Gläubiger kann demnach nur noch den verbleibenden Anteil vom Bürgen verlangen. Die einheitliche Anwendung des § 776 S. 1 BGB auf alle Sicherungsgeber gebietet neben Wortlaut, Sinn und Zweck auch eine ökonomische Betrachtungsweise. Wendete man die Norm unterschiedlich auf die verschiedenen Sicherungsmittel an, so würde das Gesetz für die Beteiligten die Transaktionskosten verändern, die sich idealerweise an dem tatsächlichen Wert der verschiedenen Sicherungsmittel orientieren sollen. Letztlich erhält § 776 S. 1 BGB durch die genannten Überlegungen und gerade auch durch die Rechtsprechung zur Ausgleichsgesamtschuld einen weiteren Schutzzweck. So sollen Wertungswidersprüche hinsichtlich der Konflikte zwischen Innen- und Außenverhältnissen zugunsten des nicht privilegierten Bürgen gelöst werden. Dies betrifft einerseits das Verhältnis des Ausgleichs zwischen den Sicherungsgebern zur Haftung gegenüber dem Gläubiger. Deshalb gebieten die Wertungen der „gestörten Gesamtschuld" eine Anspruchskürzung zu Lasten des Sicherungsnehmers – anders als dies bei sonstigen Gesamtschuldnern der Fall ist. Andererseits führt § 776 S. 1 BGB im Verhältnis der Sicherungsgeber untereinander dazu, dass ein Entfallen des Ausgleichsanspruchs aus § 426 *Abs. 2* S. 1 BGB durch die Aufgabehandlung des Gläubigers auch zu einer Befreiung hinsichtlich des Innenanspruchs aus § 426 *Abs. 1* S. 1 BGB führen muss, da der Bürge die mit dem Außenanspruch verbundenen Privilegien verliert.

D. Rechtsnatur des § 776 S. 1 BGB

Über Fragen zu Tatbestand, Rechtsfolge und analoger Anwendbarkeit des § 776 S. 1 BGB wird in Literatur und Rechtsprechung zum Teil intensiv gestritten.[584] Demgegenüber wird die Rechtsnatur des § 776 S. 1 BGB nur vereinzelt diskutiert, sodass diese bisher noch nicht abschließend bestimmt ist.[585] § 776 S. 1 BGB wird unter anderem als „Rechtswohltat", „Obliegenheit", „Einrede" oder auch nur als „Recht aus § 776 BGB" bezeichnet (häufig sogar mit Anführungszeichen).[586]

---

584 S.u. G. (analoge Anwendbarkeit auf andere Sicherungsmittel), H. (tatbestandliche Voraussetzungen) sowie J. (Rechtsfolge).

585 *Meier*, Gesamtschulden, S. 1151; teilweise wird die Diskussion mangels „großer praktischer Bedeutung" gänzlich offen gelassen, vgl. RGRK/*Mormann*, § 776 Rn. 2.

586 Vgl. exemplarisch BGH v. 16.02.1984 – IX ZR 106/83 = WM 1984, 425 (juris Rn. 14); v. 02.03.2000 – IX ZR 328/98 = BGHZ 144, 52 (juris Rn. 39); HessVGH v. 30.08.1991 – 8 TH 1849/91 = NVwZ 1992, 798 (juris Rn. 2); OLG Hamburg v. 26.11.2010 – 1 U 163/09 = NJW 2011, 2663 (Rn. 16); KG v. 15.01.2015 – 27 U 192/13 (Rn. 40); selbst die

Die Bestimmung der Rechtsnatur wirkt sich jedoch auf die Auslegung des § 776 S. 1 BGB aus.[587] Versteht man die Norm als einen Schadensersatzanspruch oder eine Einrede, spricht vieles dafür, dass der Bürge aktiv tätig werden muss, um die Rechtsfolge des § 776 S. 1 BGB herbeizuführen. Anders wäre dies, wenn es sich um eine von Amts wegen zu beachtende Einwendung handelte.

I. § 776 S. 1 BGB als Schadensersatzanspruch

Die wohl überwiegenden Stimmen in der Literatur sowie vereinzelte gerichtliche Entscheidungen entnehmen § 776 S. 1 BGB echte Sorgfalts*pflichten* zu Lasten des Gläubigers und sehen in der Vorschrift einen Schadensersatzanspruch.[588]

1. Ausgangspunkt

Für die Annahme eines Schadensersatzanspruchs könnte folgende Überlegung sprechen: Der Bürgschaftsvertrag könnte eine Pflicht des Gläubigers begründen, dem Bürgen nach seiner Inanspruchnahme die weiteren Sicherungsrechte zu übertragen. Verletzt der Sicherungsnehmer diese, würde der dadurch entstandene Schaden (Verlust der Regressmöglichkeit) automatisch von der

---

neuere Entscheidung BGH v. 04.06.2013 – XI ZR 505/11 = BGHZ 197, 335, die sich bzgl. anderer Fragen intensiv mit der Vorschrift befasst, geht darauf nur insoweit ein, als dass der Charakter als Einrede abgelehnt wird (Rn. 18), eine Diskussion ob der Rechtsnatur des § 776 S. 1 BGB findet nicht statt. Die Vorinstanz (OLG Bamberg v. 17.11.2011 – 1 U 88/11 = WM 2012, 691) geht zwar darauf ein, dass die Rechtsnatur umstritten ist, entscheidet dies jedoch nicht. Einzig *Derleder*, NJW 2015, 817, 820 nimmt eine Klärung der Rechtsnatur durch den BGH aaO. an, ohne dies jedoch näher auszuführen.

587 **A.A.** BeckOGK/*Madaus*, § 776 Rn. 2; *Derleder*, NJW 2015, 817, 820, wonach der Bürge „einfach frei wird."

588 RG HRR 1935 Nr. 582 (jedoch ohne nähere Begründung); BGH v. 09.05.1969 – V ZR 26/66 = BGHZ 52, 93 (indirekt im Sinne einer schuldrechtlichen Treuepflicht); Erman/*Zetzsche*, § 776 Rn. 1 (ausdrücklich als lex specialis zu §§ 280 Abs. 1, 282, 241 Abs. 2); *Hoffmann*, AcP 211 (2011), 703, 732; *ders.*, JZ 2013, 1005, 1007; Jauernig/*Stadler*, § 776 Rn. 1 („Sorgfaltspflicht"); *Knütel*, in: FS Flume I, S. 559, 590; MüKo/*Habersack*, § 776 Rn. 8; *Schürnbrand*, Schuldbeitritt, S. 152; Soergel/*Gröschler*, § 776 Rn. 1, 8; *Weber*, WM 2001, 1229, 1235 f.; eine eindeutige Festlegung auf einen Schadensersatzanspruch (als Folge der vertretenen Pflicht) treffen jedoch auch von den Genannten nur wenige (von diesen jedoch insb. *Hoffmann*, JZ 2013, 1005, 1007; Soergel/*Gröschler*, § 776 Rn. 1; *Weber*, WM 2001, 1229, 1235 f.).

Bürgschaftsforderung abgezogen (saldiert) werden.[589] Dagegen sprechen jedoch mehrere Argumente.

2. Fehlen eines Vermögensschadens

Ein Schadensersatzanspruch setzt einen Vermögensschaden im Sinne einer unfreiwilligen Vermögenseinbuße beim Geschädigten voraus.[590] Bereits nach dem Wortlaut des § 776 S. 1 BGB ist ein Vermögensschaden hingegen nicht erforderlich, sondern lediglich der Verlust der Regressmöglichkeit bezüglich des aufgegebenen Sicherungsmittels.[591] Darüber hinaus ist ein Vermögensschaden auch nach Sinn und Zweck der Norm kein Tatbestandsmerkmal, denn § 776 S. 1 BGB schützt den Bürgen vor der Vereitelung des Anschlussregresses durch den Gläubiger. Eine verlorene Regresschance muss allerdings nicht gleichbedeutend sein mit einer Vermögenseinbuße.[592] Dies gilt insbesondere dann, wenn der Hauptschuldner solvent ist und der Bürge bei diesem in voller Höhe Rückgriff nehmen kann.[593] In dieser Konstellation fällt zwar das Ersatzrecht weg, der Bürge erleidet jedoch keinen Schaden. Der Eintritt eines Vermögensschadens ist daher weder dem Wortlaut nach noch nach Sinn und Zweck der Norm Tatbestandsvoraussetzung.

3. Fehlen einer Pflichtverletzung

Ein Schadensersatzanspruch setzt weiterhin eine Pflichtverletzung des Schädigers voraus. Die Materialien zum BGB sind hinsichtlich des Erfordernisses einer Pflichtverletzung im Anwendungsbereich des § 776 S. 1 BGB nicht eindeutig.[594]

---

589 Für eine automatische Saldierung insb. *Knütel*, in: FS Flume I, S. 559, 590; in diese Richtung wohl auch *Hoffmann*, AcP 211 (2011), 703, 732 f.; *ders.*, JZ 2013, 1005, 1007; *La Baume*, Freiwerden des Bürgen, S. 5.

590 BeckOK/*Flume*, § 249 Rn. 37 ff.; Palandt/*Grüneberg*, Vorb v § 249 Rn. 9 ff.; *Vieweg*, in: Staudinger-Eckpfeiler, Kapitel J. Rn. 16 ff. m.w.N.

591 So insb. *Meier*, Gesamtschulden, S. 1154 f.; *Müller*, WM 2014, 869, 874; in diese Richtung auch BeckOGK/*Madaus*, § 776 Rn. 2; *Stüven*, Diligenzpflichten des Gläubigers, S. 73; **a.A.** *Straus*, Schutz des Bürgen, S. 17.

592 **A.A.** *Hoffmann*, AcP 211 (2011), 703, 733; *ders.*, JZ 2013, 1005, 1007, der insoweit einen Schaden mit dem Verlust der Regressmöglichkeit gleichsetzt.

593 *Meier*, Gesamtschulden, S. 1155.

594 Dafür, dass die Motive eine Pflichtverletzung nicht für erforderlich halten jedoch insb. BeckOGK/*Madaus*, § 776 Rn. 2 Fn. 2, der dies jedoch insbesondere mit dem Umstand begründet, dass die Erste Kommission „keine Diligenzpflichten" zu Lasten des Gläubigers begründen wollte; insoweit ist jedoch zu beachten, dass dies gerade „bis auf die Bestimmung [des § 776 S. 1 BGB, *Anm. d. Verf.*]" gelten soll, weshalb

Dagegen spricht jedoch der Umstand, dass es sich bei dem Bürgschaftsvertrag um einen nur einseitig begünstigenden Vertrag handelt.[595] Daher treffen den Gläubiger grundsätzlich keine Pflichten. Insbesondere ist er dem Bürgen gegenüber nicht verpflichtet, konkurrierende Kreditsicherheiten zu erhalten oder über deren Wertverlust zu informieren.[596] Es stellt zudem das typische Vertragsrisiko des Bürgen dar, den Gläubiger zu befriedigen und seinerseits keinen Regress nehmen zu können.[597] Allein die Schwäche der Bürgenstellung rechtfertigt es nicht, eine generelle Schutzpflicht des Gläubigers anzunehmen.[598] Es besteht demzufolge keine Pflicht des Gläubigers, konkurrierende Kreditsicherheiten nicht aufzugeben. Folglich setzt § 776 S. 1 BGB auch nicht die Verletzung einer solchen Pflicht voraus.

4. Fehlen des Verschuldens

Die zentrale Voraussetzung eines Schadensersatzanspruchs ist das Verschulden des Schädigers.[599] Ein Verschuldenserfordernis ist dem § 776 S. 1 BGB jedoch fremd. Bereits die Entstehungsgeschichte der Norm zeigt, dass sich insbesondere die Erste Kommission ausdrücklich gegen ein Verschuldenselement entschied, obwohl insbesondere Art. 948 DresdE und Art. 2314 CC dies voraussetzten.[600] Daher ist bereits nach dem Wortlaut der Norm kein vorsätzliches oder fahrlässiges Handeln erforderlich, sondern einzig eine Aufgabehandlung auf Seiten des Gläubigers.[601]

---

die Motive hinsichtlich der Frage, ob § 776 S. 1 BGB (ausnahmsweise) eine Pflicht begründet, nicht eindeutig sind, vgl. Teil 1 A.II.2.a. bzw. unmittelbar Jakobs/Schubert, SR III, S. 512; Mugdan II (Motive), S. 379; in die gleiche Richtung auch *Müller*, WM 2014, 869, 874.

595 S.o. A.II.

596 S.u. F.III.2.

597 S.o. A.I. m.w.N.

598 In diese Richtung auch *Müller*, WM 2014, 869, 874; **a.A.** *Henssler*, Risiko als Vertragsgegenstand, S. 351; *Weber*, WM 2001, 1229, 1235.

599 Vgl. grundlegend zur Schuld als zentrale Voraussetzung eines Schadensersatzanspruchs *v. Jhering*, Das Schuldmoment im römischen Vertragsrecht, S. 40: „Nicht der Schaden verpflichtet zum Schadensersatz, sondern die Schuld."; sowie *Looschelders*, Die Mitverantwortlichkeit des Geschädigten im Privatrecht, S. 21 f.; *Oechsler*, Gerechtigkeit im modernen Austauschvertrag, S. 224 ff.

600 S.o. Teil 1 A.II.1.b., C.II.6.; D.III.2.

601 **A.A.** *Hoffmann*, AcP 211 (2011), 703, 732 f.; *ders.*, JZ 2013, 1005, 1007, der pauschal ein Verschulden des Gläubigers bei Aufgabe bejaht, da der Gläubiger über den Bestand sämtlicher Sicherungsmittel im Bilde sein müsse.

§ 776 S. 1 BGB kann auch nicht als verschuldensunabhängiger Schadensersatzanspruch verstanden werden.[602] In Betracht kommt zunächst eine Einordnung als Gefährdungshaftung. In diesen Fällen soll der Anspruchsgegner für die (vermutete) generelle Gefährlichkeit eines Gutes einstehen, auch wenn ihn für die konkrete Handlung kein Verschulden trifft.[603] Denn Risiko und Vorteil stellen insoweit zwei Seiten derselben Medaille dar.[604] Als Beispiel seien § 833 S. 1 BGB sowie § 7 StVG genannt. Beiden Vorschriften liegt die Überlegung zugrunde, dass von dem Tier beziehungsweise dem KFZ eine generelle, vom Menschen nicht vollständig zu kontrollierende Gefahrenquelle ausgeht, für dessen Nutzung sich der Halter jedoch bewusst entschieden hat. Auf den Fall des § 776 S. 1 BGB ist diese Überlegung nicht übertragbar, da vom Innehalten mehrerer Sicherungsmittel keine Gefahr ausgeht. Auch vor der Gefährlichkeit der Bürgschaft als solcher schützt § 776 S. 1 BGB den Bürgen gerade nicht.[605] Eine Gefährdungshaftung lässt sich also für § 776 S. 1 BGB nicht rechtfertigen.
§ 776 S. 1 BGB könnte auch eine Garantiehaftung darstellen. Vergleichbar einem Vermieter, der unter den Voraussetzungen des § 536a Abs. 1 BGB verschuldensunabhängig für die Mangelfreiheit der Mietsache einsteht,[606] könnte der Gläubiger verschuldensunabhängig für den Bestand weiterer Sicherheiten einstehen. Dagegen spricht jedoch der nur einseitig begünstigende Bürgschaftsvertrag.[607] Der Gläubiger schuldet gegenüber dem Bürgen gerade nicht den Erhalt oder die Überwachung weiterer Kreditsicherheiten.[608] Auch aus § 776 S. 1 BGB ergibt sich keine solche Verpflichtung.[609] Die Norm stellt daher keinen Fall einer Garantiehaftung zu Lasten des Gläubigers dar.

5. *Rechtsfolge*

Letztlich ordnet § 776 S. 1 BGB auch eine andere Rechtsfolge an als ein Schadensersatzanspruch. Das Freiwerden gem. § 776 S. 1 BGB tritt nach allgemeiner

602 In diese Richtung aber wohl *Müller*, WM 2014, 869, 873.
603 *Hager*, in: Staudinger-Eckpfeiler, Kapitel S. Rn. 108 m.w.N.; weiterführend *Larenz/Canaris*, Schuldrecht II/2, § 84, S. 599 ff.
604 *Hager*, in: Staudinger-Eckpfeiler, Kapitel S. Rn. 108.
605 S.o. A.I. m.w.N.
606 Weiterführend zur Garantiehaftung nach § 536a Abs. 1 1. Fall BGB *Oechsler*, Vertragliche Schuldverhältnisse, Rn. 864 f.
607 Vgl. A.II.
608 S.u. F.III.2.
609 S.o. D.I.3. sowie unter F.I.1.

Meinung automatisch ein, ohne dass es einer Geltendmachung bedarf.[610] Demgegenüber steht es dem Gläubiger eines Schadensersatzanspruchs grundsätzlich frei, diesen geltend zu machen. Dies ergibt sich bereits aus der Definition des Anspruchs gem. § 194 Abs. 1 BGB, wonach dem Schadensersatzgläubiger das Recht zusteht, etwas zu verlangen. § 776 S. 1 BGB knüpft das Freiwerden des Bürgen bereits unmittelbar an die Handlung des Bürgschaftsgläubigers, ohne dass es auf ein Verlangen des Bürgen ankommt.[611] *Müller* argumentiert, dass durch die Norm im Ergebnis die Wirkung der Naturalrestitution des § 249 Abs. 1 BGB automatisch erreicht werde. § 776 S. 1 BGB stelle den hypothetischen Zustand ohne die Gläubigerhandlung her, indem die Durchführung des Anschlussregress fingiert werde.[612] Naturalrestitution bedeutet jedoch die Herstellung des Zustands, der ohne das schädigende Ereignis bestehen würde.[613] Ohne die Aufgabehandlung existierte das weitere Sicherungsmittel weiterhin. § 776 S. 1 BGB stellt den Bürgen stattdessen so, als sei eine andere Handlung, nämlich der Rückgriff bei einem anderen Sicherungsgeber, bereits erfolgt. Diese Folge reicht weiter als die der Naturalrestitution. Daher unterscheidet sich auch die Rechtsfolge des § 776 S. 1 BGB von der eines Schadensersatzanspruchs.

6. *Ergebnis*

§ 776 S. 1 BGB fehlen zentrale Charakteristika eines Schadensersatzanspruchs, sodass in der Norm kein Spezialfall eines solchen Anspruchs gesehen werden kann.

II. § 776 S. 1 BGB als Fall des Wegfalls der Geschäftsgrundlage?

Teilweise wird die Zedierbarkeit der konkurrierender Sicherungsrechte auch als ungeschriebene Geschäftsgrundlage des Bürgschaftsvertrages angesehen.[614] Die fehlende Beeinträchtigung weiterer Kreditsicherheiten durch den Gläubiger wäre demnach eine ungeschriebene Voraussetzung für die Inanspruchnahme des Bürgen. Durch den Wegfall dieser Geschäftsgrundlage würde der Bürge gem. § 776 S. 1 BGB frei. Die Norm wäre demnach eine lex specialis zu § 313 BGB.

---

610 S.u. J.I. m.w.N.

611 Ausführlich zum möglichen Verzicht des Bürgen auf § 776 S. 1 BGB unten Teil 3 A.I.

612 *Müller*, WM 2014, 869, 874.

613 MüKo/*Oetker*, § 249 Rn. 323.

614 *Henssler*, Risiko als Vertragsgegenstand, S. 351; so insbesondere auch die Rechtsanwendung zu Art. 2314 CC, s.o. Teil 1 D.III.2.

Die Lehre von der Geschäftsgrundlage beruht, wie das Verbot widersprüchlichen Verhaltens, auf dem Gerechtigkeitsgedanken *pacta sunt servanda*.[615] Gleichwohl überzeugt der Gedanke, der Bestand der Kreditsicherheiten stelle eine Geschäftsgrundlage dar, nicht vollständig. § 776 S. 1 BGB sanktioniert eine spezifische Handlung des Gläubigers. Durch die Einordnung als Geschäftsgrundlage, welche eine Inanspruchnahme des Bürgen nur gegen die Abtretung konkurrierender Sicherheiten gestattet, wäre jedoch auch fahrlässiges Handeln und Unterlassen erfasst. Dies geht über den Schutzzweck der Norm hinaus.[616] Sowohl *Pothier* als auch die Erste Kommission argumentierten dahingehend, dass Sicherheiten aufgrund des einseitig begünstigenden Sicherungsvertrages grundsätzlich nur dem Schutz des Gläubigers dienen.[617] Dieser darf allerdings nicht dem Vertrauen des Bürgen zuwider handeln. Die zutreffende herrschende Meinung lehnt daher regelmäßig einen Wegfall der Geschäftsgrundlage im Rahmen des Sicherungsvertrages ab.[618] Zudem könnte eine Geschäftsgrundlage nur ein außerhalb des Bürgschaftsrisikos liegender Umstand sein.[619] Im Zweifel für die volle Höhe der Verbindlichkeit einstehen zu müssen, stellt jedoch gerade das typische Risiko des Bürgen dar.[620]

III. § 776 S. 1 BGB als Einrede

Einige Entscheidungen im Zusammenhang mit § 776 S. 1 BGB implizieren eine Einordnung der Vorschrift als Einrede.[621] Anders als eine (rechtsvernichtende) Einwendung führt eine Einrede nicht zu einem unmittelbaren Erlöschen des Anspruchs, sie begründet vielmehr ein Leistungsverweigerungsrecht. Dies gilt unabhängig davon, ob es sich um eine peremptorische (dauerhafte) oder eine dilatorische (vorübergehende) Einrede handelt.[622] Daraus folgt, dass die Einrede

---

615 *Wieacker*, Zur rechtstheoretischen Präzisierung des § 242 BGB, S. 27; vgl. auch BeckOGK/*Martens*, § 313 Rn. 2; MüKo/*Finkenauer*, § 313 Rn. 3.

616 Ausführlich unten H.I.2.

617 S.o. Teil 1 A.II.2.a. sowie Teil 1 D.II.5.b.

618 BGH v. 17.03.1994 – IX ZR 174/93 = WM 1994, 1064 (juris Rn. 16, 20); ebenso OLG Braunschweig v. 17.05.1995 – 3 U 19/95 (juris Rn. 13); BeckOGK/*Martens*, § 313 Rn. 79.

619 BeckOGK/*Martens*, § 313 Rn. 79.

620 S.o. A.I.

621 Beispielhaft OLG Hamburg v. 26.11.2010 – 1 U 163/09 = NJW 2011, 2663 (Rn. 16); BSG v. 12.04.2018 – B 14 SF 1/18 R (Rn. 2).

622 *Lugani*, in: Staudinger-Eckpfeiler, Kapitel G. Rn. 8; *Medicus/Petersen*, BGB AT, Rn. 93; *Roth*, Die Einrede des Bürgerlichen Rechts (passim), insb. S. 1 ff.; *Wolf/Neuner*, BGB AT, § 21 Rn. 20 f.

aktiv erhoben werden muss, wohingegen eine Einwendung von Amts wegen zu beachten ist.[623]

Schon der Wortlaut des § 776 S. 1 BGB („wird ... frei") spricht gegen eine Notwendigkeit der Geltendmachung im Sinne einer Einrede und vielmehr für eine automatisch eintretende Haftungsbefreiung. Dies ergibt insbesondere auch ein Vergleich mit dem Wortlaut einiger beispielhaft genannten Einreden, wie die der Verjährung gem. § 214 BGB („ist der Schuldner berechtigt"), dem Zurückbehaltungsrecht aus § 273 Abs. 1 BGB oder der Arglisteneinrede gem. § 853 BGB (jeweils „kann ... verweigern"). Die genannten Beispiele zeigen, dass das Gesetz die Geltendmachung dem Berechtigten anheim stellt und dieser die Einrede aktiv erheben muss. Dies ist im Rahmen des § 776 S. 1 BGB nicht der Fall, was jüngst auch der BGH ausdrücklich bestätigte: Schon der Wortlaut der Norm beschränke den Bürgen nicht auf eine Einrede, vielmehr spreche dieser von der Beendigung der Haftung des Bürgen.[624]

Zudem sprechen Sinn und Zweck der Norm dafür, dass schon der Bestand der Forderung als solcher und nicht nur deren Durchsetzung betroffen sein soll. Anders als beispielsweise im Rahmen der Verjährungseinrede ist die Verfolgung eines Anspruchs nicht einzig um des Rechtsfriedens willens eingeschränkt.[625] Vielmehr versetzt § 776 S. 1 BGB den Bürgen in die Lage, in welcher er sich nach einem Anschlussregress befunden hätte. Ein Fortbestehen des (dann lediglich nicht durchsetzbaren) Anspruchs wäre für einen nur subsidiär haftenden Sicherungsgeber aus den in C.VI.1.c. genannten Gründen zudem nicht gerechtfertigt. Nach Wortlaut sowie Sinn und Zweck stellt § 776 S. 1 BGB demnach keine Einrede dar, da einerseits eine Geltendmachung durch den Bürgen nicht erforderlich ist und andererseits der Anspruch unmittelbar erlöschen und nicht lediglich nicht durchsetzbar sein soll.[626]

---

623 *Lugani*, in: Staudinger-Eckpfeiler, Kapitel G. Rn. 8; *Medicus/Petersen*, BGB AT Rn. 92.

624 BGH v. 04.06.2013 - XI ZR 505/11 = BGHZ 197, 335 (Rn. 18), siehe dazu auch unter J.I.; zustimmend *Fischer*, in: Lwowski/Fischer/Gehrlein, Kreditsicherung, § 9 Rn. 119. Allerdings ergibt sich dies, anders als vom BGH angenommen, nicht aus den Materialien zum BGB, s.o. Teil 1 A.II.2.g.

625 Vgl. nur BGH v. 16.06.1972 – I ZR 154/70 = WM 1972, 1230 (juris Rn. 12).

626 Zwar ist für den heutigen Art. 2314 CC anerkannt, dass es sich um eine Einrede handelt, s.o. Teil 1 D.III.2. Den Materialien zum BGB lässt sich jedoch keine dahingehende Entscheidung entnehmen; vgl. auch Jakobs/Schubert, SR III, S. 512; Mugdan II (Motive), S. 379; s.o. Teil 1 A.II.2.g.; anders BGH v. 04.06.2013 – XI ZR 505/11 = BGHZ 197, 335 (Rn. 16 ff.), der einen dezidierten Willen des Gesetzgebers erkennen will.

IV. § 776 S. 1 BGB als Spezialfall eines (Folgen-) Beseitigungsanspruchs

Ebenfalls scheidet eine Einordnung als Spezialfall eines (Folgen-) Beseitigungsanspruchs aus.[627] Ein Folgenbeseitigungsanspruch zielt auf die Wiederherstellung des status quo ante.[628] Diesen stellt § 776 S. 1 BGB gerade nicht wieder her. Denn dazu müsste der Gläubiger die aufgegebene Sicherheit wieder in der Weise begründen, wie sie vor der Aufgabehandlung bestand. § 776 S. 1 BGB führt umgekehrt den Status herbei, wie er *nach* dem erfolgten Anschlussregress bei dem weiteren Sicherungsgeber bestünde.[629] Zudem ist die Voraussetzung eines Beseitigungsanspruchs der Eingriff in ein dem Anspruchsteller zugewiesenes Recht. So liegt im Rahmen des Anspruchs aus § 1004 BGB der Haftungsgrund im rechtswidrigen Zustand. Dieser resultiert daraus, dass der Anspruchsgegner Befugnisse in Anspruch nimmt, welche gem. § 903 BGB einem anderen zugewiesen sind.[630] Übertragen auf die schuldrechtliche Ebene müsste der Gläubiger Befugnisse, die vertraglich dem Bürgen zustehen, vereitelt haben. Zwar ordnen §§ 774 Abs. 1 S. 1, 412, 401 BGB die Legalzession der konkurrierenden Sicherungsmittel bei Leistung durch den Bürgen an, sodass dieser ein Recht *auf* die Sicherheiten hat. Er hat jedoch vertraglich vor seiner Leistung kein Recht *an* diesen. Denn solange an den Gläubiger noch nicht geleistet wurde, stehen diesem noch sämtliche Befugnisse daran zu. Vor Befriedigung des Gläubigers dienen Kreditsicherheiten einzig seiner Absicherung. Erst die Zahlung durch den Bürgen bewirkt einen Wechsel der Zuweisung.

V. § 776 S. 1 BGB als Spezialfall der Kollusion

Gem. I. 14 § 331 – 333 ALR wurde der Bürge wegen des Vorwurfs der Kollusion zwischen Gläubiger und Hauptschuldner von seiner Haftung frei.[631] Möglicherweise stellt auch § 776 S. 1 BGB einen Spezialfall einer Kollusion zwischen dem Gläubiger und dem begünstigten Sicherungsgeber dar. Das Institut ist aus dem Vertretungsrecht bekannt und bedeutet das bewusste und gewollte Zusammenwirken von Geschäftsgegner und Vertreter zum Nachteil des Vertretenen.[632]

627 Soweit ersichtlich wird dies bisher nicht vertreten.
628 *Vieweg*, in: Staudinger-Eckpfeiler, Kapitel J. Rn. 28.
629 S.o. D.I.5.
630 Staudinger/*Gursky* (Neub. 2012), § 1004 Rn. 98.
631 S.o. Teil 1 C.II.1.
632 MüKo/*Schubert*, § 164 Rn. 215 m.w.N.; *Schiemann*, in: Staudinger-Eckpfeiler, Kapitel C. Rn. 223.

Übertragen auf die Situation des § 776 S. 1 BGB würde dies ein entsprechendes Zusammenwirken von Gläubiger und Sicherungsgeber erfordern.

Gegen eine solche Einordnung sprechen jedoch mehrere Gründe. Zunächst ist der Gläubiger einzig verfügungsbefugt über die aufgegebene Sicherheit, kann also insbesondere die Verwertungsreihenfolge von Sicherheiten bestimmen und er handelt alleine durch eine Aufgabe nicht schuldhaft.[633] Zudem fehlt es aus Sicht des begünstigten Sicherungsgebers wohl regelmäßig am Wissen und Wollen des Handels *zum Nachteil des nicht befreiten Bürgen.* Denn hauptsächlich wird es ihm um die eigene Haftungsbefreiung gehen, der dadurch entstehende Nachteil des Bürgen stellt demgegenüber nur einen Reflex dar. Auch muss er von der Existenz eines parallel haftenden Bürgen gar nichts wissen. Letztlich würden sich durch eine Auslegung der Norm als Kollusionsvorschrift zahlreiche Nachweisprobleme in der Praxis stellen, insbesondere in den Fällen, in denen der begünstigte Sicherungsgeber nachzuweisen versucht, nicht zum Nachteil des Bürgen gehandelt zu haben, um gegebenenfalls eine teleologische Reduktion zu erreichen. Solche Nachweisprobleme soll § 776 S. 1 BGB aber gerade vermeiden.[634] § 776 S. 1 BGB stellt daher keine Kollusionsvorschrift dar.

VI. § 776 S. 1 BGB als Obliegenheit

Teile der Literatur sowie der Rechtsprechung ordnen § 776 S. 1 BGB als eine Obliegenheit des Gläubigers ein.[635] Dabei ist jedoch zu beachten, dass einzig *Madaus* diesen Umstand ausdrücklich diskutiert, ansonsten wird der Begriff der Obliegenheiten meist ohne weitergehende Begründung und regelmäßig auch in Anführungszeichen verwendet.[636]

Eine Obliegenheit stellt ein „Rechtsgebot" dar, welches der Belastete, hier der Gläubiger des Bürgschaftsvertrages, *im eigenen Interesse* zu erfüllen hat.[637]

---

633 S.u. Teil 3 C.I.

634 S.o. Teil 1 E.II.1.d.

635 BGH v. 05.12.1962 – VIII ZR 251/61 = WM 1963, 24, 25; OLG Köln v. 22.05.1990 – 22 U 150/88 = WM 1991, 729 (juris Rn. 14 m.w.N.); *Bayer*, EWiR 1992, 869, 870; BeckOGK/*Madaus*, § 776 Rn. 2; *Bülow*, Recht der Kreditsicherheiten, Rn. 1009; *Fontaine*, Diligenzpflichten des Gläubigers gegenüber dem Bürgen, S. 8; *Lambsdorff/Skora*, Hdb. d. Bürgschaftsrechts, Rn. 259; Palandt/*Sprau*, § 776 Rn. 1; wohl auch *Henssler*, Risiko als Vertragsgegenstand, S. 340; *Pfeiffer*, Nebenpflichten des Bürgschaftsgläubigers, S. 37.

636 Vgl. z.B. BGH v. 05.12.1962 – VIII ZR 251/61 = WM 1963, 24, 25.

637 Grundlegend *Schmidt*, Die Obliegenheiten (passim); *Wieling*, AcP 176 (1976), 334, 346 ff.

Im Gegensatz zu einer Pflicht steht der Obliegenheit damit kein Erfüllungsanspruch gegenüber, dessen Verletzung einen Schadensersatzanspruch begründen kann.[638] Vielmehr verliert der Belastete eine günstige Rechtsposition, beispielsweise im Fall des § 377 HGB die Gewährleistungsansprüche. Daher hat der Begünstigte grundsätzlich auch kein Interesse an der Vornahme der Handlung durch den Belasteten.

Für eine Einordnung des § 776 S. 1 BGB als Obliegenheit sprechen folgende Argumente. Es besteht keine Pflicht des Gläubigers, Sicherheiten zu erhalten.[639] Gibt der Gläubiger eine Kreditsicherheit auf, handelt er somit keinem entsprechenden Erfüllungsanspruch des Bürgen zuwider. Vielmehr liegt das Unterlassen dieser Handlung auch im Interesse des Gläubigers, da durch eine Vielzahl von Sicherungsmitteln das Insolvenzrisiko für ihn günstiger verteilt ist. Letztlich verliert der Gläubiger durch § 776 S. 1 BGB auf Rechtsfolgenseite eine günstige Rechtsposition, nämlich den Anspruch gegen den Bürgen.

Vergleicht man die Konstellation des § 776 S. 1 BGB mit der des § 377 HGB, ergibt sich folgendes Bild: Verletzt ein Käufer im Rahmen eines Handelsgeschäfts seine Rügeobliegenheit aus § 377 HGB, so geht er seiner in § 437 BGB genannten Ansprüche verlustig. Die Untersuchung der Ware liegt in seinem eigenen Interesse, da er eine mangelfreie Sache erhalten möchte. Gäbe es die Regelung des § 377 HGB nicht, müsste der Verkäufer seinen gesetzlichen Gewährleistungspflichten nachkommen, was für beide Seiten jedoch grundsätzlich den „Normalfall" darstellt. Die Folge des § 377 HGB ist daher ein Rechtsverlust einzig auf Seiten des Käufers, weshalb der Verkäufer regelmäßig kein Interesse an der Vornahme der Handlung des Käufers hat. Auch § 776 S. 1 BGB führt zu einem Verlust des Gläubigeranspruchs gegen den Bürgen. Aufgrund der Vorschrift hat der Bürge auch ein Interesse an der Aufgabehandlung. Denn dadurch wird er anteilig von seiner Haftung frei. Dies bedeutet für ihn eine Besserstellung gegenüber der Rechtslage ohne die Freigabe einer Sicherheit. In diesem Fall könnte er nämlich in voller Höhe in Anspruch genommen werden, sodass er bei weiteren Sicherungsgebern gem. § 774 BGB Rückgriff nehmen müsste und insoweit deren

---

638 *Wieling*, AcP 176 (1976), 334, 348: „Die Pflicht soll den Schuldner im Interesse des Gläubigers zu einem Verhalten zwingen. Die Obliegenheit ist so ausgestaltet, daß der Begünstigte gerade kein Interesse daran hat, daß der Belastete die geforderte Handlung vornimmt."; vgl. auch *Bach*, in: Staudinger-Eckpfeiler, Kapitel D. Rn. 7; *Dreismann*, Bürgenschutz durch Gläubigerdiligenz?, S. 52, 64; *Looschelders*, Die Mitverantwortlichkeit des Geschädigten im Privatrecht, S. 195 f.

639 S.o. D.I.3.

Insolvenzrisiko trägt. Ohne die Norm schuldete der Bürge weiterhin das Einstehen für die Hauptforderung, was für ihn ebenfalls den „Normalfall" darstellt.

In folgenden Aspekten unterscheidet sich § 776 S. 1 BGB jedoch von einer Obliegenheit. Betrachtet man die Rechtslage ohne Existenz der Norm, wird deutlich, dass deren Schutz über den einer Obliegenheit hinausgeht. Denn der „Normalfall" stellt sich aus Sicht des Bürgen dergestalt dar, dass er dem Gläubiger gegenüber zwar für die Hauptforderung einsteht, jedoch bei weiteren Kreditgebern Regress nehmen kann. Durch die Aufgabehandlung geht hingegen die Möglichkeit dieses Rückgriffs verloren. Im Unterschied zum Beispiel der Rügeobliegenheit bliebe es ohne die Norm nicht nur bei einer unveränderten Zahlungspflicht dem Gläubiger gegenüber, sondern der Bürge würde *darüber hinaus* einen Nachteil erleiden, weil er die Möglichkeit des Anschlussregresses verliert. Zudem zeigen die Beispiele des § 377 HGB und des § 254 Abs. 2 BGB, dass eine Obliegenheit den Belasteten regelmäßig zeitlich nach einer vertrags- oder gesetzeswidrigen Handlung des Begünstigten verpflichtet. § 377 HGB setzt hingegen voraus, dass der Verkäufer eine mangelhafte Ware geliefert hat, um den Anwendungsbereich des § 254 Abs. 2 BGB zu eröffnen, muss eine vorangegangene Schädigung erfolgt sein. Demgegenüber fehlt es in der Konstellation des § 776 S. 1 BGB an einem anknüpfbaren Vorverhalten des Bürgen, welches den Verlust des Ersatzrechts rechtfertigt. Das Unterlassen der Aufgabe liegt daher nicht nur im eigenen Interesse des Gläubigers, sondern auch in dem des Bürgen. Letztlich zeigt das Beispiel des § 377 HGB, dass eine Obliegenheit typischerweise ein *Unterlassen* sanktioniert.[640] § 776 S. 1 BGB knüpft jedoch die Haftungsbefreiung an ein aktives Tun.[641] Aus den letztgenannten Gründen stellt § 776 S. 1 BGB keine Obliegenheit dar.

VII. § 776 S. 1 BGB als Verwirkungstatbestand

Vertreten wird weiterhin eine Einordnung des § 776 S. 1 BGB als Verwirkungstatbestand.[642] Die Verwirkung ist ein Spezialfall treuwidrigen bzw.

---

640 Vgl. *Wieling*, AcP 176 (1976), 334, 347; für § 377 HGB ergibt sich dies bereits aus dem Wortlaut dessen Abs. 2; vgl. für das Beispiel der Schadensminderungsobliegenheit des § 254 Abs. 2 BGB darüber hinaus BeckOGK/*Looschelders*, § 254 Rn. 225 ff.

641 Dazu ausführlich unten H.I.2.

642 *Esser/Weyers*, Schuldrecht II/1, S. 353; *Müller*, WM 2014, 869, 874; *Raisch*, JZ 1965, 703, 706; Staudinger/*Stürner*, § 776 Rn. 17; *Stoll*, FamRZ 1962, 64, 66; *Wacke*, AcP 170 (1970), 42, 62 (Fn. 98 m.w.N.); *ders.* NJW 1969, 1850; wohl auch *Derleder*, NJW 2015, 817, 820; eine dezidierte Begründung für eine Verwirkung liefert einzig *Müller*,

widersprüchlichen Verhaltens und wird aus § 242 BGB abgeleitet; die Tatbestandsvoraussetzungen liegen in einem Zeitmoment und einem Umstandsmoment.[643] Das Verhalten des Berechtigten muss in zurechenbarer Weise bei der Gegenpartei ein schutzwürdiges Vertrauen auf die weitere Nichtinanspruchnahme hervorgerufen haben.[644]

Gegen die Annahme einer solchen Verwirkung sprechen allerdings zwei Aspekte: Erstens fehlt es an einem Zeitmoment, da gerade kein länger andauerndes (passives) Verhalten des Gläubigers sanktioniert wird, sondern ein einmaliges aktives Aufgeben von Sicherheiten. Zweitens begründet das Verhalten des Gläubigers beim Bürgen kein Vertrauen in die künftige *Nicht*inanspruchnahme. Das Gegenteil ist der Fall: Gibt der Gläubiger eine konkurrierende Kreditsicherheit auf, drückt er damit im Umkehrschluss aus, im Falle des Forderungsausfalls beim Hauptschuldner erst recht den Bürgen in Anspruch nehmen zu wollen. Zuvor konnte der Bürge noch darauf hoffen, dass erst die weitere Sicherheit verwertet würde und er dann nur im Innenverhältnis zum hälftigen Ausgleich verpflichtet ist. Nun ist seine vollständige unmittelbare Inanspruchnahme im Sicherungsfall sicher. § 776 S. 1 BGB stellt damit keinen Verwirkungstatbestand dar.

VIII. § 776 S. 1 BGB als Spezialfall des *venire contra factum proprium*

Pothier formulierte im 18. Jahrhundert erstmals folgende Überlegung: Schließt der Gläubiger mit dem Bürgen den Bürgschaftsvertrag, kalkuliert der Bürge das Risiko dieses Geschäfts auch anhand späterer Rückgriffsmöglichkeiten bei anderen, bereits vorhandenen Kreditsicherheiten. Im Vertrauen auf diese Regressmöglichkeit verpflichtet sich der Bürge. Der Gläubiger bindet sich insoweit durch sein Angebot (§ 145 BGB) auf Abschluss des Bürgschaftsvertrages auch dann, wenn dieser Rückgriff nicht ausdrücklich Vertragsgegenstand war. Gibt der Gläubiger nach Abschluss des Bürgschaftsvertrages das zusätzliche Sicherungsrecht auf, setzt er sich dadurch in Widerspruch zum Vertrauen des Bürgen (ausführlich unter Teil 1 D.II.5.b.). Daher müsse der Bürge durch die Freigabe

---

wobei diese im Ergebnis eher zum Grundsatz *venire contra factum proprium* passt, siehe sogleich unter D.VIII.

643 BeckOGK/*Kähler*, § 242 Rn. 1503 ff.; *Bach*, in: Staudinger-Eckpfeiler, Kapitel D. Rn. 89; *Medicus/Petersen*, BGB AT, Rn. 137 ff.; *Singer*, Das Verbot widersprüchlichen Verhaltens, S. 336 ff.; Staudinger/*Looschelders/Olzen*, § 242 Rn. 300 ff.; *Wolf/Neuner*, BGB AT, § 20 Rn. 90.

644 Staudinger/*Looschelders/Olzen*, § 242 Rn. 304.

von seiner Haftung befreit werden. Überträgt man diese Überlegungen in das moderne Rechtsverständnis, beruht § 776 S. 1 BGB nach dem Verständnis *Pothiers* auf einer Vertrauenshaftung des Gläubigers (s.o. Teil 1 D.II.5.b.).

Es liegt daher nahe, § 776 S. 1 BGB als einen Spezialfall des Verbots widersprüchlichen Verhaltens einzuordnen.[645] Dieses resultiert – ebenso wie die Verwirkung – aus dem allgemeinen Gebot von Treu und Glauben (§ 242 BGB) und beruht gleichermaßen wie der Grundsatz *pacta sunt servanda* auf dem Institut des *Vertrauensschutzes*.[646] Kennzeichnend ist eine spezifische Beziehung zwischen zwei Handlungen, die beide in Widerspruch zueinander und damit in Widerspruch zum Gerechtigkeitsgedanken stehen.[647] Nur wenn eine Handlung einen Vertrauenstatbestand geschaffen hat, wird das dagegen gerichtete Tun sanktioniert.[648] Arglistiges oder fahrlässiges Verhalten ist nicht Voraussetzung.[649]

Der Gläubiger könnte sich im Rahmen des § 776 S. 1 BGB wie folgt durch eine Handlung in Widerspruch zu einem vorherigen Tun gesetzt haben. Die erste der beiden Handlungen des Gläubigers liegt im Abschluss des Bürgschaftsvertrages. Dieser erfolgt in einer konkreten Risikosituation, in welcher der Bürge sein Haftungsrisiko einschätzt. Er rechnet damit, im Falle einer Inanspruchnahme gem. § 774 BGB auf konkurrierende Sicherungsmittel zugreifen zu können. Dadurch wird sein eigenes Haftungsrisiko minimiert. Folglich hat das Vertrauen auf die spätere Regressmöglichkeit Einfluss auf die Risikoabwägung des Bürgen, den

---

645 So im Ergebnis auch *Müller*, WM 2014, 869, 874; indirekt wohl auch *Medicus/Petersen*, BGB AT, Rn. 134; der BGH geht in BGH v. 20.02.1967 – III ZR 51/66 = BGHZ 47, 248 (juris Rn. 27) kurz auf diesen Grundsatz ein, ohne ihn jedoch ausdrücklich zu bejahen oder abzulehnen; **ablehnend** *Hoffmann*, JZ 2013, 1005, 1007; wohl ebenso *Madaus*, EWiR 2013, 479, 480.

646 *Wieacker*, Zur rechtstheoretischen Präzisierung des § 242 BGB, S. 27 f.; vgl. auch allgemein *Canaris*, Vertrauenshaftung, S. 287 ff.; *Looschelders*, Die Mitverantwortlichkeit des Geschädigten im Privatrecht, S. 146 ff.; *Singer*, Das Verbot widersprüchlichen Verhaltens, S. 21 ff., 74 ff.; *Wieling*, AcP 176 (1976), 334; *Wolf/Neuner*, BGB AT, § 20 Rn. 88.

647 *Canaris*, Vertrauenshaftung, S. 288; *Oechsler*, Gerechtigkeit im modernen Austauschvertrag, S. 212; vgl. auch *Bach*, in: Staudinger-Eckpfeiler, Kapitel D. Rn. 86; BeckOGK/*Kähler*, § 242 Rn. 1187 ff.; Staudinger/*Looschelders/Olzen*, § 242 Rn. 284 ff. (insb. Rn. 289); *Wieacker*, Zur rechtstheoretischen Präzisierung des § 242 BGB, S. 27 f.; *Wolf/Neuner*, BGB AT, § 20 Rn. 88.

648 *Singer*, Das Verbot widersprüchlichen Verhaltens, S. 6.

649 *Wieacker*, Zur rechtstheoretischen Präzisierung des § 242 BGB, S. 28; vgl. auch BeckOGK/*Kähler*, § 242 Rn. 1036; *Singer*, Das Verbot widersprüchlichen Verhaltens, S. 21; Staudinger/*Looschelders/Olzen* § 242 Rn. 291; *Wieling*, AcP 176 (1976), 334, 343.

Bürgschaftsvertrag abzuschließen. An der Begründung dieses Vertrauens muss sich der Gläubiger auch festhalten lassen. Denn die Risikoabwägung des Bürgen ist auch für den Gläubiger ohne weiteres erkennbar.[650] Gibt der Gläubiger später gleichwohl das andere Sicherungsrecht auf, setzt er sich durch diese zweite Handlung in Widerspruch zum geschaffenen Vertrauen.[651]

Der Bürge darf als Vertragspartner jedoch grundsätzlich *konsequentes Verhalten* des Gläubigers erwarten.[652] Alle Sicherungsmittel dienen dazu, dem Gläubiger einen zusätzlichen Haftungsgegenstand für den Fall zu bieten, dass er die Forderung bei dem Hauptschuldner nicht eintreiben kann. Gibt er hingegen den Schutz an einer Stelle auf, zeigt dies eine bewusste Risikoentscheidung des Gläubigers zu Lasten seiner eigenen Absicherung. Diese darf er nicht vollständig auf den verbleibenden Bürgen abwälzen. Es erscheint inkonsequent, ein Sicherungsmittel aufzugeben, aber zugleich ein anderes voll in Anspruch zu nehmen. Insoweit unterliegt der Gläubiger einer Selbstbindung durch sein (Vor-) Verhalten.

Die Rechtsfolge des § 776 S. 1 BGB führt zu einem gerechten Ausgleich zwischen zwei Umständen: Einerseits hat der Gläubiger das Recht, über die zu seinen Gunsten bestellten Sicherheiten frei zu verfügen. Andererseits besteht beim Bürgen die aus § 774 Abs. 1 S. 1 BGB resultierende Erwartung hinsichtlich eines Anschlussregresses.[653] Mit der Regelung des § 776 S. 1 BGB ist es dem Gläubiger unbenommen, weitere Sicherheiten aufzugeben. Er handelt *alleine dadurch* als Berechtigter noch nicht rechtswidrig. Der Gläubiger darf sich dann jedoch nicht in Widerspruch zur Aufgabe setzen, indem er den Bürgen später trotz dieser in Anspruch nimmt.[654] Beide Handlungen stehen durch ihr Ineinandergreifen in Widerspruch zum Gerechtigkeitsgedanken. Folglich schränkt die Norm den Gläubiger nicht in seiner Verfügungsbefugnis ein, sondern nur in seinem Zugriff auf den Bürgen, soweit es der Vertrauensschutz des Bürgen gebietet.

Die Materialien zur Entwicklungsgeschichte des BGB liefern keine eindeutigen Hinweise zur Rechtsnatur des § 776 S. 1 BGB. Die Kommissionen verstanden jedoch die Norm als Ausprägung des Grundsatzes von Treu und Glauben

---

650 So ausdrücklich auch *Henssler*, Risiko als Vertragsgegenstand, S. 351.

651 S.o. Teil 1 D.II.5.b.; mit anderer Begründung, aber im Ergebnis vergleichbar *Müller*, WM 2014, 869, 874.

652 Allgemein *Singer*, Das Verbot widersprüchlichen Verhaltens, S. 313 ff.; vgl. auch *Pfeiffer*, Nebenpflichten des Bürgschaftsgläubigers, S. 15.

653 Vgl. auch *Henssler*, Risiko als Vertragsgegenstand, S. 353; siehe bereits oben Teil 1 E.II.1.a.

654 So auch ausdrücklich *Müller*, WM 2014, 869, 874.

(§ 242 BGB).[655] Dem entspricht die Einordnung als Fall des *venire contra factum proprium*, welches seinerseits auf § 242 BGB beruht.

Der Grundsatz *venire contra factum proprium* stellt als besondere Ausprägung des § 242 BGB eine rechtsvernichtende, von Amts wegen zu beachtende Einwendung dar, die zum Erlöschen des Anspruchs des Gläubigers führt, ohne einer Geltendmachung des Schuldners zu bedürfen.[656] Die entsprechende Einordnung des § 776 S. 1 BGB korreliert daher auch mit der zutreffenden allgemeinen Meinung, die auf Rechtsfolgenseite der Norm ein automatisches Freiwerden des Bürgen annimmt.[657]

IX. Vergleich der Norm zu § 255 BGB

Die Ausgleichsregelung des § 774 Abs. 1 S. 1 BGB, an die § 776 S. 1 BGB wiederum anknüpft, zeigt inhaltliche Parallelen zur Vorschrift des § 255 BGB. Aus dieser Norm lassen sich unter Umständen Rückschlüsse auf Auslegung des § 776 S. 1 BGB ziehen. Beide Institute setzen tatbestandlich voraus, dass ein Gläubiger mehrere Anspruchsgegner hat. Nach vollständiger Befriedigung durch einen Schuldner benötigt der Gläubiger den Anspruch gegen den jeweils anderen jedoch nicht mehr. Daher hat er ihn als Rechtsfolge an den leistenden Schuldner herauszugeben.[658] Die Ähnlichkeit liegt im gemeinsamen Ursprung begründet, denn beide Normen gehen auf das *beneficium cedendarum actionum* des römischen Rechts zurück.[659] Diesem Institut liegt der Rechtsgedanke zugrunde, dass der Bürgschaftsgläubiger bei Leistung durch einen von mehreren Sicherungsgebern die anderen Sicherungsmittel nicht mehr benötigt und somit zu übertragen hat.[660] Dem entspricht die Einordnung des § 255 BGB durch den BGH

---

655 S.o. Teil 1 A.II.1. bzw. Jakobs/Schubert, SR III, S. 512; Mugdan II (Motive), S. 379; kritisch zu einem Rückgriff auf § 242 BGB *Hoffmann*, JZ 2013, 1005, 1007.

656 Allgemein zur Rechtsfolge des Verbots widersprüchlichen Verhaltens BGH v. 12.07.1951 – III ZR 168/50 = BGHZ 3, 94 (juris Rn. 21); v. 23.05.1962 – V ZR 123/60 = WM 1962, 747 (juris Rn. 12); v. 25.05.2011 – IV ZR 191/09 = JW 2011, 3149 (Rn. 7); BeckOGK/*Kähler*, § 242 Rn. 820 f.; Palandt/*Grüneberg*, § 242 Rn. 96; Staudinger/*Looschelders/Olzen*, § 242 Rn. 320, 322; *Wieling*, AcP 176 (1976), 334; *Wolf/Neuner*, BGB AT § 20 Rn. 95; ausdrücklich für § 776 S. 1 BGB *Bülow*, Recht der Kreditsicherheiten Rn. 1008; *Müller*, WM 2014, 869, 875; *Nobbe*, in: Schimansky/Bunte/Lwowski, Bankrechtshandbuch II, § 91 Rn. 366.

657 S.u. J.1.

658 Weiterführend zu § 255 BGB *Selb*, Mehrheit von Gläubigern und Schuldnern, S. 142 ff.

659 Zu § 255 BGB vgl. ausdrücklich *Wacke*, AcP 170 (1970), 42, 60.

660 S.o. Teil 1 B.I.1.

als Ausdruck des schadensrechtlichen Bereicherungsverbots.[661] Während die Herausgabe im Rahmen des § 774 Abs. 1 S. 1 BGB kraft Gesetzes geschieht, normiert § 255 BGB jedoch keine Legalzession, sodass eine aktive Abtretung erforderlich ist.[662]

Ein Unterschied zeigt sich in Bezug auf das Haftungsverhältnis zwischen den jeweiligen Schuldnern. In der Konstellation des § 774 Abs. 1 S. 1 BGB haften sämtliche Sicherungsgeber (jedenfalls auf Rechtsfolgenseite) gem. § 426 BGB (analog) gesamtschuldnerisch und damit auf einer Ebene.[663] Demgegenüber setzt § 255 BGB gerade fehlende Gleichstufigkeit voraus und ist bei Vorliegen einer gesamtschuldnerischen Haftung auf Schuldnerseite nicht anwendbar.[664]

Eine spezielle gesetzliche Regelung auf Rechtsfolgenseite, die dem Freiwerden des § 776 S. 1 BGB entspricht, existiert für § 255 BGB hingegen nicht. Gleichwohl ist es dem aus § 255 BGB Anspruchsberechtigten möglich, einen Schadensersatz-Schuldner aus seiner Verbindlichkeit gem. § 397 BGB zu entlassen.[665] Dabei wirkt sich der Umstand aus, dass § 255 BGB keine Legalzession beinhaltet. Der vom Ersatzberechtigten in Anspruch genommene Schadensersatz-Schuldner kann dem Anspruch ein Zurückbehaltungsrecht aus § 273 Abs. 1 BGB entgegenhalten, bis er den weiteren Schadensersatzanspruch abgetreten erhält.[666] Hat der Ersatzberechtigte diesen aufgegeben, beispielsweise indem er den zweiten Schuldner gem. § 397 BGB aus seiner Schuld entlassen hat, besteht diese Einrede dauerhaft. Dies läuft jedenfalls faktisch auf eine Befreiung hinaus. Ein Unterschied besteht jedoch darin, dass die Einrede aktiv erhoben werden muss, § 776 S. 1 BGB demgegenüber ein automatisches Freiwerden anordnet. § 273 Abs. 1 BGB ist auf die Konstellation der Bürgschaft nicht anwendbar, da insoweit keine Pflicht zur *rechtsgeschäftlichen* Übertragung besteht, an dessen Stelle tritt

661 BGH v. 12.12.1996 - IX ZR 214/95 = WM 1997, 335 (juris Rn. 52); vgl. auch BeckOGK/*Röver*, § 255 Rn. 10; MüKo/*Oetker*, § 255 Rn. 1; Palandt/*Grüneberg*, § 255 Rn. 1; Staudinger/*Bittner*, § 255 Rn. 8.

662 BeckOGK/*Röver*, § 255 Rn. 47 ff.; MüKo/*Oetker*, § 255 Rn. 12; Palandt/*Grüneberg*, § 255 Rn. 7; Staudinger/*Bittner*, § 255 Rn. 40.

663 S.o. B.V.

664 Vgl. nur BeckOGK/*Röver*, § 255 Rn. 19; MüKo/*Oetker*, § 255 Rn. 2; Palandt/*Grüneberg*, § 255 Rn. 2; Staudinger/*Bittner*, § 255 Rn. 12; jeweils m.w.N.

665 „Erlasstauglich" ist grundsätzlich jeder Anspruch, „Inhalt, Art und Intensität der Forderung spielen keine Rolle", Staudinger/*Rieble*, § 397 Rn. 67.

666 BeckOGK/*Röver*, § 255 Rn. 49; MüKo/*Oetker*, § 255 Rn. 13; Palandt/*Grüneberg*, § 255 Rn. 7; Staudinger/*Bittner*, § 255 Rn. 40; dies wird impliziert von BGH v. 25.11.2014 – X ZR 105/13 = WM 2015, 1030 (Rn. 16).

dafür § 776 S. 1 BGB. Zudem befreit § 776 S. 1 BGB anteilig hinsichtlich seines Regressanteils im Innenverhältnis der Sicherungsgeber. Demgegenüber kann der Schuldner des § 255 BGB dem Ersatzberechtigten die Einrede des § 273 Abs. 1 BGB bezüglich der vollen Verbindlichkeit entgegenhalten. Dies resultiert aus dem Umstand der fehlenden gesamtschuldnerischen Haftung.

Der vorstehende Vergleich zeigt, dass § 255 BGB den Fall des „Aufgebens“ eines zusätzlichen Anspruchs im Ergebnis vergleichbar zu § 776 S. 1 BGB regelt. Der hinter diesen Regelungen stehende Rechtsgedanke, der auf dem Grundsatz *venire contra factum proprium* beruht, ist daher verallgemeinerungsfähig. Dies spricht für die Analogiefähigkeit des § 776 S. 1 BGB.[667]

X. Ergebnis

§ 776 S. 1 BGB stellt eine Ausprägung des Grundsatzes des *venire contra factum proprium* dar und beruht auf dem Gedanken des Vertrauensschutzes. Der Gläubiger hat mit Abschluss des Bürgschaftsvertrages die Erwartung des Bürgen begründet, im Falle einer Inanspruchnahme Rückgriff bei weiteren Kreditsicherheiten nehmen zu können. Durch die spätere Aufgabehandlung setzt er sich in Widerspruch zum so begründeten Vertrauen. Dieses heutige Verständnis der Norm entspricht dem historischen Schutzzweck, welcher auf *Pothier* zurückgeht.[668] Die Norm dient auch einer *Ausgleichsfunktion*. Denn sie lässt die Verfügungsbefugnis des Gläubigers über die zu seinen Gunsten bestellten Kreditsicherheiten unberührt, sodass der Gläubiger insbesondere nicht rechtswidrig handelt, wenn er Sicherheiten aufgibt. Sie schützt jedoch den Bürgen vor diesem widersprüchlichen Verhalten, indem seine Haftung (anteilig) erlischt.

E. Schutzzweck des § 776 S. 2 BGB

Bei § 776 S. 2 BGB handelt es sich entstehungsgeschichtlich um ein gegenüber § 776 S. 1 BGB eigenständiges Institut.[669] Satz 2 darf daher nicht als Spezialfall des § 776 S. 1 BGB oder als gesetzgeberische Interpretation dieses Satzes verstanden werden. § 776 S. 2 stellt vielmehr eine Ergänzung durch die mit der Erstellung des BGB befassten Kommissionen dar (s.o. Teil 1 E.I.2.). Das Institut des Satzes 2 schützt ein *nachträglich* begründetes Vertrauen des Bürgen, auch bei später hinzugetretenen Sicherungsmitteln Rückgriff nach § 774 BGB nehmen

---

667 Siehe dazu ausführlich unter G.
668 S.o. Teil 1 E.II.1.a.; D.II.5.b.
669 S.o. Teil 1 D.II.5.b.

zu können.[670] Wird beispielsweise nach Abschluss des Bürgschaftsvertrages eine Grundschuld zur zusätzlichen Sicherung der Hauptschuld bestellt, rechnet der Bürge ab diesem Zeitpunkt auch insoweit mit der Möglichkeit, Regress nehmen zu können. Dieses Vertrauen darf der Gläubiger nicht enttäuschen. § 776 S. 2 BGB stellt demzufolge eine Diligenzpflicht *post contractum finitum* dar.[671]

§ 776 S. 2 BGB begrenzt damit praktisch das Auswahl- bzw. Verteilungsermessen des Gläubigers. Nur der Gläubiger hat es in der Hand, mehrere Sicherungsgeber zusammenzuführen. Daher darf er diese auch nicht einzig wegen des Umstandes der verschiedenen zeitlichen Reihenfolge anders behandeln und nur den einen, nicht aber den anderen begünstigen. Satz 2 stellt folglich ein Instrument der Verteilungsgerechtigkeit (*iustitia distributiva*) dar.[672]

Dem Schutzzweck der Verteilungsgerechtigkeit kann zudem dadurch zusätzlich Rechnung getragen werden, dass man die Rechtsanwendung des § 776 BGB insgesamt nicht auf die Bürgschaft beschränkt, sondern die Norm auch analog auf andere Kreditsicherheiten anwendet.[673] Dann besteht nicht nur eine Verteilungsgerechtigkeit hinsichtlich der zeitlichen Reihenfolge der Bestellung von Sicherheiten, sondern auch bezüglich der Art der Sicherheit.[674]

F. Das Verhältnis von § 776 BGB zu weitergehenden Diligenzpflichten

I. Grundsatz

Bereits die mit der Erstellung des BGB beauftragten Kommissionen berieten über die Frage, ob und inwieweit dem Gläubiger „Diligenzpflichten" gegenüber dem Bürgen obliegen.[675] Unter diesem Begriff versteht man Nebenpflichten, wie Auskunfts-, Schutz- oder Mitwirkungspflichten, die neben der

670 S.o. Teil 1 E.II.2.
671 S.o. Teil 1 E.II.2.
672 S.o. Teil 1 E.II.2.
673 Dazu ausführlich unter G.
674 S.u. G.II.3.a.
675 S.o. Teil 1 A.II.2.a. sowie A.III.; allein diese Frage ist bereits Gegenstand mehrerer Monographien, vgl. *Dreismann*, Bürgenschutz durch Gläubigerdiligenz?; *Fontaine*, Diligenzpflichten des Gläubigers gegenüber dem Bürgen; *Heuser*, Diligenzpflicht des Gläubigers; *Holznagel*, Bürgenschutz mit System; *Pfeiffer*, Nebenpflichten des Bürgschaftsgläubigers; *Straus*, Schutz des Bürgen; *Stüven*, Diligenzpflichten des Gläubigers.

Hauptleistungspflicht bestehen.[676] Solche Rücksichtnahmepflichten sind heute mit § 241 Abs. 2 BGB ausdrücklich im BGB verankert.[677]

1. § 776 BGB als abschließende Diligenzpflicht

Die Entstehungsgeschichte des § 776 BGB zeigt, dass der historische Gesetzgeber dem Bürgschaftsgläubiger über die Tatbestände des § 776 S. 1 und S. 2 BGB hinaus keine Diligenzpflichten auflegen wollte.[678] Auch nach ständiger Rechtsprechung begründet der Bürgschaftsvertrag grundsätzlich keine Pflichten des Gläubigers gegenüber dem Bürgen.[679] Denn es handelt sich um einen nur

---

676 Ausführlich zum Begriff *Fontaine*, Diligenzpflichten des Gläubigers gegenüber dem Bürgen, S. 6 f.; *Straus*, Schutz des Bürgen, S. 14; *Stüven*, Diligenzpflichten des Gläubigers, S. 1 ff.

677 Vgl. dazu im Zusammenhang mit der Bürgschaft *Schürnbrand*, Schuldbeitritt, S. 150.

678 S.o. Teil 1 A.II.2.a.

679 RGZ 65, 134, 136 (unabhängig von § 242 BGB, vgl. oben); RGZ 87, 327, 328; 88, 110, 111; RG HRR 1930 Nr. 212; HRR 1935 Nr. 582; HRR 1935 Nr. 926; HRR 1938 Nr. 510; RG JR 1927, 651 (Nr. 1109); BGH v. 17.09.1959 – VII ZR 115/58 = WM 1960, 51; v. 05.12.1962 – VIII ZR 251/61 = WM 1963, 24, 25; v. 06.11.1963 – VIII ZR 160/62 = WM 1963, 1302, 1303; v. 15.02.1967 – VIII ZR 232/64 = WM 1967, 366, 367; v. 13.11.1968 – VIII ZR 207/66 = WM 1968, 1391 (juris Rn. 31); v. 10.02.1971 – VIII ZR 144/69 = WM 1971, 614, 615; v. 05.12.1973 – VIII ZR 141/72 = WM 1974, 8 (juris Rn. 40); v. 09.10.1974 – VIII ZR 149/73 = WM 1974, 1129 (juris Rn. 20); v. 30.06.1976 – VIII ZR 52/75 = WM 1976, 808 (juris Rn. 15); v. 24.09.1980 – VIII ZR 291/79 = BGHZ 78, 137 (juris Rn. 21); v. 16.02.1984 – IX ZR 106/83 = WM 1984, 425 (juris Rn. 13); v. 12.12.1985 – IX ZR 47/85 = WM 1986, 257 (juris Rn. 27, 35); v. 17.03.1994 – IX ZR 174/93 = WM 1994, 1064 (juris Rn. 23); v. 04.06.2013 – XI ZR 505/11 = BGHZ 197, 335 (Rn. 20); OLG München JW 1918, 59, 60; OLG Köln HRR 1932 Nr. 29 = JW 1932, 2174; OLG Zweibrücken v. 09.12.1981 – 7 U 30/81 = MDR 1982, 577, 578; OLG Stuttgart v. 07.03.1985 – 7 U 249/84 = WM 1986, 736, 737; OLG Köln v. 07.02.1995 – 22 U 246/94 = WM 1995, 1965 (juris Rn. 7); OLG Braunschweig v. 17.05.1995 – 3 U 19/95 (juris Rn. 11); OLG Brandenburg v. 30.09.2009 – 3 U 190/08 (Rn. 55); vgl. auch BeckOGK/*Madaus*, § 765 Rn. 124; *Dreismann*, Bürgenschutz durch Gläubigerdiligenz?, S. 85 ff.; Erman/*Zetzsche*, § 765 Rn. 44; *Fischer*, in: Lwowski/Fischer/Gehrlein, Kreditsicherung, § 9 Rn. 119; *Horn*, Bürgschaften und Garantien, Rn. 290 ff.; *La Baume*, Freiwerden des Bürgen, S. 38 ff.; *Larenz/Canaris*, Schuldrecht II/2, § 60 III. 4. b), S. 14; *Pfeiffer*, Nebenpflichten des Bürgschaftsgläubigers, S. 36; *Rehbein*, in: FS Werner, S. 697, 705 ff.; RGRK/*Mormann*, § 765 Rn. 10; Soergel/*Gröschler*, § 765 Rn. 46; Staudiger/*Horn*, § 765 Rn. 134; *Tiedtke*, WM 1986, 69, 75 f.

einseitig begünstigenden Vertrag, der einzig dem Bürgen Pflichten auferlegt.[680] Dem liegt folgende Argumentation zugrunde, welche sich bereits die Erste Kommission zu eigen machte: Der Gläubiger verschafft sich selbst durch die Bürgschaft eine Beruhigung in Form einer Sicherheit für die Hauptverbindlichkeit. Diese kann unter Umständen eine Bedingung für die Kreditgewährung an den Hauptschuldner sein. Daraus folgt, dass sich der Gläubiger allgemein nicht um die Angelegenheiten des Bürgen zu kümmern habe.[681]

§ 776 S. 1 BGB schützt den Bürgen vor der aktiven Aufgabe einer konkurrierenden Kreditsicherheit durch den Gläubiger. Verschlechtern sich die Regresschancen des Bürgen auf andere Weise, besteht keine Pflicht des Gläubigers, dem entgegenzuwirken.[682] Denn der Bürge kann sich durch eine sofortige Befriedigung des Gläubigers selbst helfen, indem er nach der Übertragung der Sicherheit selbst Rückgriff nimmt oder deren Wert sichert.[683] Daher besteht insbesondere keine vertragliche Verpflichtung des Gläubigers gegenüber dem Bürgen, bei dem Vorgehen gegen den Hauptschuldner die Interessen des Bürgen zu berücksichtigen.[684] Folglich fällt auch nicht die Überwachung des Hauptschuldners oder anderer die Hauptforderung absichernder Sicherungsmittel in den Pflichtenkreis des Gläubigers.[685] Mangels solcher Rücksichtnahmepflichten liegt daher auch die Auswahl, welches Sicherungsmittel zuerst in Anspruch genommen wird (Verwertungsreihenfolge), im Ermessen des Gläubigers.[686]

Nach herrschender Meinung können weitere Nebenpflichten des Gläubigers zugunsten des Bürgen auch nicht aus einer Verallgemeinerung der

---

680 Vgl. *Dreismann*, Bürgenschutz durch Gläubigerdiligenz?, S. 99; *Eisenhardt*, MDR 1968, 541.

681 *Knütel*, in: FS Flume I, S. 559, 582; in diese Richtung auch BGH v. 24.09.1980 - VIII ZR 291/79 = BGHZ 78, 137 (juris Rn. 17); v. 12.12.1985 - IX ZR 47/85 = WM 1986, 257 (juris Rn. 35); vgl. zu der Argumentation der Ersten Kommission unter Teil 1 A.II.2.a.; kritisch *Weber*, WM 2001, 1229, 1235.

682 S.o. Teil 1 A.II.2.b., c. sowie unten unter H.I.2.

683 BGH v. 04.06.2013 - XI ZR 505/11 = BGHZ 197, 335 (Rn. 20); der BGH verweist insoweit zutreffend auf die Materialien zum BGB, vgl. Mugdan II (Motive), S. 379; siehe auch oben Teil 1 A.III.2.c.

684 RGZ 88, 410, 411; RGZ 145, 167, 169; RG JR 1927, 651 (Nr. 1109; kein Überwachungsrecht); BGH v. 05.12.1962 - VIII ZR 251/61 = WM 1963, 24, 25; *La Baume*, Freiwerden des Bürgen, S. 45 f.; Soergel/*Gröschler*, § 776 Rn. 9; kritisch *Weber*, WM 2001, 1229, 1235; sowie *Straus*, Schutz des Bürgen, S. 40 ff.

685 BGH v. 05.12.1962 - VIII ZR 251/61 = WM 1963, 24, 25; *Pfeiffer*, Nebenpflichten des Bürgschaftsgläubigers, S. 30 ff.

686 S.u. Teil 3 C.I.

Rechtsgedanken des § 776 BGB, insbesondere durch eine Einzelanalogie, abgeleitet werden. Die Norm stelle eine eng begrenzte und nicht analogiefähige Ausnahmevorschrift von dem Grundsatz des Nichtbestehens von Diligenzpflichten dar.[687] *Fontaine* fasst diese Ansicht zutreffend wie folgt zusammen: Sinn und Zweck des § 776 BGB sei der Schutz des Bürgen vor der Aufgabe einer Sicherheit durch den Gläubiger, nicht hingegen ein genereller Schutz des Bürgen.[688]

Damit sprechen einerseits die einseitig begünstigende Rechtsnatur des Bürgschaftsvertrages, andererseits der Ausnahmecharakter des § 776 BGB gegen zusätzliche Diligenzpflichten des Gläubigers.[689]

2. *Allgemeine Rücksichtnahmepflichten des Gläubigers nach Treu und Glauben*

Allerdings sind auch dem Handlungsspielraum des Gläubigers eines nur einseitig verpflichtenden Bürgschaftsvertrages Grenzen gesetzt.[690] Diese ergeben sich aus allgemeinen Rechtssätzen, insbesondere aus dem Grundsatz von Treu und Glauben. Zwar hielt das Reichsgericht § 242 BGB[691] zunächst mangels

687 RGZ 65, 134, 136; 87, 327, 328; BGH v. 27.09.1962 – VII ZR 74/61 = WM 1962, 1293, 1294; v. 16.02.1984 – IX ZR 106/83 = WM 1984, 425 (juris Rn. 13); LSG Schleswig-Holstein v. 28.11.2007 – L 5 KR 33/07 (Rn. 23); missverständlich insoweit RG HRR 1935 Nr. 510; *Dreismann*, Bürgenschutz durch Gläubigerdiligenz?, S. 94, 122; *Fontaine*, Diligenzpflichten des Gläubigers gegenüber dem Bürgen, S. 28 f.; *Lambsdorff/Skora*, Hdb. d. Bürgschaftsrechts, Rn. 252; *Pfeiffer*, Nebenpflichten des Bürgschaftsgläubigers, S. 32; Staudinger/*Stürner*, § 776 Rn. 1; vgl. auch bereits Jakobs/Schubert, SR III, S. 512; Mugdan II (Motive), S. 379; abweichend jurisPK/*Prütting*, § 776 Rn. 2; *Straus*, Schutz des Bürgen, S. 19 ff.; kritisch *Henssler*, Risiko als Vertragsgegenstand S. 350 ff.; **a.A.** MüKo/*Habersack*, § 776 Rn. 1; *Stüven*, Diligenzpflichten des Gläubigers, S. 99 ff.; davon zu trennen ist jedoch die Frage, inwieweit diese eine Ausnahme auf andere Sicherungsmittel übertragbar ist, siehe dazu unten unter G.

688 *Fontaine*, Diligenzpflichten des Gläubigers gegenüber dem Bürgen, S. 29.

689 So ausdrücklich *Pfeiffer*, Nebenpflichten des Bürgschaftsgläubigers, S. 36.

690 Ausführlich *Pfeiffer*, Nebenpflichten des Bürgschaftsgläubigers, S. 64 ff.; vgl. auch *La Baume*, Freiwerden des Bürgen, S. 41; *Straus*, Schutz des Bürgen, S. 21 ff.; *Stüven*, Diligenzpflichten des Gläubigers, S. 88 ff.

691 Seit Inkrafttreten des SRMG (01.01.2002) dürfte für die Begründung allgemeiner Rücksichtnahmepflichten die neu eingefügte Vorschrift des § 241 Abs. 2 BGB besser passen, so z.B. auch Erman/*Zetzsche*, § 765 Rn. 44; MüKo/*Habersack*, § 765 Rn. 92; Soergel/*Gröschler*, § 765 Rn. 47; Staudinger/*Stürner*, § 765 Rn. 135; inhaltlich ergibt sich jedoch für die nachfolgende Betrachtung kein Unterschied.

Leistung des Gläubigers tatbestandlich für nicht anwendbar auf den Bürgschaftsvertrag.[692] Seit der Entscheidung RGZ 87, 327 ist jedoch auch in Bezug auf die Bürgschaft die generelle „Obliegenheit“[693] des Gläubigers zur Achtung von Treu und Glauben allgemein anerkannt.[694] Dies gilt auch für die Kontrolle Allgemeiner Geschäftsbedingungen gem. § 307 Abs. 1 BGB.[695] Zu beachten ist jedoch, dass dem Gläubiger keine Neben(leistungs)pflichten, sondern lediglich *Rücksichts- und Schutzpflichten* auferlegt werden.[696] Solche bestehen gem. § 241 Abs. 2 BGB grundsätzlich für alle Verträge.

3. Keine „Sperrwirkung“ des § 776 BGB

§ 776 BGB sollte nach den Vorstellungen insbesondere der Ersten Kommission zwar eine punktuelle Rücksichtnahmepflicht des Gläubigers begründen, jedoch ergebe sich im Umkehrschluss aus der Norm auch, dass keine weitergehenden Diligenzpflichten existieren.[697] Die Vorschrift sollte daher abschließend sein und gewissermaßen eine „Sperrwirkung“ gegenüber darüber hinausgehenden Pflichten entfalten (s.o. F.I.1.). Gleichwohl sind aufgrund von § 241 Abs. 2 BGB gewisse Rücksichts- und Schutzpflichten des Gläubigers anerkannt (s.o. F.I.2.).

---

692 RGZ 65, 134, 136; so auch *Pfeiffer*, Nebenpflichten des Bürgschaftsgläubigers, S. 32.

693 Ausführlich zum Rechtscharakter der Norm oben unter D.

694 RGZ 87, 327, 328; vgl. auch RGZ 88, 410, 411; 143, 118, 123; 145, 167; RG HRR 1930 Nr. 212; HRR 1935 Nr. 582; BGH v. 17.09.1959 – VII ZR 115/58 = WM 1960, 51; v. 05.12.1962 – VIII ZR 251/61 = WM 1963, 24, 25; v. 20.06.1967 – III ZR 51/66 = BGHZ 47, 248 (juris Rn. 27); v. 20.06.2000 – IX ZR 87/98 = WM 2000, 1578 (juris Rn. 25); OLG Stuttgart v. 04.02.2009 – 9 U 154/07 (Rn. 59); Erman/*Zetzsche*, § 765 Rn. 44; *ders.* § 776 Rn. 1; *Esser/Weyers*, Schuldrecht II/1, S. 347; jurisPK/*Prütting*, § 765 Rn. 8, 48; *Knütel*, in: FS Flume I, S. 559, *Lambsdorff/Skora*, Hdb. d. Bürgschaftsrechts, Rn. 244; *Larenz/Canaris*, Schuldrecht II/2, § 60 III. 4. b), S. 14; MüKo/*Habersack*, § 765 Rn. 92; RGRK/*Mormann*, § 765 Rn. 10; Soergel/*Gröschler*, § 765 Rn. 46; *ders.* § 776 Rn. 9; 566; *Straus*, Schutz des Bürgen, S. 23 ff.; kritisch *Eisenhardt*, MDR 1968, 541, 542; *Wacke*, AcP 170 (1970), 42, 65.

695 Staudiger/*Horn*, § 765 Rn. 135; ausführlich zur Abdingbarkeit der Norm mittels AGB unten Teil 3 A.II.

696 JurisPK/*Prütting*, § 765 Rn. 8, 48 f.; *Lambsdorff/Skora*, Hdb. d. Bürgschaftsrechts, Rn. 244; MüKo/*Habersack*, § 765 Rn. 92; *Schürnbrand*, Schuldbeitritt, S. 150; Soergel/*Gröschler*, § 765 Rn. 46; Staudiger/*Horn*, § 765 Rn. 135; weitergehend *Henssler*, Risiko als Vertragsgegenstand, S. 343.

697 S.o. Teil 1 A.II.2.a.

Daraus ergibt sich, dass dem Bürgschaftsgläubiger nicht sämtliche Handlungen, die nicht von § 776 BGB erfasst sind, erlaubt sind.[698]

Insoweit scheint daher folgende vermittelnde Ansicht angezeigt. Zwar kann § 776 BGB nicht analog zur Begründung neuer sachlicher Schutzpflichten herangezogen werden.[699] Die Norm steht jedoch der Anerkennung weiterer Rücksichtnahmepflichten auch nicht entgegen. Diese sind vielmehr unabhängig von § 776 BGB und ergeben sich aus allgemeinen zivilrechtlichen Rechtssätzen, insbesondere aus dem allgemeinen Grundsatz von Treu und Glauben (§ 242 bzw. § 241 Abs. 2 BGB) oder § 826 BGB.[700] Dies lässt sich auch mit den Erwägungen der Ersten Kommission in Einklang bringen, welche § 776 BGB als einen Spezialfall von Treu und Glauben verstand.[701] Die Gläubigerpflichten stehen jedoch stets im Spannungsverhältnis zwischen dem nur einseitig begünstigenden Charakter des Bürgschaftsvertrages einerseits und dem Schutzbedürfnis des Sicherungsgebers andererseits. Daher ist grundsätzlich Zurückhaltung bei der Anerkennung weiterer Pflichten geboten.[702]

II. Allgemeine Diligenzpflichten außerhalb des Anwendungsbereichs des § 776 BGB

Da die weitergehenden Diligenzpflichten des Gläubigers nicht aus § 776 BGB, sondern aus allgemeinen Rechtssätzen hergeleitet werden, soll an dieser Stelle nur so weit auf die entsprechenden Grundsätze der Rechtsprechung eingegangen werden, wie dies für die rechtliche Einordnung des § 776 BGB erforderlich ist.[703]

Die Rücksichtnahmepflichten des Gläubigers gegenüber dem Bürgen können in drei Kategorien eingeteilt werden. Erstens kann sich der Gläubiger zu einer konkreten Handlung aktiv verpflichten (dazu unter F.II.1.). Hat der Gläubiger

---

698 *Pfeiffer*, Nebenpflichten des Bürgschaftsgläubigers, S. 71; *Schürnbrand*, Schuldbeitritt, S. 150.

699 Zum persönlichen Anwendungsbereich, insb. einer analogen Anwendung auf andere Sicherungsmittel s.u. unter G.

700 So ausdrücklich RG HRR 1935 Nr. 582; vgl. auch *Fontaine*, Diligenzpflichten des Gläubigers gegenüber dem Bürgen, S. 47 ff.

701 S.o. Teil 1 A.II.1.; kritisch dazu *Schürnbrand*, Schuldbeitritt, S. 150.

702 *Stüven*, Diligenzpflichten des Gläubigers, S. 73; vorliegend zeigt sich erneut die Ausgleichsfunktion des § 776 S. 1 BGB, s.o. Teil 1 E.II.1.c.

703 Weiterführend *Dreismann*, Bürgenschutz durch Gläubigerdiligenz?, S. 103 ff.; *Pfeiffer*, Nebenpflichten des Bürgschaftsgläubigers, S. 84 ff.

dies nicht getan, aber gleichwohl zugunsten des Bürgen gehandelt, dann muss er dies zweitens auch mit der im Verkehr erforderlichen Sorgfalt tun (dazu unter F.II.2.). Drittens ergeben sich aus den allgemeinen zivilrechtlichen Instituten (§§ 242, 826, 138 Abs. 1 BGB) Grenzen des Gläubigerhandelns, insbesondere darf der Gläubiger den Bürgen nicht aktiv schädigen (dazu unter F.II.3.).

1. *Selbstverpflichtung des Gläubigers zu Rücksichtnahmepflichten*

Der Gläubiger kann sich dem Bürgen gegenüber sowohl ausdrücklich als auch konkludent zu gewissen Handlungen zugunsten des Bürgen verpflichten.[704] Als Beispiele seien eine Festlegung der Verwertungsreihenfolge bei mehreren Sicherheiten[705] oder spezielle Informationspflichten genannt. Verletzt der Gläubiger eine zugesicherte Pflicht und erleidet der Bürge dadurch einen Schaden, begründet dies einen Schadensersatzanspruch aus § 280 Abs. 1 (ggf. i.V.m. § 241 Abs. 2) BGB gegenüber dem Gläubiger.[706] Vom Vertrag lösen kann sich der Bürge mangels synallagmatischer Verpflichtung nach Ansicht des BGH hingegen im Falle einer Pflichtverletzung des Gläubigers nicht, dies ist nur aufgrund einer Verwirkung bei besonders schweren Verstößen möglich.[707] Besteht eine Vereinbarung zwischen Gläubiger und *Hauptschuldner* hinsichtlich der Verwertungsmodalitäten von (mehreren) Sicherheiten, kann sich der Bürge nach der Rechtsprechung darauf gem. § 768 Abs. 1 S. 1 bzw. § 770 Abs. 2 BGB berufen.[708]

2. *Übernahme einer Handlung für den Bürgen*

Übernimmt der Gläubiger eine Handlung für den Bürgen, zu der er sich vorher nicht verpflichtet hat, gilt folgender Grundsatz. Der Gläubiger musste zwar nicht

704 BGH v. 17.09.1959 – VII ZR 115/58 = WM 1960, 51; v. 05.12.1962 – VIII ZR 251/61 = WM 1963, 24, 25; v. 15.02.1967 – VIII ZR 232/64 = WM 1967, 366, 367; v.13.11.1968 – VIII ZR 207/66 = WM 1968, 1391 (juris Rn. 31); v. 10.02.1971 – VIII ZR 144/69 = WM 1971, 614, 615; vgl. auch *Fontaine*, Diligenzpflichten des Gläubigers gegenüber dem Bürgen, S. 58 f.; *Lambsdorff/Skora*, Hdb. d. Bürgschaftsrechts, Rn. 246; *Pfeiffer*, Nebenpflichten des Bürgschaftsgläubigers, S. 43; Soergel/*Göschler*, § 765 Rn. 46; Staudinger/*Stürner*, § 765 Rn. 141; *Weber*, WM 2001, 1229, 1235.

705 Vgl. BGH v. 12.12.1985 – IX ZR 47/85 = WM 1986, 257 (juris Rn. 48).

706 BGH v. 20.06.1967 – III ZR 51/66 = BGHZ 47, 248 (juris Rn. 23); RGRK/*Mormann*, § 765 Rn. 10; vor dem SRMG entsprach dies einem Anspruch aus pVV.

707 BGH v. 05.12.1962 – VIII ZR 251/61 = WM 1963, 24, 25; zu besonders schweren Verstößen sogleich unter F.II.3.

708 BGH v. 22.06.1966 – VIII ZR 50/66 = WM 1966, 756 (juris Rn. 6).

tätig werden, wenn er gleichwohl handelt, dann hat er dabei auch entsprechend den Grundsätzen von Treu und Glauben die im Verkehr erforderlichen Sorgfalt anzuwenden. Dies stellt einen Fall der Geschäftsführung ohne Auftrag dar. Auch der Geschäftsführer ist dem Geschäftsherrn zum Schadensersatz (gem. §§ 677, 280 Abs. 1 BGB) verpflichtet, wenn das „Ob" der Geschäftsführung zwar dessen Willen und Interesse entsprach, nicht jedoch das „Wie" der Ausführung.

Bereits das Reichsgericht hatte entsprechend zu Aufklärungspflichten geurteilt. Zwar müsse der Gläubiger den Bürgen nicht über den Zustand und die Werthaltigkeit der parallel bestehenden Sicherheiten informieren, tue er dies dennoch, dann darf er auch kein falsches Bild erzeugen.[709] Dem Gläubiger ist es weiterhin nicht erlaubt, schuldhaft aktiv einen Irrtum des Bürgen über den Charakter oder Umfang der zu sichernden Forderung hervorzurufen, anderenfalls kommt eine Haftung aus culpa in contrahendo (c.i.c.) in Betracht.[710] In besonders deutlichen Fällen der Täuschung nimmt der BGH sogar eine Sittenwidrigkeit nach § 138 Abs. 1 BGB an.[711] Ausdrücklich nicht in den Pflichtenkreis des Gläubigers fällt das Interesse des Bürgen, dass der Hauptschuldner keine weiteren Schulden aufnimmt.[712]

3. *Rechtsmissbrauch*

Letztlich darf der Gläubiger den Bürgen nicht aktiv schädigen. Verletzt der Gläubiger den Grundsatz von Treu und Glauben gegenüber dem Bürgen in

---

709 RG HRR 1935 Nr. 926; ebenso auch BGH v. 07.03.1956 – IV ZR 271/55 = WM 1956, 885, 888 (in Bezug auf den Hauptschuldner); v. 10.01.2006 – XI ZR 169/05 = WM 2006, 377 (Rn. 21); OLG Stuttgart v. 07.03.1985 – 7 U 249/84 = WM 1986, 736, 737; *Henssler*, Risiko als Vertragsgegenstand, S. 348; *Pfeiffer*, Nebenpflichten des Bürgschaftsgläubigers, S. 41; *Reinicke/Tiedtke*, Bürgschaftsrecht, Rn. 245.

710 BGH v. 28.02.1968 – VIII ZR 210/65 = WM 1968, 398 (juris Rn. 11 ff.); v. 05.12.1973 – VIII ZR 141/72 = WM 1974, 8 (juris Rn. 40), in der Entscheidung wird jedoch allgemein ein Verstoß gegen § 242 BGB angenommen und nicht ausdrücklich eine Haftung aus c.i.c. bejaht, welche für den konkreten Fall indes naheliegender gewesen wäre; v. 10.01.2006 – XI ZR 169/05 = WM 2006, 377 (Rn. 21); OLG Hamm v. 16.03.1982 – 10 U 199/81 = MDR 1982, 578; vgl. auch Erman/*Zetzsche*, § 765 Rn. 44; *Fontaine*, Diligenzpflichten des Gläubigers gegenüber dem Bürgen, S. 37 ff.; jurisPK/*Prütting*, § 765 Rn. 49; RGRK/*Mormann*, § 765 Rn. 10; Soergel/*Gröschler*, § 765 Rn. 46 f.; Staudinger/*Stürner*, § 776 Rn. 4; *ders*, Vorbem zu §§ 765-778 Rn. 67; *ders.*, § 765 Rn. 13, 136.

711 BGH v. 28.02.2002 – IX ZR 153/00 = WM 2002, 923; vgl. auch Erman/*Zetzsche*, § 765 Rn. 45.

712 BGH v. 05.12.1962 – VIII ZR 251/61 = WM 1963, 24, 26.

„gröblicher Weise oder arglistig",[713] kann er nach der Ansicht des BGH seine Bürgschaftsforderung verwirken. Insbesondere darf der Gläubiger den Bürgen nicht willkürlich in seinen Regressmöglichkeiten beschneiden.[714] Gleiches gilt für den Fall, dass der Gläubiger selbst aktiv den Eintritt des Bürgschaftsfalles veranlasst.[715]

Neben der Verwirkung[716] schütz die Rechtsprechung den Bürgen zudem auch durch die Anwendung der §§ 242, 826 und 138 Abs. 1 BGB.[717] Ausdrücklich für

---

713 BGH v. 05.12.1962 – VIII ZR 251/61 = WM 1963, 24, 25; vgl. auch BGH v. 17.12.1959 – VII ZR 194/58 = WM 1960, 371, 373; v. 20.06.1967 – III ZR 51/66 = BGHZ 47, 248 (juris Rn. 27); v. 13.11.1968 – VIII ZR 207/66 = WM 1968, 1391 (juris Rn. 31); v. 09.10.1974 – VIII ZR 149/73 = WM 1974, 1129 (juris Rn. 23); v. 24.09.1980 – VIII ZR 291/79 = BGHZ 78, 137 (juris Rn. 21); OLG Karlsruhe v. 13.02.1979 – 8 U 190/76 = WM 1979, 981, 986; OLG Zweibrücken v. 09.12.1981 – 7 U 30/81 = MDR 1982, 577, 578; OLG München v. 05.03.1998 – 24 U 6/97 (juris Rn. 38); so auch *Knütel*, in: FS Flume I, S. 559, 566 m.w.N.; *Lambsdorff/Skora*, Hdb. d. Bürgschaftsrechts, Rn. 180 f.; *Nobbe*, in: Schimansky/Bunte/Lwowski, Bankrechtshandbuch II, § 91 Rn. 395; *Reinicke/Tiedtke*, Bürgschaftsrecht, Rn. 242 ff.; RGRK/*Mormann*, § 765 Rn. 10; *Schürnbrand*, Schuldbeitritt, S. 153.

714 BGH v. 05.12.1962 – VIII ZR 251/61 = WM 1963, 24 (Leitsatz 2.); v. 20.06.1967 – III ZR 51/66 = BGHZ 47, 248 (juris Rn. 27); v. 20.06.2000 – IX ZR 87/98 = WM 2000, 1578 (juris Rn. 25); OLG Köln v. 10.04.2002 – 13 U 73/01 (Rn. 32); vgl. schon RG HRR 1935 Nr. 582. Erst recht gilt dies für den Fall des kollusiven Zusammenwirkens von Gläubiger und Hauptschuldner, BGH v. 05.12.1962 – VIII ZR 251/61 = WM 1963, 24, 26 (angedeutet); v. 06.11.1963 – VIII ZR 160/62 = WM 1963, 1302, 1303 (ausdrücklich); Erman/*Zetzsche*, § 765 Rn. 45; MüKo/*Habersack*, § 765 Rn. 92 f.; vgl. auch *Fischer*, in: Lwowski/Fischer/Gehrlein, Kreditsicherung, § 9 Rn. 121; *Henssler*, Risiko als Vertragsgegenstand, S. 343 nimmt eine weitgehende Unterlassungspflicht des Gläubigers bzgl. aller Umstände an, die das Bürgenrisiko erhöhen könnten.

715 BGH v. 05.12.1962 – VIII ZR 251/61 = WM 1963, 24 (Leitsatz 2.); v. 09.10.1974 – VIII ZR 149/73 = WM 1974, 1129 (juris Rn. 25); *Knütel*, in: FS Flume I, S. 559, 581, der dies überzeugend mit dem Rechtsgedanken des § 162 BGB begründet; *Nobbe*, in: Schimansky/Bunte/Lwowski, Bankrechtshandbuch II, § 91 Rn. 395; Soergel/*Gröschler*, § 765 Rn. 46.

716 Die Rechtsprechung dürfte hinsichtlich des Begriffs der Verwirkung vielmehr grundsätzlich als Rechtsverlust zu verstehen sein.

717 **Pauschal** bzgl. eines Rechtsmissbrauchs: BGH v. 20.06.1967 – III ZR 51/66 = BGHZ 47, 248 (juris Rn. 27); v. 13.11.1968 – VIII ZR 207/66 = WM 1968, 1391 (juris Rn. 31); OLG Köln v. 07.02.1995 – 22 U 246/94 = WM 1995, 1965 (juris Rn. 7); ausdrücklich bestätigt von BVerfG v. 19.10.1993 – 1 BvR 567/89 = WM 1993, 2199 (juris Rn. 47); OLG Bamberg v. 13.12.1999 – 4 U 152/99 = WM 2000, 1582; vgl. auch *Lambsdorff/Skora*, Hdb. d. Bürgschaftsrechts, Rn. 182 ff.; Staudinger/*Stürner*, § 765 Rn. 140; zu

möglich hat der BGH zudem einen Wegfall der Geschäftsgrundlage gehalten. Insoweit sind jedoch wegen des nur einseitig verpflichtenden Charakters der Bürgschaft strenge Maßstäbe zu setzen, insbesondere berühre der Ausfall einzelner anderer Sicherungsmittel nicht die Geschäftsgrundlage.[718] Gemeinsam ist sämtlichen zitierten Entscheidungen, dass vorbehaltlich vertraglich vereinbarter strengerer Pflichten nur vorsätzliches oder grob pflichtwidriges Verhalten des Gläubigers sanktioniert wird.

Rechtsmissbräuchliches Verhalten kann der Bürge dem Gläubiger auch dann entgegenhalten, wenn er zuvor in der Bürgschaftserklärung auf sämtliche Einreden, insbesondere auch auf § 776 BGB, verzichtet hat.[719] Für diese Sichtweise spricht § 276 Abs. 3 BGB.

---

§ 242 BGB: BGH v. 17.09.1959 – VII ZR 115/58 = WM 1960, 51; v. 16.02.1984 – IX ZR 106/83 = WM 1984, 425 (juris Rn. 14 f.); indirekt auch BGH v. 15.02.1967 – VIII ZR 232/64 = WM 1967, 366, 367; OLG Köln v. 07.02.1995 – 22 U 246/94 = WM 1995, 1965 (juris Rn. 6); BVerfG v. 19.10.1993 – 1 BvR 567/89 = WM 1993, 2199 (juris Rn. 55); OLG Braunschweig v. 17.05.1995 – 3 U 19/95 (juris Rn. 12); **§ 826 BGB** ausdrücklich bejahend OLG München JW 1918, 59, 60; für dessen grundsätzliche Anwendbarkeit wohl auch BGH v. 17.09.1959 – VII ZR 115/58 = WM 1960, 51; v. 13.11.1968 – VIII ZR 207/66 = WM 1968, 1391 (juris Rn. 31); LG Krefeld v. 17.07.2007 – 5 O 496/05; zu **§ 138 BGB**, der insbesondere bei der Begründung der Bürgenverpflichtung im Hinblick auf eine krasse finanzielle Überforderung des Bürgen relevant wird, vgl. insb. BGH v. 18.09.1997 – IX ZR 283/96 = BGHZ 136, 347; v. 08.10.1998 – IX ZR 257/97 = WM 1998, 2327 und jüngst BGH v. 11.09.2018 – XI ZR 380/16 = WM 2018, 2080; sowie statt vieler *Oechsler*, Vertragliche Schuldverhältnisse, Rn. 1374 ff.; *Reinicke/Tiedtke*, Bürgschaftsrecht, Rn. 172 ff.; jeweils m.w.N.

718 BGH v. 17.03.1994 – IX ZR 174/93 = WM 1994, 1064 (juris Rn. 16, 20); ebenso OLG Braunschweig v. 17.05.1995 – 3 U 19/95 (juris Rn. 13); generell zur Möglichkeit des Wegfalls der Geschäftsgrundlage BGH v. 05.04.2001 – IX ZR 276/98 = WM 2001, 1060 (juris Rn. 21 ff.); vgl. auch unter D.II.

719 BGH v. 17.12.1959 – VII ZR 194/58 = WM 1960, 371, 373; v. 06.11.1963 – VIII ZR 160/62 = WM 1963, 1302, 1303; v. 24.09.1980 – VIII ZR 291/79 = BGHZ 78, 137 (juris Rn. 21); v. 16.02.1984 – IX ZR 106/83 = WM 1984, 425 (juris Rn. 14); v. 19.09.1985 – III ZR 214/83 = BGHZ 95, 350 (juris Rn. 38); v. 12.12.1985 – IX ZR 47/85 = WM 1986, 257 (juris Rn. 22); v. 13.12.1990 – IX ZR 79/90 = WM 1991, 558 (juris Rn. 25); v. 28.04.1994 – IX ZR 248/93 = WM 1994, 1161 (juris Rn. 23); OLG Hamm v. 13.05.1998 – 31 U 36/98 = WM 1999, 1969; OLG Naumburg v. 11.02.2000 – 2 U 14/99; vgl. auch Nobbe/*Nobbe*, Kommentar zum Kreditrecht, § 776 Rn. 6; PWW/*Brödermann*, § 776 Rn. 3; *Tiedtke*, WM 1990, 1270, 1272.

III. Einzelne konkrete Pflichten

Nachfolgend sollen über die soeben dargestellten allgemeinen Grundsätze hinaus einige spezifische Gläubigerpflichten dargestellt werden, soweit dies für die Betrachtung des § 776 BGB von Bedeutung ist.

1. Aufklärungspflicht über den Hauptschuldner bei Vertragsschluss

Die Solvenz des Hauptschuldners ist für den Bürgen ein wichtiges Kriterium für die Einordnung seines Haftungsrisikos. Fragt der Bürge den Gläubiger ausdrücklich nach diesem Umstand, trifft den Gläubiger die Pflicht zur wahrheitsgemäßen Antwort.[720] Fraglich ist, ob dem Gläubiger darüber hinaus auch ohne ein solches Nachfragen gegenüber dem Bürgen bei Vertragsschluss eine anlasslose Pflicht zur Aufklärung im Hinblick auf die Vermögenslage des Hauptschuldners obliegt. Wie bereits festgestellt, bestehen grundsätzlich keine Pflichten zur Überwachung des Hauptschuldners *nach* Begründung der Bürgschaft.[721] Gleiches gilt nach allgemeiner Meinung für eine etwaige Aufklärung des Bürgen über die Vermögenslage des Hauptschuldners bei Vertragsschluss, insbesondere einen Zahlungsverzug, die Verwendung des Kredits durch den Hauptschuldner oder das generelle Risiko der Bürgschaft.[722] Eine Ausnahme besteht wiederum in Fällen des Rechtsmissbrauchs, beispielsweise wenn für den Gläubiger schon bei Abschluss des Bürgschaftsvertrages die spätere Inanspruchnahme des Bürgen sicher feststeht oder der Gläubiger das Risiko bewusst falsch vorspiegelt

---

720 BGH v. 07.03.1956 – IV ZR 271/55 = WM 1956, 885, 888; MüKo/*Habersack*, § 765 Rn. 99; RGRK/*Mormann*, § 765 Rn. 11; Soergel/*Gröschler*, § 765 Rn. 46.

721 S.o. F.I.1.

722 RG HRR 1935 Nr. 926; OLG München JW 1918, 59, 60; BGH v. 05.12.1962 – VIII ZR 251/61 = WM 1963, 24, 27; v. 06.11.1963 – VIII ZR 160/62 = WM 1963, 1302, 1303; v. 30.06.1976 – VIII ZR 52/75 = WM 1976, 808 (juris Rn. 15); v. 07.05.1987 – IX ZR 198/85 = WM 1987, 853 (juris Rn. 60); v. 24.02.1993 – IX ZR 93/93 = BGHZ 125, 206 (juris Rn. 34); v. 10.01.2006 – XI ZR 169/05 = WM 2006, 377 (Rn. 21); OLG Hamm v. 16.03.1982 – 10 U 199/81 = MDR 1982, 578; OLG Stuttgart v. 07.03.1985 – 7 U 249/84 = WM 1986, 736, 737; OLG Köln v. 07.02.1995 – 22 U 246/94 = WM 1995, 1965 (juris Rn. 7); OLG Koblenz v. 25.01.1996 – 5 U 714/95 = WM 1997, 1566 (juris Rn. 27); BeckOK/*Rohe*, § 765 Rn. 43; *Canaris*, Bankvertragsrecht, Teil 1 Rn. 113; *Dreismann*, Bürgenschutz durch Gläubigerdiligenz?, S. 154 ff.; Erman/*Zetzsche*, § 765 Rn. 46; *Henssler*, Risiko als Vertragsgegenstand, S. 343 ff.; *Lambsdorff/Skora*, Hdb. d. Bürgschaftsrechts, Rn. 249; MüKo/*Habersack*, § 765 Rn. 95; RGRK/*Mormann*, § 765 Rn. 11; Soergel/*Gröschler*, § 765 Rn. 47.

und einen Irrtum erst veranlasst hat.[723] Der Gläubiger muss den Bürgen nicht über einen Bonitätsverlust des Hauptschuldners benachrichtigen.[724] Streitig ist in diesem Zusammenhang jedoch die Frage, ob dem Gläubiger auch dann Aufklärungspflichten obliegen, wenn er zwar selbst keinen Irrtum hervorruft, einen solchen aber beim Bürgen zum Zeitpunkt des Vertragsschlusses bereits *erkennt* und ausnutzt. Grundsätzlich wird dies abgelehnt.[725] Nur für die Fälle der Geschäftsunerfahrenheit des Bürgen oder dessen „offensichtlichen" Irrtums hält die Rechtsprechung eine Aufklärungspflicht für möglich.[726] In Bezug auf den Hauptschuldner entspricht dies dem Sinn und Zweck der Bürgschaft als einseitig verpflichtendes Rechtsgeschäft.[727] Der Ausfall des Hauptschuldners und damit die eigene Inanspruchnahme ist das typische Vertragsrisiko des Bürgen. Würde dieses auf den Gläubiger externalisiert, hätte die Bürgschaft für ihn keinen Wert mehr.[728] *Canaris* hält jedoch weitergehende Aufklärungspflichten dann für erforderlich, wenn der Bürge Kunde der kreditgebenden Bank ist. Die bestehende Geschäftsverbindung begründe insoweit ein weitergehendes Vertrauensverhältnis.[729]

---

723 OLG Hamm v. 16.03.1982 – 10 U 199/81 = MDR 1982, 578; OLG Bamberg v. 13.12.1999 – 4 U 152/99 = WM 2000, 1582 (juris Rn. 46 ff.); BGH v. 10.01.2006 – XI ZR 169/05 = WM 2006, 377 (Rn. 21); BeckOK/*Rohe*, § 765 Rn. 44; *Canaris*, Bankvertragsrecht, Teil 1 Rn. 113; *Dreismann*, Bürgenschutz durch Gläubigerdiligenz?, S. 174 ff.; *Horn*, Bürgschaften und Garantien, Rn. 293; MüKo/*Habersack*, § 765 Rn. 96 ff.; RGRK/*Mormann*, § 765 Rn. 11.

724 Ausdrücklich RGZ 65, 134, 136 f., welches insoweit eine analoge Anwendung des § 1166 BGB ablehnt; vgl. auch *Reinicke/Tiedtke*, Bürgschaftsrecht, Rn. 248 ff.; **a.A.** *Knütel*, in: FS Flume I, S. 559, 583 ff.

725 BGH v. 30.06.1976 – VIII ZR 52/75 = WM 1976, 808 (juris Rn. 15); für eine Aufklärungspflicht auch ohne selbst veranlasste Fehlvorstellung MüKo/*Habersack*, § 765 Rn. 97.

726 Für die Fälle des „**offensichtlichen**" Irrtums BGH v. 05.12.1962 – VIII ZR 251/61 = WM 1963, 24, 27; zustimmend OLG Hamm v. 16.03.1982 – 10 U 199/81 = MDR 1982, 578; *Canaris*, Bankvertragsrecht, Teil 1 Rn. 110, 113; für die Fälle der **Geschäftsunerfahrenheit** BGH v. 09.10.1974 – VIII ZR 149/73 = WM 1974, 1129 (juris Rn. 20, 22); vgl. auch BGH v. 01.07.1999 – IX ZR 161/98 = WM 1999, 1614; zustimmend BeckOK/*Rohe*, § 765 Rn. 45.

727 S.o. A.II., vgl. auch *Canaris*, Bankvertragsrecht, Teil 1 Rn. 113; Staudinger/*Stürner*, § 765 Rn. 134.

728 S.o. A.I.; vgl. zu diesem Gedanken bereits die Erste Kommission, Teil 1 A.II.2.a.

729 *Canaris*, Bankvertragsrecht, Teil 1 Rn. 113.

2. *Aufklärungs- und Benachrichtigungspflicht sowie Überwachung konkurrierender Sicherheiten*

Nach der Ansicht *Knütels* begründe § 776 BGB eine umfassende Schutzpflicht des Gläubigers, neben der Bürgschaft bestehende Sicherheiten zugunsten des Bürgen zu *erhalten*.[730] Dies lasse sich insbesondere durch eine Pflicht, den Bürgen über Wertminderungen zu informieren, erreichen. Eine solche Benachrichtigungspflicht widerspricht jedoch dem Schutzzweck des § 776 S. 1 BGB. Die Norm soll den Bürgen vor widersprüchlichem Gläubigerverhalten schützen.[731] Der Gläubiger darf dem Vertrauen des Bürgen auf den Übergang der zusätzlichen Sicherungsrechte nicht aktiv zuwiderhandeln. Ein bloßes Unterlassen begründet demgegenüber kein vorwerfbares Verhalten.[732] Für den Fall der Passivität des Gläubigers hat schon die Erste Kommission das Recht des Bürgen, gem. § 774 Abs. 1 S. 1 BGB durch Zahlung in dessen Rechte einzutreten, als ausreichend erachtet.[733] Es stellt zudem das typische Risiko des Bürgen dar, im Zweifel voll für die verbürgte Verbindlichkeit einstehen zu müssen.[734] Nach zutreffender herrschender Meinung schuldet der Gläubiger daher keine Aufklärungs-, Überwachungs- oder Benachrichtigungspflicht hinsichtlich eines drohenden Wertverlustes der weiteren Sicherheiten.[735] Der Gläubiger ist nur gehalten, auf entsprechende Nachfrage des Bürgen wahrheitsgemäß zu antworten.[736]

---

730 *Knütel*, in: FS Flume I, S. 559, 583, der insoweit jedoch selbst nicht durchgehen konsequent ist, da er einerseits betont, dass die Sicherheit zur Beruhigung des Gläubigers beitragen soll, er aber andererseits aktive Pflichten zu dessen Lasten begründen will; in diese Richtung, aber nicht ganz so weitgehend jurisPK/*Prütting*, § 765 Rn. 48, der eine allgemeine Verpflichtung des Gläubigers sieht, „alles zu unterlassen, was den Rückgriff des Bürgen auf den Hauptschuldner vereiteln oder wesentlich beeinträchtigen könnte." Eine derartige Ansicht ließe sich auch mit den Argumenten *Laurents* zum Code Civil in Einklang bringen, welcher der Bürgschaft ein Element der Gegenseitigkeit zugrunde legte und folglich auch einfache Fahrlässigkeit des Gläubigers mit dem Freiwerden des Bürgen sanktionieren wollte, s.o. Teil 1 D.III.2.

731 S.o. D.VIII.

732 S.u. H.I.2.

733 Siehe oben Teil 1 E.II.1.b.; ablehnend *Knütel*, in: FS Flume I, S. 559, 583, der wegen § 776 S. 1 BGB das Interesse an der Zession besonders geschützt sehen will.

734 S.o. A.I.

735 BGH v. 17.03.1994 – IX ZR 174/93 = WM 1994, 1064 (juris Rn. 20, 23); OLG Zweibrücken v. 09.12.1981 – 7 U 30/81 = MDR 1982, 577, 578; Staudinger/*Stürner*, § 765 Rn. 138, 144; ebenso für parallel bestehende Versicherungen OLG Köln v. 07.02.1995 – 22 U 246/94 = WM 1995, 1965 (juris Rn. 6 f.).

736 RGZ 65, 134, 136 f.; BeckOGK/*Madaus*, § 765 Rn. 126.

3. *Pflicht zur Kreditwürdigkeitsprüfung?*

In Betracht kommt schließlich eine Pflicht des Gläubigers zur Kreditwürdigkeitsprüfung des Bürgen gem. § 505a BGB.[737] Die mit Wirkung zum 22.07.2017 in Kraft getretene Norm beruht auf der Entscheidung des EuGH v. 27.03.2014 – C-565/12 = WM 2014, 1528 und dessen Auslegung von Art. 8 RL 2008/48/EG (Verbraucherkreditrichtlinie).[738] Gem. § 505a Abs. 1 S. 2 BGB dürfen Darlehensgeber einen Verbraucherdarlehensvertrag nur abschließen, wenn eine Kreditwürdigkeitsprüfung ergeben hat, dass im Rahmen eines Verbraucherdarlehensvertrages keine erheblichen Zweifel daran bestehen, dass der Darlehensnehmer seinen sich aus dem Darlehensvertrag ergebenden Verpflichtungen vertragsgemäß nachkommen wird. Voraussetzung für eine aus § 505a BGB begründete Pflicht ist das Vorliegen eines Verbraucherdarlehensvertrages im Sinne des § 491 BGB. Dabei handelt es sich um einen entgeltlichen Darlehensvertrag zwischen einem Unternehmer als Darlehensgeber und einem Verbraucher als Darlehensnehmer (§ 491 Abs. 2 S. 1 BGB).[739] Allerdings ist der Bürge gerade nicht Darlehensnehmer, vielmehr leistet er Sicherheit für den Darlehensvertrag eines *Dritten*. Dem Wortlaut nach scheidet § 505a i.V.m. § 491 BGB damit aus.[740] Eine analoge Anwendung des Verbraucherkreditrechts auf den Schuldbeitritt oder die Vertragsübernahme ist zwar anerkannt.[741] Eine Übertragung auch auf die Bürgschaft lehnte der BGH jedoch – ebenso wie der EuGH – mit der Begründung ab, der Bürge sei bereits ausreichend durch die Vorschriften der §§ 766, 768 ff., 771 BGB geschützt.[742]

Gegen eine analoge Anwendung des Verbraucherkreditrechts spricht entscheidend der Charakter des Darlehensvertrages als Austauschvertrag mit beiderseitigen Haupt- und Neben(leistungs)pflichten.[743] Demgegenüber stellt die

---

737 Ausführlich zur Anwendbarkeit des Verbraucherdarlehensrechts auf die Bürgschaft Nobbe/*Müller-Christmann*, Kommentar zum Kreditrecht, § 491 Rn. 5; *Reinicke/Tiedtke*, Bürgschaftsrecht, Rn. 474 ff.

738 Ausdrücklich BT Drs. 18/5922 S. 97 (unten); vgl. auch BeckOGK/*Knops* § 505a Rn. 5 ff.; *Oechsler*, Vertragliche Schuldverhältnisse, Rn. 652b.

739 Ausführlich dazu *Grundmann*, in: Großkomm. HGB 10/2, 3. Teil Rn. 546 ff.

740 Ausdrücklich *Musielak*, JA 2015, 161, 167 zu § 491 BGB; vgl. auch *Ganter*, in: Schimansky/Bunte/Lwowski, Bankrechtshandbuch II, § 90 Rn. 397.

741 BGH v. 05.06.1996 – VIII ZR 151/95 = WM 1996, 1258; vgl. auch *Oechsler*, Vertragliche Schuldverhältnisse, Rn. 696 ff.

742 BGH v. 21.04.1998 – IX ZR 258/97 = WM 1998, 1120; EuGH v. 23.03.2000 – C-208/98 = WM 2000, 713; vgl. auch *Ganter*, in: Schimansky/Bunte/Lwowski, Bankrechtshandbuch II, § 90 Rn. 397 ff.; *Oechsler*, Vertragliche Schuldverhältnisse, Rn. 701.

743 *Oechsler*, Vertragliche Schuldverhältnisse, Rn. 600 ff.

Bürgschaft einen nur den Gläubiger begünstigenden Vertrag dar, kraft dessen der Bürge nur akzessorisch haftet.[744] Außerdem könnte er nicht in den Genuss der vertraglichen Informationspflicht des § 491a BGB kommen, da er sich dem Vertrag des Hauptschuldners nur nachträglich anschließt.[745] § 776 BGB legt ebenfalls keine andere Wertung nahe, da die Norm ein Gläubigerverhalten im Rahmen eines bestehenden Bürgschaftsvertrages sanktioniert. Sie schützt den Bürgen jedoch nicht vor dem *Abschluss* des Bürgschaftsvertrages. Im Ergebnis ist § 505a BGB damit nicht auf die Bürgschaft anwendbar.[746] Besteht ein „krasses Mißverhältnis" zwischen dem Haftungsumfang und der wirtschaftlichen Leistungsfähigkeit, schützt einzig § 138 Abs. 1 BGB den Bürgen.[747]

IV. Ergebnis und Folgerungen für § 776 BGB

§ 776 S. 1 BGB ist in ihrem sachlichen Anwendungsbereich grundsätzlich nicht analogiefähig. Weitere Gläubigerpflichten können daher nicht aus ihr abgeleitet werden. Gleichwohl ist der Gläubiger durch die allgemeinen Rechtssätze der §§ 242, 826 und 138 Abs. 1 BGB in seinem Handeln beschränkt.[748] Auch außerhalb des sachlichen Anwendungsbereichs des § 776 BGB ist der Bürge folglich vor dolosem Gläubigerverhalten geschützt. Dies lässt folgenden Schluss zu: Der Bürge wäre nach §§ 242, 826 BGB vor einer rechtsmissbräuchlichen Aufgabehandlung des Gläubigers geschützt, wenn es die spezielle Norm des § 776 BGB nicht gäbe. Gleichwohl macht dieser Umstand die Vorschrift nicht überflüssig. Denn § 776 S. 1 setzt weder einen Schädigungsvorsatz noch eine Missbrauchsabsicht voraus.[749] Zudem sanktioniert die gesetzgeberische Wertentscheidung den Verstoß gegen das Verbot widersprüchlichen Verhaltens ausdrücklich und stellt für den Bürgen einen höherwertigen Schutz dar als eine Herleitung über die allgemeine Vorschrift des § 242 BGB. Denn einerseits bedarf es zur Aufhebung dieses Schutzes einer ausdrücklichen Entscheidung des Gesetzgebers. Andererseits

744 Ausdrücklich BGH v. 21.04.1998 – IX ZR 258/97 = WM 1998, 1120 (juris Rn. 16) als Argument gegen eine Anwendung des Verbraucherkreditrechts.

745 *Oechsler*, Vertragliche Schuldverhältnisse, Rn. 701.

746 So auch *Musielak*, JA 2015, 161, 167.

747 BGH v. 18.09.1997 – IX ZR 283/96 = BGHZ 136, 347; vgl. auch unter F.II.3. (Fn. 717).

748 In diese Richtung BGH v. 28.04.1994 – IX ZR 248/93 = WM 1994, 1161 (juris Rn. 23); OLG Karlsruhe v. 13.02.1979 – 8 U 190/76 = WM 1979, 981, 986; RGRK/*Mormann*, § 765 Rn. 10; sowie *Reichel*, JW 1929, 469, der § 776 S. 1 BGB wegen seines Ursprungs aus Treu und Glauben verallgemeinerungsfähig hält.

749 S.u. H.I.2.

schafft die Norm durch die klaren Tatbestandsvoraussetzungen Rechtssicherheit. Dass die Aufgabehandlung wohl aber auch gem. §§ 242, 826 BGB sanktioniert wäre, ist ein wichtiges Indiz, das für eine analoge Anwendbarkeit des § 776 BGB auf personeller Ebene, also auf andere Sicherungsgeber, spricht.[750]

§ 776 BGB kann daher nicht analog zur Begründung neuer Diligenzpflichten angewandt werden. Die Norm steht – anders als noch von der Ersten Kommission intendiert – der Begründung solcher Pflichten durch allgemeine Rechtsinstitute jedoch auch nicht entgegen.

G. Anwendbarkeit des § 776 BGB außerhalb des Bürgschaftsrechts

Eine dem § 776 BGB vergleichbare Norm existiert außerhalb des Bürgschaftsrechts nicht.[751] Zwar enthält das Hypothekenrecht mit § 1165 BGB eine Vorschrift, die eine Haftungsbefreiung an die Aufgabe einer Sicherheit knüpft.[752] Sie regelt jedoch eine Dreipersonen-Konstellation und schützt den Hauptschuldner einer Forderung.[753] Der von § 776 BGB erfasste Fall der Aufgabe einer von mehreren konkurrierenden Sicherheiten ist damit nicht vergleichbar. De lege lata ist der Bürge dadurch gegenüber allen anderen Sicherungsgebern privilegiert. Daher stellt sich die Frage, ob die Norm auf eine bewusste Besserstellung von Bürgen gegenüber anderen Kreditsicherheiten zielt, oder ob sie einen allgemeinen Rechtssatz kodifiziert, der jedenfalls analog auch auf andere Sicherheiten übertragbar ist.

I. Rechtslage bei anderen Sicherheiten

Unabhängig von der Frage der Analogiefähigkeit des § 776 BGB bestehen auch außerhalb des Bürgschaftsrechts gegenüber anderen Sicherheiten rechtliche Grenzen des Gläubigerhandelns. Zunächst können solche vertraglich vereinbart werden. Art, Umfang und Rechtsfolge richten sich dann einzig nach der konkreten Vereinbarung.[754] Weiterhin darf der Gläubiger einen Sicherungsgeber nicht

---

750 Siehe dazu sogleich unter G.

751 Vgl. auch *Schürnbrand*, Schuldbeitritt, S. 149; *Weber*, WM 2001, 1229.

752 § 1165 BGB ist wegen des Verweises auf § 1164 BGB nicht auf die Grundschuld anwendbar, vgl. BeckOGK/*Wohlrab*, § 1165 Rn. 5; für das Pfandrecht existiert keine vergleichbare Norm, vgl. Staudinger/*Stürner*, § 776 Rn. 23.

753 Vgl. BeckOGK/*Wohlrab*, § 1165 Rn. 4.

754 Ausdrücklich BGH v. 07.05.1987 – IX ZR 198/85 = WM 1987, 853 (juris Rn. 44) sowie OLG Stuttgart v. 04.02.2009 – 9 U 154/07 (Rn. 60); dies wird auch impliziert von BGH

entgegen dem Gebot von Treu und Glauben willkürlich schädigen.[755] Vielmehr habe er bei der Verwertung der Sicherheit die berechtigten Belange des Sicherungsgebers in zumutbarer und angemessener Weise mit zu berücksichtigen.[756] Dies entspricht der soeben dargestellten Rechtslage bei der Bürgschaft. Zwar hat der Gläubiger grundsätzlich bei sämtlichen Sicherheiten ein Ermessen hinsichtlich der Reihenfolge oder des Umfangs der Inanspruchnahme. Insbesondere muss er sich nicht daran orientieren, wer im Innenverhältnis die Last zu tragen hat.[757] Dieser Wahlfreiheit sind jedoch durch den allgemeinen Grundsatz von Treu und Glauben Grenzen gesetzt.[758] Neben der Aufgabe der Sicherheit als solcher müssen zusätzliche Umstände hinzutreten, die das Vorgehen gegen den in Anspruch genommenen Realsicherungsgeber als treuwidrig oder willkürlich erscheinen lassen.[759] Der BGH verweist insoweit ausdrücklich auf seine Rechtsprechung zur Bürgschaft[760] und zur Gesamtschuld.[761] Konkrete Maßstäbe, ab

---

v. 12.03.1980 – VIII ZR 57/79 und BGH v. 24.09.1992 – IX ZR 195/91 = WM 1992, 1893 (juris Rn. 10); so auch *Tiedtke*, DNotZ 1993, 291, 295.

755 BGH v. 10.12.1982 – V ZR 244/81 = WM 1983, 384; v. 07.05.1987 – IX ZR 198/85 = WM 1987, 853 (juris Rn. 44 m.w.N.); OLG Hamm v. 18.01.1993 – 31 U 199/92 = NJW-RR 1993, 1071.

756 RG HRR 1942 Nr. 64; BGH v. 01.03.1962 – II ZR 70/60 = WM 1962, 673 (juris Rn. 10); v. 22.06.1966 – VIII ZR 50/66 = WM 1966, 756 (juris Rn. 9); v. 07.05.1987 – IX ZR 198/85 = WM 1987, 853 (juris Rn. 44 m.w.N.); v. 09.01.1997 – IX ZR 1/96 = WM 1997, 432 (juris Rn. 17); v. 05.10.1999 – XI ZR 280/98 = WM 2000, 352 (juris Rn. 11); OLG Stuttgart v. 04.02.2009 – 9 U 154/07 (Rn. 59); vgl. auch *Mordhorst*, in: Lwowski/Fischer/Gehrlein, Kreditsicherung, § 5 Rn. 13; *Schürnbrand*, Schuldbeitritt, S. 153; *Weber*, WM 2001, 1229, 1235.

757 S.u. Teil 3 C.I.

758 BGH v. 10.12.1982 – V ZR 244/81 = WM 1983, 384 (juris Rn. 11); v. 22.01.1987 – IX ZR 100/86 = BGHZ 99, 363 (juris Rn. 19 ff.); *Mordhorst*, in: Lwowski/Fischer/Gehrlein, Kreditsicherung, § 5 Rn. 13.

759 OLG Hamm v. 18.01.1993 – 31 U 199/92 = NJW-RR 1993, 1071: Das OLG sah dies schon dadurch als gegeben an, dass der Gläubiger eine Rangverschlechterung der Grundschuld verursacht hatte.

760 BGH v. 07.05.1987 – IX ZR 198/85 = WM 1987, 853 (juris Rn. 44); eine willkürliche Schädigung sei insbesondere dann nicht anzunehmen, wenn durch die Handlung selbst ein besserer Verwertungserlös der aufgegebenen Sicherheit erreicht wurde, als er ohne die Handlung erlangt worden wäre.

761 BGH v. 10.12.1982 – V ZR 244/81 = WM 1983, 384 (juris Rn. 11): So war ein Verstoß gegen Treu und Glauben schon für den Fall in Erwägung gezogen worden, dass der Gläubiger eine dingliche Sicherheit aufgibt, die nur von einem der Gesamtschuldner bestellt wurde und dem anderen bei Zahlung gem. §§ 426 Abs. 2, 412, 401 BGB zum

wann ein Verstoß gegen Treu und Glauben vorliegt, gibt die Rechtsprechung jedoch kaum vor.[762]

Da die Diligenzpflichten des Gläubigers gegenüber dinglichen Sicherungsgebern denjenigen Grundsätzen, welche bereits unter F.IV. für die Bürgschaft dargestellt wurden, entsprechen, stellt sich die Frage, ob auch § 776 BGB analog auf andere Kreditsicherheiten anwendbar ist. Eine Analogie beruht auf dem Gleichbehandlungsgrundsatz (Art. 20 EU-Grundrechtecharta bzw. Art. 3 Abs. 1 GG). Voraussetzung ist, dass zwei Tatbestände einander ähnlich sind und nur der eine Sachverhalt vom Gesetz geregelt ist, also eine „planwidrige" Regelungslücke besteht, sodass im Ergebnis die Übertragung des kodifizierten Falles auf den nicht geregelten Fall erfolgen kann.[763] Eine Ähnlichkeit setzt wiederum voraus, dass die Tatbestände in einigen Hinsichten – nicht jedoch in allen Aspekten – übereinstimmen, insbesondere deren rechtlicher Bewertung.[764] Daher muss einerseits die „ratio legis" verallgemeinerungsfähig sein, andererseits dürfen die verbleibenden Unterschiede eine Übertragung der Attribute nicht ausschließen.[765] Zu unterscheiden ist insoweit eine „Einzelanalogie", die eine Übertragung eines Tatbestandes auf einen anderen Sachverhalt beinhaltet, von einer „Rechts- bzw. Gesamtanalogie", welche aus mehreren gesetzlichen Bestimmungen einen allgemeinen Rechtsgrundsatz herleitet.[766] Teilweise wird aus §§ 776, 1165 BGB und §§ 67 Abs. 1 S. 3, 118 S. 3 VVG für dingliche Sicherungsgeber eine solche Gesamtanalogie im Sinne eines allgemeinen Regressbehinderungsverbots

---

Regress gedient hätte, RG JW 1938, 516, 519; vgl. auch BGH v. 30.01.1967 – III ZR 248/64 = WM 1967, 397 (juris Rn. 10); v. 13.07.1967 – II ZR 268/64 = BGHZ 48, 203 (juris Rn. 21); RGRK/*Weber*, § 423 Rn. 12. Diese Rspr. ist seit der Anerkennung der Ausgleichsgesamtschuld (s.o. B.V.3.) problemlos auf den Fall anwendbar, dass unmittelbar zwei Sicherungsgeber parallel bestehen, da insoweit bei Inanspruchnahme des einen die §§ 426 Abs. 2, 412, 401 BGB analog gelten.

762 Ausdrücklich genannt ist meist nur ein Handeln nicht im eigenen Interesse (des verwertenden Gläubigers), sondern ein Handeln „nur zum Schaden der Beklagten [der Sicherungsgeberin, *Anm. d. Verf.*]", vgl. BGH v. 22.01.1987 – IX ZR 100/86 = BGHZ 99, 363 (juris Rn. 20).

763 *Larenz*, Methodenlehre, S. 373, 381; vgl. auch RGZ 65, 134, 137; BGH v. 04.12.2014 – III ZR 61/14 = NJW 2015, 1176 (Rn. 9); *Honsell*, in: Staudinger-Eckpfeiler, Kapitel A. Rn. 61; Palandt/*Grüneberg*, Einleitung Rn. 48, 55; vgl. für den konkreten Fall auch *Weber*, WM 2001, 1229, 1232.

764 *Larenz*, Methodenlehre, S. 381.

765 *Larenz*, Methodenlehre, S. 381 f., 386.

766 *Larenz*, Methodenlehre, S. 383 f.

vertreten.[767] Dagegen sprechen zwei Aspekte. Erstens ist der Regelungsgehalt der genannten Normen höchst unterschiedlich und die jeweiligen Situationen sind nicht vergleichbar.[768] Dies spricht gegen die Existenz eines verallgemeinerungsfähigen Instituts. Zweitens zeigt die Entstehungsgeschichte des § 776 BGB, dass gerade kein allgemeines Regressverhinderungsverbot normiert werden sollte. Vielmehr verstand man die Vorschrift als Ausnahme vom Grundsatz der fehlenden Rücksichtnahmepflichten des Gläubigers.[769] In Betracht kommt jedoch eine Einzelanalogie.[770] Da ein dies ausschließender Wille des Gesetzgebers nicht erkennbar ist, zeigt die historische Genese, dass eine solche nicht ausgeschlossen ist.[771]

Nachfolgend soll daher der Frage nachgegangen werden, ob § 776 BGB auch auf den Besteller von dinglichen Sicherheiten analog anwendbar ist (dazu unter G.II.). Danach soll gesondert untersucht werden, ob sich auch ein der Schuld Beitretender auf ein Freiwerden nach § 776 BGB berufen kann (dazu unter G.III.).

II. Analoge Anwendung des § 776 BGB auf dingliche Sicherungsmittel

Gibt der Gläubiger ein Pfandrecht oder eine Hypothek auf, wird ein Bürge unter den Voraussetzungen des § 776 BGB frei. Wie bereits in der vorstehenden Einleitung dargestellt, ist der umgekehrte Fall – die Freigabe des Bürgen – nicht gesetzlich geregelt. Daher stellt sich die Frage, ob § 776 BGB analog auf den Eigentümer der dinglichen Sicherheit anwendbar ist. Relevant ist insoweit nur die Konstellation einer Bestellung der Sicherheit durch einen vom Hauptschuldner personenverschiedenen Eigentümer. Denn der Hauptschuldner haftet im Innenverhältnis zum Bürgen regelmäßig in voller Höhe. Wird er in Anspruch genommen, kann er beim Bürgen keinen Regress nehmen. Entlässt der Gläubiger daher den Bürgen, ist § 776 S. 1 BGB schon mangels Beeinträchtigung eines Ersatzrechts nach § 774 BGB nicht anwendbar.[772]

---

767 *Wacke*, AcP 170 (1970), 42, 66; dargestellt auch bei *Weber*, WM 2001, 1229, 1232 f.
768 *Weber*, WM 2001, 1229, 1232 f.
769 S.o. Teil 1 A.II.2.a.; vgl. auch *Weber*, WM 2001, 1229, 1232 f.
770 So ausdrücklich auch *Weber*, WM 2001, 1229, 1233.
771 S.o. Teil 1 E.II.1.e.
772 In diese Richtung *Fischer*, in: Lwowski/Fischer/Gehrlein, Kreditsicherung, § 9 Rn. 128.

1. *Rechtsprechung und Teile der Literatur: Keine analoge Anwendung*

Die Rechtsprechung[773] sowie Teile der Literatur[774] lehnen eine analoge Anwendung des § 776 BGB auf dingliche Sicherungsmittel ab. Zentrales Argument ist der Ausnahmecharakter der Vorschrift. Es handle sich um eine spezifische Bürgschaftsnorm, welche auf das Verhältnis zwischen dem Gläubiger und dem Besteller einer dinglichen Sicherheit nicht entsprechend angewendet werden könne.[775] Begründet wird dies meist mit zwei Argumenten. Erstens spreche die systematische Auslegung für diese Sichtweise. Denn eine dem § 776 BGB vergleichbare Norm existiere für keine andere Kreditsicherheit. De lege lata sei der Bürge daher durch den Gesetzgeber privilegiert.[776] Zweitens sei der Bürge schutzbedürftiger. Anders als der Besteller einer Realsicherheit haftet der Bürge nicht gegenständlich beschränkt, sondern persönlich mit seinem gesamten Vermögen.[777] Wegen dieses Umstandes bedürfe der Bürge eines größeren Schutzes als ein dinglicher Sicherungsgeber.[778]

---

773 Ausdrücklich BGH v. 20.12.1990 – IX ZR 268/89 = WM 1991, 399 (juris Rn. 12) unter Verweis auf die Rspr. zum Schuldbeitritt (siehe dazu unter G.III.); vgl. auch RG HRR 1942 Nr. 64; RGZ 72, 138, 142; BGH v. 27.09.1962 – VII ZR 74/61 = WM 1962, 1293, 1294; v. 13.07.1967 – II ZR 268/64 = BGHZ 48, 203 (juris Rn. 21); v. 09.05.1969 – V ZR 26/66 = BGHZ 52, 93 (juris Rn. 9); v. 15.05.1972 – II ZR 168/69 = WM 1972, 929 (juris Rn. 6); v. 07.05.1987 – IX ZR 198/85 = WM 1987, 853 (juris Rn. 44); v. 10.06.2010 – I ZR 106/08 = NJW-RR 2010, 1546 (Rn. 38); OLG Hamm v. 18.01.1993 – 31 U 199/92 = NJW-RR 1993, 1071; OLG Stuttgart v. 17.08.1993 – 6 U 77/93 = NJW-RR 1993, 1394 (juris Rn. 108); LG Nürnberg-Fürth v. 10.03.2005 – 10 S 11309/04; OLG Stuttgart v. 04.02.2009 – 9 U 154/07 (Rn. 60); offen gelassen von OLG Köln v. 22.05.1990 – 22 U 150/88 = WM 1991, 729 (juris Rn. 4) unter Verweis auf *Larenz*, Methodenlehre, S. 343 f.

774 *Hartmaier*, Ausgleichsfragen, S. 80 f.; HK-BGB/*Staudinger*, § 776 Rn. 1; jurisPK/*Prütting*, § 776 Rn. 1, 11; Nobbe/*Nobbe*, Kommentar zum Kreditrecht, § 776 Rn. 7; Palandt/*Sprau*, § 776 Rn. 3; PWW/*Brödermann*, § 776 Rn. 4; RGRK/*Kregel*, § 1225 Rn. 7; Staudinger/*Stürner*, § 776 Rn. 23; wohl auch *Tiedtke*, DNotZ 1993, 291, 293 f.

775 BGH v. 20.12.1990 – IX ZR 268/89 = WM 1991, 399 (juris Rn. 12) unter Verweis auf die Rspr. zum Schuldbeitritt (siehe dazu unter G.III.).

776 *Tiedtke*, DNotZ 1993, 291, 294.

777 S.o. A.I.; B.V.2.

778 BGH v. 24.09.1992 – IX ZR 195/91 = WM 1992, 1893 (juris Rn. 9): „Daß der Bürge mit seinem gesamten Vermögen haftet, während die Haftung eines (Grund-)Pfandgläubigers sich auf den verpfändeten Gegenstand beschränkt, mag ein Grund sein, den Bürgen in einzelnen Beziehungen - wie etwa in § 776 BGB gegenüber dem Gläubiger - besonders zu schützen.“; BGH v. 12.03.1980 – VIII ZR 57/79 = WM 1980, 741; so auch *Tiedtke*, DNotZ 1993, 291, 293 f.; *Derleder*, NJW 2015, 817.

2. *Literatur: Analoge Anwendung möglich*

In der Literatur bejahen hingegen eine zunehmende Zahl von Autoren eine analoge Anwendung.[779] Dies wird damit begründet, dass § 776 BGB eine Konkretisierung des allgemeinen Rücksichtnahmegebots des § 242 BGB darstelle. Der Norm liege der Rechtsgedanke des Schädigungsverbotes zugrunde. Dieser sei grundsätzlich für alle Sicherungsmittel verallgemeinerungsfähig.[780] Zudem gebe es kein schutzwürdiges Interesse des Gläubigers, eine Sicherheit aufzugeben.[781]

3. *Stellungnahme*

a. *Verallgemeinerungsfähigkeit beider Institute des § 776 BGB*

§ 776 S. 1 BGB beruht auf dem Institut des Vertrauensschutzes und stellt eine Ausprägung des Verbots widersprüchlichen Verhaltens dar.[782] Dem liegt der Gedanke zugrunde, dass der Bürge bei Abschluss des Bürgschaftsvertrages mit dem Erwerb konkurrierender Sicherheiten rechnet und dies in seine Risikobewertung einfließen lässt. Dieselbe Entscheidung trifft der Besteller einer dinglichen Sicherheit. Auch dieser kann nach Inanspruchnahme Rückgriff bei weiteren Kreditsicherheiten nehmen.[783] Er bezweckt daher mit seiner Leistung an den Gläubiger regelmäßig keine Zahlung als Dritter im Sinne des § 267 BGB, sondern als subsidiär haftender Sicherungsgeber mit dem Interesse, sämtliche

---

779 *Buck*, GWR 2012, 93; *Bülow*, Recht der Kreditsicherheiten, Rn. 1009a; *Finger*, BB 1974, 1416, 1422; *Gernhuber*, Erfüllung, S. 387; *Gursky*, JZ 1997, 1154, 1165; *Henssler*, Risiko als Vertragsgegenstand, S. 385 ff.; *Hoffmann*, AcP 211 (2011), 703, 733; *ders.*, JZ 2013, 1005, 1007; *Knütel*, in: FS Flume I, S. 559, 588; *Larenz/Canaris*, Schuldrecht II/2, § 64 III. 3. c), S. 77; *Madaus*, Schuldbeitritt, S. 310 f.; MüKo/*Damrau*, § 1225 Rn. 9; MüKo/*Habersack*, § 776 Rn. 2; *Pawlowski*, JZ 1974, 124, 125; *Schürnbrand*, Schuldbeitritt, S. 149; Soergel/*Habersack*, § 1225 Rn. 11; Soergel/*Gröschler*, § 776 Rn. 18; Staudinger/*Wiegand*, § 1225 Rn. 39; *Stoll*, FamRZ 1962, 64, 66; *Wacke*, AcP 170 (1970), 42, 66; *ders.*, NJW 1969, 1850; *Weber*, WM 2001, 1229, 1232; *Westermann/Gursky/Eickmann*, Sachenrecht, § 128 Rn. 21; wohl auch *Schlechtriem*, in: FS Caemmerer, S. 1013, 1045; ausdrücklich offen gelassen von *Müller*, WM 2014, 869, 873.

780 BGH v. 28.03.1956 – IV ZR 272/55 = WM 1956, 1091, 1092; *Hoffmann*, JZ 2013, 1005, 1007; *Stoll*, FamRZ 1962, 64, 66; *Wacke*, NJW 1969, 1850; in diese Richtung Soergel/*Gröschler*, § 776 Rn. 1; kritisch gerade im Hinblick auf eine Gesamtanalogie jedoch *Weber*, WM 2001, 1229, 1232.

781 So insb. *Gursky*, JZ 1997, 1154, 1165; *Westermann/Gursky/Eickmann*, Sachenrecht, § 128 Rn. 21.

782 S.o. D.VIII.

783 S.o. B.V.

Rückgriffsansprüche des Gläubigers zu erwerben.[784] Folglich hat ein Gläubiger auch ihm gegenüber ein factum geschaffen, welchem er durch die Aufgabehandlung nicht zuwider handeln darf. Demgegenüber bestehen auf seiner Seite keine schutzwürdigen Interessen, die eine Aufrechterhaltung der Haftung rechtfertigen würden.[785] Die hinter dem Institut des § 776 S. 1 BGB stehende Argumentation ist daher vollständig auf andere Kreditsicherheiten übertragbar. Spätestens mit der Rechtsprechung zur Ausgleichsgesamtschuld[786] muss mithin auch § 776 S. 1 BGB als Schutz der dadurch anerkannten Regressansprüche analog auf dingliche Sicherungsrechte angewandt werden. Weder aus der historischen Genese des § 776 S. 1 BGB noch aus der heutigen dogmatischen Einordnung als Fall des *venire contra factum proprium* lässt sich ein Argument herleiten, dass das Institut einzig auf Bürgen anwendbar sein soll. Eine Schlechterstellung von Realsicherheiten ist daher nicht geboten.[787] Vielmehr ist § 776 BGB auf alle Formen der Interzession anzuwenden.[788]

Gleiches gilt auch für den Schutzzweck des § 776 S. 2 BGB. Die Norm stellt eine Diligenzpflicht *post contractum finitum* dar und dient der Verteilungsgerechtigkeit.[789] Der Gläubiger hat es in der Hand, mehrere Sicherheiten zusammenzuführen. § 776 S. 2 BGB schützt den Bürgen davor, dass alleine aus der zeitlichen Reihenfolge der Sicherheitsbestellung ein Unterschied für seine Haftungsbefreiung nach § 776 S. 1 BGB folgt. Satz 2 soll entsprechende Zufallsergebnisse verhindern. Dieser Schutzzweck der Verteilungsgerechtigkeit gewinnt an Bedeutung, wenn man die Rechtsanwendung des § 776 BGB auf sämtliche Kreditsicherheiten erstreckt. Denn der Gläubiger könnte durch verschiedene Konstellationen von konkurrierenden Sicherheiten den Anwendungsbereich

---

784 *Henssler*, Risiko als Vertragsgegenstand, S. 386.

785 „Ein Gläubiger, der eine werthaltige Sicherheit unter Missachtung der Interessen des Bürgen aufgibt, ist nicht schutzwürdig", BGH v. 04.06.2013 – XI ZR 505/11 = BGHZ 197, 335 (Rn. 22); so auch *Gernhuber*, Erfüllung, S. 387; *Gursky*, JZ 1997, 1154, 1165; *Schürnbrand*, Schuldbeitritt, S. 151; *Westermann/Gursky/Eickmann*, Sachenrecht, § 128 Rn. 21.

786 S.o. B.V.

787 In diese Richtung auch *Hartmaier*, Ausgleichsfragen, S. 80 f., der eine analoge Anwendung im Wesentlichen mit der Begründung der alten herrschenden Meinung (s.o. B.V.3.b.) ablehnt, dass zwischen dinglichen Sicherungsgebern kein Ausgleich stattfinde; vgl. auch Soergel/*Gröschler*, § 776 Rn. 18; kritisch *Weber*, WM 2001, 1229, 1233 f.

788 So auch *Schürnbrand*, Schuldbeitritt, S. 151.

789 S.o. Teil 1 E.II.2. sowie Teil 2 E.

des § 776 BGB bestimmen. Fügt er beispielsweise anstelle einer Bürgschaft eine Grundschuld als zusätzliche Sicherheit zu einem Pfandrecht hinzu, könnte er beide Rechte sanktionslos aufgeben. Anders wäre dies, wenn statt der Grundschuld ein Bürge zum Pfandrecht hinzutritt, welcher sich auf § 776 BGB berufen könnte. Um Verteilungsgerechtigkeit zu erreichen, darf das Auswahlermessen des Gläubigers nicht nur hinsichtlich der zeitlichen Reihenfolge der Bestellung von Sicherheiten beschränkt werden. Vielmehr müssen auch auf sachlicher Ebene Zufallsergebnisse verhindert werden. Dafür spricht auch das bereits angeführte Argument der Transaktionskosten.[790] Wendete man § 776 BGB nicht analog auf sämtliche Kreditsicherheiten an, entstünden dadurch verschiedene Transaktionskosten. Das Recht soll jedoch nicht die Kosten von Sicherheiten beeinflussen und falsche Anreize setzen. Nur wenn man die Norm auf sämtliche Sicherungsgeber (analog) anwendet, kann daher dem Schutzzweck des § 776 S. 2 BGB vollständig Rechnung getragen werden.

b. Allgemeine Regressverhinderungsverbote

Auch außerhalb des Anwendungsbereichs des § 776 BGB sind dem Handeln eines Gläubigers von Kreditsicherheiten Grenzen gesetzt. Sowohl gegenüber Bürgen als auch gegenüber dinglichen Sicherungsgebern unterliegt der Gläubiger einem Schädigungsverbot.[791] Dieses begrenzt auch das Verwertungsrecht des Gläubigers. Im Rahmen der Diskussion zu den Diligenzpflichten des Bürgschaftsgläubigers wurde bereits ausgeführt, dass ein dem § 776 BGB vergleichbarer Schutz ohne dessen Kodifizierung aufgrund der Rechtsprechung wahrscheinlich auch über die allgemeinen Rechtssätze der §§ 242, 826 und 138 Abs. 1 BGB erreicht werden würde.[792] Diese sind gleichermaßen auch auf dingliche Sicherungsgeber anwendbar.[793] Daher sind diese ebenfalls vor widersprüchlichem oder schädigendem Verhalten des Gläubigers geschützt.[794] Es ist demzufolge kein sachlich gerechtfertigter Grund ersichtlich, warum der Bürge durch eine konkretere

---

790 S.o. C.VIII.7.

791 S.o. F.II.3. sowie G.I.

792 S.o. F.IV.

793 Dies betrifft insbesondere § 241 Abs. 2 BGB, vgl. *Henssler*, Risiko als Vertragsgegenstand, S. 385; *Knütel*, in: FS Flume I, S. 559, 588; *Schürnbrand*, Schuldbeitritt, S. 150; *Wacke*, NJW 1969, 1850.

794 Ausdrücklich BGH v. 07.05.1987 – IX ZR 198/85 = WM 1987, 853 (juris Rn. 44 m.w.N.); vgl. auch BGH v. 28.03.1956 – IV ZR 272/55 = WM 1956, 1091, 1092; *Wacke*, NJW 1969, 1850; *Weber*, WM 2001, 1229, 1232.

Vorschrift privilegiert werden sollte.[795] Zudem überzeugt es nicht, § 776 BGB als nicht analogiefähige Spezialvorschrift anzusehen, den zugrunde liegenden Rechtsgedanken hingegen zu verallgemeinern.[796] Zutreffend wendet *Madaus* ein, dass der Schutz von Realsicherungsgebern vor einer willkürlichen Aufgabehandlung durch §§ 242, 826 BGB einer analogen Anwendung des § 776 BGB „durch die Hintertür" gleichkomme.[797] Daher liegt es bereits methodisch näher, die Norm unmittelbar auf sämtliche Kreditsicherheiten anzuwenden.[798]

c. *Härtere Haftung nicht zwingend*

Sämtliche Sicherungsgeber haben ein Interesse daran, nach ihrer Inanspruchnahme durch den Gläubiger bei weiteren Kreditsicherheiten Rückgriff zu nehmen. Gleichwohl unterscheiden sich Inhalt und Umfang der Leistungspflicht des Bürgen von denjenigen des Bestellers einer dinglichen Sicherheit. Der Bürge muss persönlich mit seinem gesamten Vermögen einstehen, die Haftung eines dinglichen Sicherungsgebers ist dagegen auf den konkreten Gegenstand beschränkt.[799] Aus diesem Umstand leitet die eine Analogiefähigkeit des § 776 BGB ablehnende Meinung eine höhere Schutzbedürftigkeit des Bürgen ab. Auch diesem Argument kann jedoch nicht gefolgt werden.[800]

Der Bürge kann seine Haftung auf eine bestimmte Zeit (§ 777 BGB) oder auf einen Höchstbetrag begrenzen.[801] Hinsichtlich zusätzlicher Haftungsbegrenzungen besteht umfassende Gestaltungsfreiheit im Sicherungsvertrag.[802]

---

795 *Henssler*, Risiko als Vertragsgegenstand, S. 386 f.; *Schürnbrand*, Schuldbeitritt, S. 153; *Wacke*, AcP 170 (1970), 42, 66.

796 *Madaus*, Schuldbeitritt, S. 310 f.; *Schürnbrand*, Schuldbeitritt, S. 153; in diese Richtung auch *Henssler*, Risiko als Vertragsgegenstand, S. 385; *Wacke*, NJW 1969, 1850.

797 *Madaus*, Schuldbeitritt, S. 311; in diese Richtung (allerdings bezogen auf generelle Diligenzpflichten und nicht bzgl. einer analogen Anwendbarkeit) auch *Eisenhardt*, MDR 1968, 541, 542: „So großzügig Rechtsprechung und Literatur bei der Anerkennung von [...] Sorgfaltspflichten [...] sind, [...] so engherzig sind sie bei der Auslegung und Anwendung des § 776 BGB, einer im Gesetz genannten Ausnahme von diesem Grundsatz."

798 *Henssler*, Risiko als Vertragsgegenstand, S. 386; *Madaus*, Schuldbeitritt, S. 310 f.; *Schürnbrand*, Schuldbeitritt, S. 153; in diese Richtung auch *Clemente*, EWiR 2006, 11, 12.

799 S.o. B.V.2.

800 So auch BeckOGK/*Kreße*, § 426 Rn. 77; *Hoffmann*, AcP 211 (2011), 703, 734; MüKo/*Habersack*, § 774 Rn. 34.

801 Siehe ausführlich unter Teil 3 C.III.2.b.

802 So auch *Tiedtke*, DNotZ 1993, 291, 295.

Demgegenüber kann beispielsweise das mit einer Hypothek belastete Grundstück das ganze Vermögen des Eigentümers ausmachen. Die daraus resultierende Haftungsgefahr kann daher die eines Bürgen, der sich für ein Jahr auf einen Betrag von 10.000 € verbürgt hat, objektiv übersteigen.[803] Dieses Argument führte bereits der BGH zur Begründung der Ausgleichsansprüche verschiedenartiger Sicherungsgeber an: Der verpfändete Gegenstand könne das ganze Vermögen des Pfandschuldners darstellen, daher sei das Haftungsrisiko für ihn nicht grundsätzlich geringer als das eines Bürgen.[804] Auch das meist altruistische Motiv, einem anderen durch die Bestellung der Sicherheit eine Kreditaufnahme zu ermöglichen, sei sämtlichen Sicherungsgebern gemein.[805] Dies rechtfertige jedoch nur das Bestehen eines Ausgleichsanspruchs gem. § 426 Abs. 1 S. 1 BGB (analog). Demgegenüber sei die auf eine Sache beschränkte Haftung des Bestellers einer dinglichen Sicherheit ein Grund dafür, den Bürgen gem. § 776 BGB besonders zu schützen.[806] Die vom BGH angeführten Argumente für das Bestehen eines Ausgleichsverhältnisses lässt sich jedoch auch auf die Frage der Analogiefähigkeit des § 776 BGB übertragen. Die dargestellte Differenzierung zwischen dem Ausgleichsverhältnis und dem Schutz dieses Ausgleichs überzeugt daher nicht vollständig. Zentrales Argument gegen diese Unterscheidung ist der Umstand, dass § 776 S. 1 BGB gerade auf den Rückgriff nach § 774 BGB Bezug nimmt. Vor diesem Hintergrund wäre es konsequent, auch den Schutz des Pfandgebers mittels analoger Anwendung des § 776 BGB an den des Bürgen anzugleichen.[807]

Selbst wenn man eine besondere Schutzbedürftigkeit des Bürgen annimmt, spricht dies nicht gegen die Analogiefähigkeit des § 776 BGB. Denn ein höherer Bürgenschutz wird nicht dadurch erreicht, dass andere Sicherungsgeber schlechter gestellt werden. Vielmehr wird so der Bürge nur *im Vergleich* besser geschützt, ohne das bürgenspezifische Risiko selbst zu mindern. Eine solche gesetzliche Privilegierung der Bürgschaft widerspricht wiederum den Grundsätzen der Transaktionskostenökonomie.[808] Letztlich wird das Argument, der Bürge müsse wegen seines persönlichen Einstehens für eine Forderung besonders geschützt

---

803 BGH v. 24.09.1992 – IX ZR 195/91 = WM 1992, 1893 (juris Rn. 9); BeckOGK/*Kreße*, § 426 Rn. 77; **a.A.** *Reinicke/Tiedtke*, Bürgschaftsrecht, Rn. 644 f.

804 BGH v. 24.09.1992 – IX ZR 195/91 = WM 1992, 1893 (juris Rn. 9).

805 BGH v. 24.09.1992 – IX ZR 195/91 = WM 1992, 1893 (juris Rn. 9).

806 BGH v. 24.09.1992 – IX ZR 195/91 = WM 1992, 1893 (juris Rn. 9).

807 Vgl. auch *Schürnbrand*, Schuldbeitritt, S. 151; *Weber*, WM 2001, 1229, 1233.

808 Dazu ausführlich oben C.VIII.7. sowie soeben unter G.II.3.a.

werden, durch den Umstand der Abdingbarkeit der Norm[809] nivelliert. Wäre § 776 BGB Ausfluss eines zwingenden Bürgenschutzes, der eine Besserstellung gegenüber dinglichen Sicherheiten gebieten würde, dürfte man den Vertragsparteien auch nicht das Recht einräumen, die Vorschrift abzubedingen.

d. *Entstehungsgeschichte der Vorschrift und Vergleich mit anderen Rechtsnormen*

Der historische Gesetzgeber wollte Rücksichtnahmepflichten des Gläubigers in sachlicher Hinsicht auf den Tatbestand des § 776 S. 1 BGB begrenzen.[810] Weder die mit der Ausarbeitung des BGB beauftragten Kommissionen noch *Pothier* befassten sich jedoch mit der Frage, ob der persönliche Anwendungsbereich auf den Bürgen beschränkt ist.[811] Insoweit steht die Entstehungsgeschichte einer Analogiefähigkeit nicht entgegen. Demgegenüber spricht das moderne französische Institut der „Realbürgschaft" (*cautionnement réel*) für die analoge Anwendung der Norm auch auf dingliche Sicherungsgeber. Demnach findet das Bürgschaftsrecht im Sinne eines „allgemeinen Kreditsicherungsrechts" überall dort Anwendung, wo spezielle Regelungen der einzelnen Kreditsicherheiten dem nicht entgegenstehen.[812] Denn die Interessenlage konkret in Bezug auf den Schutz des Anschlussregresses sei bei allen Sicherungsgebern vergleichbar. Dies entspricht der vorstehenden Argumentation zur Verallgemeinerungsfähigkeit der Schutzzwecke beider Institute des § 776 BGB.[813]

Auch ein Vergleich des § 776 S. 1 BGB insbesondere mit § 255 BGB spricht dafür, dass der Anwendungsbereich der Norm nicht auf Bürgen beschränkt sein muss. Wie bereits dargestellt, liegt beiden Normen der gleiche Gedanke zugrunde.[814] Entlässt der Ersatzberechtigte einen Schadensersatz-Schuldner, kann der verbleibende Schuldner diesem die Einrede des § 273 Abs. 1 BGB entgegenhalten.[815] Insoweit handelt es sich, anders als bei § 776 S. 1 BGB,[816] zwar

809 S.u. Teil 3 A.II.3.; **a.A.** *Tiedtke*, DNotZ 1993, 291, 294, der diesem Umstand keine Bedeutung für eine Beurteilung des Haftungsrisikos beimessen will.

810 S.o. Teil 1 A.II.2.a.

811 S.o. Teil 1 D.II.5.e. sowie Teil 1 E.II.1.e.

812 S.o. Teil 1 D.III.3.

813 S.o. G.II.3.a.

814 S.o. D.IX.

815 S.o. D.IX.; *Henssler*, Risiko als Vertragsgegenstand, S. 386 schlägt sogar vor, jedenfalls § 255 BGB auf den Garantievertrag anzuwenden, wolle man § 776 S. 1 BGB nicht analog anwenden.

816 S.o. D.III.

um eine Einrede. Diese ist jedoch mangels realistischer Möglichkeit, den untergegangenen Anspruch wieder zu erlangen, regelmäßig dauerhaft. § 776 S. 1 BGB und §§ 255, 273 Abs. 1 BGB führen damit zu vergleichbaren Ergebnissen. Das Regressverhinderungsverbot des § 776 S. 1 BGB stellt daher kein Alleinstellungsmerkmal des Bürgschaftsrechts dar. Vielmehr ist der zugrunde liegende Rechtsgedanke – wie dargelegt – auch außerhalb seines eigenen Anwendungsbereichs zu finden. Dessen Übertragung auch auf Realsicherheiten ist folglich geboten.

4. Ergebnis

Während die Rechtsprechung und Teile der Literatur eine analoge Anwendung des § 776 S. 1 BGB auf dingliche Sicherheiten ablehnen, befürwortet die wohl überwiegende Literaturansicht zutreffend die Analogiefähigkeit der Norm. Zentrales Argument dafür ist der Umstand, dass der Schutzzweck des § 776 S. 1 BGB gleichermaßen auf sämtliche Kreditsicherheiten übertragbar ist. Insbesondere auch Satz 2 der Norm gebietet eine entsprechende Anwendung. Denn das Institut dient der Verteilungsgerechtigkeit durch eine Begrenzung des Auswahlermessens des Gläubigers. Diesem Schutzzweck kann dann vollständig Rechnung getragen werden, wenn man den Anwendungsbereich des § 776 S. 1 BGB nicht nur zeitlich, sondern auch sachlich auf nachträgliche Sicherheiten erstreckt. Zudem erzielt die Rechtsprechung über die Anwendung allgemeiner Rechtssätze (§§ 242, 826, 138 Abs. 1 BGB) regelmäßig auch bezüglich Realsicherheiten ein Ergebnis, welches dem des § 776 S. 1 BGB nahe kommt. Diesbezüglich wird bereits zutreffend eingewandt, dass es sich dabei um eine analoge Anwendung „durch die Hintertür" handle.[817]

III. Analoge Anwendung auf Gesamtschuldner

Fraglich ist, ob § 776 BGB auch analog auf Gesamtschuldner anwendbar ist. Insoweit ist zwischen nicht sicherungsgebenden Gesamtschuldnern (dazu sogleich unter G.III.1.) und einem Schuldbeitritt (dazu unter G.III.2.) zu unterscheiden.

1. Nicht sicherungsgebende (einfache) Gesamtschuldner

Gem. § 769 BGB finden auf die Bürgschaft die Regeln über die Gesamtschuld Anwendung.[818] Die Bürgschaftsnormen sind demgegenüber nicht auch auf Gesamtschuldner anwendbar. Entlässt der Gläubiger einen von mehreren

---

817 S.o. G.II.3.b.

818 S.o. B.III.1.

Gesamtschuldnern, entfaltet dies gem. § 423 BGB nur Einzelwirkung, die Verbindlichkeit der anderen Schuldner wird also nicht berührt.[819] Nach allgemeiner Meinung ist daher § 776 BGB nicht analog auf nicht sicherungsgebende Gesamtschuldner anwendbar.[820] Dies liegt darin begründet, dass Sicherungsgeber *subsidiär*, also ohne eigenes Leistungsinteresse haften.[821] Zudem schützt die Norm vor der Aufgabe einer weiteren Sicherheit, also gerade nicht vor Einwirkungen auf die Hauptschuld selbst. Nichts anderes gilt für den Fall, dass der Gläubiger eine Sicherheit, welche zugunsten eines Gesamtschuldners bestellt war, aufgibt.[822] Zwar hätte der zahlende Gesamtschuldner ohne diese Aufgabe über § 426 Abs. 2 S. 1, 412, 401 BGB das (anteilige) Verwertungsrecht daran erworben.[823] Gleichwohl ist § 776 BGB aus den vorgenannten Gründen nicht anwendbar.

2. *Schuldbeitritt*

a. *Einleitung*

Eine andere Betrachtung gebietet sich möglicherweise bei einem Schuldbeitritt. Dazu dient folgendes

> Beispiel: S schuldet dem Gläubiger G 100.000 €. G verlangt Sicherheiten, sodass A der Schuld beitritt und X eine Grundschuld an seinem Grundstück bestellt. Später wird diese Grundschuld aufgehoben. A macht gegenüber G geltend, gem. § 776 S. 1 BGB (analog) anteilig von seiner Haftung frei geworden zu sein.

819 S.o. C.II.

820 BGH v. 27.09.1962 – VII ZR 74/61 = WM 1962, 1293, 1294; v. 20.02.1967 – III ZR 51/66 = BGHZ 47, 248 (juris Rn. 27); v. 15.05.1972 – II ZR 168/69 = WM 1972, 929 (juris Rn. 6); OLG Hamm v. 24.06.1983 – 11 W 46/83 = ZIP 1983, 922, 923; KG v. 06.01.2005 – 27 U 267/03 (Rn. 49); offen gelassen von OLG Celle v. 21.03.2007 – 3 U 224/06 = WM 2007, 1319 (Rn. 29); vgl. auch BeckOK/*Rohe*, § 765 Rn. 5; jurisPK/*Prütting*, § 776 Rn. 1, 11; *Lambsdorff/Skora*, Hdb. d. Bürgschaftsrechts, Rn. 253; Palandt/*Sprau*, § 776 Rn. 3; *Reichel*, Die Schuldmitübernahme, S. 503 f.; RGRK/*Mormann*, § 776 Rn. 3; Staudinger/*Stürner*, § 776 Rn. 23; Staudinger/*Looschelders*, § 423 Rn. 14; zur **a.A.**, die eine analoge Anwendung auf alle Formen der Interzession grundsätzlich für möglich hält, s.o. G.II.2.

821 BGH v. 20.02.1967 – III ZR 51/66 = BGHZ 47, 248 (juris Rn. 20); OLG Hamm v. 24.06.1983 – 11 W 46/83 = ZIP 1983, 922, 923; siehe dazu auch oben unter C.VI.1.c.

822 OLG Hamm v. 24.06.1983 – 11 W 46/83 = ZIP 1983, 922, 923.

823 OLG Hamm v. 24.06.1983 – 11 W 46/83 = ZIP 1983, 922, 923; BeckOGK/*Madaus*, § 765 Rn. 335; BeckOGK/*Kreße*, § 426 Rn. 85; MüKo/*Heinemeyer*, § 426 Rn. 49; Staudinger/*Looschelders*, § 426 Rn. 136, 150.

Verpflichtet sich jemand, *auf gleicher Stufe* mit einem anderen für eine Schuld einzustehen, liegt ein Schuldbeitritt bzw. eine Schuldmitübernahme vor. Deren Rechtsfolge ist eine gesamtschuldnerische Haftung.[824] Anders als ein Bürge haftet der Beitretende nicht subsidiär, sondern gesamtschuldnerisch und persönlich.[825] Ab der Begründung der Verbindlichkeit ist diese selbstständig und kann sich nach §§ 422 f. BGB auch eigenständig entwickeln. Der Schuldbeitritt ist, anders als die bestandsakzessorische Bürgschaft, nur begründungsakzessorischer Natur.[826] Gleichsam einem Bürgen erwirbt der Beitretende kein eigenes Forderungsrecht gegen den Gläubiger. Darin liegt ein zentraler Unterschied zu dem soeben dargestellten Fall einfacher Gesamtschuldner begründet.[827] Letztlich sind nach herrschender Meinung die Schutznormen des Bürgschaftsrechts, insbesondere das Schriftformerfordernis des § 766 BGB, nicht analog auf den Schuldbeitritt anzuwenden.[828] Eine Abgrenzung zur Bürgschaft ist

---

824 BeckOGK/*Madaus*, § 765 Rn. 394 ff.; *Bülow*, Recht der Kreditsicherheiten, Rn. 34; *Dreismann*, Bürgenschutz durch Gläubigerdiligenz?, S. 67 f.; *Esser/Weyers*, Schuldrecht II/1, S. 359; *Herresthal*, in: Staudinger-Eckpfeiler, Kapitel K. Rn. 142; *Horn*, Bürgschaften und Garantien, Rn. 9 ff.; MüKo/*Habersack*, Vor § 765 Rn. 12; *Oechsler*, Vertragliche Schuldverhältnisse, Rn. 1373; Palandt/*Grüneberg*, Überbl v § 414 Rn. 4; *Reichel*, Die Schuldmitübernahme, S. 1 ff., 25 ff.; *Reinicke/Tiedtke*, Bürgschaftsrecht, Rn. 36 ff.; *dies.*, Kreditsicherung, Rn. 1 ff., *Schürnbrand*, Schuldbeitritt, S. 17, 95; *Selb*, Mehrheit von Gläubigern und Schuldnern, S. 213; Soergel/*Gröschler*, Vor § 765 Rn. 83 ff.; Staudinger/*Stürner*, Vorbem zu §§ 765-778 Rn. 396 ff.; Staudinger/*Looschelders*, § 427 Rn. 14; *Pfeiffer*, Nebenpflichten des Bürgschaftsgläubigers, S. 7; 50.

825 BeckOGK/*Madaus*, § 765 Rn. 404; *Reichel*, Die Schuldmitübernahme, S. 66 ff., 86 ff.; *Schürnbrand*, Schuldbeitritt, S. 26; Soergel/*Gröschler*, Vor § 765 Rn. 83; Staudinger/*Stürner*, Vorbem zu §§ 765-778 Rn. 396 f., 415; Staudinger/*Looschelders*, § 427 Rn. 15.

826 RGZ 64, 318, 320; *Bartels*, JZ 2000, 608, 609; *Madaus*, Schuldbeitritt, S. 287; MüKo/*Heinemeyer*, Vor § 414 Rn. 19; *Schürnbrand*, Schuldbeitritt, S. 95; Staudinger/*Stürner*, Vorbem zu §§ 765-778 Rn. 415; *Selb*, Mehrheit von Gläubigern und Schuldnern, S. 213.

827 BGH v. 06.12.1989 – VIII ZR 310/88 = WM 1990, 519 (juris Rn. 39); MüKo/*Habersack*, Vor § 765 Rn. 12; *Reinicke/Tiedtke*, Kreditsicherung, Rn. 2; *Schürnbrand*, Schuldbeitritt, S. 17; Staudinger/*Stürner*, Vorbem zu §§ 765-778 Rn. 415.

828 **Allgemein** BGH v. 21.04.1998 – IX ZR 258/97 = WM 1998, 1120 (juris Rn. 17); *Oechsler*, Vertragliche Schuldverhältnisse Rn. 1373; **zur Unanwendbarkeit des § 766 BGB** RGZ 64, 318, 320; BGH v. 08.12.1992 – XI ZR 96/92 = WM 1993, 584; v. 21.04.1998 – IX ZR 258/97 = WM 1998, 1120 (juris Rn. 17); Staudinger/*Stürner*, Vorbem zu §§ 765-778 Rn. 399; **a.A.** (für eine analoge Anwendung des § 766 BGB) *Madaus*, Schuldbeitritt, S. 259 ff.

oft schwierig.[829] Rechtsprechung und Literatur gehen von einer Haftung als Schuldbeitretender und nicht als Bürge aus, wenn der hinzutretende Schuldner gegenüber dem Gläubiger ein *eigenes wirtschaftliches oder rechtliches Interesse* verfolgt.[830] Demgegenüber spielt der Wortlaut der Verpflichtungserklärung eine untergeordnete Rolle.

Wird der Beitretende vom Gläubiger in Anspruch genommen, kann er bei dem Hauptschuldner nach den Regeln über die Gesamtschuld gem. § 426 Abs. 1, 2 BGB Rückgriff nehmen.[831] Über §§ 426 Abs. 2 S. 1, 412, 401 BGB gehen zudem für den Hauptschuldner bestellte Sicherungsmittel auf den Beitretenden über.[832] Letztlich findet ein Ausgleich zwischen einem Beitretenden und einem Bürgen gem. §§ 774 Abs. 2, 426 BGB analog statt.[833] Dem Schuldbeitritt kommt daher folgende Zwitterstellung zu. Zwar steht der Beitretende auf der gleichen Stufe wie der Hauptschuldner. Er erlangt jedoch – vergleichbar einem Bürgen – kein eigenes Forderungsrecht dem Gläubiger gegenüber. Der Beitretende kann letztlich gleichermaßen beim Hauptschuldner und bei einem Sicherungsgeber gem.

---

829 Vgl. auch *Tiedtke*, ZIP 1986, 69, 71.

830 RGZ 61, 318, 320; RGZ 68, 126, 129; BGH v. 27.09.1962 – VII ZR 71/61 = WM 1962, 1293; v. 20.02.1967 – III ZR 51/66 = BGHZ 47, 248 (juris Rn. 27); v. 07.07.1976 – VIII ZR 80/75 = WM 1976, 1109 (juris Rn. 17); v. 25.09.1980 – VII ZR 301/79 = WM 1980, 1285; *Bartels*, JZ 2000, 608, 609; jurisPK/*Prütting*, § 765 Rn. 63; *Lambsdorff/Skora*, Hdb. d. Bürgschaftsrechts, Rn. 11; *Oechsler*, Vertragliche Schuldverhältnisse, Rn. 1372; *Pfeiffer*, Nebenpflichten des Bürgschaftsgläubigers, S. 7; Staudinger/*Stürner*, Vorbem zu §§ 765-778 Rn. 406; vgl. auch *Nobel*, in: FS Bürge, S. 61, 63; Palandt/*Grüneberg*, Überbl v § 414 Rn. 4; kritisch Soergel/*Gröschler*, Vor § 765 Rn. 83.

831 BGH v. 09.07.2007 – II ZR 30/06 = WM 2007, 1613; BeckOGK/*Madaus*, § 765 Rn. 480 f.; *Herresthal*, in: Staudinger-Eckpfeiler, Kapitel K. Rn. 142; Palandt/*Grüneberg*, Überbl v § 414 Rn. 4; *Reinicke/Tiedtke*, Kreditsicherung, Rn. 66 ff.; Staudinger/*Stürner*, Vorbem zu §§ 765-778 Rn. 417; Staudinger/*Looschelders*, § 426 Rn. 89; *ders.*, § 421 Rn. 8, 53; anders wird dies teilweise für den Sicherungsbeitritt gesehen (dazu sogleich G.III.2.c.), insoweit soll § 774 BGB Anwendung finden, vgl. MüKo/*Habersack*, Vor § 765 Rn. 17; *Schürnbrand*, Schuldbeitritt, S. 97 ff.; demgegenüber hält jurisPK/*Prütting*, § 774 Rn. 2 die Norm des § 774 BGB nicht für auf den Schuldbeitritt anwendbar.

832 OLG Celle v. 08.01.1986 – 9 U 280/85 = WM 1986, 1224, 1225; BeckOGK/*Madaus*, § 765 Rn. 482; *ders.*, § 774 Rn. 78; *Schürnbrand*, Schuldbeitritt, S. 46; Staudinger/*Looschelders*, § 426 Rn. 136.

833 S.o. B.IV.; vgl. auch OLG Celle v. 08.01.1986 – 9 U 280/85 = WM 1986, 1224, 1225; OLG Hamm v. 04.10.1989 – 11 U 66/89 = MDR 1990, 920, das insoweit ausdrücklich auf den „Grundsatz ausgleichender Gerechtigkeit" Bezug nimmt, welcher der Rspr. zur Ausgleichsgesamtschuld zugrunde liegt; BeckOGK/*Madaus*, § 774 Rn. 78.

§ 426 BGB Rückgriff nehmen. Eine Gesamtschuld setzt jedoch *Gleichstufigkeit* voraus.[834] Hauptschuldner und Bürge stehen hingegen auf verschiedenen Ebenen, nämlich einerseits auf der Stufe der Hauptschuld, andererseits auf Interzessionsebene. Es stellt sich daher die Frage, auf welcher dieser Ebenen der Schuldbeitritt einzuordnen ist.

b. Schuldbeitritt aus eigenem wirtschaftlichem Interesse

Hat der Beitretende ein eigenes wirtschaftliches Interesse an der Leistung des Gläubigers gegenüber dem Hauptschuldner, besteht ein Unterschied zur Bürgschaft.[835]

> Beispiel: Gläubiger G gewährt dem Schuldner S ein Darlehen in Höhe von 100.000 €. G verlangt Sicherheiten, sodass A der Schuld beitritt und X eine Grundschuld an seinem Grundstück bestellt. A ist Geschäftspartner des S und erhofft sich durch das dem S gewährte Darlehen Vorteile für das gemeinsame Unternehmen. Später wird die Grundschuld aufgehoben.

§ 776 S. 1 BGB stellt eine lex specialis im Verhältnis zu § 423 BGB dar.[836] Der Grund dafür, dass ein Bürge durch die Aufgabehandlung des Gläubigers anteilig frei wird, ein Gesamtschuldner jedoch nicht, beruht auf dem Umstand, dass ein Bürge nur subsidiär haftet.[837] Demgegenüber rechtfertigt das eigene Forderungsrecht des Gesamtschuldners die Einzelwirkung des § 423 BGB.

Zwar erwirbt ein der Schuld Beitretender kein eigenes Forderungsrecht.[838] Gleichwohl verfolgt er ein eigenes wirtschaftliches Interesse gegenüber dem Gläubiger. Anders als im Falle einer Bürgschaft korreliert daher mit der Haftung ein wirtschaftlicher Vorteil. Zudem muss der Beitretende durch die Begründung einer Gesamtschuld mit dem Hauptschuldner mit einer unmittelbaren Inanspruchnahme durch den Gläubiger rechnen. Demgegenüber hofft ein Bürge, dass nicht er, sondern einzig der Hauptschuldner leisten muss.[839] § 776 S. 1 BGB ist daher nicht auf den Schuldbeitritt anwendbar. Unbeachtlich ist in diesem Zusammenhang ein etwaiger Vorteil des Beitretenden aus dem Avalvertrag.

---

834 S.u. Teil 3 B.II.

835 *Bartels*, JZ 2000, 608, 609; *Oechsler*, Vertragliche Schuldverhältnisse, Rn. 1372 f.; vgl. auch RGZ 64, 318.

836 S.o. C.VI.2.

837 S.o. C.VI.1.c.

838 S.o. G.III.2.a.

839 *Bartels*, WM 2002, 1905 (Fn. 6); *Reinicke/Tiedtke*, Bürgschaftsrecht, Rn. 39; *dies.*, Kreditsicherung, Rn. 5; kritisch *Schürnbrand*, Schuldbeitritt, S. 152.

Dieser stellt bereits in der Höhe keinen vollwertigen Ausgleich zum Haftungsrisiko dar. Zudem wird dieser vom Hauptschuldner und nicht vom Gläubiger gewährt.

Für die vorstehende Einordnung ist zudem irrelevant, ob der Schuldbeitritt rechtsgeschäftlich oder gesetzlich erfolgt. Denn in gesetzlich angeordneten Fällen, wie beispielsweise § 1357 BGB oder § 25 HGB, impliziert der Gesetzgeber ein Eigeninteresse des Beitretenden. So dient § 1357 BGB zwar zunächst dem Gläubigerschutz, jedoch auch der Verstärkung der Unterhaltsgemeinschaft.[840] Im Bereich des § 25 HGB rechtfertigt die Kontinuität des Unternehmens nach außen einen Beitritt des Erwerbers zur Schuld des Veräußerers.[841] In beiden Konstellationen steht der Haftung des Beitretenden jeweils auch ein eigener Vorteil gegenüber. Diese Fälle weisen damit für die hiesige Betrachtung keinen Unterschied zum rechtsgeschäftlichen Schuldbeitritt auf.

Letztlich bedarf es auch keiner wertungsmäßigen Korrektur des Ergebnisses aufgrund des hohen Haftungsrisikos des Schuldbeitritts. Verpflichtet sich der Beitretende als solcher und nicht als Bürge, nimmt er diesen Umstand und die daraus folgenden Konsequenzen – insbesondere die Unanwendbarkeit einiger Bürgenschutzvorschriften wie § 766 BGB[842] – bewusst in Kauf. Die Eingehung eines risikoreichen Geschäfts liegt nach der Rechtsprechung des BVerfG grundsätzlich in der individuellen Handlungsfreiheit der Parteien.[843] Würde man die Wirksamkeit von Rechtsgeschäften und die Anwendung von Schutzvorschriften von vornherein an der finanziellen Leistungsfähigkeit des Schuldners messen, würde dies zu einer Beschränkung der „wirtschaftlichen Geschäftsfähigkeit" des Einzelnen führen.[844] Somit bleibt es dem vertraglich Beitretenden überlassen, ob er ein besonders risikoreiches Geschäft eingehen will oder nicht. Dies gilt umso mehr, wenn ein eigenes Interesse an der Gläubigerleistung besteht. Die Verpflichtung als Gesamtschuldner und nicht als Bürge ist damit die Entscheidung des Handelnden.

Im Ergebnis überwiegt damit in den hier dargestellten Fällen das wirtschaftliche Eigeninteresse die Sicherungsfunktion. Der Schuldbeitritt kann daher

840 BeckOGK/*Erbarth*, § 1357 Rn. 28 ff.; Staudinger/*Voppel*, § 1357 Rn. 10 ff.; jeweils m.w.N.

841 BGH v. 12.02.2001 – II ZR 148/99 = WM 2001, 683 (juris Rn. 7); Baumbach/*Hopt*, § 25 Rn. 1.

842 S.o. G.III.2.a.

843 BVerfG v. 19.10.1993 – 1 BvR 567/89 sowie 1 BvR 1044/89 = WM 1993, 2199 (juris Rn. 54).

844 *Oechsler*, Vertragliche Schuldverhältnisse, Rn. 1374.

nicht ohne Weiteres als Sicherungsmittel angesehen werden.[845] Damit ist § 776 S. 1 BGB auf den Schuldbeitritt nicht anwendbar.

c. *Sicherungsbeitritt*

Anders muss die Frage der Anwendbarkeit des § 776 S. 1 BGB jedoch in den Fällen beantwortet werden, in denen in der Person des Beitretenden kein eigenes wirtschaftliches Interesse an der Gläubigerleistung vorliegt, sondern dem Beitritt ausschließlich eine Sicherungsfunktion innewohnt. Diese Form des Schuldbeitritts wird häufig als „Sicherungsbeitritt", „Sicherungsmitschuld" oder „Sicherungsgesamtschuld" bezeichnet.[846]

> Beispiel: S möchte bei G ein Darlehen in Höhe von 100.000 € aufnehmen. G verlangt dafür eine Sicherheit. S bittet daher seinen guten Freund A, für ihn Sicherheit zu bieten. A hat kein eigenes Interesse am Geschäft zwischen S und G. Er unterschreibt ein mit „Schuldbeitritt" überschriebenes Formular, das in seiner rechtlichen Ausgestaltung einer Bürgschaftsurkunde entspricht. Zusätzlich bestellt X eine Grundschuld an seinem Grundstück zugunsten des S, die G jedoch später wieder aufgibt.

Auf dieser Form des Schuldbeitritts sind die soeben dargestellten Erwägungen (G.III.2.b.) nicht übertragbar. Denn mangels eigenen wirtschaftlichen Interesses an der Gläubigerleistung,[847] welche die eigene Haftung und das fehlende Forderungsrecht „aufwiegt", besteht dieselbe Schutzbedürftigkeit wie im Rahmen der Bürgschaft. Vergleichbar einem Bürgen hofft der Beitretende in diesen Fällen, dass der Sicherungsfall nicht eintritt und er nicht in Anspruch genommen wird. Jedenfalls erwartet er aber einen Rückgriff bei einem anderen Sicherungsgeber. Der Unterschied zwischen Bürgschaft und Schuldbeitritt ist marginal.[848] Die Anerkennung einer Sonderform des Schuldbeitritts, die eigenen Regeln folgt, die auf Rechtsfolgenseite praktisch denen der Bürgschaft entsprechen,[849]

---

845 **A.A.** *Schürnbrand*, Schuldbeitritt, S. 32, nach dem „jeder Schuldbeitritt zumindest auch Sicherungswirkung" hat.

846 *Bartels*, JZ 2000, 608, 609 f.; *ders.* WM 2002, 1905, 1906; *Horn*, Bürgschaften und Garantien, Rn. 14 ff.; MüKo/*Heinemeyer*, § 421 Rn. 35; *Oechsler*, Vertragliche Schuldverhältnisse, Rn. 1373; *Schürnbrand*, Schuldbeitritt (passim, insb. S. 72, 111); Staudinger/*Stürner*, Vorbem zu §§ 765-778 Rn. 408 ff.; Staudinger/*Looschelders*, § 427 Rn. 14.

847 Ausdrücklich *Horn*, Bürgschaften und Garantien, Rn. 16.

848 OLG Celle v. 08.01.1986 – 9 U 280/85 = WM 1986, 1224, 1225; Staudinger/*Stürner*, § 774 Rn. 62; Staudinger/*Looschelders*, § 427 Rn. 17.

849 So insb. *Schürnbrand*, Schuldbeitritt, S. 32 ff., 52 ff., 159 f.; vgl. auch *Bartels*, JZ 2000, 608, 610; *ders.* WM 2002, 1905, 1906; *Madaus*, Schuldbeitritt, S. 321 ff.; MüKo/

erscheint indes fraglich. Denn schon das Reichsgericht hielt die Anerkennung des gesetzlich nicht normierten Schuldbeitritts für eine begründungsbedürftige Ausnahme.[850] Aus Sicht aller Parteien ergibt sich hinsichtlich der Sicherungsfunktion des Geschäfts kein Unterschied zur Bürgschaft. Damit liegt es näher, die Vereinbarung nach §§ 133, 157 BGB als echte Bürgschaft auszulegen.[851] Dann sind die Regeln über den Anschlussregress von Bürgen unmittelbar anwendbar. Gleiches gilt dementsprechend auch für § 776 BGB. Selbst wenn man eine eigene Form eines Sicherungsbeitritts anerkennt, gebietet sich jedenfalls eine wertungsmäßige Gleichbehandlung mit dem Bürgen, der nicht auf Ebene der Hauptschuld, sondern auf Interzessionsebene anzusiedeln ist.[852] § 776 BGB wäre dann entsprechend anzuwenden.

3. *Fazit*

§ 776 BGB ist nicht auf einfache Gesamtschuldner anwendbar. Die Rechtsfolgen eines Erlasses richten sich insoweit nach § 423 BGB. Grund dafür ist der eigene Leistungsanspruch der Gesamtschuldner gegenüber dem Gläubiger, welcher mit der Haftung korreliert. Tritt jemand einer Schuld als weiterer Gesamtschuldner bei, ist zu differenzieren. Erfolgt der Beitritt aus eigenem wirtschaftlichem Interesse, rechtfertigt dies die Anwendung der Einzelwirkung des § 423 BGB. Überwiegt demgegenüber der Sicherungscharakter (Sicherungsbeitritt), liegt vergleichbar einer Bürgschaft eine nur subsidiäre Haftung vor. Auf diesen Fall des Beitritts ist § 776 BGB anwendbar.

IV. Ergebnis

§ 776 BGB ist mit der zutreffenden und der im Schrifttum herrschenden Meinung, allerdings entgegen der Rechtsprechung, analog auch auf dingliche Sicherungsmittel übertragbar. Insbesondere die Schutzzwecke des Vertrauensschutzes (Satz 1) und der Verteilungsgerechtigkeit (Satz 2) sind auf sämtliche Sicherungsgeber übertragbar. Differenziert betrachtet werden muss die Lage bei einem

---

Heinemeyer, § 421 Rn. 35; zurückhaltend Staudinger/*Stürner*, Vorbem zu §§ 765-778 Rn. 410.

850 RGZ 64, 318; *Oechsler*, Vertragliche Schuldverhältnisse, Rn. 1372 f.

851 *Oechsler*, Vertragliche Schuldverhältnisse, Rn. 1373; in diese Richtung auch jurisPK/*Prütting*, § 765 Rn. 63; Staudinger/*Looschelders*, § 427 Rn. 17, 19.

852 So auch *Bartels*, JZ 2000, 608, 610: Der Beitretende sei „typischer Sekundärschuldner", der nicht mit dem Hauptschuldner gleichstufig hafte; in diese Richtung (Ausgleichsanspruch aus § 426 Abs. 1 BGB) auch *Reinicke/Tiedtke*, Bürgschaftsrecht, Rn. 432.

Schuldbeitritt. Nur wenn diesem einzig ein Sicherungscharakter zukommt, ist § 776 BGB anwendbar.

H. Tatbestandliche Voraussetzungen

§ 776 S. 1 BGB setzt voraus:

a) Eine **Aufgabehandlung** des Gläubigers (dazu unter I.)
b) bezüglich einer neben der Bürgschaft bestehenden **Sicherheit** (dazu unter II.),
c) welche einen **Verlust einer Ersatzmöglichkeit** des Bürgen verursacht (dazu unter III.).

I. Aufgabehandlung

Zunächst setzt § 776 S. 1 BGB eine Aufgabehandlung des Gläubigers voraus. Aufgeben im Sinne der Norm stellt jede gewollte Handlung dar, durch welche der Gläubiger entweder auf eine Verwertungsmöglichkeit der Sicherheit verzichtet oder deren wirtschaftlichen Wert bewusst beseitigt.[853] Aus der Definition ergibt sich eine objektive Komponente (Handlung) und ein subjektives Merkmal (gewollt), welche nachfolgend getrennt dargestellt werden.

1. Objektiver Tatbestand

a. Erfasste Handlungen

Unter einer Aufgabehandlung ist insbesondere ein Verzicht auf eine weitere Kreditsicherheit zu verstehen.[854] Auch eine Zerstörung, beispielsweise des Pfandgegenstands, fällt darunter.[855]

---

853 BGH v. 04.06.2013 – XI ZR 505/11 = BGHZ 197, 335 (Rn. 14); vgl. auch BGH v. 17.09.1959 – VII ZR 115/58 = WM 1960, 51; v. 17.12.1959 – VII ZR 194/58 = WM 1960, 371, 372; v. 15.07.1999 – IX ZR 243/98 = WM 1999, 1761 (juris Rn. 24); OLG Köln v. 23.10.2007 – 13 W 48/07 (Rn. 5); OLG Saarbrücken v. 22.02.2018 – 4 U 52/16 (Rn. 48).

854 BGH v. 17.12.1959 – VII ZR 194/58 = WM 1960, 371, 372; v. 02.03.2000 – IX ZR 328/98 = BGHZ 144, 52 (juris Rn. 41); v. 04.06.2013 – XI ZR 505/11 = BGHZ 197, 335 (Rn. 13 ff.); vgl. auch *Dreismann*, Bürgenschutz durch Gläubigerdiligenz?, S. 288; jurisPK/*Prütting*, § 776 Rn. 7; MüKo/*Habersack*, § 776 Rn. 9.

855 *La Baume*, Freiwerden des Bürgen, S. 5.

Das Tatbestandsmerkmal der Aufgabe ist nicht in einem formalen Sinne, sondern wertend zu betrachten.[856] So kommt es maßgeblich darauf an, ob der Bürge nach seiner Inanspruchnahme die weitere Sicherheit wirtschaftlich noch voll verwerten kann. Demnach stellt auch die Änderung des Rangs eines Grundpfandrechts eine Aufgabe dar. Durch den Rangrücktritt wird zwar nicht der Bestand der Sicherheit als solcher beeinträchtigt, daher bleibt die Verwertungsmöglichkeit für den Bürgen erhalten. Jedoch ist der wirtschaftliche Wert der Grundschuld jedenfalls teilweise beseitigt. Denn durch die bessere Rangstelle des anderen Grundpfandrechts fällt die parallel zum Bürgen haftende Grundschuld nicht mehr in das geringste Gebot gem. § 44 Abs. 1 ZVG. Der Bürge hat damit eine geringere Chance auf einen Verwertungserlös im Vergleich zur ersten Rangstelle.[857] Folgerichtig wertet der BGH auch eine Übertragung einer Grundschuld, die neben der Bürgschaft als Sicherheit bestellt war, an einen Dritten ebenfalls als Aufgabe.[858] Auch in diesem Fall ist der Rückgriffsanspruch des Bürgen beeinträchtigt.[859]

Diese wirtschaftliche Betrachtungsweise überzeugt. Aus Sicht des Bürgen ist es unerheblich, warum er die konkurrierenden Sicherungsrechte bei Leistung an den Gläubiger nicht verwerten kann. § 776 S. 1 BGB beruht auf dem Gedanken des Verbots widersprüchlichen Verhaltens.[860] Handelt der Gläubiger dem geschaffenen Vertrauen auf den Erhalt der Sicherungsmittel zuwider, kann es insoweit nicht auf eine formale Betrachtung des Handelns ankommen.[861]

Hatte ein Gläubiger eine Sicherheit aufgegeben und seine Hauptforderung anschließend nebst Bürgschaft an einen Dritten abgetreten, muss sich dieser Neugläubiger das Handeln des Altgläubigers gem. § 404 BGB zurechnen lassen.[862]

---

856 Nobbe/*Nobbe*, Kommentar zum Kreditrecht, § 776 Rn. 12; so auch PWW/*Brödermann*, § 776 Rn. 8.

857 OLG Köln v. 22.05.1990 – 22 U 150/88 = WM 1991, 729 (juris Rn. 8 ff., insb. 12).

858 BGH v. 04.06.2013 – XI ZR 505/11 = BGHZ 197, 335 (Rn. 15); dazu ausführlich unter J.II.2.

859 S.o. C.IX.

860 S.o. D.VIII.

861 Grundsätzlich dazu *Wieling*, AcP 176 (1976), 334, 342.

862 BGH v. 12.12.1985 – IX ZR 47/85 = WM 1986, 257 (juris Rn. 22).

b. Anknüpfung an die dingliche Wirkung oder die schuldrechtliche Verpflichtung?

Der dinglichen Bestellung einer Sicherheit (beispielsweise einer Grundschuld durch Einigung und Eintragung im Grundbuch) liegt stets eine schuldrechtliche Vereinbarung, die Sicherungs- bzw. Sicherungszweckvereinbarung, zugrunde, welche den schuldrechtlichen Rechtsgrund für das Behaltendürfen der Sicherheit darstellt.[863] Insofern stellt sich die Frage, ob es für das Tatbestandsmerkmal der Aufgabehandlung auf die dingliche Aufhebung der Sicherheit selbst oder auf die entsprechende schuldrechtliche Vereinbarung ankommt.

Beispiel: Für eine Schuld des S bei G in Höhe von 300.000 € hat sich B verbürgt. Zusätzlich bestellen sowohl X als auch Y jeweils eine Grundschuld an einem ihnen gehörenden Grundstück. Eine Haftungsquote ist nicht vereinbart. G vereinbart mit X, dass die Grundschuld nicht mehr für diese Verbindlichkeit haftet. Sie ist jedoch noch im Grundbuch eingetragen. Die Grundschuld des Y tritt G an den neuen Gläubiger GN ab, ohne mit Y eine Vereinbarung zu treffen.

Im Fall der nur *dinglichen* Aufgabe einer Grundschuld durch die Abtretung an einen neuen Gläubiger verliert der Bürge die Verwertungsmöglichkeit. Denn der Gläubiger kann dem zahlenden Bürgen die Grundschuld nicht mehr übertragen, da er selbst nicht mehr Inhaber ist. Der Bürge kann folglich weder mittels seines Innen- noch seines Außenanspruchs Regress nehmen.[864] Demgegenüber lässt eine nur *schuldrechtliche* Freigabe die Existenz der Grundschuld als solche unberührt, da es sich nicht um ein akzessorisches Sicherungsmittel handelt. Daher bestünde für den Bürgen noch die Möglichkeit, von dem Grundstückseigentümer aus dem Innenverhältnis gem. § 426 Abs. 1 S. 1 BGB (analog) eine anteilige Verwertung zu verlangen. Anderes gilt jedoch für den Außenanspruch gem. §§ 774 Abs. 1 S. 1, 412, 401 BGB. Denn der Gläubiger ist nicht mehr Inhaber eines Anspruchs gegen den ehemaligen Sicherungsgeber. Durch den Verzicht auf die Grundschuld erlosch der Anspruch auf Verwertung der Sicherheit. Daraus folgt ein Anspruch des ehemaligen Sicherungsgebers auf Rückgewähr nicht akzessorischer Rechte.[865] Das Verwertungsrecht steht dann einzig dem Grundstückseigentümer zu, sodass dies nicht auf den Bürgen übergehen kann. Jedenfalls kann der Eigentümer dem Bürgen die Freistellung durch den Gläubiger gem. § 404 BGB entgegenhalten. Da es auf einen verbleibenden

---

863 *Herresthal*, in: Staudinger-Eckpfeiler, Kapitel K. Rn. 81 ff.

864 Siehe dazu ausführlich oben C.IX.

865 Vgl. BeckOGK/*Paffenholz*, § 397 Rn. 98 m.w.N.; MüKo/*Lieder*, § 1191 Rn. 140 ff.

Innenausgleichsanspruch nach der hier vertretenen Ansicht nicht ankommt,[866] verliert der Bürge daher sein Ersatzrecht. Sowohl ein dinglicher als auch ein schuldrechtlicher Verzicht auf Sicherungsrechte stellt demnach eine Aufgabe im Sinne des § 776 S. 1 BGB dar.[867]

c. *Nicht erfasste Handlungen*

Die Verwertung einer konkurrierenden Sicherheit stellt keine Aufgabe im Sinne des § 776 S. 1 BGB dar. Denn durch diese Handlung verzichtet der Gläubiger nicht auf eine Verwertungsmöglichkeit, sondern er realisiert eine solche.[868] Zudem ist der Bürge bereits durch den Akzessorietätsgrundsatz des § 767 Abs. 1 S. 1 BGB geschützt. Befriedigt sich der Gläubiger durch die Verwertung einer Kreditsicherheit, erlischt in Höhe des Verwertungserlöses die Forderung gegen den Hauptschuldner und damit auch diejenige gegen den Bürgen. Daher bedarf es des Schutzes des § 776 S. 1 BGB nicht mehr.

In diesem Zusammenhang macht die Rechtsprechung eine wertungsmäßige Einschränkung des Wortlauts in den Fällen, in denen ein „Aufgeben" gerade erst der eigentlichen Verwertung der Sicherheit dient. So hatten in einem Fall des BGH die Gläubiger eine Schiffshypothek aufgehoben, um eine möglichst gewinnbringende Veräußerung des Schiffs zu erreichen. Der bereits interessierte Käufer wollte das Schiff nur frei von Belastungen erwerben.[869] Der BGH argumentierte, dass dies wirtschaftlich einer Verwertung gleichkomme. Darüber hinaus sei diese Vorgehensweise für alle Beteiligten günstiger gewesen, da der Erlös im Rahmen einer Zwangsversteigerung deutlich geringer ausgefallen wäre. Der parallel zu den Schiffshypotheken sichernde Bürge sei demzufolge nicht nach § 776 S. 1 BGB frei geworden. Insoweit hätten die Gläubiger nämlich nicht zum Nachteil der Bürgen und daher auch nicht willkürlich gehandelt.[870] Gleiches

---

866 S.o. C.VII.; vgl. zur wohl herrschenden Meinung, die ein Freiwerden aufgrund des Verbleibens eines gewandelten Innenausgleichsanspruchs ablehnt unter C.IV.1.

867 So wohl auch jurisPK/*Prütting*, § 776 Rn. 7; *Pfeiffer*, Nebenpflichten des Bürgschaftsgläubigers, S. 50; PWW/*Brödermann*, § 776 Rn. 8; Soergel/*Gröschler*, § 776 Rn. 7.

868 BGH v. 12.12.1985 – IX ZR 47/85 = WM 1986, 257; KG v. 18.12.2004 – 12 U 54/02 (juris Rn. 48); *Nobbe*, in: Schimansky/Bunte/Lwowski, Bankrechtshandbuch II, § 91 Rn. 366; Soergel/*Gröschler*, § 776 Rn. 7; anders beim Zusammentreffen von Höchstbetragsbürgschaften, vgl. dazu im Rahmen des Verteilungsverfahrens unten Teil 3 C.II.-VI.

869 BGH v. 12.12.1985 – IX ZR 47/85 = WM 1986, 257; so auch *Dreismann*, Bürgenschutz durch Gläubigerdiligenz?, S. 288.

870 BGH v. 12.12.1985 – IX ZR 47/85 = WM 1986, 257 (juris Rn. 28).

gilt, wenn ein Gläubiger für die Aufhebung unmittelbar eine Abfindung erhält und dies eine wirtschaftlich sinnvolle Verwertung eines Grundstücks und somit auch der Grundpfandrechte ermöglicht.[871] Diese wirtschaftliche Betrachtung überzeugt. In den geschilderten Fällen handelt der Gläubiger der Erwartung des Bürgen gerade nicht zuwider. Vielmehr ermöglicht er eine gewinnbringende Verwertung, welche mittelbar aufgrund der teilweisen Erfüllung der Hauptschuld gem. § 767 Abs. 1 S. 1 BGB auch dem Bürgen zugutekommt. Problematisch ist einzig folgender Umstand: Zwischen Aufhebung und „Verwertung" besteht für den Bürgen ein Schwebezustand. Denn würde das Sicherungsgut für einen anderen, nicht durch die Bürgschaft gesicherten Anspruch verwertet, läge eine Aufgabe vor.[872] Bis zur Verrechnung des Erlöses ist für den Bürge nicht sicher, ob die Verwertung auch der von ihm gesicherten Schuld zugutekommt. Hebt der Gläubiger jedoch in den vorbeschriebenen Fällen eine Sicherheit einzig zum Zwecke der Verwertung auf, muss er sich daran auch festhalten lassen. Findet keine Verwertung zugunsten der auch durch den Bürgen gesicherten Forderung statt, setzt sich der Gläubiger durch sein Zahlungsverlangen in Widerspruch zu der Aufhebungshandlung. Insoweit liegt ebenfalls ein Fall des *venire contra factum proprium* vor, welches der Bürge dem Gläubiger entgegenhalten kann.

Erfolgt eine Verwertung zu ungünstigen Konditionen, liegt keine Aufgabe vor. Daran ändert sich auch nichts, wenn dadurch die sicherungsübereigneten Gegenstände faktisch entwertet werden.[873] Dies überzeugt, denn es ist nicht Sinn und Zweck des § 776 S. 1 BGB, dem Gläubiger hinsichtlich seiner Sicherungsrechte das Verwertungsrisiko aufzuerlegen. Vielmehr wurden diese gerade zu seinen Gunsten bestellt.[874] Der Bürge bleibt jedoch nicht gänzlich schutzlos. Handelt der Gläubiger gegenüber dem Hauptschuldner pflichtwidrig, kann der Bürge einen entsprechenden Schadensersatzanspruch gem. §§ 768 Abs. 1, 770 Abs. 2 BGB geltend machen. Das OLG Koblenz lehnt demgegenüber ausdrücklich eine selbstständige Pflichtverletzung des Gläubigers (auch) gegenüber dem Bürgen ab.[875] Zudem ist der Bürge jedenfalls durch die allgemeinen

871 BGH v. 24.11.1980 – VIII ZR 317/79 = WM 1981, 5 (juris Rn. 34).

872 *Serick*, Eigentumsvorbehalt III, S. 428; ausführlich zur Verrechnung als Verwertung unten Teil 3 C.II.-IV.

873 BGH v. 22.06.1966 – VIII ZR 50/66 = WM 1966, 756; vgl. auch OLG Zweibrücken v. 09.12.1981 – 7 U 30/81 = MDR 1982, 577, 578; OLG Koblenz v. 25.01.1996 – 5 U 714/95 = WM 1997, 1566 (juris Rn. 29).

874 S.o. A.II.; F.I.1.

875 OLG Koblenz v. 25.01.1996 – 5 U 714/95 = WM 1997, 1566 (juris Rn. 29 f.): „Allerdings war die Klägerin grundsätzlich gehalten, die ihr sicherungsübereigneten Sachen

Schutzinstitute der §§ 242, 826, 138 Abs. 1 BGB vor willkürlichem Gläubigerhandeln geschützt.[876] Ebenfalls nicht von einem „Aufgeben“ im Sinne des § 776 S. 1 BGB erfasst sind ein Vergleich,[877] ein Aufrechnungsverzicht[878] oder die Auszahlung eines Darlehens an den Hauptschuldner vor Bestellung aller Sicherheiten.[879] Letztlich liegt keine Aufgabe vor, wenn Sicherheiten erst gar nicht erlangt wurden.[880]

d. Ergebnis

Die Rechtsprechung setzt für eine Aufgabe einen Verzicht auf die Verwertungsmöglichkeit der Sicherheit oder eine bewusste Beseitigung ihres wirtschaftlichen Wertes voraus.[881] Dabei ist es unerheblich, ob die Aufgabe durch schuldrechtlichen Vertrag mit dem Sicherungsgeber oder dinglich in Form der Aufhebung des Sicherungsmittels erfolgt. Zutreffend erfolgt eine wirtschaftliche Betrachtungsweise. Zielt das Handeln des Gläubigers jedenfalls mittelbar auf eine Verwertung der Kreditsicherheit ab, wird der Bürge nicht gem. § 776 S. 1 BGB frei. Der Begriff der Aufgabe ist damit nicht formalistisch, sondern wertend zu verstehen.[882]

---

nach besten Möglichkeiten zu veräußern (BGH NJW 1966, 2009). Aber eine entsprechende Verpflichtung traf sie nur gegenüber der GmbH als ihrer Schuldnerin und nicht gegenüber dem Beklagten zu 1. als Bürgen (BGH WM 1967, 366, 367). Dessen Haftung konnte durch das Verhalten der Klägerin - wenn überhaupt [...] - grundsätzlich erst berührt werden, falls diese ein Sicherungsrecht im Sinne des § 776 BGB aufgab; dazu gehört jedoch nicht die verspätete oder unzulängliche Verwertung von Sicherheiten.“

876 S.o. F.II.3.

877 OLG Köln v. 23.10.2007 - 13 W 48/07 (juris Rn. 8).

878 OLG Hamm v. 17.07.2008 - 21 U 145/05 = BauR 2009, 1913 (Rn. 156, 166).

879 OLG München v. 20.05.1987 - 15 U 6283/86 (juris Rn. 24).

880 BGH v. 02.12.1964 - VIII ZR 305/63 = WM 1965, 80 (juris Rn. 16); zustimmend *Serick*, Eigentumsvorbehalt III, S. 429.

881 S.o. G.I.

882 Ausdrücklich für eine extensive Auslegung HK-BGB/*Staudinger*, § 776 Rn. 3; demgegenüber wurde in den 1980'er Jahren noch eine „sehr restriktiv[e]“ Auslegung der Aufgabe vertreten, *Fontaine*, Diligenzpflichten des Gläubigers gegenüber dem Bürgen, S. 63.

2. Subjektiver Tatbestand

Nach der Rechtsprechung und der herrschenden Literaturmeinung ist nur ein gewolltes[883] Handeln des Gläubigers vom Tatbestandsmerkmal des Aufgebens erfasst.[884] Denn würde der Bürge bereits infolge von fahrlässigem Gläubigerhandeln frei werden, führte dies dazu, dass dem Gläubiger Sorgfaltspflichten gegenüber dem Bürgen auferlegt würden. Dies entspreche jedoch weder dem nur einseitig begünstigenden Bürgschaftsvertrag noch den wirtschaftlichen Verhältnissen. Denn der Bürge wisse um das Risiko seiner Inanspruchnahme und um die Gefahr, selbst keinen Rückgriff nehmen zu können. Dieses dürfe er nicht auf den Gläubiger externalisieren.[885]

---

883 Zur Frage, ob die Norm ein Verschulden i.S.d. Schadensersatzrechts erfordert, s.o. D.I.4.; nach der hier vertretenen Auffassung ist dies nicht der Fall, sodass die zitierten Fundstellen entsprechend als gewolltes Handeln zu interpretieren sind.

884 RGZ 65, 396, 397; RG JW 1907, 237; BGH v. 17.09.1959 - VII ZR 115/58 = WM 1960, 51; BGH v. 22.06.1966 - VIII ZR 50/66 = WM 1966, 756 (juris Rn. 5); OLG Karlsruhe v. 13.02.1979 - 8 U 190/76 = WM 1979, 981, 985; OLG Köln v. 22.05.1990 - 22 U 150/88 = WM 1991, 729 (juris Rn. 16); BGH v. 15.07.1999 - IX ZR 243/98 = WM 1999, 1761 (juris Rn. 24); OLG München v. 25.01.2002 - 23 U 4093/01 (juris Rn. 56); OLG Köln v. 23.10.2007 - 13 W 48/07 (juris Rn. 5); OLG Brandenburg v. 29.04.2009 - 4 U 130/08 (juris Rn. 31); *Eisenhardt*, MDR 1968, 541, 542 f.; Erman/*Zetzsche*, § 776 Rn. 6; *Esser/Weyers*, Schuldrecht II/1, S. 353; *Fischer*, in: Lwowski/Fischer/Gehrlein, Kreditsicherung, § 9 Rn. 119; *Fontaine*, Diligenzpflichten des Gläubigers gegenüber dem Bürgen, S. 63 ff.; *Heuser*, Diligenzpflicht des Gläubigers, S. 11 ff.; jurisPK/*Prütting*, § 776 Rn. 7; *La Baume*, Freiwerden des Bürgen, S. 48 ff.; *Lambsdorff/Skora*, Hdb. d. Bürgschaftsrechts, Rn. 256; *Müller*, Schuldrecht BT, Rn. 1829; NK-BGB/*Beckmann*, § 776 Rn. 3; Nobbe/*Nobbe*, Kommentar zum Kreditrecht, § 776 Rn. 11, 13; *Nobbe*, in: Schimansky/Bunte/Lwowski, Bankrechtshandbuch II, § 91 Rn. 364; Palandt/*Sprau*, § 776 Rn. 5; *Pfeiffer*, Nebenpflichten des Bürgschaftsgläubigers, S. 50; PWW/*Brödermann*, § 776 Rn. 8 f.; *Serick*, Eigentumsvorbehalt III, S. 429; Soergel/*Gröschler*, § 776 Rn. 7; *Straus*, Schutz des Bürgen, S. 17, 31 ff.; **a.A.** (für eine Erfassung von Unterlassen) HK-BGB/*Staudinger*, § 776 Rn. 3; *Knütel*, in: FS Flume I, S. 559, 589; der teilweise zu findende Verweis auf RGZ 69, 396, 397 geht jedoch fehl, da das Reichsgericht nur fahrlässiges Verhalten diskutiert hat, nicht aber Unterlassen; *Kreß*, Besonderes Schuldrecht, S. 275 Fn. 107; MüKo/*Habersack*, § 776 Rn. 10; *Müller*, WM 2014, 869, der eine Analogie für Untätigkeit des Gläubigers vorschlägt; Staudinger/*Stürner*, § 776 Rn. 12; *Stüven*, Diligenzpflichten des Gläubigers, S. 67; letztlich *Dreismann*, Bürgenschutz durch Gläubigerdiligenz?, S. 289 ff. (für eine differenzierende Betrachtung bzgl. der Erfassung von Unterlassen).

885 BGH v. 17.09.1959 - VII ZR 115/58 = WM 1960, 51.

Die Argumentation der Rechtsprechung erinnert an diejenige der Ersten Kommission, welche weitere Diligenzpflichten des Bürgen ablehnte.[886] Es überzeugt, dass faktisch Sorgfaltspflicht des Gläubigers gegenüber dem Bürgen begründet würden, wenn der Bürge auch infolge von Fahrlässigkeit oder Unterlassen frei werden würde. Zentrales Argument gegen die Berücksichtigung von Unterlassen und Fahrlässigkeit ist jedoch die Rechtsnatur des § 776 S. 1 BGB als Ausprägung des Verbots widersprüchlichen Verhaltens. Nur wenn der Gläubiger dem geschaffenen Vertrauen entgegenhandelt (venire), wird dieses Verhalten sanktioniert.[887] Demgegenüber fehlt es in den Fällen des Unterlassens oder des nur fahrlässigen Handelns an einem vorwerfbaren Verhalten. Zudem setzt eine Sanktionierung von Unterlassen eine Pflicht zum Tätigwerden voraus. Diese kann sich entweder aus dem Vertrag ergeben[888] oder auf einer Garantenpflicht beruhen.[889] Beides kann aufgrund des nur einseitig begünstigenden Sicherungsvertrages nicht angenommen werden.

Gegen eine Beschränkung des Anwendungsbereichs auf aktives Tun wird teilweise angeführt, dass der Bürge nur schwer Einfluss auf die Erhaltung der Sicherheit nehmen könne und vor Untätigkeit daher de facto nicht geschützt sei.[890] Dem muss jedoch entgegenhalten werden, dass der Bürge jederzeit die Möglichkeit hat, durch Zahlung die Zession herbeizuführen (Eintrittsrecht).[891] *Henssler* führt folgendes Argument gegen eine Ausweitung des Tatbestands des § 776 S. 1 BGB an: Wollte man auch passives Verhalten oder Unterlassen des Gläubigers sanktionieren, wäre dieser durch die Bürgschaft im Ergebnis zu mehr Sorgfalt verpflichtet als ohne. Die Bürgschaft solle den Gläubiger aber auch gegen die möglicherweise nur eingeschränkte Verwertbarkeit des weiteren Sicherungsmittels schützen.[892] Daher solle der Gläubigers nur für die Sorgfalt in eigenen Angelegenheiten haften. *Stürner* stellt demgegenüber auf eine „grob

886 S.o. Teil 1 A.II.2.a.

887 S.o. Teil 1 E.II.1.a. sowie Teil 2 D.VIII.

888 *Larenz*, Schuldrecht I, S. 9 ff.; vgl. zu § 280 BGB auch BeckOGK/*Riehm*, § 280 Rn. 95 ff.

889 BGH v. 05.02.1992 – IV ZR 94/91 = NJW 1992, 1511 (juris Rn. 14 ff.); *Hager*, in: Staudinger-Eckpfeiler, Kapitel S. Rn. 801.

890 *Dreismann*, Bürgenschutz durch Gläubigerdiligenz?, S. 289 ff.; *Fontaine*, Diligenzpflichten des Gläubigers gegenüber dem Bürgen, S. 69 ff.; *Henssler*, Risiko als Vertragsgegenstand, S. 351.

891 S.o. Teil 1 C.IV.3.a.; so auch ausdrücklich BGH v. 12.12.1985 – IX ZR 47/85 = WM 1986, 257 (juris Rn. 28); *Fontaine*, Diligenzpflichten des Gläubigers gegenüber dem Bürgen, S. 73.

892 *Henssler*, Risiko als Vertragsgegenstand, S. 352.

fahrlässige" Regressbehinderung als Maßstab ab.[893] Beide Ansichten überzeugen jedoch aus den vorgenannten Gründen nicht. Zudem soll § 776 S. 1 BGB den Bürgen auch vor Beweisproblemen schützen.[894] Dieser Schutzzweck wäre verletzt, wenn man auf eine eigenübliche Sorgfalt oder eine grobe Fahrlässigkeit des Gläubigers abstellte. Eine Benachteiligungsabsicht oder ein Schädigungsvorsatz des Gläubigers sind nicht daher erforderlich.[895] Vielmehr ist der Grund für das Aufgeben irrelevant.[896]

II. Erfasste Sicherheiten

Als Rechte, deren Aufgabe durch den Gläubiger ein Freiwerden des Bürgen bewirken, nennt § 776 S. 1 BGB „ein mit der Forderung verbundenes Vorzugsrecht, eine für sie bestehende Hypothek oder Schiffshypothek, ein für sie bestehendes Pfandrecht oder das Recht gegen einen Mitbürgen". Vorzugsrechte sind solche, die der Forderung im Rahmen einer Zwangsvollstreckung oder Insolvenz eine gewisse Vorrangstellung einräumen, wie beispielsweise § 804 ZPO, § 10 ZVG oder §§ 47 ff. InsO.[897]

Die Aufzählung des § 776 S. 1 BGB hinsichtlich der erfassten Sicherheiten wirkt sprachlich abschließend. Einige frühere Entscheidungen waren daher zurückhaltend mit einer entsprechenden Anwendung auf nicht genannte Sicherungsmittel.[898] Nach mittlerweile wohl allgemeiner Meinung findet § 776 S. 1 BGB hingegen jedenfalls analog auch Anwendung auf nicht ausdrücklich genannte Sicherheiten, unabhängig von der Frage deren Akzessorietät.[899] Der

893 Staudinger/*Stürner*, § 776 Rn. 12 a.E.

894 S.o. Teil 1 E.II.1.d.

895 OLG Köln v. 22.05.1990 – 22 U 150/88 = WM 1991, 729 (juris Rn. 16 m.w.N.); OLG Köln v. 23.10.2007 – 13 W 48/07 (juris Rn. 5); PWW/*Brödermann*, § 776 Rn. 8; *Straus*, Schutz des Bürgen, S. 17.

896 *Heuser*, Diligenzpflicht des Gläubigers, S. 11.

897 JurisPK/*Prütting*, § 776 Rn. 5; vgl. auch *Stüven*, Diligenzpflichten des Gläubigers, S. 51.

898 OLG Köln HRR 1932 Nr. 29; HRR 1933 Nr. 12; vgl. auch jurisPK/*Prütting*, § 776 Rn. 5; Nobbe/*Nobbe*, Kommentar zum Kreditrecht, § 776 Rn. 9; *Stüven*, Diligenzpflichten des Gläubigers, S. 52 ff.

899 RG HRR 1930 Nr. 499; RGZ 89, 193; BGH v. 17.12.1959 – VII ZR 194/58 = WM 1960, 371, 373; v. 02.12.1964 – VIII ZR 305/63 = WM 1965, 80 (juris Rn. 16); v. 22.06.1966 – VIII ZR 50/66 = WM 1966, 756; v. 24.09.1980 – VIII ZR 291/79 = BGHZ 78, 137 (juris Rn. 19); BGH v. 28.04.1994 – IX ZR 248/93 = WM 1994, 1161 (juris Rn. 23); v. 02.03.2000 – IX ZR 328/98 = BGHZ 144, 52 (juris Rn. 34); v. 06.04.2000 – IX ZR 2/98 = WM 2000, 1141 (juris Rn. 26); v. 03.11.2005 – IX ZR 181/04 = WM 2005, 2400 (Rn. 22); v. 04.06.2013 – XI ZR 505/11 = BGHZ 197, 335 (Rn. 13), anders als die

Grund dafür liegt in dem Umstand, dass der Gläubiger auch hinsichtlich solcher Rechte durch den Sicherungsvertrag dazu verpflichtet ist, diese bei Leistung des Bürgen entsprechend § 774 Abs. 1 S. 1 BGB zu übertragen.[900] Zudem sind im modernen Geschäftsverkehr selbstständige Sicherungsrechte in großem Umfang an die Stelle der akzessorischen Rechte getreten.[901] Wendete man § 776 S. 1 BGB auf diese nicht an, würde dies eine Schutzlücke für den Bürgen und die Möglichkeit einer Umgehung der Norm durch den Gläubiger bedeuten.

Nicht anwendbar ist § 776 S. 1 BGB, sofern ein Sicherungsrecht betroffen ist, welches mit der Bürgschaft nicht auf einer Stufe steht. So sind insbesondere ein Pfandrecht am Auflassungsanspruch,[902] Eintritts- und Optionsrechte,[903] die Vollkasko-Versicherung des KFZ[904] und Versicherungen generell nicht erfasst.[905] Dies gilt ebenfalls für nicht verbundene Geschäfte im Sinne des Widerrufsrechts[906] und ein Anspruch auf Vorschusszahlung.[907] Schuldrechtliche

---

Vorinstanz OLG Bamberg v. 17.11.2011 – 1 U 88/11 = WM 2012, 691 (Rn. 14, 19) wendet der BGH die Norm *direkt* an; vgl. auch OLG Karlsruhe v. 13.02.1979 – 8 U 190/76 = WM 1979, 981, 985; OLG Köln v. 22.05.1990 – 22 U 150/88 = WM 1991, 729 (juris Rn. 3, 5, 7); OLG Köln v. 02.10.1998 – 19 U 27/98 (juris Rn. 6 m.w.N.); OLG Saarbrücken v. 22.02.2018 – 4 U 52/16 (juris Rn. 46); *Dreismann*, Bürgenschutz durch Gläubigerdiligenz?, S. 287; *Eisenhardt*, MDR 1968, 541, 542; Erman/*Zetzsche*, § 776 Rn. 3; *Esser/Weyers*, Schuldrecht II/1, S. 353; HK-BGB/*Staudinger*, § 776 Rn. 2; jurisPK/*Prütting*, § 776 Rn. 5; *Knütel*, in: FS Flume I, S. 559, 587; *Lambsdorff/Skora*, Hdb. d. Bürgschaftsrechts, Rn. 254; *Madaus*, EWiR 2013, 479, 480; *Nobbe*, in: Schimansky/Bunte/Lwowski, Bankrechtshandbuch II, § 91 Rn. 358; Nobbe/*Nobbe*, Kommentar zum Kreditrecht, § 776 Rn. 8; Palandt/*Sprau*, § 776 Rn. 4; *Pfeiffer*, Nebenpflichten des Bürgschaftsgläubigers, S. 48 ff.; PWW/*Brödermann*, § 776 Rn. 5; *Reinicke/Tiedtke*, Bürgschaftsrecht, Rn. 237; *Serick*, Eigentumsvorbehalt III, S. 428; Soergel/*Gröschler*, § 776 Rn. 5 f.; *Stüven*, Diligenzpflichten des Gläubigers, S. 55; *Wacke*, AcP 170 (1970), 42, 62.

900 S.o. B.V.1.

901 So ausdrücklich OLG Köln v. 22.05.1990 – 22 U 150/88 = WM 1991, 729 (juris Rn. 3, 5, 7); OLG Köln v. 02.10.1998 – 19 U 27/98 (juris Rn. 6 m.w.N.).

902 BGH v. 20.11.2001 – IX ZR 189/00.

903 OLG München v. 25.01.2002 – 23 U 4093/01 (juris Rn. 55).

904 OLG Köln v. 07.02.1995 – 22 U 246/94 = WM 1995, 1965; LG Berlin v. 16.12.2004 – 5 O 219/04 = WM 2005, 932 (Rn. 15 ff.); *Reinicke/Tiedtke*, Bürgschaftsrecht, Rn. 241.

905 OLG Köln v. 07.02.1995 – 22 U 246/94 = WM 1995, 1965 (juris Rn. 4).

906 OLG Koblenz v. 30.03.2006 – 2 U 774/05 (juris Rn. 50).

907 BGH v. 10.06.2010 – I ZR 106/08 = NJW-RR 2010, 1546 (Rn. 38).

Positionen fallen ebenfalls nicht in den Anwendungsbereich der Norm,[908] letztlich auch nicht die Rechte des Werkunternehmers aus §§ 648, 648a BGB.[909]

Zeitlich erstreckt § 776 S. 2 BGB den Anwendungsbereich des § 776 S. 1 BGB auch auf solche Kreditsicherheiten, die erst nach Abschluss des Bürgschaftsvertrages für die besicherte Forderung bestellt werden.[910]

III. Verlust der Ersatzmöglichkeit

Letztlich erfordert ein Freiwerden des Bürgen gem. § 776 S 1 BGB, dass der Bürge „aus dem aufgegebenen Recht nach § 774 hätte Ersatz erlangen können." Die Aufgabehandlung des Gläubigers muss zu einer kausalen Schmälerung des (Anschluss-) Regresses des Bürgen führen.[911] Der Verweis auf § 774 BGB ist dabei jedoch nicht ganz präzise. Denn unmittelbar aus der Norm ergibt sich kein Ersatzrecht, sondern erst aus § 426 Abs. 2 S. 1 bzw. §§ 412, 401 BGB. § 776 S. 1 BGB ist daher so zu lesen, dass der Bürge eine Rückgriffsmöglichkeit verlieren muss, welche ihm § 774 BGB vermittelt. Ein Verlust eines Ersatzrechts liegt nicht vor, wenn der Bürge nach den Regelungen im Innenverhältnis zum weiteren Sicherungsgeber nicht regressberechtigt ist (siehe sogleich unter H.III.2.a.).[912]

1. Verbleibender Innenregress unerheblich

Nach der wohl herrschenden Literaturmeinung scheidet ein Freiwerden des Bürgen gem. § 776 S. 1 BGB mangels Verlustes einer Ersatzmöglichkeit aus, sofern der Bürge noch mittels seines Innenanspruchs aus § 426 Abs. 1 S. 1 BGB Rückgriff bei dem zusätzlichen Sicherungsgeber nehmen kann.[913] Demgegenüber kommt es nach der hier vertretenen Ansicht im Rahmen des Tatbestandsmerkmals der verlorenen Ersatzmöglichkeit einzig auf den Verlust des Außenanspruchs an, da insbesondere mit diesem auch die Verwertungsmöglichkeit bezüglich Realsicherheiten auf den Bürgen übergeht.[914] Für die diesbezüglichen Einzelheiten wird auf die ausführliche Darstellung unter Abschnitt C.III. ff. verwiesen.

---

908 *Nobbe*, in: Schimansky/Bunte/Lwowski, Bankrechtshandbuch II, § 91 Rn. 360; Nobbe/*Nobbe*, Kommentar zum Kreditrecht, § 776 Rn.10.

909 JurisPK/*Prütting*, § 776 Rn. 6.

910 Siehe ausführlich dazu oben unter Teil 1 E.II.2. sowie Teil 2 E.

911 So auch ausdrücklich BGH v. 04.06.2013 – XI ZR 505/11 = BGHZ 197, 335 (Rn. 21).

912 BeckOGK/*Madaus*, § 776 Rn. 11.

913 S.o. C.III.

914 S.o. C.VII.

2. *Haftungsquote*

Maßgeblich für die Höhe des Freiwerdens ist die entsprechende Haftungsquote zwischen den Sicherungsgebern.

a. *Grundsatz*

Die Höhe des Anschlussregresses bestimmt sich sowohl zwischen Mitbürgen als auch zwischen verschiedenartigen Sicherungsgebern nach § 426 BGB (analog), sodass im Zweifel mehrere Sicherungsgeber anteilig haften.[915] „Etwas anderes" im Sinne des § 426 Abs. 1 S. 1 BGB kann sich aus einer ausdrücklichen oder stillschweigenden Vereinbarung, dem Zusammentreffen mehrerer Höchstbeträge[916] oder der Natur der Sache ergeben.[917] Aus der Natur der Sache ergibt sich beispielsweise eine Haftungsverteilung, wenn eine Realsicherheit durch den Hauptschuldner selbst gestellt wird. Im Innenverhältnis zum Bürgen ist in diesem Fall von einer vollständigen Lastentragungspflicht des Hauptschuldners auszugehen.[918] Folglich würde der Bürge durch die Aufgabe der vom Hauptschuldner bestellten Sicherheit in voller Höhe frei werden.[919] Umgekehrt verliert der Bürge kein Ersatzrecht, wenn er im Innenverhältnis die gesamte Last zu tragen hat.[920] Im Ergebnis ist damit die vereinbarte Haftungsquote im Innenverhältnis maßgeblich für ein Erlöschen der Haftung gem. § 776 S. 1 BGB im Außenverhältnis.

b. *Zeitpunkt der Haftungsquote*

Es stellt sich die Frage, ob und inwieweit sich eine Veränderung der Haftungsquote im Innenverhältnis auf das Freiwerden des Bürgen gem. § 776 S. 1 BGB auswirkt.

<u>Beispiel</u>: S schuldet dem Gläubiger G 100.000 €. B hat sich am 01.02. als Bürge für den gesamten Betrag verbürgt. Zudem bestellt X am 01.03. eine Grundschuld an seinem

915 Zur Haftungshöhe mehrerer Sicherungsgeber bzw. der Gestaltung des Anschlussregresses siehe ausführlich oben B.V.

916 Dazu ausführlich unter J.III.3.

917 S.o. B.III.1. sowie B.V.3.d., jeweils m.w.N.; vgl. auch Soergel/*Gröschler*, § 776 Rn. 3.

918 Dieser Fall lag z.B. BGH v. 04.06.2013 – XI ZR 505/11 = BGHZ 197, 335 zugrunde, welcher unter J.I. dargestellt ist; so auch ausdrücklich Erman/*Zetzsche*, § 776 Rn. 8.

919 Vgl. auch BGH v 24.09.1992 – IX ZR 195/91 = WM 1992, 1893 (juris Rn. 10), wonach sich eine Vorzugsstellung aus Absprachen zwischen den Sicherungsgebern ergeben kann.

920 BeckOGK/*Madaus*, § 776 Rn. 11 f.; MüKo/*Habersack*, § 776 Rn. 5, 11; vgl. auch BGH v. 24.09.1992 – IX ZR 195/91 = WM 1992, 1893.

Grundstück zur Sicherung der gesamten Forderung. B und X vereinbaren nachträglich am 01.06., dass im Innenverhältnis die Grundschuld die gesamte Last tragen soll und umgekehrt B nicht zum Ausgleich verpflichtet ist. G weiß von dieser Vereinbarung nichts und gibt die Grundschuld auf, erwartet jedoch, dass B noch in Höhe von 50.000 € haftet.

Wie soeben dargelegt, bestimmt die Haftungsquote im Innenverhältnis mittelbar die Höhe des Freiwerdens nach § 776 S. 1 BGB. Könnten die Sicherungsgeber jedoch nachträglich die Quote mit Wirkung für § 776 S. 1 BGB verändern, ohne dass der Gläubiger Kenntnis davon hat, wäre eine Vereinbarung zu Lasten des Gläubigers möglich. Dies kann jedoch auch von § 776 S. 1 BGB nicht gestattet sein. Denn die Vereinbarung der Sicherungsgeber erzeugt eine „Lastwirkung"[921] für den Gläubiger, obwohl die Sicherheiten gerade dem Schutz des Gläubigers dienen und zu seinen Gunsten wirken sollen. Daher darf er auch darauf vertrauen, dass der Haftungsumfang von Sicherheiten ihm gegenüber erhalten bleibt und nicht durch die Sicherungsgeber selbst modifiziert wird. Zudem geht der Sicherungsvertrag vor, den die Sicherungsgeber nicht nachträglich verändern können. Ergibt sich daraus eine andere als eine anteilige Verteilung, müssen sich alle Parteien daran festhalten lassen. Letztlich spricht auch die Rechtsnatur der Norm gegen die Möglichkeit der Sicherungsgeber, nachträglich abweichende Quoten zu vereinbaren. § 776 S. 1 BGB stellt eine Sanktion widersprüchlichen Gläubigerverhaltens dar.[922] Solange sich der Gläubiger selbst vertragsgemäß verhält und einem Vertrauen des Bürgen nicht zuwiderhandelt, ist die Norm nicht anwendbar. Im Ergebnis gilt damit Folgendes: Maßgeblicher Zeitpunkt für die Haftungsquote ist das erstmalige Zusammentreffen der Sicherungsgeber in der Weise, dass ein Ausgleichsverhältnis nach § 426 Abs. 1 S. 1 BGB (analog) begründet wird. Hat der Gläubiger zu diesem Zeitpunkt von einer gegenüber § 426 Abs. 1 S. 1 Hs. 1 BGB abweichenden Haftungsverteilung Kenntnis, ist diese maßgeblich. Nachträgliche Änderungen können nur mit Zustimmung des Gläubigers vorgenommen werden. Modifizieren die Sicherungsgeber ohne Kenntnis des Gläubigers nach dem vorgenannten Zeitpunkt die zwischen ihnen bestehende Haftungsquote, stellt dies lediglich eine Erfüllungsübernahme im Sinne des § 329 BGB dar. Die Abrede wirkt sich hingegen nicht auf die Quote des Freiwerdens nach § 776 S. 1 BGB aus.

---

921 Vgl. zum Begriff *Kuntz*, AcP 209 (2009), 242, 251; *Oechsler*, Vertragliche Schuldverhältnisse, Rn. 1361.

922 Dazu oben D.VIII.

3. *Werthaltigkeit*

a. Grundsatz

Sowohl Rechtsprechung als auch Literatur fordern für ein Freiwerden des Bürgen gem. § 776 S. 1 BGB, dass das aufgegebene Recht werthaltig gewesen sein muss.[923] Denn § 776 S. 1 BGB bestimme, dass der Bürge Ersatz hätte *er*langen und nicht bloß *ver*langen können.[924] Darüber hinaus schütze die Norm ihrem Sinn und Zweck nach die tatsächlichen Regresschancen. Die Freigabe einer wertlosen Sicherheit könne die Interessen des Bürgen nicht berühren.[925] Dem Wortlautargument kann jedoch entgegengehalten werden, dass auch der Begriff „erlangen" nicht zwingend die Werthaltigkeit der Sache beinhaltet. Erst im Vergleich mit „verlangen" entsteht dieser Eindruck. Zudem lässt sich aus den Gesetzesmaterialien an keiner Stelle eine bewusste Entscheidung hinsichtlich dieser Begrifflichkeit einerseits und der Frage der Werthaltigkeit andererseits entnehmen.[926] Gleichwohl überzeugt die herrschende Meinung auf der Wertungsebene. § 776 S. 1 BGB schützt das Vertrauen des Bürgen, bei Zahlung an den Gläubiger dessen weitere Sicherheiten für den eigenen Anschlussregress zu erhalten.[927] Gibt der Gläubiger eine wertlose Kreditsicherheit auf, enttäuscht er zwar das Vertrauen des Bürgen. Allerdings fehlt in diesem Fall das Verhaltensunrecht, da der Bürge kein Interesse mehr an der Sicherheit haben kann und keinen Nachteil erleidet. Für den Bürgen bedeutete es einen unverdienten Zufall, dass der Gläubiger eine wertlose Grundschuld aufgäbe, die dem Bürgen keinen Ersatz für seine Zahlung geboten hätte, er dadurch aber in Höhe des Haftungsanteils frei geworden wäre. Zudem soll der Bürge durch § 776 S. 1 BGB so gestellt

---

923 BGH v. 04.06.2013 – XI ZR 505/11 = BGHZ 197, 335 (Rn. 21); ebenso die Vorinstanz OLG Bamberg v. 17.11.2011 – 1 U 88/11 = WM 2012, 691 (Rn. 20); OLG Saarbrücken v. 22.02.2018 – 4 U 52/16 (juris Rn. 51); BeckOGK/*Madaus*, § 776 Rn. 13 f.; *Derleder*, NJW 2015, 817, 821; *Dreismann*, Bürgenschutz durch Gläubigerdiligenz?, S. 296; Erman/*Zetzsche*, § 776 Rn. 8; MüKo/*Habersack*, § 776 Rn. 11; *Müller*, WM 2014, 869, 871 f.; *Nobbe*, in: Schimansky/Bunte/Lwowski, Bankrechtshandbuch II, § 91 Rn. 366, 368; Nobbe/*Nobbe*, Kommentar zum Kreditrecht, § 776 Rn. 15; Palandt/*Sprau*, § 776 Rn. 6; PWW/*Brödermann*, § 776 Rn. 11; Staudinger/*Stürner*, § 776 Rn. 16.

924 MüKo/*Habersack*, § 776 Rn. 11.

925 BeckOGK/*Madaus*, § 776 Rn. 13.

926 Jakobs/Schubert, SR III, S. 511 ff.; Mugdan II (Motive), S. 379 f.; ders., Protokolle II, S. 1029 ff.

927 S.o. Teil 1 E.II.1.a. sowie Teil 2 D.VIII.

werden, wie er wirtschaftlich stünde, wenn er die aufgegebene Sicherheit hätte verwerten können.[928]

Beispiel: Gläubiger G gewährt dem Hauptschuldner S am 01.02. ein zinsfreies Darlehen in Höhe von 100.000 €, was dieser spätestens bis zum 01.10. zurückzahlen muss. Zur Sicherheit verbürgt sich Bürge B in voller Höhe und X bestellt eine Grundschuld an einem Grundstück im Wert von ebenfalls 100.000 €. G gibt nun diese Grundschuld am 01.06. auf. Zu diesem Zeitpunkt war das besicherte Grundstück aber nur noch 30.000 € wert, da der Boden zwischenzeitlich kontaminiert wurde.

Sichert neben dem Bürgen eine Grundschuld den Zahlungsanspruch des Gläubigers, könnte der Bürge ohne die Aufgabe der Grundschuld nach seiner Inanspruchnahme grundsätzlich gem. §§ 774 Abs. 1 S. 1, 412, 401 BGB bzw. § 426 Abs. 1 S. 1 BGB analog in das mit der Grundschuld belastete Grundstück vollstrecken. Mangels abweichender Haftungsquote besteht eine Rückgriffsmöglichkeit in Höhe der Hälfte der besicherten Forderung. Verliert das Grundstück jedoch an Wert, so dass es nur noch einen Verwertungserlös bietet, welcher geringer ist als diese Hälfte, fällt die Uneinbringbarkeit dieser Differenz in das Risiko des Bürgen. Wollte man den Bürgen nun im Falle eines Aufgebens unabhängig von der Werthaltigkeit befreien, würde er hälftig frei. Damit stünde er um die Höhe des Differenzbetrages zum Grundstückswert besser als im Rahmen eines tatsächlichen Anschlussregresses. Diese Besserstellung ist allerdings wegen des einseitig begünstigenden Charakters der Bürgschaft nicht gerechtfertigt. Im Ergebnis ist daher der herrschenden Meinung dahingehend zuzustimmen, dass § 776 S. 1 BGB nur die Aufgabe einer werthaltigen Sicherheit erfasst.

b. Bemessungszeitpunkt

Fraglich ist darüber hinaus, welcher Zeitpunkt für die Bestimmung der Werthaltigkeit maßgeblich ist. Die Rechtsprechung stellt insoweit auf den Moment der Aufgabehandlung und nicht auf den Zeitpunkt der hypothetischen Verwertung ab.[929] Dies wird teilweise kritisch gesehen.[930]

Beispiel (*Fortsetzung*): Am 01.10. ist das Grundstück aufgrund fortschreitender Vernachlässigung nur noch 10.000 € wert.

928 S.u. J.III.1.

929 BGH v. 04.06.2013 – XI ZR 505/11 = BGHZ 197, 335 (Rn. 21 a.E.).

930 BeckOGK/*Madaus*, § 776 Rn. 14; *Hoffmann*, JZ 2013, 1005, 1006 (rechte Spalte); *Müller*, WM 2014, 869, 873; ausdrücklich, allerdings ohne Begründung auch OLG Bamberg v. 17.11.2011 – 1 U 88/11 = WM 2012, 691 (Rn. 20).

Für eine Berücksichtigung des hypothetischen Verwertungszeitraums spricht, dass der Bürge erst dann bei dem weiteren Sicherungsgeber Rückgriff genommen hätte und die zu diesem Zeitpunkt bestehende Differenz zwischen Verwertungserlös und Haftungsanteil in sein Risiko fällt. Gleichwohl ist für die Werthaltigkeit auf den Zeitpunkt der Aufgabehandlung abzustellen. Denn § 776 S. 1 BGB schützt den Bürgen auch dahingehend, durch Befriedigung des Gläubigers jederzeit in dessen weitere Sicherungsrechte eintreten zu können (Eintrittsrecht).[931] Ohne die Handlung des Gläubigers hätte er diesen nach § 271 Abs. 1 BGB schon vor Fälligkeit der Bürgschaftsforderung befriedigen können, sodass ihm die Grundschuld vom Gläubiger zu übertragen gewesen wäre. Dies hätte ihm die Möglichkeit eröffnet, zeitlich vor einem fortschreitenden Wertverlust in diese zu vollstrecken. Durch die Aufgabe wird dem Bürgen das beschriebene Recht jedoch genommen.[932] Daher handelt der Gläubiger widersprüchlich, wenn er den Bürgen wegen des Teilbetrages der nachträglich eingetretenen Wertminderung in Anspruch nimmt. Im Ergebnis stellt der BGH damit zutreffend auf den Zeitpunkt der Aufgabehandlung ab.

4. Ergebnis

Ob und inwieweit der Bürge ein Recht aus § 774 BGB verliert, richtet sich nach drei Umständen. Erstens ist für das Ersatzrecht einzig der übergehende Anspruch aus dem Außenverhältnis nach §§ 774 Abs. 2, 426 Abs. 2 S. 1 bzw. §§ 774 Abs. 1 S. 1, 412, 401 BGB relevant, ein etwaiger Innenanspruch nach § 426 Abs. 1 S. 1 BGB (analog) bleibt unberücksichtigt. Zweitens kommt es auf die Haftungsquote des entlassenen Sicherungsmittels im Innenverhältnis zum Bürgen nach § 426 Abs. 1 S. 1 BGB an, deren maßgeblicher Zeitpunkt derjenige der Begründung der Gesamtschuld ist. Drittens und letztens muss das Sicherungsmittel zum Zeitpunkt der Aufgabehandlung werthaltig gewesen sein. Dass es für die Haftungsquote und die Werthaltigkeit auf zwei verschiedene Zeitpunkte ankommt, ist dabei nicht widersprüchlich. Denn es handelt sich um getrennte Fragen mit jeweils unterschiedlichen Wertungen.

IV. Mitverursachung

Fraglich ist, ob ein Freiwerden nach § 776 S. 1 BGB dann ausscheidet, wenn den Bürgen eine Mitverantwortung am Untergang der Sicherheit trifft. Vereinzelt

931 S.o. Teil 1 E.II.1.b.

932 So ausdrücklich BGH v. 04.06.2013 – XI ZR 505/11 = BGHZ 197, 335 (Rn. 21).

wird insoweit eine analoge Anwendung des § 254 BGB vorgeschlagen.[933] Eine Mitverursachung kommt allerdings nur in Betracht, wenn die Handlungen von Gläubiger und Bürgen gleichermaßen den Untergang bewirken. Denn erlischt das weitere Sicherungsmittel kausal nur durch die Handlung des Bürgen, liegt schon kein Aufgeben des Gläubigers im Sinne des § 776 S. 1 BGB vor. Allerdings ist § 254 BGB (analog) aus folgendem Grund auf den Fall des § 776 S. 1 BGB nicht anwendbar: Die Norm führt stets zu einer entsprechenden Quotelung des Anspruchs je nach Verschuldensmaßstab.[934] Dies ist für § 776 S. 1 BGB nicht sachgerecht. Zwar kommt es für das Freiwerden des Bürgen auf die Haftungsquote im Innenverhältnis nach § 774 BGB an, nicht jedoch auf eine Verursachungsquote. Denn die Norm beruht auf dem Gedanken des Vertrauensschutzes.[935] Gibt der Bürge durch seine Mitverursachungshandlung zu erkennen, dass er an einem Regress nicht mehr interessiert ist, besteht gerade kein Vertrauen auf den Erwerb der Gläubigerrechte mehr. Auf Seiten des Gläubigers fehlt es daher an einer Treuwidrigkeit.

V. Beweislast

Die Beweislast für die Voraussetzungen des § 776 S. 1 BGB liegt nach zutreffender allgemeiner Meinung beim Bürgen.[936]

J. Rechtsfolge

Liegen die Tatbestandsvoraussetzungen des § 776 S. 1 BGB vor, „wird der Bürge insoweit frei, als er aus dem aufgegebenen Recht nach § 774 hätte Ersatz erlangen können." Die Norm stellt dadurch den Bürgen so, als als habe er bei dem begünstigten Sicherungsgeber bereits Rückgriff genommen. Es stellt sich zunächst die Frage, ob die Rechtsfolge automatisch eintritt oder ob es einer Geltendmachung bedarf (dazu unter J.I.). Daran anschließend werden der Zeitpunkt (dazu unter J.II.) und die Höhe (dazu unter J.III.) der Haftungsbefreiung diskutiert.

---

933 Staudinger/*Stürner*, § 776 Rn. 18.

934 MüKo/*Oetker*, § 254 Rn. 105.

935 S.o. D.VIII.

936 OLG Köln v. 23.10.2007 – 13 W 48/07 (juris Rn. 6); HK-BGB/*Staudinger*, § 776 Rn. 6; *Knütel*, in: FS Flume I, S. 559, 590; *Nobbe*, in: Schimansky/Bunte/Lwowski, Bankrechtshandbuch II, § 91 Rn. 366; Palandt/*Sprau*, § 776 Rn. 4; Soergel/*Gröschler*, § 776 Rn. 19; *Stüven*, Diligenzpflichten des Gläubigers, S. 75.

I. Geltendmachung oder automatisches Freiwerden

Gibt der Gläubiger eine Sicherheit auf, wird der Bürge nach Rechtsprechung und herrschender Meinung *automatisch* (ipso jure) von seiner Haftung frei, ohne dass er sich auf § 776 S. 1 BGB aktiv berufen muss.[937]

Der BGH diskutierte die Rechtsfolge der Norm in einer Entscheidung aus dem Jahr 2013, welcher folgender Sachverhalt zugrunde lag:[938] Für eine Forderung hatten sich vier Personen verbürgt. Zusätzlich hatte der Hauptschuldner selbst eine werthaltige Grundschuld an einem ihm gehörigen Grundstück bestellt. Nach Gewährung des Darlehens an den Hauptschuldner trat der Gläubiger die Grundschuld zur Sicherung einer gegen ihn gerichteten Forderung an eine Bank ab. Nach Kündigung des Darlehens gegenüber dem Hauptschuldner forderte der Gläubiger von den Bürgen die Zahlung der Bürgschaftssumme, da über das Vermögen des Hauptschuldners zwischenzeitlich das Insolvenzverfahren eröffnet wurde. Die Besonderheit des Falles lag in dem Umstand begründet, dass der Gläubiger die Grundschuld während des Berufungsverfahrens von der Bank zurück übertragen erhielt.[939] Der beklagte Bürge machte geltend, gem. § 776 S. 1 BGB durch die Abtretung der Grundschuld an die Bank frei geworden zu sein. Demgegenüber wandte der Gläubiger ein, dass die Norm aufgrund der Rückübertragung der Sicherheit nicht einschlägig sei. In diesem Zusammenhang entschied der XI. Senat, dass § 776 S. 1 BGB zu einer automatischen Beendigung der Haftung des Bürgen führe und nicht lediglich ein Leistungsverweigerungsrecht darstelle.[940]

Dafür spricht zunächst der Wortlaut der Norm, der nicht nur ein Recht des Bürgen nennt („kann"), sondern unmittelbar ein Freiwerden anordnet („wird

---

937 BGH v. 04.06.2013 – XI ZR 505/11 = BGHZ 197, 335; OLG Bamberg v. 17.11.2011 – 1 U 88/11 = WM 2012, 691 (Rn. 18); BeckOGK/*Madaus*, § 776 Rn. 15; *Derleder*, NJW 2015, 817, 819; *Fischer*, in: Lwowski/Fischer/Gehrlein, Kreditsicherung, § 9 Rn. 119; MüKo/*Habersack*, § 776 Rn. 12; *Müller*, WM 2014, 869, 875; *Nobbe*, in: Schimansky/Bunte/Lwowski, Bankrechtshandbuch II, § 91 Rn. 366; Palandt/*Sprau*, § 776 Rn. 7; Soergel/*Gröschler*, § 776 Rn. 19; wohl auch OLG Köln v. 22.05.1990 – 22 U 150/88 = WM 1991, 729 (juris Rn. 18); jurisPK/*Prütting*, § 776 Rn. 8; *Knütel*, in: FS Flume I, S. 559, 590, der annimmt, dass durch § 776 S. 1 BGB ein Schaden des Bürgen „sogleich [...] ausgeglichen" werde; Staudinger/*Stürner*, § 776 Rn. 16; **a.A.** OLG Hamburg v. 08.09.1998 – 14 U 246/97 (juris Rn. 6), jedoch ohne nähere Begründung; ebenfalls noch für ein Leistungsverweigerungsrecht Staudinger/*Horn*, Neub. 2013, § 776 Rn. 16.

938 BGH v. 04.06.2013 – XI ZR 505/11 = BGHZ 197, 335.

939 BGH v. 04.06.2013 – XI ZR 505/11 = BGHZ 197, 335.

940 BGH v. 04.06.2013 – XI ZR 505/11 = BGHZ 197, 335 (Rn. 16-19).

der Bürge insoweit frei").[941] Der BGH führt zur Begründung auch einen Vergleich zu § 777 BGB an. Dessen Wortlaut entnimmt die herrschende Meinung das Erlöschen der Haftung des Bürgen.[942] Vergleicht man diese Normen mit der Formulierung einiger Einreden (beispielsweise §§ 214 Abs. 1, 273 Abs. 1 BGB) oder Gestaltungsrechte (§§ 323, 312g BGB), überzeugt dies. Ein zentrales Argument des BGH ist die Schaffung von Rechtssicherheit. Zur Wahrung der wirtschaftlichen Bewegungsfreiheit des Bürgen soll dieser zeitnah wissen, ob und in welcher Höhe seine Haftung gem. § 776 S. 1 BGB erloschen ist.[943] Dem wird teilweise entgegengehalten, dass der BGH an dieser Stelle zu rechtsfolgenorientiert argumentiere.[944] Allerdings hat das Gericht insoweit ein historisches Argument auf seiner Seite. Ausweislich der Gesetzesmaterialien sollte § 776 S. 1 BGB „Streitigkeiten" vermeiden.[945]

Letztlich spricht auch die Rechtsnatur des § 776 S. 1 BGB als Ausprägung des Verbots widersprüchlichen Verhaltens für ein automatisches Freiwerden des Bürgen. Denn eine unzulässige Rechtsausübung stellt eine stets von Amts wegen zu beachtende, rechtsvernichtende Einwendung dar.[946] Die Entstehungsgeschichte des § 776 S. 1 BGB liefert zur Frage der Rechtsfolge keine Erkenntnisse, da weder den Überlegungen *Pothiers* noch den Materialien zum BGB diesbezügliche Aussagen zu entnehmen sind.[947]

---

941 So auch ausdrücklich BGH v. 04.06.2013 – XI ZR 505/11 = BGHZ 197, 335 (Rn. 18); OLG Bamberg v. 17.11.2011 – 1 U 88/11 = WM 2012, 691 (Rn. 18).

942 BGH v. 04.06.2013 – XI ZR 505/11 = BGHZ 197, 335 (Rn. 18 m.w.N.); OLG Bamberg v. 17.11.2011 – 1 U 88/11 = WM 2012, 691 (Rn. 18).

943 BGH v. 04.06.2013 – XI ZR 505/11 = BGHZ 197, 335 (Rn. 19).

944 BeckOGK/*Madaus*, § 776 Rn. 14.

945 S.o. Teil 1 A.II.2.b., A.III.

946 S.o. D.VIII. (*venire contra factum proproum*) bzw. D.III. (Einrede); ausdrücklich zu § 776 S. 1 BGB als rechtsvernichtende Einwendung, jedoch mit unterschiedlicher Begründung BeckOGK/*Madaus*, § 776 Rn. 15; BeckOK/*Rohe*, § 776 Rn. 7; *Müller*, WM 2014, 869, 875; *Nobbe*, in: Schimansky/Bunte/Lwowski, Bankrechtshandbuch II, § 91 Rn. 366; Soergel/*Gröschler*, § 776 Rn. 19; Staudinger/*Stürner*, § 776 Rn. 16.

947 S.o. Teil 1 A.II.2.g. sowie D.II.5.; vgl. auch Jakobs/Schubert, SR III, SV III S. 512; Mugdan II (Motive), S. 379; **a.A.** BGH v. 04.06.2013 – XI ZR 505/11 = BGHZ 197, 335 (Rn. 16 ff.).

II. Zeitpunkt der Befreiung

1. Grundsatz

Die Befreiungswirkung des § 776 S. 1 BGB tritt unmittelbar ex nunc[948] mit der Aufgabehandlung des Gläubigers ein und nicht erst mit dessen Zahlungsverlangen.[949] Der BGH begründet dies mit Problemen in den Fällen des Rückerwerbs von Sicherheiten (dazu unter J.II.2.) und führt zwei Argumente an. Zunächst solle Rechtssicherheit für den Bürgen geschaffen werden. Weiterhin schütze § 776 S. 1 BGB das Recht, bei Untätigkeit des Gläubigers und zur Vermeidung einer Verschlechterung der weiteren Sicherheit durch Zahlung an den Gläubiger in diese einzutreten (Eintrittsrecht).[950] Dies wäre ihm nach einer Veräußerung genommen.[951] Letztlich knüpft auch der Wortlaut der Norm das Freiwerden unmittelbar an die Aufgabehandlung des Gläubigers.

2. Kein Fortbestehen der Haftung bei einem späteren Rückerwerb der konkurrierenden Sicherheit

Im soeben unter J.I. dargestellten vom BGH zu entscheidendem Fall lag die Besonderheit vor, dass die Gläubigerin die abgetretene Grundschuld später zurück erhielt. Es stellte sich daher die Frage, ob dieser Umstand Einfluss auf § 776 S. 1 BGB hat. Der BGH verneinte dies und argumentierte hauptsächlich mit der Rechtssicherheit für den Bürgen. Würde die Haftung des Bürgen durch die Aufgabehandlung nicht unmittelbar erlöschen, wäre es für ihn ungewiss, ob er aufgrund eines späteren Rückerwerbs der Kreditsicherheit weiterhin – oder vielmehr: wieder – in Anspruch genommen werden kann.[952]

Auf der anderen Seite kann folgendes Argument nicht von der Hand gewiesen werden: Wenn der Bürge in dem konkreten Sachverhalt durch die Abtretung der Grundschuld nicht unmittelbar befreit würde, entsprächen seine

---

948 Ausdrücklich OLG Hamm v. 23.11.2009 – 31 U 323/06 (juris Rn. 149); Soergel/*Gröschler*, § 776 Rn. 19.

949 BGH v. 04.06.2013 – XI ZR 505/11 = BGHZ 197, 335 (Rn. 16 ff.); zustimmend *Musielak*, JA 2015, 161, 165; Soergel/*Gröschler*, § 776 Rn. 19.

950 S.o. Teil 1 E.II.1.b.

951 So auch ausdrücklich BGH v. 04.06.2013 – XI ZR 505/11 = BGHZ 197, 335 (Rn. 21).

952 BGH v. 04.06.2013 – XI ZR 505/11 = BGHZ 197, 335 (Rn. 19); zustimmend *Buck*, GWR 2012, 93 (bezogen auf die Vorinstanz OLG Bamberg); HK-BGB/*Staudinger*, § 776 Rn. 5; *Madaus*, EWiR 2013, 479, 480; *Musielak*, JA 2015, 161, 165; Palandt/*Sprau*, § 776 Rn. 7; Soergel/*Gröschler*, § 776 Rn. 19; Staudinger/*Stürner*, § 776 Rn. 16.

Regressmöglichkeiten nach dem Rückerwerb dem status quo ante.[953] Denn durch die Wiedereingliederung der Grundschuld in den Haftungsverband wäre die Ausgleichsgesamtschuld der Sicherungsgeber wieder so hergestellt, wie sie vor der Abtretung bestand. Damit wäre – anders als dies der BGH annimmt[954] – der eingetretene Verlust kompensiert. Man könnte daher argumentieren, dass der Bürge als Sicherungsgeber eine gewisse Unsicherheit hinsichtlich des „Ob" der Verwertung in Kauf nehmen müsse. Dafür spräche der einseitig begünstigende Charakter des Bürgschaftsvertrages.

§ 776 S. 1 BGB sanktioniert jedoch widersprüchliches Gläubigerverhalten.[955] Der Gläubiger soll nicht bewusst der Erwartung des Bürgen, die weiteren Kreditsicherheiten im Gegenzug für seine Leistung zu erwerben, zuwider handeln dürfen. Durch die Abtretung setzt er sich hingegen in Widerspruch zu dem geschaffenen Vertrauen. Denn während der Zeit, in welcher der Neugläubiger Inhaber ist, kann der Bürge die Zession nicht durch Zahlung an seinen Gläubiger herbeiführen. Er kann sich folglich nicht vor einem Wertverlust oder einem sukzessiven Wertverlust schützen. Der Gläubiger würde daher das Eintrittsrecht des Bürgen vereiteln können. Bereits dadurch liegt ein Rechtsmissbrauch vor. Dieser setzt voraus, dass beachtliche Interessen eines anderen verletzt werden, ohne dass ein schutzwürdiges Eigeninteresse des Rechtsinhabers besteht.[956] Gibt ein Gläubiger eine werthaltige Sicherheit ohne Berücksichtigung der Interessen des Bürgen auf, ist er nicht schutzwürdig.[957] § 776 S. 1 BGB verbietet es dem Gläubiger daher auch, nur temporär dem Vertrauen des Bürgen zuwider zu handeln. Der Bürge handelt demzufolge seinerseits auch nicht treuwidrig, wenn gegenüber einem Zahlungsverlangen des Gläubigers einwendet, gem. § 776 S. 1 BGB frei geworden zu sein.[958]

Ließe man die Haftung des Bürgen aufgrund eines späteren Rückerwerbs bestehen, müsste man nach der überzeugenden Argumentation des BGH und der Vorinstanz (OLG Bamberg) auch im Falle eines Neuerwerbs eines

953 So ausdrücklich die Vorinstanz OLG Bamberg v. 17.11.2011 - 1 U 88/11 = WM 2012, 691 (Rn. 23); vgl. auch OLG Hamm v. 23.11.2009 - 31 U 323/06 (juris Rn. 161).

954 BGH v. 04.06.2013 - XI ZR 505/11 = BGHZ 197, 335 (Rn. 19 a.E.).

955 S.o. D.VIII.

956 BGH v. 04.06.2013 - XI ZR 505/11 = BGHZ 197, 335 (Rn. 22).

957 BGH v. 04.06.2013 - XI ZR 505/11 = BGHZ 197, 335 (Rn. 22).

958 BGH v. 04.06.2013 - XI ZR 505/11 = BGHZ 197, 335 (Rn. 22); **a.A.** die Revision gegen das Berufungsurteil des OLG Bamberg v. 17.11.2011 - 1 U 88/11 = WM 2012, 691, dargestellt bei BGH v. 04.06.2013 - XI ZR 505/11 = BGHZ 197, 335 (Rn. 22); wohl ebenfalls *Grziwotz*, EWiR 2012, 281, 282; *Hoffmann*, JZ 2013, 1005, 1007.

gleichwertigen Sicherungsmittels ein Freiwerden gem. § 776 S. 1 BGB ablehnen.[959] Als Argument gegen diese Möglichkeit führen beide Gerichte § 776 S. 2 BGB an. Gem. § 776 S. 2 BGB wirke eine nachträgliche Sicherheit nur zugunsten des Bürgen. Wollte man dem Gläubiger allerdings durch eine „Ersatzsicherheit“ die Haftung des Bürgen erhalten, würde sie für den Bürgen nachteilig wirken.[960] Zwar dient § 776 S. 2 BGB der Verteilungsgerechtigkeit[961] und erfasst daher in seinem Anwendungsbereich nicht den diskutierten Fall. Gleichwohl ist der Rechtsprechung zuzustimmen, dass durch Satz 2 nachträglich begründete Sicherheiten nur zugunsten des Bürgen wirken sollen.

3. *Kein Wiederaufleben der Haftung durch einen Rückerwerb*

Aufgrund der vorstehenden Argumente erlischt die Haftung des Bürgen unmittelbar mit Aufgabe einer Sicherheit und bleibt nicht bis zu einem etwaigen Rückerwerb bestehen. Durch den erneuten Erwerb der Grundschuld wird die Schuld des Bürgen auch nicht wieder neu im Sinne eines „Wiederauflebens“ begründet. Wirtschaftlich stellt eine solche Neubegründung der Haftung für den Bürgen keinen Unterschied zu einem Fortbestehen dar. Die vorstehend unter J.II.2. dargestellte Argumentation ist daher auch auf diese Konstellation übertragbar. Zudem stellt § 776 S. 1 BGB eine rechtsvernichtende Einwendung dar. Der Bürge muss deren Rechtsfolge nicht aktiv geltend machen.[962] Ein Wiederaufleben würde daher eine Heilung der Folgen des § 776 S. 1 BGB bedeuten. Diese ist jedoch nicht gesetzlich vorgesehen.[963] Heilungen sind grundsätzlich Ausnahmetatbestände.[964] Für ein Wiederaufleben der Haftung wäre demzufolge eine gesetzliche Anordnung erforderlich. § 776 S. 1 BGB kennt kein tatbestandliches Zeitmoment, welches eine temporäre Aufrechterhaltung oder eine Neubegründung der Haftung rechtfertigen würde. Folglich käme nur eine teleologische

959 Vgl. BGH v. 04.06.2013 – XI ZR 505/11 = BGHZ 197, 335 (Rn. 19); OLG Bamberg v. 17.11.2011 – 1 U 88/11 = WM 2012, 691 (Rn. 23).

960 BGH v. 04.06.2013 – XI ZR 505/11 = BGHZ 197, 335 (Rn. 19); OLG Bamberg v. 17.11.2011 – 1 U 88/11 = WM 2012, 691 (Rn. 23).

961 S.o. Teil 1 E.II.2. sowie Teil 2 E.

962 S.o. D.VIII. In diese Richtung, jedoch ohne Herleitung des Einwendungscharakters auch *Madaus*, EWiR 2013, 479, 480.

963 Ähnlich auch *Derleder*, NJW 2015, 817, 820: „tätige Reue“.

964 Vgl. z.B. aus dem Bürgschaftsrecht § 766 S. 3 BGB oder für die Stellvertretung § 177 Abs. 2 BGB.

Reduktion der Norm in Betracht. Eine solche ist jedoch aufgrund der dargelegten Argumente auf Wertungsebene nicht angezeigt.[965]

Der Bürge kann nach erfolgter Wiedererlangung der Grundschuld auch nicht auf § 776 S. 1 BGB verzichten. Denn aufgrund des automatischen Erlöschens seiner Schuld ist eine solche Erklärung vielmehr als eine Neubegründung der Bürgschaft auszulegen. Dafür verlangt der BGH allerdings zutreffend die Wahrung der Form des § 766 BGB.[966]

III. Höhe der Befreiung

Gem. § 776 S. 1 BGB wird der Bürgen „insoweit frei, als er aus dem aufgegebenen Recht nach § 774 hätte Ersatz erlangen können."

1. Grundsatz

Für den Umfang der Haftungsbefreiung des Bürgen gem. § 776 S. 1 BGB ist daher maßgeblich, in welcher Höhe der Bürge gem. § 774 BGB bei weiteren Kreditsicherheiten hätte Rückgriff nehmen können. Sowohl gegenüber Mitbürgen als auch gegenüber anderen Sicherungsgebern besteht im Zweifel eine anteilige Haftung gem. § 426 Abs. 1 S. 1 BGB.[967] Innen- und Außenanspruch entsprechen sich stets in ihrer Höhe.[968] Es ist folglich auf Rechtsfolgenebene irrelevant, ob man mit der hier vertretenen Ansicht auf der Tatbestandsseite einzig auf den Verlust des Außenanspruch abstellt.[969] Der Bürge wird jedoch nur dann gem. § 776 S. 1 BGB frei, wenn die Sicherheit zum Zeitpunkt der Aufgabehandlung werthaltig war.[970] Insgesamt wird der Bürge daher durch die Norm wirtschaftlich so gestellt, wie er ohne die Aufgabehandlung und nach erfolgtem Anschlussregress stünde.[971]

---

965 **A.A.** *Hoffmann*, JZ 2013, 1005, 1006.

966 BGH v. 04.06.2013 – XI ZR 505/11 = BGHZ 197, 335 (Rn. 24, 26); vgl. auch unter Teil 3 A.I.2.

967 S.o. B.III. sowie B.V.

968 S.o. B.III.2.b. (Bürgschaft) sowie B.V.3.d. (Realsicherheiten); generell zu Gesamtschuldnern BGH v. 06.10.2009 – VI ZR 24/09 = NJW-RR 2010, 831 (Rn. 10 a.E.).

969 S.o. C.VII.

970 S.o. H.III.3.

971 Vgl. auch OLG Hamm v. 23.11.2009 – 31 U 323/06 (juris Rn. 161).

2. Freiwerden auch im Rückgriffsverhältnis

§ 776 S. 1 BGB ordnet seinem Wortlaut nach ein Freiwerden des Bürgen an, ohne jedoch zu konkretisieren, wem gegenüber diese Rechtsfolge eintritt. Unstreitig erlischt die Forderung des Gläubigers gegenüber dem Bürgen (Sicherungsverhältnis). Daneben führt die Norm auch zu einer Beendigung der Haftung im Rückgriffsverhältnis der Sicherungsgeber. Durch die beschränkte Gesamtwirkung § 776 S. 1 BGB soll der Bürge so gestellt werden, als sei sein Regress bei einer konkurrierenden Kreditsicherheit bereits erfolgt.[972] Der Bürge verliert durch das anteilige Freiwerden gegenüber dem Gläubiger seinen entsprechenden Rückgriffsanspruch. Bliebe dieser bestehen, wäre der Bürge ohne sachlichen Grund bessergestellt als ohne die Aufgabehandlung. Umgekehrt geht auch der Regressanspruch des Bestellers der aufgegebenen Sicherheit gegen den Bürgen unter. Hätte der Sicherungsgeber dem Bürgen gem. § 426 Abs. 1 S. 1 BGB Ausgleich geleistet, wäre die entsprechende Forderung des Bürgen gem. § 362 Abs. 1 BGB erloschen. Zum gleichen Ergebnis muss daher auch die beschränkte Gesamtwirkung des § 776 S. 1 BGB führen.[973] Zudem kann der Sicherungsgeber regelmäßig nicht mehr vom Gläubiger in Anspruch genommen werden. Entweder ist seine Haftung durch den Verzicht erloschen oder er wird dem Zahlungsverlangen die dolo-agit-Einrede entgegenhalten können. Daher bedarf es auch keines Ausgleichsanspruchs mehr gegen den Bürgen. § 776 S. 1 BGB bewirkt damit sowohl ein anteiliges Freiwerden des Bürgen gegenüber dem Gläubiger (Sicherungsverhältnis) als auch ein vollständiges Erlöschen der Verbindlichkeiten der Sicherungsgeber untereinander (Rückgriffsverhältnis).

3. Verschiedene Haftungshöhen

Haften mehrere Sicherungsgeber in unterschiedlicher Höhe für eine Verbindlichkeit, besteht nach herrschender Meinung auch im Rückgriffsverhältnis eine quotenmäßige Haftung.[974]

---

972 S.o. J.III.1.

973 **A.A.** HK-BGB/*Staudinger*, § 776 Rn. 5.

974 BGH v. 11.12.1997 – IX ZR 274/96 = WM 1998, 280 (juris Rn. 22 ff.); v. 13.01.2000 – IX ZR 11/99 = WM 2000, 408 (juris Rn. 18); v. 09.12.2008 – XI ZR 588/07 = WM 2009, 213 (Rn. 15); v. 27.09.2016 – XI ZR 81/15 = WM 2016, 2292; OLG Stuttgart v. 28.11.1989 – 10 U 309/88 = ZIP 1990, 445; OLG Köln v. 08.03.1990 – 18 U 86/89 = WM 1991, 1718; OLG Hamm v. 25.04.1990 – 31 U 4/90 = WM 1990, 1238; OLG Hamm v. 29.10.1996 – 29 U 82/95 = WM 1997, 710; *Herresthal*, in: Staudinger-Eckpfeiler, Kapitel K. Rn. 69; *Meier*, Gesamtschulden, S. 1058; *Reinicke/Tiedtke*, Bürgschaftsrecht, Rn. 417; *Schwedhelm*, Gesamtschuldverhältnis, Rn. 245; vgl. auch *Bayer*,

Beispiel: Für eine Forderung einer Bank gegen den Schuldner S in Höhe von 300.000 € hat sich ein Bürge in Höhe von 150.000 € verbürgt, parallel besteht eine Grundschuld am Grundstück des X über die vollen 300.000 €. Sämtliche Sicherheiten sind voll werthaltig.

Bei ungleichen Haftungshöhen kann der Bürge nach seiner Inanspruchnahme Rückgriff in der Höhe nehmen, welche dem Verhältnis der Höchstbeträge entspricht.[975] Haftet der Bürge beispielsweise nur in Höhe der Hälfte der Hauptforderung, eine Grundschuld jedoch für die gesamte Verbindlichkeit, können die Sicherungsgeber dergestalt Rückgriff nehmen, dass der Bürge nach vollständiger Befriedigung des Gläubigers nur einen Anteil leisten muss, welcher der Hälfte des Anteils des Grundstückseigentümers entspricht. Der Bürge müsste im Innenverhältnis folglich ein Drittel der Gesamtsumme tragen. Gibt der Gläubiger die Grundschuld auf, wird der Bürge daher gem. § 776 S. 1 BGB im Verhältnis zu dem auf die Grundschuld entfallenden Haftungsanteil frei.[976]

IV. Exkurs: Auswirkung einer Übertragung auf das übertragene Recht selbst

1. *Einleitung*

Ein nicht akzessorisches Sicherungsrecht kann auch im Sinne des § 776 S. 1 BGB aufgegeben werden, indem es auf einen neuen Gläubiger abgetreten wird.[977] Der BGH befasste sich intensiv im unter J.I. dargestellten Fall mit der Auswirkung einer solchen Abtretung auf die Haftung des Bürgen. Fraglich ist, ob § 776 S. 1 BGB auch auf die abgetretene Sicherheit Anwendung findet. Dies setzt zunächst voraus, dass es sich erstens um eine nicht akzessorische Sicherheit handelt. Denn akzessorische Rechte können nicht isoliert von der Hauptforderung übertragen werden.[978] Zweitens darf das Recht nicht vom Hauptschuldner selbst gestellt worden sein. Dieser haftet im Innenverhältnis regelmäßig in voller Höhe und kann daher nach einer Inanspruchnahme selbst keinen Rückgriff nach

---

ZIP 1990, 1523, 1526 ff.; Palandt/*Sprau*, § 774 Rn. 14; Staudinger/*Looschelders*, § 426 Rn. 263; ausführlich mit Rechenbeispielen auch *Bülow*, Recht der Kreditsicherheiten, Rn. 1030; Erman/*Zetzsche*, § 774 Rn. 14; *Lambsdorff/Skora*, Hdb. d. Bürgschaftsrechts, Rn. 309; Nobbe/*Nobbe*, Kommentar zum Kreditrecht, § 774 Rn. 76.

975 Vgl. grundsätzlich *Lambsdorff/Skora*, Hdb. d. Bürgschaftsrechts, Rn. 309; Staudinger/*Stürner*, § 774 Rn. 55; jeweils mit konkreten Beispielen.

976 Vgl. OLG Hamm v. 23.11.2009 – 31 U 323/06 (juris Rn. 161).

977 S.o. H.I.1.a.

978 Vgl. *Ganter*, in: Schimansky/Bunte/Lwowski, Bankrechtshandbuch II, § 90 Rn. 402.

§ 774 BGB bei anderen Kreditsicherheiten nehmen.[979] Drittens setzen die nachfolgenden Überlegungen voraus, dass man – entgegen der Rechtsprechung und Teilen der Literatur – § 776 S. 1 BGB analog auf sämtliche Kreditsicherheiten anwendbar hält.[980]

Beispiel: Gläubiger G gewährt dem Schuldner S ein Darlehen über 3 Mio. €, dafür verbürgt sich Bürge B in voller Höhe, zugleich bestellt X eine Grundschuld ebenfalls über den gesamten Betrag. G tritt diese später an Z ab.

2. Anwendbarkeit des § 776 S. 1 BGB (analog)?

Tritt der Gläubiger eine parallel zum Bürgen haftende Grundschuld an einen neuen Gläubiger ab, wird der Bürge gem. § 776 S. 1 BGB sowohl im Sicherungsverhältnis gegenüber dem Gläubiger als auch in der Rückgriffsbeziehung gegenüber dem Eigentümer des mit der Grundschuld belasteten Grundstücks frei.[981] Der Grundstückseigentümer verliert durch die Abtretung seine Rückgriffansprüche gegen den Bürgen. Folglich kann auch er nicht mehr im Sinne des § 776 S. 1 BGB Ersatz nach § 774 BGB erlangen. Sein Vertrauen auf den späteren Regress wurde durch die Handlung des Gläubigers enttäuscht. Dies spricht zunächst für eine analoge Anwendbarkeit der Norm. Dagegen spricht hingegen folgendes Argument: Der Wortlaut des § 776 S. 1 BGB setzt unzweideutig voraus, dass ein Sicherungsgeber frei wird, wenn der Gläubiger eine *andere* Kreditsicherheit aufgibt. Bezüglich dieser verzichtet der Gläubiger gerade nicht auf eine Verwertungsmöglichkeit oder beseitigt sonst deren Wert.

Zentrales Argument gegen eine Analogie auf den geschilderten Fall ist jedoch das Fehlen einer planwidrigen Regelungslücke. Der Gesetzgeber hat die Frage, ob ein dinglicher Sicherungsgeber frei werden soll, wenn der Gläubiger eine *andere* Kreditsicherheit aufgibt, nicht entschieden. Insoweit kann eine Analogie bejaht werden.[982] Demgegenüber existieren ausdrückliche gesetzliche Regelungen, die eine Inanspruchnahme eines Sicherungsgebers durch einen Neugläubiger nach einer Abtretung der *eigenen* Sicherheit betreffen (dazu sogleich unter J.IV.3.). Folglich bemisst sich das Haftungsverhältnis des Grundstückeigentümers zum Zessionar einzig nach diesen Normen. Sie stehen einer analogen Anwendung des § 776 S. 1 BGB entgegen.

---

979 S.o. B.V.3.d.

980 Dazu ausführlich unter G.II.

981 S.o. J.III.2.

982 S.o. G.II.

3. Schutz des Realsicherungsgebers unabhängig von § 776 S. 1 BGB

Der Schutz der Sicherungsgeber gegenüber einem Neugläubiger nach der Abtretung der eigenen Sicherheit richtet sich nach den spezifischen Regelungen des jeweiligen Sicherungsmittels. Ergibt sich aus dem Sicherungsvertrag, dass der Kreditgeber nur Zug um Zug gegen Übertragung der weiteren Sicherheiten zur Leistung verpflichtet ist, kann er dies dem Zahlungsverlangen des Gläubigers einredeweise entgegenhalten. Überträgt der Gläubiger die Sicherheit auf einen Neugläubiger, ist er durch den Sicherungsvertrag wiederum verpflichtet, die gestellte Sicherheit nur zusammen mit den durch den Vertrag auferlegten Bedingungen zu übertragen.[983] Für den Besteller einer Grundschuld ergibt sich dies aus § 1192 Abs. 1a BGB. Im Falle des Sicherungseigentums sind die Einreden des Sicherungsgebers in der Regel durch § 936 Abs. 3 oder § 986 Abs. 2 BGB geschützt.[984] Gleiches ergibt sich für die Fälle der Sicherungszession gem. § 404 BGB.[985] Der Rechtsgedanke des § 404 BGB ist darüber hinaus auch auf andere, nicht genannte Konstellationen übertragbar.[986] Eine Zahlung kann ein Sicherungsgeber damit so lange verweigern, wie der Neugläubiger nicht Inhaber der Forderung samt den zusätzlichen dafür bestellten Kreditsicherheiten ist. Hat der Neugläubiger ausnahmsweise im Einzelfall die Sicherheit ohne die Einreden aus dem Sicherungsvertrag erhalten,[987] macht sich der Altgläubiger gegenüber dem Sicherungsgeber schadensersatzpflichtig.[988]

Die zitierten Normen sind jedoch abschließend. Ergibt sich aus dem Sicherungsvertrag nicht, dass eine Verwertung nur gegen Übertragung weiterer Kreditsicherheiten geschuldet ist, besteht auch keine entsprechende Einrede. Ein subsidiärer Rückgriff auf § 776 S. 1 BGB ist dann nicht möglich. Insoweit gehen

983 BGH v. 25.09.1996 – VIII ZR 76/95 = WM 1997, 13 (juris Rn. 35); *Ganter*, in: Schimansky/Bunte/Lwowski, Bankrechtshandbuch II, § 90 Rn. 403.

984 Vgl. *Ganter*, in: Schimansky/Bunte/Lwowski, Bankrechtshandbuch II, § 95 Rn. 164 f.; nicht geschützt ist der Sicherungsgeber im Rahmen der Sicherungsübereignung jedoch in den Fällen, in denen die Sache an den (Erst-) Gläubiger übergeben wird, sodass ein gutgläubiger Erwerb des Neugläubigers möglich ist.

985 *Ganter*, in: Schimansky/Bunte/Lwowski, Bankrechtshandbuch II, § 96 Rn. 167.

986 *Ganter*, in: Schimansky/Bunte/Lwowski, Bankrechtshandbuch II, § 90 Rn. 404.

987 Dies ist im hier gebildeten Beispiel der Grundschuld nicht möglich, da gem. § 1192 Abs. 1a S. 1 Hs. 2 BGB die entsprechende Gutglaubensvorschrift des § 1157 S. 2 BGB ausdrücklich nicht anwendbar ist und somit ein gutgläubiger einredefreier Erwerb grundsätzlich unmöglich ist, vgl. auch BeckOGK/*Rebhan*, § 1192 Rn. 14; MüKo/*Lieder*, § 1192 Rn. 11 ff.

988 *Ganter*, in: Schimansky/Bunte/Lwowski, Bankrechtshandbuch II, § 90 Rn. 403.

die gesetzgeberischen Wertentscheidungen, Sicherungsgeber nur durch die §§ 1192 Abs. 1a, 936 Abs. 3, 986 Abs. 2, 404 BGB zu schützen, vor.

4. *Ergebnis*

§ 776 S. 1 BGB ist auf das abgetretene Sicherungsrecht nicht analog anwendbar. Denn der Gesetzgeber hat für die einzelnen Sicherungsmittel bereits Regelungen getroffen, die bestimmen, welche Einreden der Sicherungsgeber einem Zessionar entgegenhalten kann. Daher fehlt es an einer für eine Analogie erforderlichen planwidrigen Regelungslücke. Ergibt sich jedoch aus dem Sicherungsvertrag, dass eine Inanspruchnahme nur Zug um Zug gegen Übertragung der weiteren Sicherheiten geschuldet ist, kann der Sicherungsgeber dies dem Neugläubiger regelmäßig gem. §§ 1192 Abs. 2a, 404, 986 Abs. 2, 936 Abs. 3 einredeweise entgegenhalten.

V. Leistung des Bürgen an den Gläubiger in Unkenntnis der Aufgabe der Sicherheit

Die Rechtsfolge des § 776 S. 1 BGB tritt unmittelbar und ipso jure mit der Aufgabehandlung des Gläubigers ein.[989] Der Bürge, der trotz Befreiung durch § 776 S. 1 BGB an den Gläubiger geleistet hat, kann das Gezahlte gem. § 812 Abs. 1 S. 1 Alt. 1 BGB zurückfordern.[990] Dies gilt vorbehaltlich etwaiger Ausschlussgründe, wie beispielsweise die Kenntnis der Nichtschuld nach § 814 BGB.

---

989 S.o. J.I. bzw. J.II.

990 OLG Hamm v. 23.11.2009 – 31 U 323/06 (juris Rn. 148 ff.); *Herresthal*, in: Staudinger-Eckpfeiler, Kapitel K. Rn. 132; Nobbe/*Nobbe*, Kommentar zum Kreditrecht, § 776 Rn. 17; Palandt/*Sprau*, § 776 Rn. 7; PWW/*Brödermann*, § 776 Rn. 13; *Serick*, Eigentumsvorbehalt III, S. 429; Staudinger/*Stürner*, § 776 Rn. 19; *Stüven*, Diligenzpflichten des Gläubigers, S. 69; vgl. auch generell zum Bereicherungsanspruch des Bürgen bei unwirksamer Sicherungsvereinbarung BGH v. 24.10.2017 – XI ZR 362/15 = WM 2017, 2382.

Teil 3: Auswirkungen der Norm auf das Bankvertragsrecht

Die Haftungsbefreiung von Bürgen nach § 776 S. 1 BGB hat für Banken Auswirkungen, wenn diese Gläubiger einer Bürgschaftsforderung sind. Denn wegen Nr. 14 Abs. 1 AGB-Banken (oder vergleichbaren AGB, insbesondere Nr. 21 Abs. 1 AGB-Sparkasse) erwirbt die Bank zur Sicherung der Hauptforderung sämtliche Pfandrechte, an denen sie durch den „bankmäßigen Geschäftsverkehr Besitz erlangt". Dadurch entsteht besonders häufig die von § 776 S. 1 BGB vorausgesetzte Situation einer Mehrfachsicherung. In diesen Fällen stellt sich zunächst die Frage, ob und inwieweit die Norm zu Lasten des Bürgen abbedungen werden kann (dazu unter A.). Danach sind einige Sonderformen der Bürgschaft, insbesondere die Bürgschaft für einen oder mehrere Gesamtschuldner, daraufhin zu untersuchen, wie die für § 776 S. 1 BGB relevanten Ausgleichsverhältnisse ausgestaltet sind (dazu unter B.). Letztlich soll begutachtet werden, ob und inwieweit sich § 776 S. 1 BGB auf die Verwertungsreihenfolge von Sicherheiten sowie auf ein Verteilungsverfahren bei ungleichartiger (inkongruenter) Besicherung auswirkt (dazu unter C.).

Da es für die Darstellung in diesem Teil regelmäßig nicht auf die Unterscheidung zwischen den durch §§ 774 Abs. 2, 426 BGB und den durch §§ 774 Abs. 1, 412, 401 BGB erlangten Sicherheiten ankommt, werden diese nachfolgend zum Zwecke der Übersichtlichkeit verkürzt als „Rechte aus § 774 BGB" bezeichnet.

A. Vertragliche Modifikation der Anwendbarkeit

§ 776 S. 1 BGB verbietet es dem Gläubiger zwar nicht, parallel zu einer Bürgschaft bestehende Sicherungsrechte aufzugeben.[991] Jedoch knüpft die Norm an die Aufgabehandlung das Freiwerden des Bürgen. Dies liegt nicht im Interesse des Gläubigers. Für diesen stellt sich daher die Frage, ob und inwieweit die Norm abbedungen werden darf. Zunächst soll eine individualvertragliche Modifikation der Anwendbarkeit betrachtet werden (dazu unter A.I.). Im Anwendungsbereich des Rechts der Allgemeinen Geschäftsbedingungen gelten mit den §§ 307 ff. BGB Sonderregeln, die eine entsprechende Vertragsgestaltung

---

991 S.o. Teil 2 D.VIII.

beeinflussen können. Diese werden daher im Anschluss gesondert dargestellt (dazu unter A.II.).

I. Modifikation durch Individualabrede

1. Grundsatz

Eine Abbedingung des § 776 S. 1 BGB im Vorfeld der Aufgabehandlung durch Individualabrede ist möglich.[992] Es entspricht dem Grundsatz der Privatautonomie, durch Individualverträge vom Gesetz abweichende Vereinbarungen zu treffen, sofern dieses eine Regelung nicht als zwingend anordnet oder die Grenzen der Sittenwidrigkeit überschritten sind.[993] Eine solche Abrede bedarf einer entsprechenden Willenserklärung des Bürgen. Diese ist konkludent möglich, Schweigen genügt hingegen nicht.[994] Ein Verzicht auf § 776 S. 1 BGB ist auch beschränkt auf einzelne Sicherheiten oder auf einen konkreten Zeitraum möglich.[995] Davon zu unterscheiden sind wiederum Abreden, nach denen der Anspruch des Bürgen auf Abtretung einer nicht akzessorischen Sicherheit ausgeschlossen wird. Diese betreffen nicht erst die Aufgabe im Sinne des § 776 S. 1 BGB, sondern bereits das Recht aus §§ 774 Abs. 1, 412, 401 BGB (analog).[996]

---

992 RG HRR 1935 Nr. 581; BGH v. 17.12.1959 - VII ZR 194/58 = WM 1960, 371, 372; v. 05.12.1973 - VIII ZR 141/72 = WM 1974, 8 (juris Rn. 51); v. 02.05.1979 - VIII ZR 157/78 = BGHZ 74, 244; v. 02.03.2000 - IX ZR 328/98 = BGHZ 144, 52 (juris Rn. 36); v. 06.04.2000 - IX ZR 2/98 = WM 2000, 1141 (juris Rn. 27); OLG Karlsruhe v. 13.02.1979 - 8 U 190/76 = WM 1979, 981, 986; OLG Naumburg v. 11.02.2000 - 2 U 14/99 (juris Rn. 51); BeckOGK/*Madaus*, § 776 Rn. 19 ff.; *Dreismann*, Bürgenschutz durch Gläubigerdiligenz?, S. 297; Erman/*Zetzsche*, § 776 Rn. 2; *Heuser*, Diligenzpflicht des Gläubigers, S. 12; jurisPK/*Prütting*, § 776 Rn. 9; MüKo/*Habersack*, § 776 Rn. 3; NK-BGB/*Beckmann*, § 776 Rn. 6; *Nobbe*, in: Schimansky/Bunte/Lwowski, Bankrechtshandbuch II, § 91 Rn. 354, 357; Nobbe/*Nobbe*, Kommentar zum Kreditrecht, § 776 Rn. 2, 18; Palandt/*Sprau*, § 776 Rn. 2; PWW/*Brödermann*, § 776 Rn. 3; *Reinicke/Tiedtke*, Bürgschaftsrecht, Rn. 306; *Serick*, Eigentumsvorbehalt III, S. 430; Soergel/*Gröschler*, § 776 Rn. 13; Staudinger/*Stürner*, § 776 Rn. 20; *Straus*, Schutz des Bürgen, S. 17; *Stüven*, Diligenzpflichten des Gläubigers, S. 79; *Tiedtke*, WM 1990, 1270, 1272.

993 Vgl. generell *Busche*, Privatautonomie (passim), insb. S. 61, 73; *Arnold*, Vertrag und Verteilung, S. 200 ff.

994 BeckOGK/*Madaus*, § 776 Rn. 20; Staudinger/*Stürner*, § 776 Rn. 20.

995 BGH v. 25.10.2001 - IX ZR 185/00 = WM 2001, 2378; BeckOGK/*Madaus*, § 776 Rn. 19; *Madaus*, EWiR 2013, 479, 480; Staudinger/*Stürner*, § 776 Rn. 20.

996 BGH v. 23.06.1982 - VIII ZR 333/80 = WM 1982, 842 (juris Rn. 26 f.), zu beachten ist jedoch, dass die Entscheidung *vor* der Grundsatzentscheidung zur Ausgleichsgesamtschuld erging; vgl. auch Staudinger/*Stürner*, § 776 Rn. 21 a.E.

Die Möglichkeit der Abbedingung fügt sich in den Schutzzweck der Norm. § 776 S. 1 BGB schützt die Erwartung des Bürgen, im Gegenzug für seine Leistung die konkurrierenden Sicherheiten zu erhalten.[997] Durch die Abbedingung des § 776 S. 1 BGB nimmt der Gläubiger dem Bürgen das Vertrauen darauf, in jedem Fall die weiteren Sicherungsmittel für einen Anschlussregress zu erhalten. Der Bürge lässt daher den etwaigen Rückgriff nicht mehr in seine Risikobewertung einfließen. Kommt ein Bürgschaftsvertrag zustande, welcher § 776 S. 1 BGB abbedingt, bringt der Bürge durch seine auf Abschluss des Vertrages gerichtete Willenserklärung zum Ausdruck, dass er nicht mit dem Erhalt der Sicherungsrechte rechnet. Dies führt dazu, dass der späteren Aufgabehandlung des Gläubigers die Widersprüchlichkeit fehlt. Der Verzicht auf § 776 S. 1 BGB stellt daher eine Gestattung der Aufgabe dar.

Die Abbedingung der Norm ist grundsätzlich nicht sittenwidrig im Sinne des § 138 Abs. 1 BGB. In der Gesamtschau mit anderen Modifikationen von Bürgenschutzvorschriften kann sie sich jedoch auf die Beurteilung des Umstandes, ob eine finanzielle Überforderung des Bürgen im Sinne des § 138 Abs. 1 BGB vorliegt, auswirken.[998] Zudem darf der Gläubiger den Bürgen trotz wirksamen Verzichts nicht in einer gegen die guten Sitten verstoßenden Weise benachteiligen.[999] Denn trotz des nur einseitig begünstigenden Sicherungsvertrages sind dem Gläubigerhandeln über die allgemeinen Rechtsinstitute der §§ 242, 826, 138 Abs. 1 BGB Grenzen gesetzt.[1000]

2. *Schriftformerfordernis des § 766 BGB?*

Zwar ist die Abbedingung des § 776 S. 1 BGB möglich. Es stellt sich jedoch die Frage, ob insoweit die Schriftform gem. § 766 BGB eingehalten werden muss. Die Formvorschrift dient dem Zweck, den Bürgen, welcher sich für eine fremde

---

997 S.o. Teil 2 D.VIII.

998 BGH v. 18.09.1997 – IX ZR 283/96 = BGHZ 136, 347 (juris Rn. 17).

999 BGH v. 17.12.1959 – VII ZR 194/58 = WM 1960, 371, 373; v. 06.11.1963 – VIII ZR 160/62 = WM 1963, 1302, 1303; v. 24.09.1980 – VIII ZR 291/79 = BGHZ 78, 137 (juris Rn. 21); v. 16.02.1984 – IX ZR 106/83 = WM 1984, 425 (juris Rn. 14); v. 19.09.1985 – III ZR 214/83 = BGHZ 95, 350 (juris Rn. 38); v. 12.12.1985 – IX ZR 47/85 = WM 1986, 257 (juris Rn. 22); v. 13.12.1990 – IX ZR 79/90 = WM 1991, 558 (juris Rn. 25); v. 28.04.1994 – IX ZR 248/93 = WM 1994, 1161 (juris Rn. 23); OLG Hamm v. 13.05.1998 – 31 U 36/98 = WM 1999, 1969 (juris Rn. 23); OLG Naumburg v. 11.02.2000 – 2 U 14/99 (juris Rn. 52); vgl. auch *Nobbe*, in: Schimansky/Bunte/Lwowski, Bankrechtshandbuch II, § 91 Rn. 357; *Tiedtke*, WM 1990, 1270, 1272.

1000 S.o. Teil 2 F.II.3.

Schuld verpflichten will, vor der Gefährlichkeit seiner Erklärung zu warnen.[1001] Es ist also zunächst der Verbürgungswille formbedürftig.[1002] Darüber hinaus müssen auch sämtliche Nebenabreden, die für den Bürgen *nachteilig* von der Gesetzeslage abweichen, in der Form des § 766 BGB vereinbart werden.[1003] Der BGH hat die Frage der Formbedürftigkeit individualvertraglicher Verzichte auf § 776 S. 1 BGB *vor* der Aufgabehandlung noch nicht ausdrücklich entschieden.[1004] Die jüngste Entscheidung aus dem Jahr 2013 betraf den Fall, dass die Rechtsfolge des § 776 S. 1 BGB bereits eingetreten war und der Bürge erst *nach* seinem Freiwerden darauf verzichten wollte. In der letztgenannten Konstellation nimmt der BGH zu Recht Formbedürftigkeit an. Denn die Verbindlichkeit des Bürgen erlischt durch die Aufgabehandlung automatisch.[1005] Der „Verzicht" auf diese Rechtsfolge stellt daher vielmehr eine Neubegründung der Bürgenverpflichtung dar.[1006] In der Literatur wird unter Verweis auf die oben genannte Warnfunktion darüber hinaus zutreffend auch für eine Abbedingung des § 776 S. 1 BGB *vor* der Aufgabehandlung eine Anwendbarkeit des Formerfordernisses unabhängig vom Zeitpunkt oder der Reichweite des Verzichts bejaht.[1007] Grund dafür ist die für den Bürgen nachteilige Abweichung vom gesetzlichen Regelfall.

1001 BGH v. 29.11.1967 – VIII ZR 101/65 = WM 1967, 1274 (juris Rn. 9); vgl. auch BGH v. 07.11.1985 – IX ZR 40/85 = WM 1986, 95 (juris Rn. 34); *Heck*, Grundriß des Schuldrechts, § 126 Nr. 8; *Lambsdorff/Skora*, Hdb. d. Bürgschaftsrechts, Rn. 156; *Musielak*, JA 2015, 161, 162; *Reinicke/Tiedtke*, Bürgschaftsrecht, Rn. 70; Soergel/*Gröschler* § 766 Rn. 1.

1002 BeckOGK/*Madaus*, § 766 Rn. 12 ff.; Staudinger/*Stürner*, § 766 Rn. 1 f., 8.

1003 Ausdrücklich BGH v. 04.06.2013 – XI ZR 505/11 = BGHZ 197, 335 (Rn. 24 m.w.N.); vgl. erstmals im Umkehrschluss zu vorteilhaften Abweichungen BGH v. 29.11.1967 – VIII ZR 101/65 = WM 1967, 1274 (juris Rn. 9): „Formlos gültig ist deshalb eine Abrede, durch welche die Haftung des Bürgen gegenüber dem, was sich aus der Bürgschaftsurkunde in Verbindung mit den gesetzlichen Vorschriften ergibt, eingeschränkt wird."; vgl. auch BeckOGK/*Madaus*, § 766 Rn. 17, insb. 17.1; *Tiedtke*, Bürgschaftsrecht, Rn. 72; *Reinicke/ Lambsdorff/Skora*, Hdb. d. Bürgschaftsrechts, Rn. 161; Staudinger/*Stürner*, § 766 Rn. 10.

1004 Anders BeckOGK/*Madaus*, § 776 Rn. 21, der in Fn. 80 auf BGH v. 17.12.1959 – VII ZR 194/58 = WM 1960, 371, 373 verweist. Dem Sachverhalt der Entscheidung lag zwar ein schriftlicher Verzicht zugrunde, jedoch fehlt eine eindeutige Stellungnahme des BGH, dass dieser auch zwingend erforderlich war.

1005 S.o. Teil 2 J.I., II.

1006 BGH v. 04.06.2013 – XI ZR 505/11 = BGHZ 197, 335 (Rn. 24, 26).

1007 BeckOGK/*Madaus*, § 776 Rn. 21; *Fischer*, in: Lwowski/Fischer/Gehrlein, Kreditsicherung, § 9 Rn. 119; *Heuser*, Diligenzpflicht des Gläubigers, S. 12, 37 ff.; *Madaus*,

3. *Rechtsfolge*

Wurde § 776 S. 1 BGB wirksam abbedungen, gelten gem. § 769 BGB die Regeln über die Gesamtschuld. Die Freigabe eines Sicherungsmittels entfaltet daher gem. § 423 BGB lediglich Einzelwirkung.[1008] Der Bürge kann vom Gläubiger demzufolge zwar in voller Höhe in Anspruch genommen werden, jedoch verbleibt ihm die Möglichkeit des anteiligen Rückgriffs beim zuvor begünstigten Sicherungsgeber gem. § 426 Abs. 1 S. 1 BGB (analog).

II. Modifikation durch AGB

1. *Ausgangspunkt*

Fraglich ist, ob ein Verzicht des Bürgen auf § 776 S. 1 BGB im Anwendungsbereich Allgemeiner Geschäftsbedingungen möglich ist. Für die nachfolgende Betrachtung soll – soweit nicht ein anderes genannt ist – davon ausgegangen werden, dass eine Bank als Unternehmerin einem Bürgen als Verbraucher wirksam AGB im Sinne des § 305 Abs. 2 BGB gestellt hat.[1009]

a. Überraschende Klausel im Sinne des § 305c BGB?

Ein Ausschluss des § 776 S. 1 BGB könnte für den Bürgen zunächst überraschend im Sinne des § 305c BGB sein. Ein überraschender Charakter liegt vor, wenn die Klausel von den Erwartungen des Bürgen deutlich abweicht und dieser mit ihr den Umständen nach vernünftigerweise nicht zu rechnen braucht.[1010]

EWiR 2013, 479, 480; MüKo/*Habersack*, § 776 Rn. 3, sowie § 766 Rn. 13; *Musielak*, JA 2015, 161, 165; Soergel/*Gröschler*, § 776 Rn. 11; *Straus*, Schutz des Bürgen, S. 17.

1008 S.o. Teil 2 C.II.

1009 Weiterführend zur Formularpraxis von Kreditinstituten *Dyck*, Die Zahlungen des Bürgen als vorläufige Sicherheit, S. 69 ff., 123 ff.

1010 BGH v. 26.02.2013 – XI ZR 417/11 = WM 2013, 696 (Rn. 23): „Überraschenden Charakter hat eine Regelung in Allgemeinen Geschäftsbedingungen, wenn sie von den Erwartungen des Vertragspartners deutlich abweicht und dieser mit ihr den Umständen nach vernünftigerweise nicht zu rechnen braucht. Die Erwartungen des Vertragspartners werden dabei von allgemeinen und von individuellen Begleitumständen des Vertragsschlusses bestimmt […]. Hierzu zählen der Grad der Abweichung vom dispositiven Gesetzesrecht und die für den Geschäftskreis übliche Gestaltung einerseits, Gang und Inhalt der Vertragsverhandlungen sowie der äußere Zuschnitt des Vertrages andererseits.“; vgl. auch *Medicus/Petersen*, BGB AT, Rn. 415 ff.; *Wendland*, in: Staudinger-Eckpfeiler, Kapitel E. Rn. 34; *Wolf/Neuner*, BGB AT, § 47 Rn. 38, 47.

§ 305c BGB enthält ein objektives Element der Ungewöhnlichkeit und ein subjektives Element der Überraschung des Kunden.[1011] Ist im Bürgschaftsvertrag ein Verzicht auf § 776 S. 1 BGB enthalten, fehlt es bereits an einer objektiven Ungewöhnlichkeit. Denn vernünftigerweise muss ein Sicherungsgeber damit rechnen, dass der Sicherungsvertrag Regelungen über den Umgang der Bank mit weiteren Sicherheiten enthält. Daher muss der Bürge jedenfalls die Möglichkeit einer solchen Klausel in Betracht ziehen. Der BGH hat darum im Ergebnis zutreffend den Charakter als überraschende Klausel abgelehnt.[1012]

b. Inhaltskontrolle und Klauselverbote

Mit einer Abbedingung des § 776 S. 1 BGB ist keines der speziellen Klauselverbote der §§ 308, 309 BGB betroffen. Die Inhaltskontrolle eines formularmäßigen Ausschlusses richtet sich daher nach § 307 Abs. 1, 2 BGB. Dafür müsste der Bürge durch eine Abbedingung des § 776 S. 1 BGB „entgegen den Geboten von Treu und Glauben unangemessen" benachteiligt werden. Ein Verstoß gegen das Transparenzgebot dürfte dabei regelmäßig nicht in Betracht kommen, sodass die Frage in den Mittelpunkt rückt, ob und inwieweit § 307 Abs. 2 BGB betroffen ist. Insbesondere scheint eine Unvereinbarkeit im Sinne des § 307 Abs. 2 Nr. 1 BGB mit wesentlichen Grundgedanken der gesetzlichen Regelung, von der abgewichen wird, möglich. Dafür müsste § 776 S. 1 BGB eine Leitbildfunktion für einen gerechten Interessenausgleich zukommen. Wenn die AGB-Klausel damit unvereinbar ist, gilt sie als unangemessen und folglich auch als unwirksam.[1013] Diese Prüfung des § 307 Abs. 2 Nr. 1 BGB erfolgt auf drei Ebenen. Erstens ist festzustellen, dass ohne die AGB-Klausel eine gesetzliche Regelung mit einem bestimmten Inhalt gegolten hätte. Zweitens ist dann ein Vergleich der Rechtslagen zwischen der Abweichung durch die Klausel und dem verdrängten dispositiven Recht zu ziehen. Drittens muss auf Wertungsebene eine „Unvereinbarkeit" festgestellt werden.[1014] Dafür ist es insbesondere maßgeblich, der Zweck der Norm durch die Klausel auf andere Weise erreicht oder berücksichtigt wird,

1011 *Wendland*, in: Staudinger-Eckpfeiler, Kapitel E. Rn. 34.

1012 BGH v. 24.09.1980 – VIII ZR 291/79 = BGHZ 78, 137 (juris Rn. 18).

1013 *Wendland*, in: Staudinger-Eckpfeiler, Kapitel E. Rn. 48; vgl. erstmals *Raiser*, Allgemeine Geschäftsbedingungen, S. 293 ff.; diese Überlegung wurden von BGH v. 17.02.1964 – II ZR 98/62 = WM 1964, 472, 474 übernommen; vgl. auch MüKo/*Wurmnest*, § 307 Rn. 67.

1014 *Oechsler*, Vertragliche Schuldverhältnisse, Rn. 24; *Wendland*, in: Staudinger-Eckpfeiler, Kapitel E. Rn. 49 f.

oder ob er entbehrlich ist.[1015] Eine unangemessene Benachteiligung im Sinne des § 307 Abs. 2 Nr. 1 BGB liegt damit vor, wenn eine deutliche Schlechterstellung des Bürgen im Vergleich zur gesetzlichen Lage vorliegt[1016] und diese eine zentrale Wertungsentscheidung des Gesetzgebers verkörpert.[1017] Nachfolgend soll zunächst die Rechtsprechung zu der hier diskutierten Frage dargestellt werden (A.II.2., 3.) und sodann anhand der dargestellten Maßstäbe untersucht werden (A.II.4.).

2. Frühere Rechtsprechung: Abbedingung möglich

Bis ins Jahr 2000 entsprach es der ständigen Rechtsprechung, dass ein formularmäßiger Ausschluss des § 776 S. 1 BGB jedenfalls im Bankverkehr einer Inhaltskontrolle standhalte und damit möglich sei.[1018] Der BGH begründete dieses

1015 *Oechsler*, Vertragliche Schuldverhältnisse, Rn. 24.
1016 *Wendland*, in: Staudinger-Eckpfeiler, Kapitel E. Rn. 50.
1017 MüKo/*Wurmnest*, § 307 Rn. 68.
1018 BGH v. 24.09.1980 – VIII ZR 291/79 = BGHZ 78, 137 (juris Rn. 14 ff.); v. 24.11.1980 – VIII ZR 317/79 = WM 1981, 5 (juris Rn. 36 f.); v. 23.06.1982 – VIII ZR 333/80 – WM 1982, 842 (juris Rn. 27); v. 12.12.1985 – IX ZR 47/85 = WM 1986, 257 (juris Rn. 14 f.); v. 16.02.1989 – IX ZR 256/87 = ZIP 1989, 359 (juris Rn. 65); v. 29.06.1989 – IX ZR 175/88 = BGHZ 108, 179 (juris Rn. 17); v. 13.12.1990 – IX ZR 79/90 = WM 1991, 558 (juris Rn. 24); v. 17.03.1994 – IX ZR 174/93 = WM 1994, 1064 (juris Rn. 21); v. 18.12.1997 – IX ZR/271/96 = WM 1998, 239 (juris Rn. 23); v. 05.04.2001 – IX ZR 276/98 = WM 2001, 1060 (juris Rn. 43); OLG Düsseldorf v. 17.12.1982 – 16 U 76/ 82 = WM 1984, 1185, 1186; OLG Hamburg v. 23.11.1983 – 5 U 47/83 = WM 1984, 255 (juris Rn. 55 ff.); bestätigt von der Revisionsinstanz BGH v. 19.09.1985 – III ZR 214/83 = BGHZ 95, 350 (juris Rn. 37 ff.); LG Kiel v. 08.02.1984 – 10 O 135/83 = WM 1984, 805 (juris Rn. 29); OLG Stuttgart v. 07.03.1985 – 7 U 249/84 = WM 1986, 736, 737; OLG München v. 20.05.1987 – 15 U 6283/86 (juris Rn. 24); LG Berlin v. 07.07.1989 – 28 O 205/89 (juris Rn. 10); OLG Schleswig v. 02.10.1996 – 5 W 39/96 = WM 1997, 413, 415 f.; OLG München v. 05.03.1998 – 24 U 6/97 (juris Rn. 37); OLG Hamm v. 13.05.1998 – 31 U 36/98 = WM 1999, 1969 (juris Rn. 22); OLG Frankfurt a.M. v. 25.02.1999 – 1 U 187/97 (juris Rn. 23); OLG Naumburg v. 21.07.1999 – 6 U 213/98 (juris Rn. 29 ff.); OLG Naumburg v. 11.02.2000 – 2 U 14/99 (juris Rn. 51); OLG München v. 19.01.2006 – 19 U 4232/05 = WM 2006, 684 (Rn. 62); die Entscheidungen ergingen noch zu § 9 AGBG, dessen Abs. 2 jedoch dem des heutigen § 307 Abs. 2 BGB entspricht; ebenfalls *Esser/Weyers*, Schuldrecht II/1, S. 353; *Lambsdorff/ Skora*, Hdb. d. Bürgschaftsrechts. Rn. 228; *Rehbein*, in: FS Werner, S. 697, 714 ff.; *Serick*, Eigentumsvorbehalt III, S. 430; auch nach der geänderten Rspr. noch *Dreismann*, Bürgenschutz durch Gläubigerdiligenz?, S. 299.

Ergebnis wie folgt: Sämtliche parallel bestehenden Sicherungsmittel dienten der Absicherung des Darlehensrückzahlungsanspruchs gegen den Schuldner. Diese Kreditsicherheiten wären für die Bank nicht nutzbar, wenn § 776 BGB nicht abbedungen wäre. Denn die Gläubigerin müsste bei jeder Verfügung befürchten, dass eine Aufgabehandlung im Sinne der Norm vorliege. Dies führe zu einer Einschränkung der Handlungsfähigkeit des Hauptschuldners, was wiederum nicht der Interessenlage des Bürgen entspreche.[1019] Daher sei es im Rahmen der Absicherung eines Bankkredits gerade nicht vertragstypisch, dass der Bürge durch § 776 BGB geschützt werde.[1020] Zentrales Argument des VIII. Senats war, dass nur durch einen Verzicht auf § 776 BGB die Handlungsfähigkeit einer kreditgebenden Bank gewährleistet sei, was letztlich im Interesse aller Beteiligter, insbesondere auch des Bürgen, liege.[1021] Da der Bürge wisse, dass seine Verpflichtung für ihn ein Risiko darstelle, werde er auch nicht unangemessen benachteiligt. Zudem sei er durch die allgemeinen Institute der §§ 242, 826, 138 Abs. 1 BGB vor dolosem Gläubigerverhalten geschützt.[1022] Als weiteres Argument führte die Rechtsprechung die Regelungen der Nr. 19 Abs. 2 AGB-Banken a.F.[1023] an.[1024] Demnach dienten alle im Besitz der Bank befindlichen Sachen und Rechte des Kunden der Sicherung von dessen Verbindlichkeiten. Diese Funktion würde durch eine Anwendung des § 776 S. 1 BGB blockiert werden.[1025] Die Bank müsste demnach bei jeder Veräußerung von Wertpapieren eine Zustimmung des Bürgen einholen, was nicht in dessen Interesse liege.[1026]

1019 So auch *Hammen*, WM 1988, 1809; diskutiert auch bei *Holznagel*, Bürgenschutz mit System, S. 109; *Tiedtke*, WM 1990, 1270, 1272.

1020 BGH v. 24.09.1980 – VIII ZR 291/79 = BGHZ 78, 137 (juris Rn. 17).

1021 BGH v. 24.09.1980 – VIII ZR 291/79 = BGHZ 78, 137 (juris Rn. 18).

1022 BGH v. 24.11.1980 – VIII ZR 317/79 = WM 1981, 5 (juris Rn. 36); vgl. u.a. auch BGH v. 19.09.1985 – III ZR 214/83 = BGHZ 95, 350 (juris Rn. 38); zur Anwendbarkeit der genannten Normen s.o. Teil 2 F.II.3.

1023 Entspricht heute Nr. 14 Abs. 1 AGB-Banken; Nr. 21 Abs. 1 AGB-Sparkasse enthält ebenfalls eine vergleichbare Regelung.

1024 So auch BGH v. 02.03.2000 – IX ZR 328/98 = BGHZ 144, 52 (juris Rn. 38).

1025 OLG Hamburg v. 23.11.1983 – 5 U 47/83 = WM 1984, 255 (juris Rn. 59); bestätigt von der Revisionsinstanz in BGH v. 19.09.1985 – III ZR 214/83 = BGHZ 95, 350 (juris Rn. 37 ff.).

1026 *Esser/Weyers*, Schuldrecht II/1, S. 353.

Die Begründung der Abdingbarkeit des § 776 S. 1 BGB beruhte damit ausschließlich auf der Situation des bankmäßigen Geschäftsverkehrs.[1027] Nach der Rechtsprechung überwiege das Interesse des Bürgen auf Gewährung des Kredits an den Hauptschuldner dem der späteren Rückgriffsmöglichkeit. Aus diesem Grund hält auch heute noch das LG Berlin an dieser Ansicht fest.[1028] Nach der dargestellten Rechtsprechung war jedoch auch nach einem wirksamen Verzicht eine willkürliche Freigabe von Sicherheiten nicht gestattet.[1029]

3. *Aktuelle Rechtsprechung: Pauschale Abbedingung nicht möglich*

Der BGH zweifelte erstmals 1997 an seiner bisherigen Rechtsprechung, änderte diese aber zunächst nicht.[1030] Seit einem Grundsatzurteil vom 02.03.2000 entspricht es hingegen ständiger Rechtsprechung, dass ein pauschaler Verzicht auf § 776 S. 1 BGB einer Inhaltskontrolle nicht standhält.[1031] Es sei bereits die

---

1027 So auch LG Berlin v. 07.07.1989 – 28 O 205/89 (juris Rn. 11); *Esser/Weyers*, Schuldrecht II/1, S. 353; *Hammen*, WM 1988, 1809, die jeweils ausdrücklich auf den Bankverkehr abstellen.

1028 LG Berlin v. 07.07.1989 – 28 O 205/89 (juris Rn. 13 ff.).

1029 BGH v. 24.09.1980 – VIII ZR 291/79 – BGHZ 78, 137 (juris Rn. 21 ff.); *Lambsdorff/Skora*, Hdb. d. Bürgschaftsrechts, Rn. 228.

1030 BGH v. 18.09.1997 – IX ZR 283/96 = BGHZ 136, 347 (juris Rn. 17).

1031 BGH v. 02.03.2000 – IX ZR 328/98 = BGHZ 144, 52 (juris Rn. 37 ff.); zuvor bereits OLG Köln v. 02.10.1998 – 19 U 27/98 (juris Rn. 5 a.E.); so auch BGH v. 06.04.2000 – IX ZR 2/98 = WM 2000, 1141 (juris Rn. 26 f.); v. 26.04.2001 – IX ZR 337/98 = WM 2001, 1330 (juris Rn. 33); v. 04.10.2001 – IX ZR 174/99 = WM 2002, 919; v. 25.10.2001 – IX ZR 185/00 = WM 2001, 2378 (juris Rn. 13 f.); v. 03.12.2002 – XI ZR 311/01 = FamRZ 2003, 512 (juris Rn. 21); v. 14.10.2003 – XI ZR 121/02 = WM 2003, 2379 (juris Rn. 23); v. 27.05.2008 – XI ZR 220/07; zustimmend OLG Karlsruhe v. 09.05.2000 – 8 U 232/99 (juris Rn. 58); OLG Stuttgart v. 11.04.2001 – 9 U 215/00 = WM 2002, 439; OLG Köln v. 25.03.2002 – 13 W 4/02; OLG Celle v. 30.12.2003 – 3 W 109/03 (juris Rn. 27); KG v. 18.10.2004 – 24 U 311/03 (juris Rn. 17); LG München v. 25.07.2006 – 11 O 22609/05 (juris Rn. 47 ff.); OLG Düsseldorf v. 18.10.2006 – I-15 U 155/05 (juris Rn. 21); OLG Hamm v. 23.11.2009 – 31 U 323/06 (juris Rn. 159); OLG Düsseldorf v. 27.04.2012 – I-16 U 34/11, 16 U 34/11 (juris Rn. 35); OLG München v. 03.06.2014 – 9 U 3404/13 Bau (juris Rn. 28); OLG Frankfurt a.M. v. 11.11.2015 – 17 U 121/14 (juris Rn. 26); OLG Köln v. 12.10.2016 – I-11 U 3/16, 11 U 3/16 (juris Rn. 32); OLG Saarbrücken v. 22.02.2018 – 4 U 52/16 (juris Rn. 44); zustimmend BeckOGK/*Madaus*, § 776 Rn. 22 f.; *Derleder*, NJW 2015, 817, 818; Erman/*Zetzsche*, § 776 Rn. 2; *Fischer*, in: Lwowski/Fischer/Gehrlein, Kreditsicherung, § 9 Rn. 110; *Hammen*, WM 1988, 1809, 1811; HK-BGB/*Staudinger*, § 776 Rn. 4; *Horn*, Bürgschaften und Garantien, Rn. 471; jurisPK/*Prütting*, § 776 Rn. 10; *Klaas*, EWiR 2000, 813, 814; *Nobbe*,

Annahme zweifelhaft, dass jede Verfügung über die Sachen und Rechte des Hauptschuldners eine Aufgabe im Sinne des § 776 S. 1 BGB darstelle. Vielmehr könne der Sicherungsvertrag dahingehend ausgelegt werden, dass es der Bank so lange gestattet sei, über Rechte zu verfügen, bis sie den Anspruch aus der Bürgschaft geltend mache.[1032] Einer Abbedingung der Norm bedürfe es bis zu diesem Zeitpunkt daher nicht.

Gleichwohl hält der BGH jedenfalls einen vollständigen Verzicht auf § 776 S. 1 BGB nicht für gerechtfertigt. Zwar sei die Argumentation vorhergehender Entscheidungen insoweit zutreffend, als dass die Anwendung des § 776 S. 1 BGB die Regelung der Nr. 14 AGB-Banken (n.F.) blockiere. Jedoch könnten weitere Sicherungsmittel nicht nur durch diese Norm, sondern auch aufgrund gesonderter Sicherungsvereinbarungen begründet worden sein. Bei solchen Sicherungsrechten könne nicht angenommen werden, dass die Geschäftsbeziehung zwischen dem Hauptschuldner und der Bank dadurch unangemessen eingeschränkt werde, dass die Bank diese nicht aufgeben dürfe.[1033] Daher entfalle die Grundlage, auf welcher die bisherige Rechtsprechung zur Zulässigkeit eines generellen Verzichts auf § 776 BGB durch AGB beruhe.[1034]

Darüber hinaus stellt der BGH zutreffend auf den Schutzzweck der Norm ab. Der Bürge erwartet, bei Leistung an den Gläubiger dessen Rechte gem. § 774 BGB zu erhalten.[1035] Diese Erwartung wird durch § 776 S. 1 BGB geschützt. Der Schutz nur allgemeine Regelungen wie § 242 BGB ist demgegenüber nicht ausreichend.[1036] Ein genereller Verzicht auf § 776 BGB kommt daher nur in Betracht, wenn wesentliche sachliche Gründe vorliegen und das Interesse des Gläubigers an der Abbedingung den Schutz des Bürgen durch die Norm überwiegt.[1037]

Im Ergebnis differenziert die neue Rechtsprechung damit wie folgt: Hinsichtlich Sicherheiten, die der Bank als Gläubigerin nach Nr. 14 Abs. 1 AGB-Banken

---

in: Schimansky/Bunte/Lwowski, Bankrechtshandbuch II, § 91 Rn. 355 ff.; Nobbe/*Nobbe*, Kommentar zum Kreditrecht, § 776 Rn. 3 f.; Palandt/*Sprau*, § 776 Rn. 2; PWW/*Brödermann*, § 776 Rn. 3; *Reinicke/Tiedtke*, Bürgschaftsrech.t Rn. 604 ff.; Soergel/*Gröschler*, § 776 Rn. 21 ff.; *Tiedtke*, WM 1990, 1270, 1272 f.; **a.A.** *Dreismann*, Bürgenschutz durch Gläubigerdiligenz?, S. 299.

1032 BGH v. 02.03.2000 – IX ZR 328/98 = BGHZ 144, 52 (juris Rn. 39).

1033 BGH v. 02.03.2000 – IX ZR 328/98 = BGHZ 144, 52 (juris Rn. 40).

1034 BGH v. 02.03.2000 – IX ZR 328/98 = BGHZ 144, 52 (juris Rn. 40).

1035 Ausführlich oben unter Teil 2 D.VIII. sowie Teil 1 D.II.5.b.

1036 BGH v. 02.03.2000 – IX ZR 328/98 = BGHZ 144, 52 (juris Rn. 42).

1037 BGH v. 02.03.2000 – IX ZR 328/98 = BGHZ 144, 52 (juris Rn. 41).

(oder vergleichbaren AGB, insbesondere Nr. 21 Abs. 1 AGB-Sparkasse) im Rahmen des „bankmäßigen Geschäftsverkehrs“[1038] zustehen, ist eine Abbedingung der Norm möglich. Unzulässig ist eine derartige Vereinbarung jedoch hinsichtlich solcher Sicherungsrechte, die auf gesonderten Sicherungsverträgen beruhen.[1039] Diese Grundsätze gelten auch für den Fall, dass § 776 S. 1 BGB in der entsprechenden Klausel nicht ausdrücklich genannt ist, aber dessen Regelungsgehalt betroffen ist.[1040]

Differenziert eine Klausel nicht im dargestellten Sinne, sondern bedingt § 776 S. 1 BGB für sämtliche Fälle ab, ist sie insgesamt unwirksam. Eine geltungserhaltende Reduktion findet nicht statt.[1041] Der Verstoß hat hingegen nicht die Unwirksamkeit der gesamten Sicherungsabrede zur Folge.[1042]

Für die Gewährleistungsbürgschaften nach § 17 Abs. 4 VOB/B gelten wiederum Sonderregelungen hinsichtlich der Möglichkeit eines formularmäßigen Einredeverzichts. Die Rechtsprechung hält insoweit einen generellen Verzicht auf Einreden des Bürgen gem. §§ 768, 770, 771, 776 BGB für unangemessen im Sinne des § 307 Abs. 1 S. 1 BGB.[1043] Auf § 776 S. 1 BGB im Besonderen wird dabei jedoch nicht explizit eingegangen. Lediglich in einer jüngeren Entscheidung setzt sich der BGH kurz mit der Frage auseinander, ob ein Einredeverzicht im Bauvertragsrecht auch wegen des Ausschlusses des § 776 S. 1 BGB unwirksam sei. Sie wurde jedoch offengelassen, da die im konkreten Fall streitgegenständliche Klausel bereits aus anderen Gründen unwirksam war.[1044]

1038 Zum Begriff *Grundmann*, in: Großkomm. HGB 10/1, 2. Teil Rn. 352.

1039 BGH v. 02.03.2000 – IX ZR 328/98 = BGHZ 144, 52 (juris Rn. 40); vgl. auch BeckOGK/*Madaus*, § 776 Rn. 23; *Hammen*, WM 1988, 1809, 1811 f.; *Klaas*, EWiR 2000, 813, 814.

1040 BGH v. 25.10.2001 – IX ZR 185/00 = WM 2001, 2378 (juris Rn. 14); zustimmend *Fischer*, in: Lwowski/Fischer/Gehrlein, Kreditsicherung, § 9 Rn. 110; wohl auch *Derleder*, NJW 2015, 817, 819.

1041 *Hammen*, WM 1988, 1809, 1811; allgemein zum Verbot der geltungserhaltenden Reduktion *Wendland*, in: Staudinger-Eckpfeiler, Kapitel E. Rn. 73.

1042 Ausdrücklich LG München v. 25.07.2006 – 11 O 22609/05 (juris Rn. 49); *Thelen/Thelen*, ZIP 2018, 901, 903; im Ergebnis auch *Nobbe*, in: Schimansky/Bunte/Lwowski, Bankrechtshandbuch II, § 91 Rn. 355.

1043 BGH v. 16.06.2009 – XI ZR 145/08 = WM 2009, 1643; v. 28.07.2011 – VII ZR 207/09 = WM 2011, 1697; v. 24.10.2017 – XI ZR 600/16 = WM 2017, 2386; vgl. auch OLG München v. 10.04.2012 – 9 U 5645/10 = NJW-RR 2012, 1202; **a.A.** noch OLG Hamm v. 14.07.2005 – 21 U 130/04 = NJW-RR 2006, 31; vgl. dazu auch *Thelen/Thelen*, ZIP 2018, 901, 903.

1044 BGH v. 24.10.2017 – XI ZR 600/16 = WM 2017, 2386 (Rn. 36).

4. *Stellungnahme*

a. *Unvereinbarkeit der Abbedingung mit § 776 S. 1 BGB?*

Die Prüfung des § 307 Abs. 2 Nr. 1 BGB erfolgt auf den unter A.II.1.b. dargestellten drei Ebenen. Ohne eine abbedingende Vereinbarung würde der Bürge gem. § 776 S. 1 BGB von seiner Haftung frei werden. Entscheidend ist daher, ob auf der dritten Ebene eine Unvereinbarkeit des Ausschlusses des § 776 S. 1 BGB mit dem Zweck der Vorschrift besteht. Zweck des § 776 S. 1 BGB ist das Verbot widersprüchlichen Verhaltens.[1045] Der Bürge rechnet bei Abschluss des Bürgschaftsvertrages mit dem Erhalt der weiteren Sicherungsrechte. Dieser Erwartung soll der Gläubiger nicht zuwiderhandeln dürfen.

Die frühere Rechtsprechung bis 2000 berücksichtigte diesen Schutzzweck nicht hinreichend. Zentrales Argument war, dass die Banken durch § 776 S. 1 BGB zu stark eingeschränkt seien. Dies wirke sich negativ auf die Kreditvergabe zugunsten des Hauptschuldners aus. Gerade diese Vergabe liege jedoch auch im Interesse des Bürgen. Diese Argumentation beruhte auf der Annahme, dass die Gewährung von Finanzmitteln an den Hauptschuldner zentraler Beweggrund für die Verpflichtung des Bürgen ist.[1046] Jedoch kommt einer Rückgriffsmöglichkeit bei konkurrierenden Kreditsicherheiten ebenfalls eine entscheidende Rolle bei der Risikoabwägung des Bürgen zu.[1047] Selbst wenn grundsätzlich ein Interesse des Bürgen an der Vertragsdurchführung vorläge, kann dies doch nicht ohne die Nachteile durch die Abbedingung des § 776 S. 1 BGB gesehen werden.[1048] Denn vertraut der Bürge auf den Rückgriff bei einem spezifischen Sicherungsmittel, beeinflusst dies die Entscheidung, den Bürgschaftsvertrag zu unterschreiben. Gerade bei Kenntnis von der zusätzlichen Kreditsicherheit stellt die Regressmöglichkeit eine zentrale Motivation des Bürgen dar. Zudem hat der Gesetzgeber durch die Implementierung des § 776 S. 1 BGB in das BGB zum Ausdruck gebracht, dass er diese Motivation als schützenswert ansieht. Dementsprechend existiert eine gesetzgeberische Wertentscheidung, den Regress unabhängig von dem Interesse an der Kreditgewährung zu schützen. Aus diesem Grund überzeugen auch nicht die Ausführungen, die Regelung des § 776 S. 1 BGB sei „nicht vertragstypisch“.[1049] Die Argumentation

---

1045 S.o. Teil 2 D.VIII.
1046 In diese Richtung auch BeckOGK/*Madaus*, § 776 Rn. 22.
1047 So bereits *Pothier*, s.o. Teil 1 D.II.5.b.
1048 *Tiedtke*, WM 1990, 1270, 1272 f.
1049 BGH v. 24.09.1980 – VIII ZR 291/79 = BGHZ 78, 137 (juris Rn. 17).

des BGH zielt zudem auf einen Verbraucher als Bürgen ab. Stellt hingegen eine Bank eine Bürgschaft, bezweckt sie damit einzig den eigenen Gewinn aus dem gebührenpflichtigen Avalvertrag und die Minimierung des eigenen Haftungsrisikos. Die Kreditgewährung an den Hauptschuldner ist insoweit nicht die zentrale Motivation.

Die pauschale Möglichkeit der Abbedingung des § 776 S. 1 BGB durch AGB überzeugt aus den genannten Gründen nicht. Zutreffend differenziert daher die neuere Rechtsprechung seit 2000. Hinsichtlich der durch den bankmäßigen Geschäftsverkehr erhaltenen Sicherheiten ist ein Ausschluss der Norm möglich. Etwas anderes gilt bei allen Sicherungsmitteln, welche die Bank auf anderem Weg erhalten hat.

Die Bank als Gläubigerin erwirbt im Rahmen ihres bankmäßigen Geschäftsverkehrs wegen Nr. 14 Abs. 1 AGB-Banken (entspricht Nr. 21 Abs. 1 AGB-Sparkasse) laufend Pfandrechte an allen in ihrem Besitz befindlichen Wertpapieren und Sachen des Hauptschuldners. Könnte sie diesbezüglich § 776 S. 1 BGB nicht abbedingen, wäre sie tatsächlich in ihrer Kundenbeziehung zum Hauptschuldner beeinträchtigt. Denn die Veräußerung oder Übertragung der Sicherungsmittel könnte nie ohne Zustimmung des Bürgen erfolgen, wenn dessen Freiwerden vermieden werden soll.[1050] Zudem hängt von der Verfügbarkeit dieser Pfandrechte auch die wirtschaftliche Flexibilität des Hauptschuldners ab.[1051] Darin liegt ein berechtigtes Interesse an der Freigabe von Sicherheiten begründet. Dieses nimmt dem Handeln der Bank die Widersprüchlichkeit im Sinne des Grundsatzes *venire contra factum proprium*. In diesem Zusammenhang greift der BGH ein Argument auf, mit dem sich schon die Zweite Kommission zum BGB auseinandersetzte. Auch diese diskutierte, dass § 776 (S. 2) BGB den Gläubiger für laufende Geschäftsverbindungen leicht aus Unkenntnis um jede Sicherheit bringen könne.[1052] Demgegenüber ist es der Bank zumutbar, hinsichtlich durch gesonderte Sicherungsvereinbarung begründeten Sicherungsmitteln auf den Bürgen Rücksicht zu nehmen.[1053] Insoweit fehlt es an einem berechtigten Interesse, welches eine Aufgabe rechtfertigen würde.[1054]

1050 BeckOGK/*Madaus*, § 776 Rn. 23; *Tiedtke*, WM 1990, 1270, 1272; *Hammen*, WM 1988, 1809.

1051 *Hammen*, WM 1988, 1809.

1052 S.o. Teil 1 A.III.

1053 *Derleder*, NJW 2015, 817, 818; *Hammen*, WM 1988, 1809, 1811.

1054 So auch *Schürnbrand*, Schuldbeitritt, S. 149.

Diese Differenzierung ist auch aus Sicht des Bürgen sachgerecht. Soweit die weiteren Sicherheiten auch andere Ansprüche der Bank gegen den Hauptschuldner sicherten als die verbürgte Forderung, musste der Bürge vorbehaltlich besonderer Absprachen damit rechnen, dass der Verwertungserlös auf diese anderen Ansprüche verrechnet wird.[1055] Daneben ist auch ein wirtschaftliches Argument anzuführen. Dürfte die Bank die Anwendung des § 776 S. 1 BGB im Rahmen des bankmäßigen Geschäftsverkehrs nicht ausschließen, würde dies eine Beeinträchtigung ihrer Geschäfte mit dem Hauptschuldner bedeuten, die sich auch auf den Bürgen auswirkt. Denn die Bank müsste diesen Umstand sowohl bei der Vergabe von Krediten als auch bei der Bestellung von Bürgschaften entsprechend einpreisen. Folglich liegt keine Schlechterstellung vor, die für eine Unwirksamkeit nach § 307 Abs. 2 Nr. 1 BGB erforderlich ist. Die Abwägung der widerstreitenden Interessen fällt damit hinsichtlich der durch Nr. 14 Abs. 1 AGB-Banken begründeten Sicherheiten zugunsten der Bank aus, sodass eine von § 776 S. 1 BGB abweichende Regelung möglich ist. Insoweit wird die Ausgleichsfunktion der Norm[1056] auf anderem Wege erreicht.

b. Regel-Ausnahme-Verhältnis

Die Argumentation der Rechtsprechung seit dem Jahr 2000 erfolgt ausschließlich für den Bereich des bankmäßigen Geschäftsverkehrs. Für diesen sei eine Abbedingung des § 776 S. 1 BGB zulässig. Nur für auf anderem Wege erhaltene Sicherheiten sei der Ausschluss gem. § 307 Abs. 2 Nr. 1 BGB unwirksam. Die Entscheidungsgründe der vorstehend zitierten Rechtsprechung lassen daher vermuten, dass ein Verzicht auf § 776 S. 1 BGB durch AGB grundsätzlich möglich und nur ausnahmsweise nicht erlaubt ist.[1057]

Aufgrund der der vorstehend angestellten Überlegungen ist vielmehr folgender Grundsatz aufzustellen: § 776 S. 1 BGB kann *nicht* durch AGB abbedungen werden. Denn ein Ausschluss ist mangels schützenswerter Gläubigerinteressen mit dem wesentlichen Grundgedanken des § 776 S. 1 BGB regelmäßig nicht zu vereinbaren. Nur ausnahmsweise ist für die Fälle der nach Nr. 14 Abs. 1

1055 BGH v. 06.04.2000 – IX ZR 2/98 = WM 2000, 1141 (juris Rn. 31); *Derleder*, NJW 2015, 817, 818; ausführlich zum Verteilungsverfahren unten C.II.-VI.

1056 S.o. Teil 1 E.II.1.c.

1057 Vgl. nur BGH v. 06.04.2000 – IX ZR 2/98 = WM 2000, 1141 (juris Rn. 27): „grundsätzlich abdingbar".

AGB-Banken ein solcher Ausschluss möglich. In jedem Fall ist der Bürge aber auch bei wirksamer Abbedingung vor Willkür des Gläubigers geschützt.[1058]

c. *Verteilungsverfahren bei inkongruenter Besicherung von Forderungen*

Sichern ein Bürge und ein weiterer Sicherungsgeber zwar die gleiche Forderung, daneben hingegen jeweils auch andere Verbindlichkeiten, besteht eine inkongruente Besicherung. Insoweit muss es Kreditinstituten möglich sein, durch AGB regeln zu können, welche Sicherheit auf eine von mehreren Forderungen oder einen Forderungsteil angerechnet wird. Diesbezüglich wird auf die Darstellung zum Verteilungsverfahren verwiesen (siehe unter C.IV.).

d. *Weitere Ausnahmen?*

Ausdrücklich entschieden hat die Rechtsprechung nur den Fall des klauselmäßigen Verzichts auf § 776 S. 1 BGB durch AGB der Banken oder Sparkassen. Nicht beantwortet ist hingegen die Frage, ob daneben noch weitere Sachverhalte denkbar sind, in denen ein Ausschluss der Norm einer Inhaltskontrolle standhält. Aufgrund des soeben dargestellten Regel-Ausnahme-Verhältnisses (s.o. A.II.4.b.) sind zusätzliche Ausnahmen nur dann möglich, wenn ein berechtigtes Interesse des Gläubigers als Verwender der AGB besteht, das eine vom Regelfall der Anwendung des § 776 S. 1 BGB abweichende Gestaltung im Einzelfall rechtfertigt.

Das OLG Naumburg hält eine generelle formularmäßige Abbedingung *zwischen zwei Unternehmern* für möglich.[1059] Insoweit ist jedoch kein Grund ersichtlich, welcher eine Abweichung von den soeben dargestellten Maßstäben rechtfertigen würde. Auch gegenüber Unternehmern besteht aus den vorgenannten Gründen ein Interesse, im Anwendungsbereich der Nr. 14 Abs. 1 AGB-Banken die Vorschrift des § 776 S. 1 BGB auszuschließen. Darüber hinaus besteht kein gerechtfertigtes Interesse an einer Aufgabe. Demgegenüber sprechen die Interessen des Unternehmers als Bürgen eher gegen die Möglichkeit der Abbedingung. Denn ein Unternehmer dürfte dem Haftungsrisiko der Bürgschaft noch größere Bedeutung zumessen als ein Verbraucher. Das Risiko wird wiederum durch einen möglichen Rückgriff bei konkurrierenden Kreditsicherheiten beeinflusst. Auch § 310 Abs. 1 BGB gebietet keine unterschiedliche Behandlung

---

1058 S.o. Teil 2 F.II.3.; ausdrücklich in Bezug auf den Fall einer Abbedingung durch AGB OLG Naumburg v. 11.02.2000 – 2 U 14/99 (juris Rn. 52).

1059 OLG Naumburg v. 24.08.2006 – 2 U 39/06 (juris Rn. 59).

von Unternehmern, da § 307 Abs. 2 BGB gegenüber sämtlichen Adressaten Allgemeiner Geschäftsbedingungen gleichermaßen anwendbar ist.

Daneben ist auch keine unterschiedliche Behandlung je nach *Beschaffenheit der weiteren Sicherheit* geboten. Teile der Literatur argumentieren, dass § 776 S. 1 BGB im Falle zweier Mitbürgen auch durch AGB abbedungen werden könne. Denn im Innenverhältnis bestehe weiterhin ein Ausgleichsanspruch. Der Bürge sei daher nicht unangemessen benachteiligt, da er weiterhin gem. §§ 774 Abs. 2, 426 Abs. 1 S. 1 BGB Rückgriff nehmen könne.[1060] Folgt man der unter Teil 2 C.III. dargestellten herrschenden Meinung, scheint dies vertretbar. Da der Bürge nach dieser Meinung durch die Freigabe eines Mitbürgen ohnehin nicht nach § 776 S. 1 BGB frei würde, entsteht keine unangemessene Benachteiligung.[1061] Nach der hier vertretenen Ansicht kommt es für ein Freiwerden des Bürgen jedoch einzig auf den möglichen Erwerb des Außenanspruchs an. § 776 S. 1 BGB ist daher auch zwischen Mitbürgen anwendbar.[1062] Dementsprechend ist ein Ausschluss durch AGB unabhängig von der aufgegebenen Sicherheit nur nach den vorgenannten Maßstäben möglich. Bereits aufgrund des Arguments der Transaktionskostenökonomie besteht kein berechtigtes Interesse des Gläubigers, eine Sicherheit aufgeben zu dürfen, eine andere hingegen nicht.[1063]

Sofern ein berechtigtes Interesse des Gläubigers besteht, kann jedoch in *Einzelfällen* ein Ausschluss des § 776 S. 1 BGB durch AGB möglich sein. Wegen des Leitbildcharakters der Norm handelt es sich dabei jedoch um eng begrenzte Ausnahmen. Zu beachten ist in diesem Zusammenhang folgender Umstand: Aus dem in § 307 Abs. 1 S. 2 BGB verankerten Transparenzgebot folgt auch ein Bestimmtheitsgebot. Danach muss für den Vertragspartner des Verwenders hinreichend klar eingrenzbar sein, in welchen Fällen die Klausel einschlägig ist, großzügige Ermessensspielräume des Verwenders müssen vermieden

1060 So *Nobbe*, in: Schimansky/Bunte/Lwowski, Bankrechtshandbuch II, § 91 Rn. 356 unter allgemeinem Verweis auf die unter Teil 2 B.II.-IV. dargestellte Rechtsprechung, die sich jedoch nicht spezifisch mit der Frage einer Andersbehandlung von verschiedenen Sicherungsmitteln im Hinblick auf eine Abdingbarkeit durch AGB auseinandersetzt. Dementsprechend wird in den Musterformularen auch differenziert, siehe *Lwowski*, in: Schimansky/Bunte/Lwowski, Bankrechtshandbuch II, Anh. 1 zu § 91 Nr. 6 Abs. 3, 4 (Mitbürgen) und Nr. 8 (sonstige Sicherheiten); anders *Hammen*, WM 1988, 1809, 1811, der jedoch nicht auf den Innenanspruch eingeht.

1061 S.o. Teil 2 C.III.

1062 S.o. Teil 2 C.VII., C.VIII.

1063 S.o. Teil 2 C.VIII.7.

werden.[1064] Unzulässig ist damit eine Klausel, die die Anwendung des § 776 S. 1 BGB „bei Vorliegen berechtigter Interessen des Verwenders“ ausschließt. In diesem Fall hat der Bürge keine Anhaltspunkte, ob und wann ein solches Interesse vorliegt.[1065] Der Verwender muss also schon bei Vertragsgestaltung genau benennen, welche Interessen aus seiner Sicht konkret eine Abbedingung der Norm rechtfertigen.

5. *Ergebnis und Lösungsvorschlag*

Insgesamt überzeugt das vom BGH entwickelte Ergebnis. Der Zweck des § 776 S. 1 BGB gebietet einen Schutz des Bürgen vor widersprüchlichem Verhalten des Gläubigers. Damit kommt der Vorschrift ein Leitbildcharakter zu.[1066] Grundsätzlich muss der Bürge, der mit einem Regress bei konkurrierenden Sicherheiten rechnet, vor der Aufgabehandlung des Gläubigers geschützt werden.[1067] Nur wenn auf Seiten des Gläubigers ausnahmsweise schutzwürdige Interessen bestehen, kann *insoweit* § 776 S. 1 BGB auch mittels AGB abbedungen werden. Derzeit wird dies von der Rechtsprechung nur für die durch Nr. 14 Abs. 1 AGB-Banken erhaltenen Sicherheiten befürwortet.

Eine Differenzierung zwischen der Freigabe eines Mitbürgen und der einer Realsicherheiten ist nach der herrschenden Meinung möglich.[1068] Denn diese hält § 776 S. 1 BGB bereits für regelmäßig nicht anwendbar, wenn der Gläubiger die Forderung gegen einen Mitbürgen aufgibt.[1069] Demnach fehlt es an einem schutzwürdigen Interesse des Bürgen. Nach der hier vertretenen Auffassung erfasst § 776 S. 1 BGB jedoch auch die Freigabe eines Mitbürgen.[1070] Eine

---

1064 Ausführlich BeckOGK/*Eckelt*, § 307 Rn. 133 f.; MüKo/*Wurmnest*, § 307 Rn. 59 f.; jeweils m.w.N.

1065 In diese Richtung auch Soergel/*Gröschler*, § 776 Rn. 24.

1066 So auch jurisPK/*Prütting*, § 776 Rn. 3 f.

1067 *Holznagel*, Bürgenschutz mit System, S. 109.

1068 So differenziert *Lwowski*, in: Schimansky/Bunte/Lwowski, Bankrechtshandbuch II, Anh. 1 zu § 91 zwischen Mitbürgen, bzgl. derer in Nr. 6 Abs. 3, 4 des Mustervertrages § 776 BGB zwar nicht ausdrücklich genannt ist, jedoch faktisch pauschal ausgeschlossen wird und sonstigen Sicherheiten, für die nach Nr. 8 des Mustervertrages eine Differenzierung wie in der soeben vorgeschlagenen Klausel erfolgt; Gleiches gilt für *Wittig*, in: Lwowski/Fischer/Gehrlein, Kreditsicherung, Anhang zu § 9 (Selbstschuldnerische Höchstbetragsbürgschaft zur Sicherung bestimmter Forderungen der Bank) Nr. 6 Abs. 3 sowie Nr. 8; ausdrücklich auch Nobbe/*Nobbe*, Kommentar zum Kreditrecht, § 776 Rn. 5.

1069 S.o. Teil 2 C.III.

1070 S.o. Teil 2 C.VIII.

Differenzierung nach der Art der Sicherheit ist daher nicht angezeigt und § 776 S. 1 BGB auch zwischen Mitbürgen nicht formularmäßig abdingbar.

Es ist nicht ausgeschlossen, dass über die Fälle der Nr. 14 Abs. 1 AGB-Banken hinaus auch in anderen Konstellationen ein berechtigtes Interesse des Gläubigers vorliegt, welches eine Abbedingung des § 776 S. 1 BGB durch AGB rechtfertigt. Dieses muss jedoch präzise formuliert werden, um dem Bestimmtheitsgebot zu genügen.

Eine mögliche Klausel für Banken als Gläubigerinnen könnte wie folgt lauten:

> „Dem Bürgen steht die Einwendung des § 776 BGB insoweit nicht zu, als Sicherheiten betroffen sind, die der kreditgebenden Bank aufgrund von Nr. 14 Abs. 1 AGB-Banken zustehen und deren Freigabe für einen ordnungsgemäßen Geschäftsverkehr der Gläubigerin erforderlich sind. Im Übrigen bleibt die Vorschrift § 776 BGB unberührt."[1071]

Verstößt die Abbedingung von § 776 S. 1 BGB gegen die vorstehend dargestellten Maßstäbe, ist die Klausel insgesamt unwirksam. In diesem Fall bleibt es gem. § 306 Abs. 2 BGB bei der Geltung des § 776 S. 1 BGB.[1072]

B. Ausgewählte spezielle Formen der Bürgschaft

§ 776 S. 1 BGB liegt folgende Konstellation zugrunde: Ein Bürge verpflichtet sich für eine konkrete Verbindlichkeit des Hauptschuldners. Gleichzeitig besteht für diese Forderung noch ein weiteres Sicherungsmittel, auf welches der Bürge grundsätzlich nach § 774 BGB nach seiner Inanspruchnahme zurückgreifen kann. Nachfolgend soll untersucht werden, ob sich spezielle Formen der Bürgschaft, beispielsweise die Global- oder Ausfallbürgschaft, auf die Anwendung des § 776 S. 1 BGB auswirken.

I. Globalbürgschaft

1. Einleitung

Ein Bürge kann nicht nur für eine einzelne Verbindlichkeit einstehen, sondern auch für eine Vielzahl von Forderungen. Im Rahmen einer solchen Global- bzw. Kreditbürgschaft haftet der Bürge für alle gegenwärtigen und zukünftigen

---

1071 Vgl. auch *BeckFormB-BHW/Haag*, III.H.8. Nr. 8, *Wittig*, in: Lwowski/Fischer/Gehrlein, Kreditsicherung, Anhang zu § 9 (Selbstschuldnerische Höchstbetragsbürgschaft zur Sicherung bestimmter Forderungen der Bank) Nr. 8.

1072 BGH v. 06.04.2000 – IX ZR 2/98 = WM 2000, 1141 (juris Rn. 14); Soergel/*Gröschler*, § 776 Rn. 24; allgemein *Wolf/Neuner*, BGB AT, § 47 Rn. 84.

Forderungen des Gläubigers gegen den jeweiligen Hauptschuldner.[1073] Voraussetzung dafür ist, dass der Umfang der Forderungen jedenfalls bestimmbar ist. Dies kann beispielsweise durch die Konkretisierung geschehen, dass die Forderungen aus einer bestimmten Geschäftsbeziehung resultieren müssen.[1074] Derart weite Sicherungszweckerklärungen bergen jedoch die Gefahr, als überraschende Klausel eingestuft zu werden.[1075]

Geht man für die nachfolgende Darstellung von einer wirksam zustande gekommenen Globalbürgschaft aus, so stellt sich im Hinblick auf § 776 S. 1 BGB die Frage, wie die interne Haftungsverteilung zwischen mehreren Sicherungsgebern ausgestaltet ist. Denn § 774 BGB ist auf die Einzelbürgschaft für eine konkrete Forderung zugeschnitten und nicht auf die Haftung für einen bestimmten Forderungskomplex.[1076] Problematisch erscheint insbesondere der Fall, dass eine weitere Sicherheit nur für eine konkrete Verbindlichkeit haftet, der Bürge jedoch für sämtliche Ansprüche einsteht.[1077] Ausführungen im Schrifttum zu § 776 S. 1 BGB im Zusammenhang mit der Globalbürgschaft existieren nur vereinzelt.[1078]

1073 BeckOGK/*Madaus*, § 765 Rn. 336; *Horn*, Bürgschaften und Garantien, Rn. 322 ff.; *Herresthal*, in: Staudinger-Eckpfeiler, Kapitel K. Rn. 44 ff.; *Lambsdorff/Skora*, Hdb. d. Bürgschaftsrechts, Rn. 42 ff.; *Larenz/Canaris*, Schuldrecht II/2, § 60 V. 1. b), S. 18; *Nobbe*, in: Schimansky/Bunte/Lwowski, Bankrechtshandbuch II, § 91 Rn. 629 ff.; Staudinger/*Stürner*, Vorbem zu §§ 765-778 Rn. 46.

1074 BGH v. 10.10.1957 – VII ZR 419/56 = WM 1957, 1430; v. 09.10.1974 – VIII ZR 149/73 = WM 1974, 1129 (juris Rn. 15); v. 18.05.1995 – IX ZR 108/94 = WM 1995, 1397 (juris Rn. 8); BeckOGK/*Madaus*, § 765 Rn. 336; 45 f.

1075 BGH v. 18.05.1995 – IX ZR 108/94 = WM 1995, 1397 (juris Rn. 14 ff.); BeckOGK/*Madaus*, § 765 Rn. 192 ff.; *Herresthal*, in: Staudinger-Eckpfeiler, Kapitel K. Rn. 47 ff.; Staudinger/*Stürner*, Vorbem zu §§ 765-778 Rn. 46.

1076 Soergel/*Gröschler*, § 774 Rn. 8.

1077 Zum umgekehrten Fall, dass der Bürge eine konkrete Forderung besichert, die weitere Sicherheit daneben jedoch auch andere, siehe ausführlich unten im Rahmen des Verteilungsverfahrens C.II.-VI.

1078 Vgl. jedoch Soergel/*Gröschler*, § 776 Rn. 2; die Erste Kommission ging auf die Globalbürgschaft nur insoweit ein, als dass § 776 S. 1 BGB nicht die Rechte des Bürgen aus einer Zusicherung des Gläubigers bzgl. der Rechtsverfolgung gegen den Hauptschuldner beeinträchtige; dieser Umstand könne „insbes. bei der Kreditbürgschaft praktisch werden.", Mugdan II (Motive), S. 379.

2. Auswirkungen des Spezialitätsprinzips

Sichert ein Bürge sämtliche Forderungen des Gläubigers gegen den Hauptschuldner, eine weitere Kreditsicherheit, beispielsweise eine Grundschuld, hingegen nur einzelne dieser Forderungen, könnte aus Sicht des Bürgen folgende Überlegung für eine Anwendbarkeit des § 776 S. 1 BGB in den Fällen der Aufgabe der Grundschuld sprechen: Es stellt für ihn regelmäßig keinen Unterschied dar, ob er Sicherheit für eine einzelne Forderung mit einem konkreten Betrag bietet oder ob er sich für mehrere Forderungen verbürgt, deren Summe auf denselben Betrag lautet. In beiden Fällen wird der Bürge davon ausgehen, dass sein Haftungsrisiko der Höhe nach vergleichbar ist und dass er bei etwaigen weiteren Sicherungsgebern anteiligen Rückgriff nehmen kann.

Es ist jedoch mit dem Spezialitätsprinzip nicht vereinbar, eine Mehrzahl von Forderungen genauso wie eine einzige zu behandeln.[1079] Der Bürge kann nur bezüglich derjenigen konkreten Forderungen frei werden, aus denen er auch ein Ersatzrecht aus § 774 BGB gegen andere Sicherungsgeber hatte. Denn jeder Verbindlichkeit können andere Vereinbarungen, beispielsweise hinsichtlich der Fälligkeit oder der Verjährung, zugrunde liegen.[1080] Im Falle der Globalbürgschaft kommt es für ein Freiwerden des Bürgen daher darauf an, ob ihm im Hinblick auf eine konkrete Forderung durch eine Aufgabehandlung des Gläubigers ein Ersatzrecht aus § 774 BGB entgeht. Sichern ein Bürge und eine weitere Kreditsicherheit mehrere Ansprüche des Gläubigers gegen einen Hauptschuldner, wird der Bürge nur gem. § 776 S. 1 BGB frei, wenn beide Sicherheiten jeweils zugunsten *derselben* Forderung bestellt sind. Hinsichtlich derjenigen Ansprüche, die einzig durch eine weitere Kreditsicherheit gesichert sind, besteht demgegenüber kein Ausgleichsverhältnis mehrerer Sicherungsgeber. Folglich wird der Bürge nicht gem. § 776 S. 1 BGB frei, wenn der Gläubiger eine Sicherheit aufgibt, welche für eine Forderung bestellt war, auf die sich die Bürgschaft nicht erstreckt. Hinsichtlich der Anwendung der Norm auf den Fall, dass zwei Kreditsicherheiten zwar für dieselben Forderungen Sicherheit bieten, daneben jedoch jeweils auch für andere Verbindlichkeiten (inkongruente Besicherung), wird auf die Darstellung unter C.IV. verwiesen.

1079 Grundsätzlich zum Spezialitätsprinzip im Rahmen der Bürgschaft *Maisenhälder*, Vorgänge Gläubiger-Hauptschuldner, Gläubiger-Bürge, S. 4 ff.; Palandt/*Sprau*, § 765 Rn. 6; *Reinicke/Tiedtke*, Bürgschaftsrecht Rn. 15 ff.; *dies.*, Kreditsicherung, Rn. 99 ff.; allgemein auch *Klinck*, in: Staudinger-Eckpfeiler, Kapitel T. Rn. 12 f.

1080 So ergibt sich bzgl. der Globalbürgschaft grundsätzlich kein Problem hinsichtlich einer Unbestimmtheit, vgl. BeckOGK/*Madaus*, § 765 Rn. 111, 337.

II. Ausfallbürgschaft

1. Grundsatz

Eine weitere spezielle Form der Bürgschaft ist die Ausfallbürgschaft. Diese kennzeichnet sich durch die besonders stark ausgeprägte Subsidiarität. Ein Ausfallbürge haftet nur dann, wenn der Gläubiger endgültig beim Hauptschuldner ausgefallen ist und er trotz Anwendung „gehöriger Sorgfalt", insbesondere durch Zwangsvollstreckung oder die rechtzeitige Verwertung von Sicherheiten, keine anderweitige Befriedigung erlangen konnte.[1081] Der Ausfallbürge haftet damit sowohl gegenüber dem Hauptschuldner als auch gegenüber anderen Sicherungsgebern subsidiär. Relevant für die Betrachtung des § 776 S. 1 BGB ist einzig das Haftungsverhältnis zu Kreditsicherheiten.

Der Ausgleich unter Mitbürgen richtet sich nach §§ 774 Abs. 2, 426 BGB.[1082] Voraussetzung für die gesamtschuldnerische Haftung der Bürgen ist jedoch eine *Gleichstufigkeit* der Verbindlichkeiten.[1083] Ein Ausfallbürge haftet jedoch nur nachrangig gegenüber dem Regelbürgen. Gleichwohl wendet der BGH die gesamtschuldnerischen Ausgleichsregeln auch auf den Ausfallbürgen entsprechend an. Denn ohne die analoge Anwendung der §§ 774 Abs. 2, 426 BGB würde der Ausfallbürge hinsichtlich seiner Regressmöglichkeiten schlechter stehen als der Regelbürge, obwohl er eigentlich diesem gegenüber privilegiert sein soll.[1084]

1081 BGH v. 10.12.1998 – IX ZR 156/98 = WM 1999, 173 (juris Rn. 29); vgl. auch RGZ 145, 167, 169; BGH v. 20.03.2012 – XI ZR 234/11 = WM 2012, 930 (Rn. 22); BeckOGK/*Madaus*, § 765 Rn. 289 ff.; *Horn*, Bürgschaften und Garantien, Rn. 62 ff.; *Knütel*, in: FS Flume I, S. 559, 572; *ders.*, in: FS Picker, S. 469 ff.; *Nobbe*, in: Schimansky/Bunte/Lwowski, Bankrechtshandbuch II, § 91 Rn. 538 ff.; *Pfeiffer*, Nebenpflichten des Bürgschaftsgläubigers, S. 38 f.; Staudinger/*Stürner*, Vorbem zu §§ 765-778 Rn. 41; *Weber*, BB 1971, 333.

1082 S.o. Teil 2 B.III.

1083 BGH v. 15.05.1986 – IX ZR 96/85 = WM 1986, 961 (juris Rn. 20 m.w.N.); v. 24.09.1992 – IX ZR 195/91 = WM 1992, 1893 (juris Rn. 10); v. 20.03.2012 – XI ZR 234/11 = WM 2012, 930 (Rn. 23); BeckOGK/*Kreße*, § 421 Rn. 41 ff.; *Oechsler*, Vertragliche Schuldverhältnisse, Rn. 1409 ff.; Palandt/*Grüneberg*, § 421 Rn. 7 ff.; *Schmidt-Kessel*, in: Staudinger-Eckpfeiler, Kapitel H. Rn. 97; Staudinger/*Looschelders*, § 421 Rn. 27 ff.

1084 BGH v. 20.03.2012 – XI ZR 234/11 = WM 2012, 930 (Rn. 25), *Mordhorst*, in: Lwowski/Fischer/Gehrlein, Kreditsicherung, § 5 Rn. 43; *Nobbe*, in: Schimansky/Bunte/Lwowski, Bankrechtshandbuch II, § 91 Rn. 469; *Oechsler*, Vertragliche Schuldverhältnisse, Rn. 1411; Staudinger/*Looschelders*, § 426 Rn. 258; kritisch zu dieser Konstruktion BeckOGK/*Madaus*, § 765 Rn. 300.

Grundsätzlich bestehen daher die unter Teil 2 B.III. – B.V. dargestellten Ausgleichsansprüche zwischen den Sicherungsgebern. Hinsichtlich der Ausgleichshöhe ist allerdings wegen der nachrangigen Haftung regelmäßig „ein anderes bestimmt" im Sinne des § 426 Abs. 1 S. 1 BGB. Der Ausfallbürge kann daher im Innenverhältnis zwischen den Sicherungsgebern nicht nur hälftigen, sondern *vollen* Regress nehmen.[1085] Daraus ergibt sich, dass die Ausfallbürgschaft nur hinsichtlich der Haftungsquote einen Unterschied zu den Fällen einer Regelbürgschaft aufweist. Gibt der Gläubiger eine weitere Sicherheit auf, hätte der Ausfallbürge nach § 774 BGB vollständig Ersatz verlangen können, sodass er auch in voller Höhe durch § 776 S. 1 BGB befreit wird. Entlässt der Gläubiger umgekehrt einen Ausfallbürgen, kann sich der Regelbürge oder ein anderer Sicherungsgeber nicht auf § 776 S. 1 BGB berufen, da dieser vom Ausfallbürgen keinen Ersatz hätte verlangen können.[1086]

2. Konkretisierung des Pflichtenmaßstabes?

Der Gläubiger muss zur Inanspruchnahme des Ausfallbügen trotz „gehöriger Sorgfalt" vom Hauptschuldner keinen Ersatz verlangen können.[1087] Das Reichsgericht nahm zur Konkretisierung des Pflichtenmaßstabes im Rahmen der Ausfallbürgschaft in zwei Entscheidungen auf § 776 S. 1 BGB Bezug.[1088] Unter Verweis auf die Norm sollte auch eine bloße „Nachlässigkeit" dafür genügen, dass der Ausfallbürge die Leistung verweigern konnte. § 776 S. 1 BGB setzt jedoch kein Verschulden voraus und definiert auch keine Pflichten des Gläubigers.[1089] Vielmehr sanktioniert die Norm widersprüchliches Gläubigerverhalten.[1090] Vor diesem Hintergrund eignet sich die Vorschrift nicht zu Konkretisierung des Pflichtenmaßstabes im Rahmen der Ausfallbürgschaft.

III. Rückbürgschaft

Im Rahmen der Rückbürgschaft sichert der Rückbürge den Rückgriffsanspruch des „Hauptbürgen" gegenüber dem Hauptschuldner aus §§ 675 Abs. 1, 670 oder

---

1085 BGH v. 20.03.2012 – XI ZR 234/11 = WM 2012, 930 (Rn. 25); BeckOGK/*Madaus*, § 765 Rn. 300.

1086 LG Krefeld v. 17.07.2007 – 5 O 496/05 (juris Rn. 63).

1087 BGH v. 10.12.1998 – IX ZR 156/98 = WM 1999, 173 (juris Rn. 29).

1088 RGZ 87, 327, 328; RGZ 145, 167, 169.

1089 S.o. Teil 2 D.I.3., 4.

1090 S.o. Teil 2 D.VIII.

§ 774 Abs. 1 S. 1 BGB.[1091] Der Gläubiger des Rückbürgen im Sinne des § 776 S. 1 BGB ist daher der zur Absicherung der Hauptverbindlichkeit verpflichtete Bürge. Ansonsten unterliegt die Rückbürgschaft den allgemeinen Bürgschaftsregeln.[1092] Für die Anwendung des § 776 S. 1 BGB ergeben sich dadurch rechtlich keine Besonderheiten. Die Norm dürfte im Rahmen der Rückbürgschaft jedoch kaum relevant werden, da für die Forderung des Hauptbürgen gegen den Hauptschuldner nur selten mehrere Sicherheiten bestehen werden.[1093]

IV. Nachbürgschaft

Ein Bürge kann sich gegenüber dem Gläubiger auch dergestalt verpflichten, dass nicht der Anspruch gegen den Hauptschuldner gesichert wird, sondern die Forderung des Gläubigers gegen den Bürgen (Nachbürgschaft).[1094] Anders als Mitbürgen haften der Nach- und der Vorbürge nicht auf einer Stufe im Sinne des § 426 BGB und damit gesamtschuldnerisch. Vielmehr ist die Forderung gegen den Nachbürgen akzessorisch mit derjenigen gegen den Vorbürgen verbunden. Folglich besteht eine gestufte Akzessorietät, kraft derer der Nachbürge mittelbar für die Hauptschuld einsteht.[1095] Befriedigt der Nachbürge den Gläubiger, erhält er gem. § 774 Abs. 1 S. 1 BGB dessen Anspruch gegen den Vorbürgen.[1096] Zudem geht nach allgemeiner Meinung nach § 774 Abs. 1 S. 1 BGB analog auch die Forderung gegen den Hauptschuldner auf ihn über.[1097]

1091 RGZ 61, 343 f.; RGZ 146, 67; BGH v. 13.12.1978 – VIII ZR 266/77 = WM 1979, 144; v. 19.09.1985 – IX ZR 16/85 = WM 1985, 1387; v. 02.02.1989 – IX ZR 99/88 = NJW 1989, 1484; BeckOGK/*Madaus*, § 765 Rn. 371; *Esser/Weyers*, Schuldrecht II/1, S. 357; *Lambsdorff/Skora*, Hdb. d. Bürgschaftsrechts, Rn. 94; *Nobbe*, in: Schimansky/Bunte/Lwowski, Bankrechtshandbuch II, § 91 Rn. 692 ff.; Staudinger/*Stürner*, Vorbem zu §§ 765-778 Rn. 62.

1092 BGH v. 19.09.1985 – IX ZR 16/85 = WM 1985, 1387 (juris Rn. 21); BeckOGK/*Madaus*, § 765 Rn. 372.

1093 So im Ergebnis auch Staudinger/*Stürner*, § 776 Rn. 19.

1094 BGH v. 13.12.1978 – VIII ZR 266/77 = WM 1979, 144; BeckOGK/*Madaus*, § 765 Rn. 354; *Lambsdorff/Skora*, Hdb. d. Bürgschaftsrechts, Rn. 93; *Nobbe*, in: Schimansky/Bunte/Lwowski, Bankrechtshandbuch II, § 91 Rn. 667 ff.; Staudinger/*Stürner*, Vorbem zu §§ 765-778 Rn. 59.

1095 BeckOGK/*Madaus*, § 765 Rn. 354; Staudinger/*Stürner*, Vorbem zu §§ 765-778 Rn. 59.

1096 BGH v. 19.09.1985 – IX ZR 16/85 = WM 1985, 1387 (juris Rn. 23); BeckOGK/*Madaus*, § 765 Rn. 357.

1097 BGH v. 19.09.1985 – IX ZR 16/85 = WM 1985, 1387; BeckOGK/*Madaus*, § 765 Rn. 358; Staudinger/*Stürner*, Vorbem zu §§ 765-778 Rn. 60; jeweils m.w.N.

Es besteht insoweit eine Ähnlichkeit mit der Situation des § 776 S. 1 BGB, als dass der Anspruch gegen den Vorbürgen – gleichsam wie bei einem Mitbürgen – auf den Nachbürgen übergeht. Daher wird vertreten, dass der Nachbürge gem. § 776 S. 1 BGB befreit wird, wenn der Gläubiger den Vorbürgen aus seiner Haftung entlässt.[1098] Gegen eine Anwendbarkeit der Norm sprechen hingegen folgende Überlegungen: § 776 S. 1 BGB setzt die Aufgabe eines „mit der Forderung verbundene[n]“ Sicherungsmittels voraus. Für den Nachbürgen stellt die Forderung im Sinne der Norm jedoch nicht diejenige gegen den Hauptschuldner, sondern diejenige gegen den Vorbürgen dar. Beide haften also für verschiedene Verbindlichkeiten. Es besteht keine gesamtschuldnerische Haftung, sondern eine akzessorische. Diese Akzessorietät bewirkt, dass die Freigabe des Vorbürgen bereits gem. § 767 Abs. 1 S. 1 BGB unmittelbar zum Erlöschen der Verbindlichkeit des Nachbürgen führt. Des Schutzes des § 776 S. 1 BGB bedarf es daher erst gar nicht mehr.[1099]

V. Gesamtschuldbürgschaft

Differenziert zu betrachten ist die Frage nach der Anwendung des § 776 S. 1 BGB im Falle der Verbürgung für Gesamtschuldner. Für die folgende Betrachtung sind zwei Fälle zu unterscheiden Der Bürge kann sich erstens für alle Gesamtschuldner verbürgen („echte Gesamtschuldbürgschaft“, dazu unter B.V.1.).[1100] Zweitens kann er sich auch nur zugunsten eines von mehreren Gesamtschuldnern verpflichten („unechte Gesamtschuldbürgschaft“, dazu unter B.V.2.).[1101]

1. Echte Gesamtschuldbürgschaft

Verpflichtet sich ein Bürge zugunsten von sämtlichen Gesamtschuldnern, erfolgt der Ausgleich zwischen Bürgen und den Schuldnern sowie weiteren Sicherungsgebern gleichsam dem Fall nur eines Hauptschuldners.[1102] Es ändert sich lediglich die Anzahl der Schuldner, welche dem Bürgen nach dessen Leistung an den Gläubiger für seinen eigenen Rückgriff haften.[1103] Entlässt der Gläubiger eine

---

1098 *Lambsdorff/Skora*, Hdb. d. Bürgschaftsrechts, Rn. 93; *Nobbe*, in: Schimansky/Bunte/Lwowski, Bankrechtshandbuch II, § 91 Rn. 667; Staudinger/*Stürner*, Vorbem zu §§ 765-778 Rn. 59; *ders.* § 776 Rn. 19.

1099 So auch BeckOGK/*Madaus*, § 765 Rn. 354.

1100 BeckOGK/*Madaus*, § 765 Rn. 334; *Reinicke/Tiedtke*, Bürgschaftsrecht, Rn. 427.

1101 BeckOGK/*Madaus*, § 765 Rn. 335.

1102 Dazu ausführlich oben unter Teil 2 B.II. ff.

1103 BGH v. 14.07.1966 – VIII ZR 229/64 = BGHZ 46, 14 (juris Rn. 19); BeckOGK/*Madaus*, § 765 Rn. 334; *ders.* § 774 Rn. 25; Staudinger/*Looschelders*, § 426 Rn. 255.

Sicherheit, die neben dem Bürgen für die Forderung gegen die Gesamtschuldner einsteht, findet § 776 S. 1 BGB Anwendung.

Fraglich ist jedoch, ob § 776 S. 1 BGB auch anwendbar ist, wenn der Gläubiger einen der *Gesamtschuldner* aus seiner Haftung entlässt. Einer Entscheidung des Reichsgerichts lag der Sachverhalt zugrunde, dass sich ein Bürge zugunsten zweier Gesamtschuldner verbürgt hatte. Der Gläubiger entließ später einen der Gesamtschuldner aus dessen Verbindlichkeit, wollte jedoch daraufhin den Bürgen in voller Höhe in Anspruch nehmen.[1104]

Das Reichsgericht lehnte bereits das Bestehen eines Ausgleichsanspruchs des Bürgen aus § 774 BGB ab.[1105] Dagegen spricht, dass die Norm einen Forderungsübergang bezüglich sämtlicher Gesamtschuldner auf den Bürgen bewirkt.[1106] Befriedigt der Bürge den Gläubiger, haften ihm gegenüber daher sämtliche Schuldner (wiederum gesamtschuldnerisch) für seinen Rückgriff. Dem Reichsgericht ist im Ergebnis jedoch dahingehend zuzustimmen, dass § 776 S. 1 BGB auf den vorgenannten Fall nicht anwendbar ist. Bereits der Wortlaut der Norm stellt ausdrücklich nur auf die entgangene Regressmöglichkeit aus konkurrierenden *Sicherungsmitteln* ab, nicht jedoch auf die Hauptschuld.[1107] Dies entspricht auch dem Sinn und Zweck der Norm. Das Verhältnis zur Hauptschuld regeln insbesondere die §§ 765, 767 BGB. § 776 S. 1 BGB soll den Bürgen im Hinblick auf weitere Sicherheiten des Gläubigers für die Hauptschuld schützen. Diese verliert er aber bei der Freigabe eines Gesamtschuldners nicht, da der entlassene Gesamtschuldner auf Ebene der Hauptschuld und nicht auf der Interzessionsebene haftete.[1108] Wegen des Vorrangs der §§ 765, 767 BGB kommt auch eine analoge Anwendung des § 776 S. 1 BGB mangels planwidriger Regelungslücke nicht in Betracht. Denn der Bürge musste um die Nachteile der Einzelwirkung des § 423 BGB bei Gesamtschuldnern wissen. Letztlich betonte das Reichsgericht in der vorgenannten Entscheidung ausdrücklich eine mögliche Anwendung der §§ 242, 826 BGB. Durch diese allgemeinen Rechtsinstitute ist der Bürge auch außerhalb des Anwendungsbereichs des § 776 S. 1 BGB vor willkürlichem

1104 RG HRR 1935 Nr. 582.

1105 RG HRR 1935 Nr. 582.

1106 Vgl. *Reinicke/Tiedtke*, Bürgschaftsrecht, Rn. 427; *Schwedhelm*, Gesamtschuldverhältnis, Rn. 240.

1107 RG HRR 1935 Nr. 582.

1108 **A.A.** *Schwedhelm*, Gesamtschuldverhältnis Rn. 110, die den Rechtsgedanken des § 776 S. 1 BGB auch auf den Erlass eines von mehreren Gesamtschuldnern für anwendbar hält.

Gläubigerverhalten geschützt.[1109] Es besteht also keine Schutzlücke zu Lasten des Bürgen.

Verbürgt sich der Bürge für mehrere Gesamtschuldner im Rahmen einer echten Gesamtschuldbürgschaft und entlässt der Gläubiger einen Schuldner aus seiner Haftung, ist § 776 S. 1 BGB aufgrund der vorgenannten Argumente weder unmittelbar noch analog anwendbar. Eine analoge Anwendung des § 776 S. 1 BGB kann allenfalls dann in Betracht kommen, wenn nur für einen der Gesamtschuldner eine Sicherheit bestellt wurde, welche mittelbar durch sein Freiwerden aufgegeben wird.[1110]

2. *Unechte Gesamtschuldbürgschaft*

Ein Bürge kann Sicherheit auch nur für einen von mehreren Gesamtschuldnern bieten (unechte Gesamtschuldbürgschaft). Gewährt der Gläubiger dem durch den Bürgen besicherten Gesamtschuldner einen Erlass, wird der Bürge bereits aufgrund des Akzessorietätsgrundsatzes frei.[1111] Fraglich ist jedoch die Anwendbarkeit des § 776 S. 1 BGB in dem Fall, dass derjenige Gesamtschuldner aus der Haft entlassen wird, für den sich der Bürge nicht verbürgt hat.

> Beispiel: S^1 und S^2 schulden dem Gläubiger G gesamtschuldnerisch 100.000 €. Es ist keine besondere Haftungsquote vereinbart. Nur für die Verbindlichkeit des S^1 hat sich B gegenüber G verbürgt. G schließt einen Erlassvertrag (§ 397 BGB) mit S^2 und nimmt später B in Höhe von 100.000 € in Anspruch.

Bereits die Frage, welche Rückgriffsansprüche des Bürgen gem. § 774 BGB gegenüber dem nicht besicherten Schuldner bestehen, ist umstritten. Da die Aufgabe eines Rechts nach § 774 BGB Voraussetzung des § 776 S. 1 BGB ist, müssen zunächst diese Rückgriffsansprüche untersucht werden (dazu unter B.V.2.a.). Anschließend soll die Anwendbarkeit des § 776 S. 1 BGB auf die unechte Gesamtschuldbürgschaft dargestellt werden (dazu unter B.V.2.b.).

a. *Gestaltung des Ausgleichsverhältnisses zum nicht besicherten Gesamtschuldner*

Das Ausgleichsverhältnis zwischen dem Bürgen und dem nicht besicherten Gesamtschuldner ist umstritten. Unstreitig ist noch der Umstand, dass der Bürge

---

1109 S.o. Teil 2 F.II.3.

1110 So wohl auch Staudinger/*Stürner*, § 776 Rn. 9.

1111 *Schwedhelm*, Gesamtschuldverhältnis, Rn. 110.

gem. § 774 Abs. 1 S. 1 BGB die Forderung des Gläubigers gegen den Gesamtschuldner erwirbt, für den er sich verbürgt hat.[1112]

Streitig ist jedoch, welche Ausgleichsansprüche dem Bürgen gegen den nicht besicherten Gesamtschuldner zustehen. Der BGH und Teile der Literatur ordnen die Leistung des Bürgen als eine solche des besicherten Gesamtschuldners ein. Maßgeblich dafür, ob auch die Forderung gegen den nicht besicherten Gesamtschuldner auf den Bürgen übergehe, sei die Frage, ob diese auch auf den besicherten Gesamtschuldner übergegangen wäre, wenn dieser selbst geleistet hätte. Dies beurteile sich danach, ob der Anspruch des Gläubigers gem. § 426 Abs. 2 S. 1 BGB auf den zahlenden Schuldner übergegangen wäre.[1113]

Bestehen keine spezieller Haftungsquoten, erwirbt einer von zwei Gesamtschuldnern bei Leistung an den Gläubiger die Forderung gegen den anderen (gem. § 426 Abs. 2 S. 1 BGB) in hälftiger Höhe. Nach der soeben dargestellten Rechtsprechung kann der in voller Höhe zahlende Bürge daher bei dem nicht besicherten Gesamtschuldner in entsprechendem Umfang Rückgriff nehmen, bei dem besicherten Gesamtschuldner hingegen hinsichtlich des vollen Betrages. Für diese Ansicht spricht, dass es für den nicht besicherten Gesamtschuldner keinen Unterschied macht, ob der andere Schuldner oder der Bürge zahlt.

Dem wird teilweise entgegengehalten, dass die Leistung des Bürgen nicht als solche des besicherten Gesamtschuldners gem. §§ 422 Abs. 1, 426 Abs. 2 S. 1 einzuordnen sei.[1114] Der Bürge erwerbe daher unmittelbar durch die Leistung noch nicht den Regressanspruch gegen den nicht besicherten Gesamtschuldner. Erst die Regressleistung des besicherten Gesamtschuldners gegenüber dem Bürgen begründeten zu dessen Gunsten einen Rückgriffsanspruch aus § 426 Abs. 1 S. 1 BGB gegen den nicht besicherten Gesamtschuldner. Ein Anspruch aus § 426 Abs. 2 S. 1 BGB bestehe demgegenüber nicht, da die Regressleistung des besicherten Schuldners an den Bürgen keine Leistung an den Gläubiger im Sinne

---

1112 BGH v. 14.07.1966 – VIII ZR 229/64 = BGHZ 46, 14 (juris Rn. 20); BeckOGK/*Madaus*, § 774 Rn. 25; *ders.*, § 765 Rn. 335; MüKo/*Habersack*, § 765 Rn. 116; *ders.* § 774 Rn. 9; MüKo/*Heinemeyer*, § 423 Rn. 10; *Reinicke*, NJW 1966, 2141.

1113 BGH v. 14.07.1966 – VIII ZR 229/64 = BGHZ 46, 14 (juris Rn. 20); vgl. auch *Reinicke*, NJW 1966, 2141; *Reinicke/Tiedtke*, Bürgschaftsrecht Rn. 429 ff.; *dies.*, Kreditsicherung, Rn. 431, 433; wohl auch *Esser/Weyers*, Schuldrecht II/1, S. 356; Nobbe/*Nobbe*, Kommentar zum Kreditrecht, § 774 Rn. 23; kritisch *Medicus/Petersen*, Bürgerliches Recht, Rn. 944; *Schlechtriem*, in: FS Caemmerer, S. 1013, 1029 f.; *Schwedhelm*, Gesamtschuldverhältnis, Rn. 110, 241.

1114 BeckOGK/*Madaus*, § 774 Rn. 25; *ders.*, § 765 Rn. 335.

des § 426 Abs. 2 S. 1 BGB darstelle.[1115] Gegen die zuletzt dargestellte Literaturmeinung spricht, dass gem. § 267 BGB auch ein Dritter mit Erfüllungswirkung leisten kann. Aus Sicht des nicht besicherten Gesamtschuldners ist es irrelevant, wer die Schuld erfüllt. Zudem wird der Bürge regelmäßig jedenfalls eine konkludente Tilgungsbestimmung dahingehend abgeben, für die Verbindlichkeit beider Gesamtschuldner zu zahlen, da er im Gegenzug für seine Leistung im Zweifel auch sämtliche Rückgriffsansprüche erhalten möchte. Er hat demnach kein Interesse, nicht auch für den besicherten Gesamtschuldner zu zahlen.

Die Argumentation von *Reinicke/Tiedtke* ist in diesem Zusammenhang vergleichbar zu derjenigen *Pothiers*. Es bestehe kein sachlicher Grund, die Forderung gegen den nicht besicherten Gesamtschuldner beim Gläubiger verbleiben zu lassen. Denn nach dessen vollständiger Befriedigung benötige er diese nicht mehr. Ebenso bestehe kein Grund, sie untergehen zu lassen, nur weil nicht der andere Schuldner selbst den Gläubiger befriedigt hat. Daher gebiete es der Gerechtigkeitsgrundsatz, den Anspruch dem zahlenden Bürgen zuzuweisen.[1116] Dogmatisch begründet die herrschende Meinung die Zession mittels zwei unterschiedlicher Argumentationsstränge. *Reinicke/Tiedtke* stufen die Forderung gegen den nicht besicherten Gesamtschuldner als Nebenrecht im Sinne des § 401 BGB ein, sodass sie gem. §§ 774 Abs. 1 S. 1, 412, 401 BGB auf den leistenden Bürgen übergehe.[1117] Dagegen spricht freilich die Tatsache, dass das Ausgleichsverhältnis zwischen Gesamtschuldnern gerade nicht akzessorischer Natur ist.[1118] Alternativ könnte man auch § 774 Abs. 1 S. 1 BGB anwenden, indem man den Anspruch des Gläubigers gegen beide Gesamtschuldner als „Forderung" versteht und nicht nur den Anspruch gegen den besicherten Gesamtschuldner.[1119] Allerdings stellt die Verbindlichkeit des nicht besicherten Gesamtschuldners für den Bürgen gerade nicht die Hauptforderung im Sinne der Norm dar. Aufgrund der vorstehend angeführten Argumente ist jedoch ein Forderungsübergang geboten, daher ist jedenfalls einer der dargestellten Lösungswege mittels Analogie anzuwenden.

Im Ergebnis ist der Lösung zuzustimmen, dass der Bürge bei vollständiger Leistung an den Gläubiger auch den Anspruch gegen den Gesamtschuldner

---

1115 BeckOGK/*Madaus*, § 774 Rn. 25.

1116 *Reinicke/Tiedtke*, Bürgschaftsrecht, Rn. 429; *dies.*, Kreditsicherung Rn. 431, 433.

1117 *Reinicke*, NJW 1966, 2141; *Reinicke/Tiedtke*, Bürgschaftsrecht, Rn. 429; *dies.*, Kreditsicherung Rn. 431, 433; vgl. zur Argumentation *Pothiers* unter Teil 1 D.II.3.

1118 Vgl. nur Staudinger/*Looschelders*, § 426 Rn. 35 ff. m.w.N.

1119 So wohl BGH v. 14.07.1966 – VIII ZR 229/64 = BGHZ 46, 14 (juris Rn. 20 f.).

erwirbt, für den er sich nicht verbürgt hat. Dies geschieht entweder nach § 774 Abs. 1 S. 1 BGB analog oder i.V.m. §§ 412, 401 BGB analog.[1120]

b. *Anwendung des § 776 S. 1 BGB auf den Erlass zugunsten des nicht besicherten Gesamtschuldners*

Daran anschließend stellt sich die Frage, ob § 776 S. 1 BGB auf den Fall anwendbar ist, dass der Gläubiger denjenigen Gesamtschuldner von der Haftung befreit, für den der Bürge nicht Sicherheit bietet. Eine Aufgabehandlung im Sinne der Norm liegt in Form des Erlasses vor. Problematisch sind in dieser Konstellation jedoch die Tatbestandsmerkmale des Verlusts eines Ersatzrechts aus § 774 BGB und der Betroffenheit einer Sicherheit. Nach der hier vertretenen Ansicht kommt es im Rahmen der Anwendung des § 776 S. 1 BGB einzig darauf an, ob der Bürge ein Ersatzrecht aus dem Außenanspruch verliert.[1121] Demgegenüber lehnt die wohl herrschende Meinung ein Freiwerden des Bürgen ab, wenn diesem noch ein Innenanspruch verbleibt.[1122] Auch nach dieser Meinung verliert der Bürge im Falle der unechten Gesamtschuldbürgschaft jedoch ein Ersatzrecht. Dies resultiert aus der Besonderheit, dass der Bürge, welcher die Forderung nur eines Schuldners sichert, bei Leistung die Ansprüche des Gläubigers gegen den weiteren Sicherungsgeber erhält. Insoweit steht dem Bürgen regelmäßig ein Innenausgleichsanspruch aus eigenem Recht und ein Außenanspruch aus abgetretenem Recht zu.[1123] Im Falle der unechten Gesamtschuldbürgschaft kann der Bürge nur mittels des Außenanspruchs Regress nehmen. Denn ein Innenanspruch aus § 426 Abs. 1 S. 1 BGB besteht nur zwischen den Gesamtschuldnern, nicht jedoch zugunsten des Bürgen. Dies liegt darin begründet, dass dieser auf einer anderen Ebene haftet. Die Gesamtschuldner schulden auf Ebene der Primärschuld, der Bürge hingegen haftet auf Interzessionsebene. Es fehlt daher schon an einer Gleichstufigkeit. Gibt der Gläubiger vorliegend die Forderung gegen den nicht besicherten Gesamtschuldner auf, verliert der Bürge damit den Außenanspruch, der nach § 774 BGB (analog) auf ihn übergegangen wäre, *ohne* dass ihm zugleich ein Innenanspruch gegen den befreiten Schuldner aus § 426 Abs. 1 S. 1 BGB

1120 Selbst wenn man der dargestellten Meinung von *Madaus* folgt, gelten die nachfolgenden Überlegungen sinngemäß, da sich faktisch nur der Zeitpunkt und die Art und Weise des Übergangs des Anspruchs ändern.

1121 S.o. Teil 2 C.VII.

1122 S.o. Teil 2 C.III.

1123 S.o. Teil 2 B.III.2.

zusteht. Dieser besteht vielmehr noch bei dem besicherten Hauptschuldner.[1124] Zwar ist der Innenanspruch aus § 426 Abs. 1 S. 1 BGB mangels Einschlägigkeit eines Abtretungsverbots grundsätzlich übertragbar, der Bürge kann diesen allerdings nicht vom Gläubiger erwerben, da nicht dieser, sondern der besicherte Gesamtschuldner Inhaber des Anspruchs ist. Durch die Aufgabehandlung verliert der Bürge folglich jeden Ersatzanspruch gegen den frei gewordenen Schuldner. Die Rechtsfolge des § 776 S. 1 BGB tritt ipso jure ein,[1125] sodass eine spätere Abtretung des Anspruchs gegen den nicht besicherten Gesamtschuldner aus § 426 Abs. 1 S. 1 BGB durch den besicherten Gesamtschuldner an den Bürgen nichts an dieser Betrachtung ändern kann.

Jedoch handelt es sich bei dem befreiten Gesamtschuldner nicht um eine Sicherheit im Sinne des § 776 S. 1 BGB. Da der Bürge auch nicht akzessorisch im Verhältnis zu diesem haftet, wird er im Falle einer Aufgabe auch nicht gem. § 767 Abs. 1 S. 1 BGB frei. Auf diesen Fall sind die vorstehend im Rahmen der Diskussion zur echten Gesamtschuldbürgschaft angeführten Argumente übertragbar. Auf nicht sicherungsgebende Gesamtschuldner ist § 776 S. 1 BGB nicht anwendbar. Vielmehr richten sich die Folgen eines Erlasses insoweit nach § 423 BGB.[1126] Der Bürge hat im Rahmen seiner Verpflichtung die bewusste Risikoentscheidung getroffen, zur Sicherung der Forderung gegenüber Gesamtschuldnern zu haften. Zwar erwartet der Bürge auch in dieser Situation, nach seiner eigenen Inanspruchnahme Rückgriff nehmen zu können. Der erstmals von *Pothier* formulierte Gedanke, dass das Institut des § 776 S. 1 BGB ein dahingehendes Vertrauen schützt,[1127] scheint also auch auf die dargestellte Konstellation übertragbar zu sein. Im vorliegenden Fall gibt der Gläubiger jedoch den Anspruch gegen einen nicht sicherungsgebenden Gesamtschuldner auf. Diesbezüglich hat der Gesetzgeber eine bewusste Entscheidung getroffen, die Folgen des Erlasses gem. § 423 BGB vom Willen der Parteien abhängig zu machen. Im Zweifel kommt dem Erlass daher nur eine Einzelwirkung zu.[1128] Die Regeln über die Gesamtschuld würden konterkariert, wendete man § 776 S. 1 BGB (analog) auf die Aufgabe des nicht besicherten Gesamtschuldners im Rahmen einer

---

1124 **A.A.** BeckOGK/*Madaus*, § 774 Rn. 25, demnach soll der Anspruch aus § 426 Abs. 1 BGB beim besicherten Gesamtschuldner erst entstehen, wenn der Bürge bei ihm Regress nimmt.

1125 S.o. Teil 2 J.I.

1126 S.o. Teil 2 C.II.

1127 S.o. Teil 1 D.II.5.b.

1128 S.o. Teil 2 C.II.

unechten Gesamtschuldbürgschaft an. Solange und soweit die Forderung gegen den besicherten Schuldner nicht beeinträchtigt wird, bleibt daher auch die Haftung des Bürgen bestehen.

Der Bürge ist insoweit auch nicht schutzlos gestellt. Erhält er nach der Befriedigung von dem besicherten Gesamtschuldner keinen vollständigen Ersatz seiner Leistung, kann er von diesem die Abtretung des durch die Aufgabehandlung des Gläubigers nicht untergegangenen Rückgriffsanspruchs aus § 426 Abs. 1 S. 1 BGB verlangen. Zudem ist er jedenfalls durch die allgemeinen Institute der §§ 242, 826 BGB geschützt.

3. *Ergebnis*

Verbürgt sich ein Bürge für gesamtschuldnerisch haftende Hauptschuldner, ist § 776 S. 1 BGB nicht anwendbar, wenn der Gläubiger einen der Gesamtschuldner von dessen Verbindlichkeit befreit. § 776 S. 1 BGB setzt die Aufgabe einer Sicherheit voraus, ein Gesamtschuldner ist darunter jedoch nicht zu subsumieren. Eine Analogie scheidet mangels Vorliegens einer planwidrigen Regelungslücke aus, denn der Gesetzgeber hat mit § 423 BGB den Fall des Erlasses eines Gesamtschuldners geregelt. Der Bürge ist jedoch gem. §§ 242, 826 BGB vor dolosem Gläubigerverhalten geschützt. Dieses Ergebnis gilt gleichermaßen sowohl für die echte als auch für die unechte Gesamtschuldbürgschaft.

C. Verwertungs- und Verteilungsverfahren

I. Grundsatz: Verwertungsreihenfolge als Ermessensentscheidung des Gläubigers

Die bisherige Darstellung in dieser Arbeit bezog sich auf Konstellationen, in denen der Bürge sowie eine weitere Sicherheit jeweils für die gleiche Forderung in voller Höhe haften. In diesen Fällen besteht nach allgemeiner Meinung ein Ermessen des Gläubigers hinsichtlich der Auswahl zwischen mehreren Sicherheiten, der Höhe deren jeweiligen Inanspruchnahme und der Reihenfolge ihrer Verwertung.[1129] Für Banken und Sparkassen normiert dies Nr. 17 Abs. 1 S. 1

1129 RG HRR 1930 Nr. 212; RGZ 145, 167, 170; BGH v. 06.11.1963 – VIII ZR 160/62 = WM 1963, 1302, 1303; v. 22.06.1966 – VIII ZR 50/66 = WM 1966, 756 (juris Rn. 9); v. 24.09.1980 – VIII ZR 291/79 = BGHZ 78, 137 (juris Rn. 21); v. 12.12.1985 – IX ZR 47/85 = WM 1986, 257; OLG Karlsruhe v. 13.02.1979 – 8 U 190/76 = WM 1979, 981, 986; OLG Zweibrücken v. 09.12.1981 – 7 U 30/81 = MDR 1982, 577, 578; OLG München v. 20.05.1987 – 15 U 6283/86 (juris Rn. 26); zustimmend *Epp*, in: Schimansky/

AGB-Banken bzw. Nr. 21 Abs. 5 S. 2 AGB-Sparkasse.[1130] Hintergrund ist der einseitig begünstigende Sicherungsvertrag. Kreditsicherheiten dienen grundsätzlich einzig dem Gläubiger, daher liegt es auch in seinem Ermessen als Berechtigter zu entscheiden, wie – insbesondere in welcher Reihenfolge – er diese im Sicherungsfall verwertet.[1131] Der in Anspruch genommener Sicherungsgeber kann jedoch anschließend Rückgriff bei den konkurrierenden Kreditsicherheiten nehmen.[1132]

Die Freiheit des Gläubigers hinsichtlich der Verwertungsreihenfolge kann mittels einer abweichenden Regelung im Sicherungsvertrag eingegrenzt werden.[1133]

II. Problemaufriss: Inkongruente Sicherung von Forderungen

Fraglich ist, ob und inwieweit diese Grundsätze Anwendung in solchen Konstellationen finden, in denen die Sicherungsgeber nicht identisch für dieselben Forderungen oder nicht in derselben Höhe haften. Einerseits ist es möglich, dass ein Bürge und ein anderes Sicherungsmittel, beispielsweise eine Grundschuld, zwar für dieselbe Forderung Sicherheit bieten, die Grundschuld jedoch darüber hinaus auch einen anderen Anspruch besichert. Insoweit ist zu untersuchen, auf welche der Verbindlichkeiten der Gläubiger die Zahlung des Grundstückseigentümers verrechnen darf (dazu unter C.III.2.a.). Andererseits können zwei Sicherungsgeber für dieselbe Verbindlichkeit, jedoch jeweils nur bis zu einem gewissen Höchstbetrag haften. In dieser Konstellation stellt sich die Frage, ob die Sicherungsgeber parallel Sicherheit bieten, sodass bei Befriedigung des Gläubigers die Forderung des einen auf den jeweils anderen gem. § 774 BGB übergeht (dazu unter C.III.2.b.).

Beide Fälle weisen die Gemeinsamkeit auf, dass die Sicherheiten in Bezug auf ihren Sicherungsumfang nicht identisch sind. Es liegt ein Fall der „inkongruenten Sicherung" von Forderungen vor. Typischerweise ergibt sich eine solche

---

Bunte/Lwowski, Bankrechtshandbuch II, § 94 Rn. 366; *Grundmann*, in: Großkomm. HGB 10/1, 2. Teil Rn. 358; *Henssler*, Risiko als Vertragsgegenstand, S. 352 in Bezug auf den Verwertungszeitpunkt; *Weber*, WM 2001, 1229, 1235; so auch *Mordhorst*, in: Lwowski/Fischer/Gehrlein, Kreditsicherung, § 5 Rn. 43; jedoch aaO. Rn. 13 für eine grundsätzliche Treuepflicht bei der Auswahl.

1130 Weiterführend *Grundmann*, in: Großkomm. HGB 10/1, 2. Teil Rn. 358 m.w.N.

1131 Ausdrücklich OLG München v. 20.05.1987 – 15 U 6283/86 (juris Rn. 26).

1132 Ausführlich unter Teil 2 B.III. ff.

1133 So ausdrücklich BGH v. 22.06.1966 – VIII ZR 50/66 = WM 1966, 756 (juris Rn. 9); v. 12.12.1985 – IX ZR 47/85 = WM 1986, 294; vgl. auch Teil 2 F.II.1.

Konstellation bei Sicherheiten für Kontokorrentschulden.[1134] Relevant sind die nachfolgenden Fragestellungen daher insbesondere für die Verrechnungsfreiheit von Banken. Die Bedeutung der nachfolgenden Überlegungen für das Bankrecht wird auch dadurch erhöht, dass die Möglichkeit zur Abbedingung des § 776 S. 1 BGB mittels AGB durch Banken nur eingeschränkt möglich ist.[1135] Da auch ein Bankkonto mit Zahlungsdiensterahmenvertrag im Sinne des 675f Abs. 2 BGB ein Kontokorrent darstellt,[1136] ist nicht nur der Geschäfts-, sondern auch der Privatverkehr betroffen. Hinsichtlich Sicherheiten, die für eine Einzelforderung bestehen, ist im Rahmen der Einstellung ins Kontokorrent zudem § 356 HGB zu beachten.[1137]

III. Aufgabehandlung und Ersatzrechte im Rahmen der Verrechnung bei inkongruenter Sicherung

§ 776 S. 1 BGB setzt unter anderem voraus, dass dem Bürgen ohne die Aufgabehandlung des Gläubigers ein Ersatzrecht aus § 774 BGB zugestanden hätte. Verrechnet ein Gläubiger die Leistung eines Sicherungsgebers auf solche Forderungen oder Forderungsteile, für die sich der Bürge nicht auch verpflichtet hat, stellt sich zunächst die Frage, ob diese Verrechnung eine Aufgabehandlung im Sinne der Norm darstellt (dazu unter C.III.1.). Daran anschließend werden die Ersatzrechte des Bürgen nach § 774 BGB im Falle einer inkongruenten Sicherung analysiert (dazu unter C.III.2.). Sodann erfolgt die Untersuchung, ob der Bürge gem. § 776 S. 1 BGB in diesen Fällen durch die Verrechnung des Gläubigers frei wird (dazu unter C.IV.).

1. Verrechnung als Aufgabe

Aufgeben im Sinne des § 776 S. 1 BGB stellt jede gewollte Handlung dar, durch welche der Gläubiger entweder auf eine Verwertungsmöglichkeit der Sicherheit verzichtet oder deren wirtschaftlichen Wert bewusst beseitigt.[1138] Die

1134 BeckOGK/*Madaus*, § 765 Rn. 340; *Derleder*, NJW 2015, 817; Staudinger/*Stürner*, Vorbem zu §§ 765-778 Rn. 44; vgl. auch BGH v. 17.12.1959 – VII ZR 194/58 = WM 1960, 371, 372; OLG Naumburg v. 11.02.2000 – 2 U 14/99.

1135 Dazu oben A.II.

1136 *Grundmann*, in: Großkomm. HGB 10/1, 2. Teil Rn. 122, 141 f.; weiterführend zu § 675f BGB *Grundmann*, in: Großkomm. HGB 10/2, 3. Teil Rn. 135 ff.

1137 Weiterführend dazu *Grundmann*, in: Großkomm. HGB 10/1, 2. Teil Rn. 177 ff.

1138 BGH v. 04.06.2013 – XI ZR 505/11 = BGHZ 197, 335 (Rn. 14); vgl. auch BGH v. 17.09.1959 – VII ZR 115/58 = WM 1960, 51; v. 17.12.1959 – VII ZR 194/58 = WM

Verwertung einer Sicherheit fällt grundsätzlich nicht unter die Aufgabedefinition, da der wirtschaftlicher Wert der Kreditsicherheit nicht beseitigt, sondern realisiert wird.[1139] Dies impliziert jedoch, dass die Verwertung jedenfalls mittelbar auch zugunsten des Bürgen erfolgt, indem der Erlös auf die besicherte Forderung angerechnet wird. Dadurch wird die Verbindlichkeit des Bürgen gem. § 767 Abs. 1 S. 1 BGB in entsprechender Höhe reduziert.

Der Begriff der Aufgabe ist wirtschaftlich aus Sicht des Bürgen zu betrachten (s.o. Teil 2 H.I.). Denn § 776 S. 1 BGB schützt sein Vertrauen auf den Erhalt der weiteren Sicherheiten.[1140] Solange der Gläubiger dem nicht zuwiderhandelt, indem seine Handlung jedenfalls mittelbar der Verwertung dient, liegt keine Aufgabe vor. Eine Verrechnung zugunsten einer anderen Verbindlichkeit als derjenigen, für die der Bürge haftet, enttäuscht jedoch das vorgenannte Vertrauen des Bürgen. Denn durch die Zahlung an den Gläubiger kann er die konkurrierende Sicherheit nicht mehr gem. § 774 BGB erhalten. Sein Eintrittsrecht[1141] ist folglich verletzt. Der Fall anderweitiger Verrechnung im Rahmen inkongruenter Besicherung lässt sich zudem mit der neueren BGH-Entscheidung aus dem Jahr 2013[1142] vergleichen. In diesem Zusammenhang hat der BGH die Abtretung einer Grundschuld als Aufgabe eingeordnet.[1143] Insoweit kann es keinen Unterschied machen, ob der Gläubiger die weitere Sicherheit erst an einen Dritten überträgt, der sie dann zugunsten eines anderen als die durch den Bürgen besicherten Anspruchs verwertet, oder ob die Sicherheit unmittelbar vom Gläubiger für eine fremde Verbindlichkeit realisiert wird. Das wirtschaftliche Ergebnis ist für den Bürgen identisch.

Zu Recht stufen daher Rechtsprechung und Literatur die Verrechnung einer Sicherheit zugunsten einer für den Bürgen fremden Forderung als Aufgabe im Sinne des § 776 S. 1 BGB ein.[1144]

1960, 371, 372; v. 15.07.1999 – IX ZR 243/98 = WM 1999, 1761 (juris Rn. 24); OLG Köln v. 23.10.2007 – 13 W 48/07 (juris Rn. 5); OLG Saarbrücken v. 22.02.2018 – 4 U 52/16 (juris Rn. 48); siehe auch ausführlich oben Teil 2 H.I.

1139 S.o. Teil 2 H.I.1.c.

1140 S.o. Teil 2 D.VIII.

1141 Dazu oben Teil 1 E.II.1.b.

1142 BGH v. 04.06.2013 – XI ZR 505/11 = BGHZ 197, 335; der Sachverhalt ist dargestellt unter Teil 2 J.I.

1143 So auch *Derleder*, NJW 2015, 817, 820.

1144 BGH v. 17.12.1959 – VII ZR 194/58 = WM 1960, 371, 372: Unter den Begriff der Aufgabe falle „nicht nur die Rückübertragung des Eigentums an den zur Sicherheit übereigneten Waren und Gegenständen; vielmehr ist die Verrechnung des Verwertungserlöses auf eine von der Bürgschaft nicht erfaßte Verpflichtung des

2. *Verlust des Ersatzrechts aus § 774 BGB durch eine Verrechnung*

Durch die Aufgabehandlung müsste der Bürge jedoch auch ein Ersatzrecht nach § 774 BGB verloren haben. Befriedigt der Bürge den Gläubiger, erhält er grundsätzlich von diesem gem. §§ 774 Abs. 2, 426 Abs. 2 S. 1 bzw. §§ 774 Abs. 1 S. 1, 412, 401 BGB die konkurrierenden Kreditsicherheiten.[1145] Die Rechtsnatur des Sicherungsmittels ist insoweit irrelevant. Auch nicht akzessorische, dingliche Rechte sind dem Bürgen zu übertragen.[1146] Dem liegt jedoch stets die Annahme zugrunde, dass beide Sicherheiten in identischer Höhe für die gleiche Forderung einstehen. Fraglich ist daher, ob und inwieweit dem Bürgen ein „Recht nach § 774" (Abs. 2 i.V.m. § 426 Abs. 2 S. 1 BGB bzw. Abs. 1 S. 1 i.V.m. §§ 412, 401 BGB) zusteht, wenn die Sicherungsgeber qualitativ oder quantitativ unterschiedlich, also inkongruent, haften.

a. *Ersatzanspruch aus § 774 BGB bei qualitativ verschiedener Haftung*

Haftet der Bürge nur für eine Forderung, ein zusätzliches für diese bestelltes Sicherungsmittel (beispielsweise eine Grundschuld) dagegen *auch* für andere Forderungen, stellt sich die Frage, wie der Ausgleich zwischen diesen Sicherungsgebern nach einer Inanspruchnahme durch den Gläubiger ausgestaltet ist. Als Ausgangspunkt der nachfolgenden Untersuchung dient folgendes

> Beispiel 1: S schuldet dem Gläubiger G 100.000 € aus Forderung^{1} sowie jeweils weitere 100.000 € aus den Forderungen$^{2-10}$. Nur für die Forderung^{1} verbürgt sich B. X bestellt eine Grundschuld an seinem Grundstück für sämtliche 10 Forderungen des G gegen S. S wird insolvent und G verwertet die Grundschuld des X. Den Erlös in Höhe von 100.000 € verrechnet er nur auf die Forderung^{2}. Sodann will er B in Höhe von 100.000 €

Hauptschuldners, wie dies hier geschehen ist, ebenso zu behandeln. Denn der Wert wird in dem einen wie dem anderen Fall dem Hauptschuldner zugeführt, ohne daß sich für den Bürgen Verschiedenheiten daraus ergäben."; vgl. auch BGH v. 02.03.2000 – IX ZR 328/98 = BGHZ 144, 52 (juris Rn. 45); v. 06.04.2000 – IX ZR 2/98 = WM 2000, 1141 (juris Rn. 30); v. 03.11.2005 – IX ZR 181/04 = WM 2005, 2400 (Rn. 22); OLG Stuttgart v. 11.04.2001 – 9 U 215/00 = WM 2002, 439; OLG Köln v. 22.01.2003 – 13 U 198/01 (juris Rn. 31); OLG Saarbrücken v. 22.02.2018 – 4 U 52/16 (juris Rn. 48); *Derleder*, NJW 2015, 817, 820; Erman/*Zetzsche*, § 776 Rn. 7; *Oechsler*, Vertragliche Schuldverhältnisse, Rn. 1406a.

1145 S.o. Teil 2 B.V.; zudem besteht ein Innenausgleichsanspruch aus § 426 Abs. 1 BGB (analog), nach der hier vertretenen Auffassung kommt es für ein Freiwerden nach § 776 S. 1 BGB jedoch einzig auf den übergehenden Außenanspruch aus §§ 774 Abs. 1 S. 1, 412, 401 BGB an, s.o. Teil 2 C.VII.

1146 S.o. Teil 2 B.V.3.

hinsichtlich der Forderung[1] in Anspruch nehmen. B wendet ein, er habe bezüglich dieser Forderung mit einem Regress bei X gerechnet und sei daher anteilig nach § 776 S. 1 BGB frei geworden.[1147]

Für die Konstellation, dass ein Bürge und eine Grundschuld zwar auch für dieselbe, daneben aber jeweils auch für andere Forderungen Sicherheit bieten, bestehen drei Möglichkeiten der Haftungsverteilung. Erstens könnte die Grundschuld dieselbe Verbindlichkeit wie die Bürgschaft besichern, was aus Sicht des Bürgen die günstigste Lösung wäre. Zweitens könnte die Grundschuld anteilig auf die Forderungen aufgeteilt werden. Drittens könnte die Verwendung gänzlich im Ermessen des Gläubigers liegen, welcher diese naturgemäß nur auf solche Forderungen verrechnen wird, die nicht zusätzlich besichert sind.

Die Rechtsprechung stellt zur Beantwortung dieser Frage maßgeblich auf den Sicherungszweck ab. Sofern zusätzliche Sicherheiten bereits bei Übernahme der Bürgschaft zugleich auch der Absicherung anderer, nicht durch den Bürgen besicherter Ansprüche dienten, müsse der Bürge – vorbehaltlich anderslautender Abreden – damit rechnen, dass deren Verwertungserlös auch zur Erfüllung der anderen Forderungen verwendet werde.[1148] Eine solche Verwertung stelle daher keine Aufgabe im Sinne des § 776 S. 1 BGB dar. Vielmehr liege es im Ermessen des Gläubigers zu bestimmen, auf welche Forderung eine Sicherheit verrechnet werden solle.[1149] Vorbehaltlich einer anderslautenden Vereinbarung spricht der BGH dem Gläubiger einen Ermessensspielraum zu. Dieser kann daher im Sinne der dritten oben genannten Möglichkeit im Falle einer qualitativ inkongruenten Besicherung entscheiden, auf welche Forderung er die Sicherheit verrechnet.[1150] Der IX. Senat begründet dies mit der Regelung des § 366 Abs. 2 Var. 2 BGB. Demnach kann mangels abweichender Bestimmung durch eine Leistung von mehreren fälligen Forderungen diejenige getilgt werden, die eine geringere

1147 Vgl. mit ähnlichem Beispiel auch *Derleder*, NJW 2015, 817 f. (Fall 1).

1148 BGH v. 06.04.2000 – IX ZR 2/98 = WM 2000, 1141 (juris Rn. 31).

1149 BGH v. 06.04.2000 – IX ZR 2/98 = WM 2000, 1141 (juris Rn. 31).

1150 BGH v. 02.03.2000 – IX ZR 328/98 = BGHZ 144, 52 (juris Rn. 45); v. 06.04.2000 – IX ZR 2/98 = WM 2000, 1141 (juris Rn. 30 f.); v. 04.10.2001 – IX ZR 174/99 = WM 2002, 919; OLG München v. 05.03.1998 – 24 U 6/97 (juris Rn. 37); OLG Stuttgart v. 11.04.2001 – 9 U 215/00 = WM 2002, 439 (juris Rn. 28 f.); OLG Köln v. 22.01.2003 – 13 U 198/01 (juris Rn. 31 ff.); OLG Saarbrücken v. 22.02.2018 – 4 U 52/16 (juris Rn. 49); zustimmend *Derleder*, NJW 2015, 817, 818 f.; Nobbe/*Nobbe*, Kommentar zum Kreditrecht, § 776 Rn. 15; *Oechsler*, Vertragliche Schuldverhältnisse, Rn. 1406a; in anderem Zusammenhang auch BGH v. 04.11.1997 – XI ZR 181/96 = WM 1997, 2396 (juris Rn. 12).

Sicherheit für den Gläubiger bietet.[1151] Neben diesem überzeugenden Argument spricht für die Richtigkeit der dargestellten Entscheidung zudem, dass die verschiedenen Sicherungsmittel gerade zu Gunsten des Gläubigers bestellt sind und dessen Absicherung dienen. Verrechnet ein Gläubiger in der vorstehend beschriebenen Situation den Erlös einer Sicherheit auf einen durch die Bürgschaft gesicherten Anspruch, benachteiligt sich der Gläubiger selbst zugunsten des Bürgen. Dazu besteht jedoch keinerlei Verpflichtung. Daher darf der Gläubiger mehrere Sicherheiten so verteilen, dass sie ihm selbst die größtmögliche Absicherung bieten.[1152] Umgekehrt muss ein Sicherungsgeber grundsätzlich damit rechnen, in voller Höhe in Anspruch genommen zu werden, denn dies entspricht dem typischen Haftungsrisiko.[1153]

Für dieses Ergebnis spricht erneut der Gedanke der Verteilungsgerechtigkeit.[1154] Das Recht des Gläubigers, Sicherheiten auf von der Bürgschaft nicht erfasste Forderungen zu verrechnen, kann dogmatisch insbesondere auch mit § 774 Abs. 1 S. 2 BGB begründet werden. Demnach darf der Übergang von Forderung und Sicherungsrechten[1155] gerade nicht zum Nachteil des Gläubigers geltend gemacht werden.[1156] Jede andere Betrachtung würde zudem dem Sicherungscharakter widersprechen. Der Gläubiger bezweckt seine eigene bestmögliche Absicherung. Bedeutete die Bestellung weiterer Kreditsicherheiten für ihn eine Einschränkung, würde er sich dadurch nicht besserstellen, sondern benachteiligen.[1157] Dem entspricht auch die Erwartung des Bürgen bei Abschluss des Sicherungsvertrages. Der Bürge musste selbstverständlich davon ausgehen, dass der Gläubiger eine mehrfache Sicherung einzig deshalb anstrebt, um sich selbst größtmöglich abzusichern und nicht um dem Bürgen einen größtmöglichen

---

1151 BGH v. 16.02.1989 – IX ZR 256/87 = ZIP 1989, 359 (juris Rn. 66); vgl. auch BGH v. 27.02.1989 – II ZR 182/88 = WM 1989, 609 (juris Rn. 9); v. 02.03.2000 – IX ZR 328/98 = BGHZ 144, 52 (juris Rn. 47); OLG Köln v. 22.01.2003 – 13 U 198/01 (juris Rn. 35); zustimmend *Fischer*, in: Lwowski/Fischer/Gehrlein, Kreditsicherung, § 9 Rn. 119; Nobbe/*Nobbe*, Kommentar zum Kreditrecht, § 776 Rn. 12 a.E.

1152 BGH v. 16.02.1989 – IX ZR 256/87 = ZIP 1989, 359 (juris Rn. 66).

1153 S.o. Teil 2 A.I.

1154 Siehe dazu ausführlich oben unter Teil 1 E.II.2. sowie Teil 2 E.

1155 Ausdrücklich *Lambsdorff/Skora*, Hdb. d. Bürgschaftsrechts, Rn. 287.

1156 Ausführlich zu diesem Gedanken BGH v. 11.01.1990 – IX ZR 58/89 = BGHZ 110, 41; *Reinicke/Tiedtke*, Bürgschaftsrecht, Rn. 380 ff.; vgl. auch *Bülow*, Recht der Kreditsicherheiten, Rn. 1019.

1157 Ausdrücklich BGH v. 16.02.1989 – IX ZR 256/87 = ZIP 1989, 359 (juris Rn. 66); so auch (zu einem vergleichbaren Problem) *Reinicke/Tiedtke*, Bürgschaftsrecht, Rn. 388.

Schutz zu bieten.[1158] Nur hinsichtlich kongruent sichernder Forderungen hofft er – nach seiner eigenen Inanspruchnahme – auf deren Erhalt zur eigenen Befriedigung.[1159] Das Institut des § 776 S. 1 BGB schützt daher nicht die Erwartung eines Sicherungsgebers, dass andere Sicherheiten vorrangig verwertet werden. Für diese Überlegung spricht auch das zentrale Argument *Pothiers* zu einer dem § 774 BGB entsprechenden Regelung: Der Gläubiger soll dem zahlenden Bürgen die konkurrierenden Sicherheiten übertragen, weil er selbst sie nicht mehr benötigt.[1160] Daraus kann im Umkehrschluss gefolgert werden, dass kein Ersatzrecht aus § 774 BGB besteht, soweit der Gläubiger selbst noch der Sicherheiten bedarf. Dementsprechend handelt der Gläubiger regelmäßig nicht treuwidrig, wenn er für sich den größtmöglichen Betrag aus den Sicherheiten abschöpft.

Nichts anderes gilt in bankmäßigen Geschäftsverbindungen. In diesen Fällen dient ein nach Nr. 14 Abs. 1 AGB-Banken begründetes Pfandrecht gem. Nr. 14 Abs. 2 AGB-Banken (entspricht Nr. 21 Abs. 3 AGB-Sparkasse) zur Sicherung sämtlicher bestehenden, künftigen und bedingten Ansprüche, welche der Bank aus der bankmäßigen Geschäftsverbindung gegen den Schuldner zustehen.[1161] Eine Pflicht zu einer bestimmten, insbesondere anteiligen Verrechnung besteht nur bei einer entsprechenden ausdrücklichen Regelung im Sicherungsvertrag. Eine solche lag einer Entscheidung des OLG Naumburg zugrunde. Eine Sparkasse hatte über Nr. 21 AGB-Sparkasse hinaus eine Richtlinie in den Vertrag eingeführt, nach deren Nr. 40 das AGB-Pfandrecht auf verbürgte und nicht verbürgte Kredite anteilig zu verrechnen war.[1162] Aus Nr. 14 Abs. 2 AGB-Banken bzw. Nr. 21 Abs. 3 AGB-Sparkasse selbst ergibt sich damit im Umkehrschluss keine Pflicht zur anteiligen Verrechnung. Ist im Bürgschaftsvertrag zwar nicht ausdrücklich die Verrechnung geregelt, sind jedoch spezifische Sicherheiten genannt, die der Bürge im Falle einer Leistung gem. §§ 774 Abs. 1 S. 1, 412,

1158 BGH v. 02.03.2000 – IX ZR 328/98 = BGHZ 144, 52 (juris Rn. 45); v. 06.04.2000 – IX ZR 2/98 = WM 2000, 1141 (juris Rn. 30 f.); v. 04.10.2001 – IX ZR 174/99 = WM 2002, 919; OLG München v. 05.03.1998 – 24 U 6/97 (juris Rn. 37); OLG Stuttgart v. 11.04.2001 – 9 U 215/00 = WM 2002, 439 (juris Rn. 28 f.); OLG Köln v. 22.01.2003 – 13 U 198/01 (juris Rn. 31 ff.); *Derleder*, NJW 2015, 817, 818 f.; *Oechsler*, Vertragliche Schuldverhältnisse, Rn. 1406a.

1159 Ausführlich oben unter Teil 1 D.II.5.b.

1160 S.o. Teil 1 D.II.3.

1161 OLG Stuttgart v. 11.04.2001 – 9 U 215/00 = WM 2002, 439 (juris Rn. 29).

1162 OLG Naumburg v. 24.08.2006 – 2 U 39/06 (Hs) (juris Rn. 56 ff.); zustimmend OLG Brandenburg v. 21.02.2007 – 3 U 152/06 (juris Rn. 23 ff.); vgl. auch BGH v. 16.02.1989 – IX ZR 256/87 = ZIP 1989, 359 (juris Rn. 8, 57).

401 BGB (analog) erhalten soll, darf der Bürge ebenfalls davon ausgehen, dass er auf diese zurückgreifen kann.[1163]

Grundsätzlich liegt daher die Verteilung mehrerer Sicherheiten auf verschiedene Forderungen im Ermessen des Gläubigers. Regelmäßig besteht damit kein Ersatzrecht des Bürgen aus § 774 BGB, wenn eine parallel bestehende Sicherheit *auch* andere Forderungen besichert. Etwas anderes gilt nur, wenn ausdrücklich eine spezielle Verteilung im Sicherungsvertrag vereinbart ist.

b. Ersatzanspruch aus § 774 BGB bei quantitativ verschiedener Haftung

Die Ausgleichsansprüche aus § 774 BGB gestalten sich in den Fällen, in denen beide Sicherungsgeber zwar ausschließlich für dieselbe Forderung haften, jedoch jeweils nur bis zu einer gewissen Höhe oder eines Teils der Verbindlichkeit, vergleichbar zu denen der qualitativ unterschiedlichen Haftung.

> Beispiel 2: S schuldet dem Gläubiger G 100.000 €. B^1 hat sich als Bürge bis zu einem Höchstbetrag von 30.000 € verbürgt. Daneben hat sich auch B^2 für die gleiche Forderung verbürgt, allerdings in Höhe von höchstens 50.000 €. Nachdem G vollständig B^2 in Anspruch genommen hat, fordert er auch von B^1 Zahlung von 30.000 €. Dieser wendet ein, anteilig gem. § 776 S. 1 BGB frei geworden zu sein.[1164]

Sichert die Bürgschaft nicht die Forderung in ihrem vollen Umfang ab, ist zunächst zwischen einer Teil- und einer Höchstbetragsbürgschaft zu unterscheiden. Eine Teilbürgschaft liegt vor, wenn sich der Bürge für einen abgrenzbaren Teil einer Schuld zur Verfügung stellt.[1165] Dies kann beispielsweise ein abgrenzbarer Einzelposten einer Gesamtrechnung sein, sodass der Bürge nur für diesen einstünde. Eine Höchstbetragsbürgschaft hat hingegen zum Inhalt, dass der Bürge zwar für die gesamte Hauptschuld haftet, jedoch nur bis zu einem Höchstbetrag in Anspruch genommen werden kann.[1166] Die Teilbürgschaft

---

1163 BGH v. 11.01.1990 – IX ZR 58/89 = BGHZ 110, 41 (juris Rn. 14 f.); vgl. auch *Reinicke/Tiedtke*, Bürgschaftsrecht, Rn. 390 ff.; dabei stellte sich das Anschlussproblem, wie die Verwertung zwischen Gläubiger und Bürgen bzgl. der weiteren Sicherheit ausgestaltet ist, insb. im Hinblick auf § 774 Abs. 1 S. 2 BGB.

1164 Vgl. mit ähnlichem Beispiel auch *Derleder*, NJW 2015, 820 f. (Fall 3).

1165 Grundsätzlich zur Teilbürgschaft BeckOGK/*Madaus*, § 765 Rn. 378; *Horn*, Bürgschaften und Garantien, Rn. 269 f.; *Lambsdorff/Skora*, Hdb. d. Bürgschaftsrechts, Rn. 57; *Reinicke/Tiedtke*, Bürgschaftsrecht, Rn. 149; Staudinger/*Stürner*, Vorbem zu §§ 765-778 Rn. 43; jeweils m.w.N.

1166 BeckOGK/*Madaus*, § 765 Rn. 340 ff.; *Lambsdorff/Skora*, Hdb. d. Bürgschaftsrechts, Rn. 35 ff.; *Horn*, Bürgschaften und Garantien, Rn. 271 ff.; *Reinicke/Tiedtke*,

entspricht dem bereits dargestellten Fall einer qualitativ verschiedenartigen Haftung. Nachfolgend soll daher die Höchstbetragsbürgschaft begutachtet werden. Insoweit ist von zentraler Bedeutung, auf welchen Teil der Hauptforderung Zahlungen anzurechnen sind.

Leistet ein *Hauptschuldner* einen Teilbetrag zur Erfüllung seiner Verbindlichkeit, könnte der Bürgen dadurch gem. § 767 Abs. 1 S. 1 BGB frei geworden sein, sofern die Zahlung „seinen Teil" betrifft. Dies wird nach der zutreffenden herrschenden Meinung abgelehnt.[1167] Als Argument führt der BGH wiederum § 366 Abs. 2 Var. 2 BGB an.[1168] Der Gläubiger strebe eine maximale Absicherung an. Daher dürfe er Zahlungen auf den Teil der Forderung anrechnen, der die geringste Sicherheit bietet. Dadurch handle er auch nicht treuwidrig.[1169] Der im Bürgschaftsvertrag vereinbarte Höchstbetrag stellt damit eine bloße Kappungsgrenze der Haftung dar. Diese definiert jedoch – anders als bei einer echten Teilbürgschaft – nicht den konkreten Bereich der Verbindlichkeit, für welchen der Bürge einsteht.

An diese Feststellung schließt sich die Frage an, wie der Gläubiger Zahlungen eines *Sicherungsgebers* auf Teilsummen der Hauptforderung verteilen darf. Dafür kommt es darauf an, ob die Nominalbeträge, auf die die Bürgen haften, den gleichen Ausschnitt der Hauptforderung erfassen. Dies ist dann der Fall, wenn die Höchstbeträge zweier Bürgschaften für denselben Sockelbetrag haften.[1170] Da der Gläubiger ein Interesse an größtmöglicher Absicherung hat, spricht wiederum die Wertung des § 366 Abs. 2 Var. 2 BGB dafür, dass es diesem erlaubt ist, die Höchstbeträge der verschiedenen Sicherungsgeber auch auf verschiedene Teile der Hauptforderungen zu verrechnen. Die entsprechende Argumentation zur qualitativ verschiedenen Haftung (siehe soeben C.III.2.a.) könnte damit grundsätzlich übertragen werden. Im Unterschied dazu liegt jedoch im Fall der quantitativ inkongruenten Haftung die Besonderheit vor, dass beide Sicherungsgeber für dieselbe Verbindlichkeit haften. Verpflichten sich mehrere

---

Bürgschaftsrecht, Rn. 149; Staudinger/*Stürner*, Vorbem zu §§ 765-778 Rn. 44; jeweils m.w.N.

1167 Ausdrücklich BGH v. 12.02.1959 – II ZR 232/58 = NJW 1959, 1127, 1128 zum Pfandrecht; zur Bürgschaft OLG Naumburg v. 11.02.2000 – 2 U 14/99 (juris Rn. 49, 53); BeckOGK/*Madaus*, § 765 Rn. 343; *Reinicke/Tiedtke*, Bürgschaftsrecht, Rn. 149; **a.A.** wohl *Derleder*, NJW 2015, 817, 821.

1168 BGH v. 12.02.1959 – II ZR 232/58 = NJW 1959, 1127, 1128.

1169 OLG Naumburg v. 11.02.2000 – 2 U 14/99 (juris Rn. 49, 53).

1170 Vgl. auch BeckOGK/*Madaus*, § 765 Rn. 344.

Bürgen für dieselbe Forderung, haften sie gem. § 769 BGB als Gesamtschuldner.[1171] Dies könnte wiederum dafür sprechen, dass die Sicherungsgeber auch auf denselben Teil der Hauptforderung haften sollen, auf den dann eine Zahlung zu verrechnen wäre.

Auf der einen Seite spricht damit die Wertung des § 366 Abs. 2 Var. 2 BGB für ein Verteilungsermessen des Gläubigers. Auf der anderen Seite ordnet § 769 BGB eine gesamtschuldnerische Haftung von Mitbürgen an. Diese könnte einem Ermessen des Gläubigers entgegenstehen. Denn die Norm könnte dazu führen, dass mehrere Sicherheiten, die für Höchstbeträge einer Forderung bestellt sind, zwingend gesamtschuldnerisch für denselben Teil haften sollen. Diesen Konflikt hat die überzeugende herrschende Meinung zugunsten des Sicherungsinteresses des Gläubigers entschieden. Beide Bürgen haften dem Gläubiger im Rahmen einer Höchstbetragsbürgschaft für die gesamte Verbindlichkeit. Der Gläubiger kann daher frei wählen, auf welchen Teil er Leistungen verrechnet.[1172] Eine Gesamtschuld liegt demgegenüber nur vor, wenn ein identisches Leistungsinteresse besteht, also die Bürgen für denselben Teil haften.[1173] Ob das Leistungsinteresse jedoch identisch ist, ist wiederum eine Auslegungsfrage.[1174] Dagegen spricht das Sicherungsinteresse des Gläubigers. Dieser darf die einzelnen Sicherungsmittel grundsätzlich so verteilen, dass er die größtmögliche Absicherung erhält. Ein Anspruch auf Übertragung der Rückgriffsansprüche aus § 774 BGB besteht nur insoweit, wie der Gläubiger selbst der Sicherheiten nicht mehr bedarf.[1175] Vorliegend ist bereits die Hauptforderung nicht in voller Höhe

---

1171 Eine echte Gesamtschuld besteht freilich nur bei gleichartigen Sicherungsmitteln. Auch verschiedenartige Sicherungsgeber schulden jedoch einen Ausgleich nach den Regeln der Gesamtschuld (Ausgleichsgesamtschuld), vgl. Teil 2 B.V.

1172 BGH v. 05.05.1983 – III ZR 177/81 = WM 1983, 993 (juris Rn. 25): „Denn mehrere Bürgen, die sich für dieselbe Forderung, aber unter Beschränkung auf einen bestimmten Betrag selbstschuldnerisch verpflichten, haften dem Gläubiger für jeden Teil der Forderung; er kann wählen, in welcher Reihenfolge er sie zur Zahlung heranziehen will und ist nur darin beschränkt, daß kein Bürge mehr als den zugesagten Höchstbetrag zu leisten braucht."; so identisch schon RGZ 81, 414, 419; vgl. auch BGH v. 11.12.1997 – IX ZR 274/96 = BGHZ 137, 292 (juris Rn. 21); *Bayer*, ZIP 1990, 1523, 1525 f.; BeckOGK/*Madaus*, § 769 Rn. 5; *Glöckner*, ZIP 1999, 821, 824 ff.; MüKo/*Habersack*, § 769 Rn. 2; *Selb*, Mehrheit von Gläubigern und Schuldnern, S. 63; Staudinger/*Stürner*, § 769 Rn. 12; weiterführend *Meier*, Gesamtschulden, S. 1055 ff.

1173 BeckOGK/*Madaus*, § 769 Rn. 5; *Glöckner*, ZIP 1999, 821.

1174 BeckOGK/*Madaus*, § 769 Rn. 5; *ders.*, § 765 Rn. 344.

1175 Vgl. bereits *Pothier*, Teil 1 D.II.3.

abgesichert. Aus Sicht des Gläubigers bietet es regelmäßig keinen Vorteil, einen Teilbetrag mehrfach abzusichern, den darüber hinausgehenden Betrag jedoch überhaupt nicht. Bestehen mehrere Höchstbetragsbürgschaften, entspricht es daher dem Sicherungsinteresse, diese bestmöglich auf die Gesamtsumme der Forderung zu verteilen. Dieses geht folglich auch der Wertung des § 769 BGB vor. Jedenfalls dürfte in diesem Fall „ein anderes bestimmt" im Sinne des § 426 Abs. 1 S. 1 BGB sein.

Im Ergebnis überwiegt damit das Sicherungsinteresse des Gläubigers dem Ausgleichsinteresse der Sicherungsgeber. Im Zweifel liegt daher keine Gesamtschuld vor. Bei den verschiedenen Höchstbetragsbürgen handelt es sich somit faktisch um getrennt haftende Nebenbürgen.[1176] Daher besteht regelmäßig kein Ersatzrecht aus § 774 BGB. Der Gläubiger durfte die Höchstbeträge auf verschiedene Bereiche der Hauptschuld verrechnen.[1177] Damit ist die Konstellation der quantitativ verschiedenen Haftung hinsichtlich des Bestehens eines Ersatzrechts aus § 774 BGB ebenso wie der der qualitativ verschiedenen Haftung zu behandeln. Gleichwohl kann im Einzelfall eine anderweitige Auslegung des Sicherungsvertrages zu einem abweichenden Ergebnis führen, insbesondere durch eine Regelung zur Verrechnung.[1178]

3. *Ergebnis*

Sowohl im Fall einer qualitativ als auch einer quantitativ inkongruenten Besicherung besteht regelmäßig kein Ersatzrecht des Bürgen nach § 774 BGB. Der Gläubiger darf mehrere Sicherheiten nach seinem Ermessen so verwerten und Erlöse so verrechnen, dass er die größtmögliche Absicherung erhält. Grund dafür ist einerseits die gesetzgeberische Wertentscheidung des § 366 Abs. 2 Var. 2 BGB. Andererseits ist der Gläubiger zur Übertragung konkurrierender Sicherheiten gem. § 774 BGB nur insoweit verpflichtet, wie er diese selbst nicht mehr benötigt. Bestehen mehrere Sicherheiten für verschiedene Forderungen oder verschiedene Höchstbeträge einer Forderung, hat der Gläubiger ein Interesse, die Sicherheiten selbst zu verwerten. Dazu ist er aufgrund des einseitig begünstigenden Sicherungsvertrages auch berechtigt. Denn die Sicherheiten sind gerade zu seinen Gunsten bestellt.

1176 *Bayer*, ZIP 1990, 1523, 1525 f.; **a.A.** wohl *Derleder*, NJW 2015, 817, 820 f. (Fall 3).

1177 Diese Lösung birgt den dogmatischen Nachteil, dass damit in dieser Konstellation die Höchstbetragsbürgschaft faktisch zu einer Teilbürgschaft wird – nämlich bzgl. des Teils, der die geringste Sicherheit bietet.

1178 BeckOGK/*Madaus*, § 769 Rn. 5.

Für die Anwendung des § 776 S. 1 BGB ist damit zu berücksichtigen, dass im Falle inkongruenter Besicherung mehrere Sicherheiten regelmäßig nicht als Gesamtschuldner haften und daher auch kein Ersatzrecht aus § 774 BGB besteht, welches der Bürge durch eine Aufgabehandlung des Gläubigers verliert. Etwas anderes kommt nur bei einer ausdrücklichen anderslautenden vertraglichen Vereinbarung in Betracht.

IV. Anwendung des § 776 S. 1 BGB auf beide Fälle inkongruenter Besicherung

Nachdem vorstehend insbesondere die Ausgleichsansprüche der Sicherungsgeber gem. § 774 BGB im Falle inkongruenter Besicherung dargestellt wurden, soll nachfolgend untersucht werden, in welchen Konstellationen ein Bürge nach § 776 S. 1 BGB frei werden kann. Auch insoweit ist zwischen qualitativ und quantitativ verschiedener Haftung zu differenzieren.

1. *Freiwerden nach § 776 S. 1 BGB bei qualitativ verschiedener Haftung*

Nach dem soeben getroffenen Ergebnis besteht bei einer qualitativ inkongruenten Besicherung grundsätzlich kein Ersatzrecht des Bürgen aus § 774 (i.V.m. §§ 412, 401 oder § 426 Abs. 2 S. 1) BGB.[1179] Verrechnet der Gläubiger den Verwertungserlös einer Sicherheit auf eine Forderung, für die sich der Bürge nicht verbürgt hat, enttäuscht er dadurch kein Vertrauen des Bürgen auf den Erwerb dieser Rechte. Der Schutzzweck des § 776 S. 1 BGB ist daher nicht betroffen und der Bürge wird nicht frei.

a. *Anfänglich feststehende Verteilung*

Dies gilt jedoch nur dann, wenn bei der Bürgschaftsübernahme oder bei der nachträglichen Begründung einer zusätzlichen Sicherheit die Haftungserstreckung auf weitere Forderungen feststand.[1180] Denn nur in diesem Fall vertraute

1179 S.o. C.III.2.a.

1180 BGH v. 02.03.2000 – IX ZR 328/98 = BGHZ 144, 52 (juris Rn. 46); v. 06.04.2000 – IX ZR 2/98 = WM 2000, 1141 (juris Rn. 31); v. 04.10.2001 – IX ZR 174/99 = WM 2002, 919; OLG München v. 05.03.1998 – 24 U 6/97 (juris Rn. 37); OLG Stuttgart v. 11.04.2001 – 9 U 215/00 = WM 2002, 439 (juris Rn. 29); OLG Saarbrücken v. 22.02.2018 – 4 U 52/16 (juris Rn. 49); *Bülow*, Recht der Kreditsicherheiten, Rn. 1009; Palandt/*Sprau*, § 776 Rn. 6.

der Bürge aus den unter C.III.2.a. dargestellten Gründen nie auf einen Erwerb gem. §§ 774 Abs. 1 S. 1, 412, 401 BGB.

b. Nachträglich ausgeweiteter Sicherungszweck

Anders zu beurteilen ist dies jedoch, wenn der Sicherungszweck der zusätzlichen Sicherheit erst *nachträglich* ausgeweitet wurde.

> Beispiel 1 (Abwandlung 1): S schuldet dem Gläubiger G 100.000 € aus Forderung^{1} sowie jeweils weitere 100.000 € aus den Forderungen$^{2-5}$. Für die Forderung^{1} verbürgt sich B. X bestellt eine Grundschuld an seinem Grundstück ebenfalls für Forderung^{1}. Nachträglich kommen zusätzliche Forderungen (Forderungen$^{6-10}$) hinzu. In diesem Zusammenhang wird der Sicherungszweck der Grundschuld dahingehend erweitert, dass diese für sämtliche (10) Forderungen des G gegen S haftet. S wird insolvent und G verwertet die Grundschuld des X. Den Erlös von 100.000 € verrechnet er nur auf die Forderung^{2}. Sodann will er B in Höhe von 100.000 € bezüglich der Forderung^{1} in Anspruch nehmen. B wendet ein, er habe insoweit mit einem hälftigen Regress bei X gerechnet und sei daher in Höhe von 50.000 € nach § 776 S. 1 BGB frei geworden.

Für den Fall der nachträglichen Ausweitung des Sicherungszwecks bejaht die herrschende Meinung zutreffend ein anteiliges Freiwerden nach § 776 S. 1 BGB.[1181] Denn zunächst haben beide Sicherungsmittel nicht inkongruent, sondern identisch gehaftet. Besonderheiten im Regressverhältnis ergaben sich daher nicht. Beiden Sicherungsgebern stand jeweils ursprünglich nach einer Inanspruchnahme ein im Zweifel hälftiges Regressrecht aus §§ 774 Abs. 1 S. 1, 412, 401 BGB zu. Dass zusätzlich noch weitere Forderungen des Gläubigers gegen den Schuldner bestanden, war insoweit unerheblich. Wird nun der Sicherungszweck einer parallel zum Bürgen haftenden Grundschuld nachträglich erweitert und ein Erlös auf eine andere als die verbürgte Forderung verrechnet, verletzt der Gläubiger das Vertrauen des Bürgen auf den Erhalt des Ersatzrechts nach § 774 BGB. Die Wertungsüberlegung entspricht derjenigen der vom BGH im Jahr 2013 entschiedenen Konstellation der Abtretung der Grundschuld.[1182] Für den Bürgen macht es keinen Unterschied, ob eine Grundschuld erst abgetreten und dann anderweitig verwendet oder unmittelbar auf andere Forderungen

---

1181 BGH v. 02.03.2000 – IX ZR 328/98 = BGHZ 144, 52 (juris Rn. 45); v. 06.04.2000 – IX ZR 2/98 = WM 2000, 1141 (juris Rn. 30); OLG Stuttgart v. 11.04.2001 – 9 U 215/00 = WM 2002, 439 (juris Rn. 28); OLG Köln v. 22.01.2003 – 13 U 198/01 (juris Rn. 32); OLG Saarbrücken v. 22.02.2018 – 4 U 52/16 (juris Rn. 49); *Bülow*, Recht der Kreditsicherheiten, Rn. 1009; *Oechsler*, Vertragliche Schuldverhältnisse, Rn. 1406a.

1182 BGH v. 04.06.2013 – XI ZR 505/11 = BGHZ 197, 335; der Sachverhalt ist dargestellt unter Teil 2 J.I.

verrechnet wird. In beiden Fällen verliert er sein Ersatzrecht aus §§ 774 Abs. 1 S. 1, 412, 401 BGB. Sämtliche oben zur Abtretung dargestellten Überlegungen[1183] lassen sich daher auf die anderweitige Verteilung des Erlöses übertragen. Die rein hypothetische Möglichkeit, dass weitere Forderungen hinzukommen, führt nicht zu einer anderen Betrachtung. Denn der Bürge muss aufgrund der Möglichkeit des Hinzutretens von Forderungen nicht davon ausgehen, dass dadurch die Zuordnung von Sicherheiten beeinträchtigt wird.[1184]

Die vorstehenden Überlegungen sind auf den Fall übertragbar, dass der Gläubiger nicht erst den Sicherungszweck der Grundschuld erweitert, sondern ohne diesen Zwischenschritt unmittelbar den Verwertungserlös eigenmächtig auf eine andere als die vereinbarte Forderung anrechnet.[1185]

c. *Ergebnis*

Im Rahmen einer qualitativ inkongruenten Besicherung ist wie folgt zu differenzieren: Sichert die weitere Kreditsicherheit von vornherein auch eine andere als die verbürgte Forderung, bestand nie ein Ersatzrecht des Bürgen aus § 774 BGB. Denn die Verteilung des Verwertungserlöses liegt im Ermessen des Gläubigers. § 776 S. 1 BGB ist demnach nicht anwendbar. Sichern der Bürge und der konkurrierende Sicherungsgeber jedoch zunächst im identischen Umfang dieselbe Verbindlichkeit, besteht insoweit keine Besonderheit gegenüber den in Teil 2 dieser Arbeit dargestellten Fällen. Die bloße Möglichkeit des Hinzukommens von Forderungen ist unerheblich. Verteilt der Gläubiger nachträglich den Verwertungserlös auf eine andere als die besicherte Forderung, verletzt er das Ersatzrecht des Bürgen, sodass der Tatbestand des § 776 S. 1 BGB erfüllt ist.

1183 S.o. Teil 2 J.II.

1184 OLG Stuttgart v. 11.04.2001 – 9 U 215/00 = WM 2002, 439 (juris Rn. 29): „Der Schutz des Bürgen durch § 776 BGB wäre wirkungslos, wenn aufgrund der weiten Zweckerklärung allein die bereits gegebene abstrakte Möglichkeit der Hauptschuldnerin, die Grundschulden mit weiteren Forderungen zu unterlegen, dazu führen würde, daß sich der Bürge nach der in der Rechtsprechung des Bundesgerichtshofs vorgenommenen Differenzierung auf seine Rechte aus § 776 BGB nicht mehr berufen könnte."; ebenso OLG Saarbrücken v. 22.02.2018 – 4 U 52/16 (juris Rn. 50).

1185 OLG Köln v. 22.01.2003 – 13 U 198/01 (juris Rn. 32); *Oechsler*, Vertragliche Schuldverhältnisse, Rn. 1406a; *Serick*, Eigentumsvorbehalt III, S. 428.

2. *Freiwerden nach § 776 S. 1 BGB bei quantitativ verschiedener Haftung*

Diese vorstehenden Überlegungen können grundsätzlich auch auf die Fälle quantitativ inkongruenter Haftung übertragen werden.

> Beispiel 2 (Abwandlung): S schuldet dem Gläubiger G 100.000 €. B^1 hat sich als Bürge bis zu einem Höchstbetrag von 30.000 € verbürgt. Daneben hat sich auch B^2 für die *gleichen* 30.000 € verbürgt. Nachträglich wird der Sicherungsvertrag des B^2 dahingehend geändert, dass dieser die gesamte Forderung absichern soll. Nachdem G anschließend vollständig B^2 in Anspruch genommen hat und den Erlös auf den von B^1 nicht besicherten Teil verrechnet hat, fordert er auch von B^2 Zahlung von 30.000 €. Dieser wendet ein, anteilig gem. § 776 S. 1 BGB frei geworden zu sein.[1186]

Haben aufgrund einer im Sicherungsvertrag enthaltenen Vereinbarung zunächst sämtliche Bürgen für denselben Teilbetrag gehaftet, besteht insoweit auch jeweils ein Ersatzrecht aus §§ 774 Abs. 2, 426 Abs. 2 S. 1 BGB. Trifft der Gläubiger mit einem der Bürgen eine Vereinbarung, dass sich dessen Bürgschaft nun auch auf die gesamte Forderung erstreckt, führt erst diese Abrede dazu, dass die Bürgen nicht mehr kongruent haften. Verrechnet der Gläubiger sodann den Erlös auf den vorher nicht besicherten Forderungsteil, verletzt er das Vertrauen eines weiteren Bürgen, bei Leistung den Anspruch gegen den Mitbürgen zu erhalten. Der Bürge ist daher gem. § 776 S. 1 BGB frei geworden.

Es ist mithin wie folgt zu differenzieren: Haben die Sicherungsgeber von vornherein nicht ausdrücklich auf den identischen Teil einer Forderung gehaftet, war der Gläubiger in der Verteilung des Verwertungserlöses frei und es bestand nie ein Ersatzrecht aus § 774 BGB. Ein Freiwerden gem. § 776 S. 1 BGB kommt daher nicht in Betracht. Anderes gilt nur, wenn die Sicherungsgeber zuvor ausdrücklich auf denselben Teil der Verbindlichkeit hafteten. In diesem Fall bestand eine Gesamtschuld und ein Ausgleichsverhältnis nach § 774 BGB. Durch eine nachträgliche anderweitige Verteilung wird die Möglichkeit des Anschlussregresses verletzt und der Bürge gem. § 776 S. 1 BGB frei.

3. *Einschränkung bei fehlender Kenntnis des Bürgen?*

In beiden vorgenannten Konstellationen stellt sich jedoch die Frage, ob sich eine Kenntnis des Bürgen über der Sicherungssituation auf die dargestellten Ergebnisse auswirkt.

1186 Vgl. mit ähnlichem Beispiel auch *Derleder*, NJW 2015, 820 f. (Fall 3).

Beispiel 1 (Abwandlung 2): S schuldet dem Gläubiger G 100.000 € aus Forderung[1] sowie jeweils weitere 100.000 € aus den Forderungen[2–10]. X bestellt eine Grundschuld an seinem Grundstück für sämtliche Forderungen des G gegen S. Nur für die Forderung[1] verbürgt sich B; dieser hat zwar Kenntnis von der Grundschuld des X, nicht jedoch von den Forderungen[2–10]. Er geht daher davon aus, dass die Grundschuld ebenfalls einzig der Sicherung von Forderung[1] dient. S wird insolvent und G verwertet die Grundschuld des X. Den Erlös in Höhe von 100.000 € verrechnet er nur auf die Forderung[2]. Sodann will er B in voller Höhe hinsichtlich der Forderung[1] in Anspruch nehmen. B wendet ein, er habe diesbezüglich mit einem hälftigen Regress bei X gerechnet und sei daher in entsprechender Höhe nach § 776 S. 1 BGB frei geworden.[1187]

Die objektive Lage divergiert von der subjektiven Vorstellung des Bürgen, wenn eine weitere Sicherheit auch zugunsten anderer Forderungen bestellt ist, der Bürge jedoch davon ausgeht, dass sie einzig zur Sicherung des Anspruchs dient, für den er sich verbürgt hat. Objektiv besteht nach der oben dargestellten Lösung kein Ersatzrecht aus § 774 BGB. Da die weitere Sicherheit auch andere Forderungen sicherte, kann der Gläubiger den Verwertungserlös auch anderweitig verteilen. Der Bürge ging demgegenüber subjektiv davon aus, dass ihm ein solches Ersatzrecht zustand. Der BGH musste diese bisher kaum diskutierte Frage bislang nicht entscheiden. *Derleder* scheint generell auf die Kenntnis des Bürgen abzustellen und bejaht grundsätzlich ein Freiwerden nach § 776 S. 1 BGB in der vorliegenden Konstellation.[1188] Dies würde jedoch in der Tat „weitreichende Folgen für Kreditinstitute" und die Notwendigkeit eines „Verrechnungsplans" bedeuten.[1189] Denn ein Gläubiger müsste den Bürgen stets über den Forderungsbestand informieren und wohl auch die Kenntnis des Bürgen beweisen. Gerade im bankmäßigen Geschäftsverkehr würde dies zu Einschränkungen führen.[1190] Daher scheint es sachgerechter, wie nachfolgend dargestellt, zu differenzieren.

Handelt es sich beim Gläubiger um eine Bank oder Sparkasse, muss der Bürge wegen Nr. 14 Abs. 2 AGB-Banken oder Nr. 21 Abs. 3 AGB-Sparkasse davon ausgehen, dass weitere Sicherungsmittel auch andere Forderungen absichern als die konkrete Verbindlichkeit, für die er sich verbürgt hat. Etwas anderes kommt nur höchst ausnahmsweise in Betracht, wenn beispielsweise die Bank im Bürgschaftsvertrag ausdrücklich angibt, dass die zusätzliche Sicherheit ausschließlich für die verbürgte Forderung besteht.

1187 Vgl. mit ähnlichem Beispiel auch *Derleder*, NJW 2015, 817 f. (Fall 1).
1188 *Derleder*, NJW 2015, 817, 818 f. (Fall 1).
1189 Jeweils *Derleder*, NJW 2015, 817, 821.
1190 Ausführlich zu den widerstreitenden Interessen im bankmäßigen Geschäftsverkehr unter A.II.

In allen anderen Fällen darf der Bürge davon ausgehen, dass eine im Bürgschaftsvertrag genannte oder sonst vom Gläubiger angegebene Sicherheit nur für den dem Bürgen bekannten Anspruch einsteht, wenn andere Forderungen für den Bürgen nicht ersichtlich sind.[1191] Der BGH begründet seine oben dargestellte Rechtsprechung zur inkongruenten Besicherung damit, dass der Bürge mit einer Verteilung auf andere Forderungen rechnen müsse.[1192] Daraus kann im Umkehrschluss gefolgert werden, dass der Gläubiger eine solche Verteilung nicht vornehmen darf, wenn der Bürge diese vernünftigerweise nicht in seiner Risikoentscheidung berücksichtigen musste. Problematisch ist insoweit, dass § 776 S. 1 BGB auf ein entgangenes Ersatzrecht nach § 774 BGB abstellt, der Ausgleich nach § 774 BGB jedoch keine subjektive Komponente kennt. Ein Ersatzrecht im Sinne des § 774 BGB ist dem Bürgen daher nicht entgangen. Folglich ist § 776 S. 1 BGB nicht anwendbar. Der zugrundeliegende Schutzzweck – das Verbot widersprüchlichen Verhaltens[1193] – ist hingegen auch auf den geschilderten Fall gleichwohl übertragbar. Begründet der Gläubiger bei Abschluss des Bürgschaftsvertrages ein Vertrauen des Bürgen auf den Erhalt der Rechte gegen weitere Sicherungsgeber, darf er diesem nicht zuwiderhandeln. Der Bürge kann daher dem Gläubiger das allgemeine Verbot widersprüchlichen Verhaltens gem. § 242 BGB entgegenhalten. Suggeriert der Gläubiger dem Bürgen wahrheitswidrig, dass zusätzliche Ersatzrechte bestehen, welche dem Bürgen für seinen Rückgriff dienen, muss er sich daran festhalten lassen.

Ein Freiwerden kommt jedoch mangels vorwerfbarem Gläubigerverhalten nicht in Betracht, sofern der Gläubiger eine Fehlvorstellung des Bürgen nicht selbst veranlasst hat. Eine Aufklärungspflicht obliegt dem Gläubiger nicht.[1194] Es liegt daher im Risikobereich des Bürgen, sich durch entsprechende Nachfragen zu vergewissern, dass seine Risikoeinschätzung zutreffend ist.

Der Rechtsgedanke des § 776 S. 1 BGB ist im Ergebnis in den Fällen gewerbsmäßiger Kreditvergabe nur dann betroffen, wenn mit dem Bürgen aktiv eine vom Regelfall der Nr. 14 Abs. 2 AGB-Banken bzw. Nr. 21 Abs. 3 AGB-Sparkasse abweichende Vereinbarung getroffen wird. Außerhalb des Anwendungsbereichs der AGB-Banken kommt ein Freiwerden des Bürgen nur dann in Betracht, wenn der Gläubiger ihm wahrheitswidrig vorspiegelt, dass weitere Sicherheiten

1191 So auch *Derleder*, NJW 2015, 817, 820.
1192 BGH v. 06.04.2000 – IX ZR 2/98 = WM 2000, 1141 (juris Rn. 31).
1193 S.o. Teil 2 D.VIII.
1194 S.o. Teil 2 F.III.2.

ausschließlich denselben Anspruch absichern. Allerdings ist § 776 S. 1 BGB insoweit nicht anwendbar. Denn die Norm setzt den Verlust eines Ersatzrechts nach § 774 BGB voraus, welches jedoch objektiv nicht bestand. Gleichwohl kann der Bürge dem Gläubiger das allgemeine Verbot widersprüchlichen Verhaltens gem. § 242 BGB entgegenhalten. Eine Aufklärungspflicht des Gläubigers besteht allerdings nicht. Eigenverschuldete Fehlvorstellungen des Bürgen gehen daher zu dessen Lasten.

Auf quantitativ inkongruente Besicherungen können diese Wertungsentscheidungen grundsätzlich übertragen werden. In diesen Konstellationen dürfte die praktische Relevanz dieses Problems jedoch gering sein. Dies resultiert aus dem Umstand, dass der Bürge, der nur bis zu einem Höchstbetrag einer Forderung haftet, denknotwendig wissen muss, dass noch ein darüber hinausgehender Forderungsteil besteht, auf den konkurrierende Sicherheiten verwendet werden könnten. Daher kommt ein Freiwerden wohl nur in Betracht, wenn der Gläubiger dem Bürgen wahrheitswidrig vorspiegelt, es bestehe tatsächlich eine Gesamtschuld für denselben Teilbetrag.

4. *Ergebnis*

In den Fällen inkongruenter Besicherung ist § 776 S. 1 BGB mangels Bestehens eines Ersatzrechts aus § 774 BGB regelmäßig nicht betroffen. Denn der Gläubiger darf Sicherheiten so verteilen, dass er den größtmöglichen Nutzen daraus ziehen kann. Dies wird insbesondere dadurch erreicht, dass die Verwertungserlöse auf verschiedene Forderungen oder Forderungsteile verrechnet werden können. Etwas anderes gilt hingegen dann, wenn sich insbesondere aufgrund einer Vereinbarung ergibt, dass mehrere Sicherheiten jedenfalls teilweise parallel für eine Forderung oder einen Forderungsteil haften sollen. In diesem Fall besteht ein identisches Leistungsinteresse im Sinne des § 426 BGB, welches eine Erwartung hinsichtlich eines Ersatzes über § 774 BGB begründet. Insoweit ergeben sich keine Besonderheiten hinsichtlich der Anwendung des § 776 S. 1 BGB. Der Gläubiger darf das Eintrittsrecht aus § 774 BGB nicht durch eine nachträgliche anderweitige Verteilung vereiteln.

Irrt der Bürge über die tatsächlichen Voraussetzungen eines Ersatzrechts aus § 774 BGB, ist zu differenzieren. Im Rahmen des bankmäßigen Geschäftsverkehrs muss der Bürge mit dem Bestehen zusätzlicher Forderungen, auf die Kreditsicherheiten verrechnet werden können, rechnen. Ein Freiwerden gem. § 776 S. 1 BGB kommt insoweit nicht in Betracht. Außerhalb des Anwendungsbereichs der AGB-Banken fehlt es aufgrund der inkongruenten Besicherung regelmäßig an einem Ersatzrecht aus § 774 BGB. § 776 S. 1 BGB ist daher nicht unmittelbar anwendbar. Veranlasst der Gläubiger jedoch die Fehlvorstellung des Bürgen, kann einem Zahlungsverlangen das allgemeine Verbot widersprüchlichen Verhaltens gem. § 242 BGB entgegengehalten werden.

V. AGB-Kontrolle entsprechender Sicherungsvereinbarungen

Für Kreditinstitute ist es von Bedeutung, wie AGB hinsichtlich einer Verrechnungsfreiheit formuliert werden können. Unproblematisch ist der Fall, dass für den Bürgen von vornherein die konkreten kongruent und nicht kongruent haftenden Sicherheiten klar erkennbar sind. Ist in einem Bürgschaftsformular bestimmt, dass der Erlös von Sicherheiten – sowie Zahlungen des Hauptschuldners oder anderer Verpflichteter – zuerst auf einen nicht von der Bürgschaft erfassten Teil des Anspruchs verrechnet werden darf, entspricht dies der oben dargestellten Rechtslage. Die Klausel gibt diese damit lediglich wieder und hält damit einer AGB-Kontrolle stand.[1195]

Etwas anderes muss jedoch gelten, wenn die AGB-Klausel bestimmt, dass weitere Sicherheiten, welche für dieselbe Forderung oder denselben Forderungsteil haften, auch *nachträglich* anderweitig verrechnet werden dürfen. Denn in diesem Fall bestand zunächst ein Ersatzrecht aus § 774 BGB. Folglich liegt nach dem oben Gesagten sowohl eine Aufgabe im Sinne des § 776 S. 1 BGB als auch ein Verlust des Ersatzrechts aus § 774 BGB vor. Die rechtlichen Wirkungen dieser Konstellation entsprechen denjenigen der Abtretung. Daher stellt die Verrechnungsklausel nichts anderes als einen Verzicht auf den Schutz des § 776 S. 1 BGB dar.[1196] Dafür gelten die allgemeinen, oben unter A.II. dargestellten Regeln.[1197] Im Ergebnis gelten daher hinsichtlich einer AGB-Kontrolle des Verteilungsverfahrens keine Besonderheiten gegenüber der allgemeinen Abbedingung des § 776 S. 1 BGB durch AGB.

1195 Ausdrücklich OLG München v. 05.03.1998 – 24 U 6/97 (juris Rn. 37). Insoweit ist jedoch zu beachten, dass die Entscheidung vor der Rechtsprechungsänderung des BGH hinsichtlich einer klauselmäßigen Abbedingung des § 776 BGB erging. Sie ist jedoch auch unter Zugrundelegung der neuen Rechtsprechung zutreffend. Zu Recht entschied daher das OLG Stuttgart v. 11.04.2001 – 9 U 215/00 = WM 2002, 439 (juris Rn. 28), dass solche Klauseln nur dann unwirksam sind, „soweit sie einen formularmäßigen generellen Verzicht auf die Rechte aus § 776 BGB enthalten"; im Ergebnis auch BGH v. 06.04.2000 – IX ZR 2/98 = WM 2000, 1141 (juris Rn. 31).

1196 Vgl. BGH v. 06.04.2000 – IX ZR 2/98 = WM 2000, 1141 (juris Rn. 30).

1197 S.o. A.II.

VI. Ergebnis und Folgen

Im Ergebnis besteht sowohl bezüglich der Verwertungsreihenfolge als auch hinsichtlich einer Verteilung von inkongruenten Sicherheiten eine weitgehende Gestaltungsfreiheit des Gläubigers. Es liegt in seinem Ermessen, die Reihenfolge der Inanspruchnahme mehrerer Sicherungsgeber zu bestimmen und mehrere Sicherheiten so zu verteilen, dass diese ihm für die größtmögliche Anzahl an Forderungen oder Forderungsteilen Sicherheit bieten.

Dafür spricht bereits die Natur der Sicherungsrechte, die zu Gunsten des Gläubigers wirken. Diesem ist nur widersprüchliches oder missbräuchliches Verhalten verwehrt. Zwar liegt in einer Verrechnung des Verwertungserlöses einer Sicherheit auf eine andere Schuld als diejenige, für welche der Bürge haftet, grundsätzlich eine Aufgabe im Sinne des § 776 S. 1 BGB. Jedoch fehlt es regelmäßig an einer Beeinträchtigung des Ersatzrechts aus § 774 BGB. Der Gläubiger hat dem Bürgen Sicherheiten nur insoweit zu übertragen, als er sie selbst nicht mehr benötigt. Er bedarf der weiteren Sicherheiten jedoch meist, um alle Forderungen oder Forderungsteile abzusichern. Dafür spricht auch die Regelung des § 366 Abs. 2 Var. 2 BGB.[1198] Jede andere Betrachtung wäre vor dem Hintergrund des einseitig begünstigenden Charakters von Sicherungsverträgen kaum vertretbar.[1199] Nur durch eine nachträgliche Änderung einer Zweckbestimmung kann der Bürge nach § 776 S. 1 BGB frei werden, wenn ursprünglich eine gesamtschuldnerische Haftung und damit ein Ersatzrecht aus § 774 BGB bestand.

1198 Ausdrücklich BGH v. 16.02.1989 – IX ZR 256/87 = ZIP 1989, 359 (juris Rn. 66).
1199 BGH v. 16.02.1989 – IX ZR 256/87 = ZIP 1989, 359 (juris Rn. 66).

Zusammenfassung in Thesen

1. § 776 S. 1 BGB geht auf die Überlegungen des französischen Naturrechtlers *Robert-Joseph Pothiers* aus dem 18. Jahrhundert zurück.[1200] Diese wurden 1804 in den Code Civil übernommen und anschließend von den Vorentwürfen einiger deutscher Einzelstaaten des 19. Jahrhunderts rezipiert. Insbesondere übernahm der Dresdener Entwurf von 1866 eine entsprechende Regelung des Code Civil (Art. 2037 CC a.F.). Art. 948 DresdE diente seinerseits als Grundlage für die Beratung der mit der Erstellung des BGB befassten Kommissionen.[1201] Der Ursprung des Instituts des § 776 S. 1 BGB liegt daher im französischen Naturrecht. Demgegenüber handelt es sich bei § 776 S. 2 BGB um eine eigene Entwicklung des deutschen Gesetzgebers, die in Unkenntnis der Entstehungsgeschichte des Satzes 1 entstanden sein dürfte.[1202]
2. § 776 Satz 1 BGB beruht auf dem Gedanken des Vertrauensschutzes und stellt eine Ausprägung des Grundsatzes *venire contra factum proprium* dar.[1203] Die Norm schützt das bei Abschluss des Bürgschaftsvertrages begründete Vertrauen des Bürgen, im Gegenzug für die Befriedigung des Gläubigers dessen Ansprüche auf Verwertung konkurrierender Kreditsicherheiten übertragen zu erhalten.[1204] Diesem Vertrauen darf der Gläubiger nicht zuwider handeln.
3. § 776 Satz 2 BGB stellt keinen Spezialfall des Satzes 1 dar, vielmehr handelt es sich um ein eigenständiges Institut.[1205] Satz 2 schützt ein nachträglich begründetes Vertrauen des Bürgen auf einen Rückgriff bei weiteren Sicherungsgebern im Sinne einer Diligenzpflicht *post contractum finitum.*[1206] Satz 2 dient daher der Verteilungsgerechtigkeit, indem das Auswahl- bzw. Verteilungsermessen des Gläubigers begrenzt wird.
4. Die Aufgabe einer Sicherheit durch den Gläubiger entfaltet gem. § 776 S. 1 BGB beschränkte Gesamtwirkung.[1207] Der Bürge wird daher unmittelbar

1200 Teil 1 E.I.1. = S. 72; Teil 1 D.II.5.b. = S. 60 ff.
1201 Teil 1 E.I.1. = S. 72; Teil 1 Einleitung = S. 25.
1202 Teil 1 E.I.2. = S. 73 f.; Teil 1 D.II.5.b. = S. 63 f.
1203 Teil 2 D.VIII. = S. 168 ff.; Teil 1 E.II.1.a. = S. 74.
1204 Teil 1 D.II.5.b. = S. 61 ff.
1205 Teil 1 D.II.5.b. = S. 63 f; Teil 1 E.II.2. = S. 76 ff.
1206 Teil 1 E.II.2. = S. 76 ff.; Teil 2 E. = S. 173 f.
1207 Teil 2 C.VI.1.c. = S. 133 ff.

durch die Handlung des Gläubigers in der Höhe frei, welche der internen Haftungsquote der freigegebenen Sicherheit entspricht. Die Rechtsfolge tritt automatisch im Zeitpunkt der Aufgabe ein, ohne dass es einer Geltendmachung durch den Bürgen bedarf.[1208] Der spätere Rückerwerb einer aufgegebenen Sicherheit führt nicht zu einer Aufrechterhaltung oder Neubegründung der Bürgenhaftung.[1209]

5. Bei § 776 S. 1 BGB handelt es sich um eine lex specialis zu § 423 BGB.[1210] § 423 BGB ordnet lediglich eine Einzelwirkung an.[1211] Ein nicht sicherungsgebender Gesamtschuldner wird daher durch den Erlass zugunsten eines anderen Gesamtschuldners dem Gläubiger gegenüber nicht von seiner Verbindlichkeit befreit, kann jedoch weiterhin im Innenverhältnis gem. § 426 BGB Rückgriff nehmen.[1212] § 776 S. 1 führt demgegenüber wegen der nur subsidiären Haftung von Kreditsicherheiten sowohl zu einem anteiligen Untergang der Forderung des Gläubigers als auch zu einem Erlöschen der Ausgleichsansprüche der Sicherungsgeber im Rückgriffsverhältnis gem. § 426 BGB.[1213]
6. Ein Bürge kann nach seiner Inanspruchnahme sowohl aus eigenem Recht (Innenanspruch) als auch aus dem zedierten Gläubigeranspruch gem. § 774 BGB (Außenanspruch) Rückgriff bei weiteren Sicherungsgebern nehmen.[1214] Maßgeblich für § 776 S. 1 BGB ist einzig der Verlust des Außenanspruchs aus §§ 774 Abs. 1 S. 1, 412, 401 BGB bzw. §§ 774 Abs. 2, 426 Abs. 2 S. 1 BGB.[1215] Ein etwaiger verbleibender Innenanspruch aus eigenem Recht ist für die Anwendung des § 776 S. 1 BGB irrelevant. Die herrschende Meinung, nach welcher ein verbleibender Innenanspruch einem Freiwerden entgegensteht,[1216] vermag nicht zu überzeugen.[1217]
7. § 776 S. 1 BGB differenziert nicht hinsichtlich des aufgegebenen Sicherungsmittels. Ein Bürge wird daher unabhängig davon frei, ob der Gläubiger den

1208 Teil 2 J.I. = S. 225; Teil 2 J.II.2. = S. 227 ff.
1209 Teil 2 J.II.2., 3. = S. 227 ff.
1210 Teil 2 C.VI.2. = S. 135 ff.
1211 Teil 2 C.II. = S. 106 ff.
1212 Teil 2 C.II.2. = S. 109 ff.
1213 Teil 2 C.VI.1.c. = S. 133 f.; J.III.2. = S. 231.
1214 Teil 2. B.III. – B.V. = S. 84 ff.
1215 Teil 2 C.VII. = S. 138 ff.
1216 Teil 2 C.III., C.IV. = S. 114 ff.
1217 Teil 2 C.VIII. = S. 142 ff.

Anspruch gegen einen Mitbürgen oder gegen den Besteller einer dinglichen Sicherheit aufgibt.[1218]

8. Beide Institute des § 776 BGB sind verallgemeinerungsfähig und daher analog auch auf andere Formen der Kreditsicherung anwendbar.[1219]
9. Aus § 776 BGB können keine zusätzlichen Diligenzpflichten des Gläubigers dem Bürgen gegenüber abgeleitet werden, die Norm stellt eine Ausnahmevorschrift dar.[1220] Der Bürge ist jedoch auch außerhalb dessen Anwendungsbereichs durch die allgemeinen Rechtsinstitute der §§ 242, 826, 138 Abs. 1 BGB vor dolosem Gläubigerverhalten geschützt.[1221] § 776 BGB steht der Begründung weiterer Diligenzpflichten nicht entgegen.[1222]
10. Dem Gläubiger steht ein Ermessensspielraum hinsichtlich der Auswahl und der Verwertungsreihenfolge der verschiedenen Sicherheiten zu.[1223] § 776 S. 1 BGB schränkt dieses Ermessen nicht ein. Haften mehrere Sicherheiten nicht nur für dieselben Forderungen, sondern auch für andere Verbindlichkeiten oder Forderungsteile (inkongruente Besicherung), darf der Gläubiger die Sicherheiten so verteilen und verwerten, dass diese ihm für die größtmögliche Anzahl an Forderungen oder Forderungsteilen Sicherheit bieten.[1224]
11. Ein Verzicht auf den Schutz des § 776 BGB ist möglich.[1225] Im Anwendungsbereich Allgemeiner Geschäftsbedingungen bedarf es jedoch eines berechtigten Interesses auf Gläubigerseite.[1226] Ein solches Interesse begründet insbesondere Nr. 14 Abs. 1 AGB-Banken, wonach die Bank im Rahmen ihres bankmäßigen Geschäftsverkehrs Pfandrechte an allen in ihrem Besitz befindlichen Wertpapieren und Sachen des Hauptschuldners erhält. Könnte die Bank diesbezüglich § 776 S. 1 BGB nicht abbedingen, wäre sie in ihrer Kundenbeziehung zum Hauptschuldner beeinträchtigt.[1227]

1218 Teil 2 C.VIII. = S. 142 ff.
1219 Teil 2 G. = S. 189 ff.
1220 Teil 2 F.I.1. = S. 175 ff.
1221 Teil 2 F.II.3. = S. 181 ff.
1222 Teil 2 F.IV. = S. 188 f.
1223 Teil 3 C.I. = S. 267 f.
1224 Teil 3 C.III., C.IV. = S. 269 ff.
1225 Teil 3 A.I. = S. 238 f.
1226 Teil 3 A.II.4. = S. 248 ff.
1227 Teil 3 A.II.4.a. = S. 248 ff.

Literatur

Ansault: Le cautionnement réel, Doctorat & notariat; tome 40, Dissertation Paris, 2009;

Aristoteles: (Hrsg. Nickel; Übersetzung Gigon); Die Nikomachische Ethik, 2. Auflage 2011;

Arndts v. Arnesberg: Lehrbuch der Pandekten, 14. Auflage 1889 (zit. Arndts, Pandekten);

Arnold: Vertrag und Verteilung, 2014 (zugleich Habil.-Schr. München, 2012/2013);

Bartels: Die Sicherungsgesamtschuld als akzessorische Kreditsicherheit?, JZ 2000, 608;

ders.: Eingriffe in die Vertragsbeteiligung durch Auslegung, Typenlehre und Umgehungsverbot, WM 2002, 1905;

Baumbach/Hopt: Handelsgesetzbuch (Kommentar), 39. Auflage 2020;

Bayer: Die Entlassung eines Mitbürgen durch den Gläubiger läßt im Zweifel entgegen § 776 BGB den gesamtschuldnerischen Bürgenausgleich unberührt, Anmerkung zu BGH v. 11.06.1992 – IX ZR 161/91, EWiR 1992, 869;

ders.: Der Ausgleich zwischen Höchstbetragsbürgen, ZIP 1990, 1523;

Beck'scher Online-Kommentar zum BGB: 53. Edition, Stand 01.02.2020 (Hrsg. Bamberger/Roth/Hau/Poseck) (zit. BeckOK/*Bearbeiter*);

Beck'sches Formularbuch Bürgerliches, Handels- und Wirtschaftsrecht (Hrsg. Hoffmann-Becking/Gebele) 13. Auflage 2019 (zit. BeckFormB BHW/*Bearbeiter*);

beck-online Großkommentar zum BGB: (GesamtHrsg. Gsell/Krüger/Lorenz/Reymann) Stand: 01.12.2020 (zit. BeckOGK/*Bearbeiter*);

Becker: Ausgleich zwischen mehreren Sicherungsgebern nach Befriedigung des Gläubigers, NJW 1971, 2151;

Behrends/Knütel/Kupisch/Seiler (Hrsg.): Corpus Iuris Civilis, Band I – Institutionen, 2. Auflage 1997 (zit. Iust. Inst.);

dies.: Corpus Iuris Civilis, Text und Übersetzung, Band III (Digesten 11 – 20), 1999 (zit. Behrends/Knütel/Kupisch/Seiler);

Bentele: Gesamtschuld und Erlass, 2006 (zugleich Dissertation Freiburg i.Br. 2005);

Braun-Melchior: Gesetzlicher Rechtsübergang und Ausgleich bei mehrfacher Drittsicherung, AcP 132 (1930), S. 175;

Buck: Enthaftung des Bürgen aufgrund Freigabe einer Sicherungsgrundschuld durch den Bürgschaftsgläubiger, GWR 2012, 93;

Bülow: Recht der Kreditsicherheiten, 9. Auflage 2017;

Bürge: Römisches Privatrecht, 1999;

Canaris: Bankvertragsrecht Teil 1, 3. Auflage 1988 (Neudruck 2013);

ders.: Die Vertrauenshaftung im deutschen Privatrecht, 1971 (zit. Vertrauenshaftung);

Clemente: Kurzkommentar zu LG Nürnberg-Fürth v. 10.03.2005 – 10 S 11309/ 04, EWiR 2006, 11;

Coing: Die europäische Privatrechtsgeschichte der neueren Zeit als einheitliches Forschungsgebiet, in: Ius Commune I (Hrsg. Coing), 1967, S. 1;

Crome: System des Deutschen Bürgerlichen Rechts, Band 2 (Recht der Schuldverhältnisse), 1902;

Daniel: Gemeines Recht, 2003 (zugleich Dissertation Trier, 2001);

Dauner-Lieb/Langen (Hrsg.): Nomos Kommentar BGB, Band 2/2, Schuldrecht, 3. Auflage 2016 (zit. NK-BGB/*Bearbeiter*);

Demharter: Grundbuchordnung (Kommentar), 31. Auflage 2018;

Derleder: Die Einschränkung der Verrechnungsfreiheit der Kreditinstitute gegenüber dem Bürgen, NJW 2015, 817;

Dernburg: Pandekten, 2. Band, 6. Auflage 1900;

ders.: System des Römischen Rechts, 2. Teil, 8. Auflage 1912;

Deumer: Die Verstaatlichung des Kredits, 1926;

Domat: Les Loix Civiles dans leur ordre naturel, seconde edition, tome II, 1697 (zit. Les Loix Civiles II);

Dreismann: Bürgenschutz durch Gläubigerdiligenz?, 2001 (zugleich Dissertation Köln 2000);

ders.: Protokolle der Commission zur Ausarbeitung eines Allgemeinen Deutschen Obligationenrechts, 1863 (zit. Protokolle DresdE);

Dyck: Die Zahlungen des Bürgen als vorläufige Sicherheit, 2007 (zugleich Dissertation Leipzig 2007);

Ehlscheid: Die Ausgleichsansprüche unter Sicherungsgebern, BB 1992, 1290;

Eisenhardt: Sorgfaltspflichtverletzungen des Gläubigers dem Bürgen gegenüber, MDR 1968, 541;

Endemann: Lehrbuch des bürgerlichen Rechts, Band 1 (Einleitung; allgemeiner Theil, Recht der Schuldverhältnisse), 9. Auflage 1903 (zit. Bürgerliches Recht I);

Enneccerus/Lehmann: Lehrbuch des Bürgerlichen Rechts, 2. Band (Recht der Schuldverhältnisse), 15. Auflage 1958 (zit. Bürgerliches Recht);

Erman (Begr.): BGB (Kommentar), Band I, 16. Auflage 2020 (Hrsg. Grunewald/Maier-Reimer/Westermann) (zit. Erman/*Bearbeiter*);

ders. : BGB (Kommentar), Band II, 16. Auflage 2020 (Hrsg. Grunewald/Maier-Reimer/Westermann) (zit. Erman/*Bearbeiter*);

Esser/Schmidt: Schuldrecht, Band I, Teilband 2, 8. Auflage 2000;

Esser/Weyers: Schuldrecht, Band II, Teilband 1, 8. Auflage 1998;

Finger: Die Konkurrenz der Rückgriffsansprüche von Pfandschuldner und Bürge, BB 1974, 1416;

Flume: Studien zur Akzessorietät der römischen Bürgschafts-Stipulationen, 1932 (zit. Akzessorietät der römischen Bürgschaftsstipulationen);

Fontaine: Diligenzpflichten des Gläubigers gegenüber dem Bürgen, Dissertation Hamburg, 1987;

Francke (Hrsg.): Dresdener Entwurf eines allgemeinen deutsches Gesetzes über Schuldverhältnisse von 1866 (Neudrucke privatrechtlicher Kodifikationen und Entwürfe des 19. Jahrhunderts, Band 2), 1973;

ders.: Entwurf eines bürgerlichen Gesetzbuchs für das Königreich Bayern von 1861 (Neudrucke privatrechtlicher Kodifikationen und Entwürfe des 19. Jahrhunderts, Band 3, mit Motiven), 1973 (zit. Motive BayE);

Frohnecke: Die Rolle des ABGB in Gesetzgebung und Rechtswissenschaft des 19. Jahrhunderts, Dissertation Osnabrück, 2001 (zit. ABGB);

Fuzier-Herman: Code Civil Annoté, Tome 6, 1949;

Gamillscheg: Der Einfluß Dumoulins auf die Entwicklung des Kollisionsrechts, 1955 (Neudruck 2012);

Ganter: Das Schicksal akzessorischer Globalsicherheiten im Falle der Singularabtretung von gesicherten Forderungen oder Forderungsteilen – eine Studie zu § 401 BGB, in: Festschrift für Hans-Jürgen Lwowski (Hrsg. Bitter/Ott/Schimansky), 2014, S. 187 (zit. *Ganter*, in: FS Lwowski);

Geib: Zur Dogmatik des Römischen Bürgschaftsrechts, 1894 (zit. Römisches Bürgschaftsrecht);

Gernhuber: Die Erfüllung und ihre Surrogate, 2. Auflage 1994;

Girtanner: Die Bürgschaft nach gemeinem Civilrechte, Buch I.1 (1850);

ders.: Die Bürgschaft nach gemeinem Civilrechte, Buch I.2 (1850);

ders.: Die Bürgschaft nach gemeinem Civilrechte, Buch II (1851);

Glöckner: Ausgleich zwischen mehreren Bürgen bei unterschiedlichen Höchstbetragsbeschränkungen, ZIP 1999, 821;

Gömmel: Entstehung und Entwicklung der Effektenbörsen im 19. Jahrhundert bis 1914, in: Deutsche Börsengeschichte (Hrsg. Pohl), S. 133;

Grziwotz: Kurzkommentar zu OLG Bamberg v. 17.11.2011 - 1 U 88/11, EWiR 2012, 281;

Gursky: Die neuere höchstrichterliche Rechtsprechung zum Mobiliarsachenrecht - Teil 2, JZ 1997, 1154;

Habersack: Der Regreß bei akzessorischer Haftung, AcP 198 (1998), S. 152;

Hähnchen: Rechtsgeschichte, 5. Auflage 2016;

Halpérin: in: 200 Jahre Code civil, Die napoleonische Kodifikation in Deutschland und Europa (Hrsg. Schubert/Schmoeckel), 2005;

Hammen: Zur Wirksamkeit des klauselmäßigen Verzichts auf die Rechtsfolgen nach § 776 BGB, WM 1988, 1809;

Harke: Römisches Recht, 2. Auflage 2016;

Hartmaier: Ausgleichsfragen bei mehrfacher Sicherung einer Forderung, Dissertation Tübingen, 1963 (zit. Ausgleichsfragen);

Hasenbalg: Die Bürgschaft des gemeinen Rechts, 1870;

Hattenhauer (Hrsg.): Allgemeines Landrecht für die preussischen Staaten: von 1794, 3. Auflage 1996 (zit. Preussisches ALR);

ders.: Europäische Rechtsgeschichte, 4. Auflage 2004;

Heck: Grundriß des Schuldrechts, 2. Neudruck der Ausgabe Tübingen 1929 (1974);

Hedemann: Der Dresdner Entwurf von 1866: Ein Schritt auf dem Wege zur deutschen Rechtseinheit, 1935 (zit. Dresdner Entwurf);

Henle: Lehrbuch des Bürgerlichen Rechts, Teil 2 (Schuldrecht), 1934;

Henssler: Risiko als Vertragsgegenstand, 1994 (zugleich Habil.-Schr. Konstanz, 1989/90);

Herrmann: Verjährung, Verjährungsbeginn und Regress bei Bürgschaft und Gesamtschuld, Dissertation Kiel, 2012 (zit. Verjährung bei Bürgschaft und Gesamtschuld);

Heuser: Die Diligenzpflicht des Gläubigers gegenüber dem Bürgen, Dissertation Düsseldorf, 1912 (zit. Diligenzpflicht des Gläubigers);

Hoffmann: Anmerkung zu BGH v. v. 04.06.2013 - XI ZR 505/11, JZ 2013, 1005;

ders.: Sicherungsgemeinschaften im System einer differenzierenden Gesamtschuldlehre, AcP 211 (2011), S. 703;

Holznagel: Bürgenschutz mit System, Dissertation Hannover, 2001;

Honsell: Römisches Recht, 8. Auflage 2015;

Honsell/Mayer-Maly/Selb: Römisches Recht, 4. Auflage 1987;

Horn: Bürgschaften und Garantien, 8. Auflage 2001;

Hüffer: Die Ausgleichung bei dem Zusammentreffen von Bürgschaft und dinglicher Kreditsicherung als Problem der Gesamtschuldlehre, AcP 171 (1971), S. 470;

Hugo: Civilistischer Cursus, Teil 3: Geschichte des römischen Rechts bis auf Justinian, Nachdruck der 11. Auflage 1832 (1997) (zit. Geschichte des römischen Rechts);

Ingram: A History of Political Economy, 1888 (digitaler Neudruck 2013);

Jakobs/Schubert (Hrsg.): Die Beratung des Bürgerlichen Gesetzbuchs, Recht der Schuldverhältnisse I, §§ 241 bis 432, 1978 (zit. SR I);

dies.: Die Beratung des Bürgerlichen Gesetzbuchs, Recht der Schuldverhältnisse III, §§ 652 bis 853, 1983 (zit. SR III);

dies.: Die Beratung des Bürgerlichen Gesetzbuchs, Einführung, Biographien, Materialien, 1983 (zit. Einf.);

Jauernig: Kommentar zum Bürgerlichen Gesetzbuch (Hrsg. Stürner), 17. Auflage 2018 (zit. Jauernig/*Bearbeiter*);

v. Jhering: Das Schuldmoment im römischen Privatrecht, 1867;

juris Praxiskommentar: BGB, Schuldrecht 2.1, §§ 241 bis 432, 9. Auflage 2020 (Bandherausgeber Junker/Herberger) (zit. jurisPK/*Bearbeiter*);

juris Praxiskommentar: BGB, Schuldrecht 2.3, §§ 631 bis 853, 9. Auflage 2020 (Bandherausgeber Junker/Beckmann/Rüßmann) (zit. jurisPK/*Bearbeiter*);

Kaser: Handbuch der Altertumswissenschaften, Abteilung 10 Band 3 Teil 3 (Römisches Privatrecht), 1955 (zit. Römisches Privatrecht);

Kaser/Knütel/Lohsse: Römisches Privatrecht, 21. Auflage 2017;

Kayser: Hat der Paragraph 331 Theil I Titel 14 des Allg. Landrechts die Sicherheit auch durch „Bürgen" im Auge?, in: Gruchot, 21. Jahrgang (1877), 262;

Klaas: Kurzkommentar zu BGH v. 02.03.2000 – IX ZR 328/98, EWiR 2000, 813;

Knütel: Zur Frage der sog. Diligenzpflichten des Gläubigers gegenüber dem Bürgen, in: Festschrift für Werner Flume, Band I (Hrsg. Jakobs/Knobbe-Keuk/Picker/Wilhelm), 1978, S. 559 (zit. *Knütel*, in: FS Flume I);

ders.: Neues zu althergebrachten Rechtsfiguren?, in: Festschrift für Eduard Picker (Hrsg. Lobinger), 2010, S. 469 (zit. *Knütel*, in: FS Picker);

Kopp: Der Regress unter Mitbürgen bei geleisteten Teilzahlungen (§§ 774 Abs. 2, 426 Abs. 1 und 2 BGB), JR 2016, 347;

Kremer: Die Mitbürgschaft, Dissertation Strassburg, 1902 (Neudruck 2017);

Kreß: Lehrbuch des besonderen Schuldrechts, 1934;

Kuntz: Angemessenheit weiter formularmäßiger Zweckerklärungen bei Globalbürgschaften, Grundschulden und anderen Sicherungsrechten, AcP 209 (2009), S. 242;

La Baume: Wird der Bürge frei, wenn der Gläubiger infolge seines Verschuldens keine Befriedigung vom Hauptschuldner erlangt?, Dissertation Jena, 1923 (zit. Freiwerden des Bürgen);

Lambsdorff, Graf/Skora: Handbuch des Bürgschaftsrechts, 1994;

Larenz: Methodenlehre der Rechtswissenschaft, 6. Auflage 1991;

ders.: Lehrbuch des Schuldrechts, Band I, Allgemeiner Teil, 14. Auflage 1987;

Larenz/Canaris: Lehrbuch des Schuldrechts, Band II/2, 13. Auflage 1994;

Laurent: Principes de droit civil français, Tome 28, 1877;

Lepsius: Bürge und Sicherheitsleistung, in: Festschrift für Alfons Bürge (Hrsg. Babusiaux/Nobel/Platschek), 2017, S. 21 (zit. *Lepsius*, in: FS Bürge);

Levy: Sponsio, fidepromissio, fideiussio, 1907;

Liebs: Geiseln als Bürgen unter Justinian, in: Festschrift für Alfons Bürge (Hrsg. Babusiaux/Nobel/Platschek), 2017, S. 49 (zit. *Liebs*, in: FS Bürge);

Lippmann: Das bürgerliche Gesetzbuch über Einheits- und Mehrheitsschuld in Bürgschaft und Gesamtschuld, AcP 111 (1914), S. 135, 165;

v. Loewenich: § 312 Abs. 1 BGB und von Verbrauchern gestellte Bürgschaften sowie andere von Verbrauchern gestellten Sicherheiten, WM 2015, 113;

Looschelders: Die Mitverantwortlichkeit des Geschädigten im Privatrecht, 1999 (zugleich Habil.-Schr. Mannheim, 1998);

Luig: Die Anfänge der Wissenschaft vom deutschen Privatrecht, in: Ius Commune I (Hrsg. Coing), 1967, S. 195.

Lwowski/Fischer/Gehrlein (Hrsg.): Das Recht der Kreditsicherung, 10. Auflage 2018 (zit. Kreditsicherung);

Madaus: Der Schuldbeitritt als Personalsicherheit, Dissertation Rostock, 2001 (zit. Schuldbeitritt);

ders.: Kurzkommentar zu BGH v. 04.06.2013 – XI ZR 505/11, EWiR 2013, 479;

Maisenhälder: Vorgänge zwischen Gläubiger und Hauptschuldner in ihrer Bedeutung für das Verhältnis Gläubiger – Bürge., Dissertation Tübingen, 1939 (zit. Vorgänge Gläubiger-Hauptschuldner);

Meder: Rechtsgeschichte, 6. Auflage 2017;

Medicus/Petersen: Bürgerliches Recht, 27. Auflage 2019;

dies.: Allgemeiner Teil des BGB, 11. Auflage 2016;

Meier, Patrick: Sind Bürgschaften wieder unwiderruflich?, ZIP 2015, 1156;

Meier, Sonja: Gesamtschulden, 2010 (zugleich Habil.-Schr. Regensburg, 2009);

Meyer: Grundfälle zum Sicherungsgeberausgleich, JuS 1993, 559;

Mollenhauer: Das gestörte Gesamtschuldverhältnis, NJ 2011, 1;

Möllers: Juristische Methodenlehre, 2. Auflage 2019;

Muermann: Die Konkurrenz von Bürgschaft, Hypothek und Pfand, 1932 (zugleich Dissertation Köln, 1931);

Mugdan (Hrsg.): Die gesamten Materialien zum Bürgerlichen Gesetzbuch für das Deutsche Reich, II. Band, Recht der Schuldverhältnisse, 1899 (zit. Mugdan II);

Müller, Gerd: Zur Anwendung von § 776 BGB bei einer vom Gläubiger nur vorübergehend freigegebenen „weiteren" Sicherheit, WM 2014, 869;

Müller, Klaus: Schuldrecht Besonderer Teil, 1990;

Müller/Christensen: Juristische Methodik, Band I, 11. Auflage 2013;

Münchener Kommentar zum Bürgerlichen Gesetzbuch: Band 1, Allgemeiner Teil, §§ 1-240, AllgPersönlR, ProstG, AGG (Hrsg. Säcker/Rixecker/Oetker/Limperg), 8. Auflage 2018 (zit. MüKo/*Bearbeiter*);

Münchener Kommentar zum Bürgerlichen Gesetzbuch: Band 2, Schuldrecht - Allgemeiner Teil I, §§ 241-310 (Hrsg. Säcker/Rixecker/Oetker/Limperg), 8. Auflage 2019 (zit. MüKo/*Bearbeiter*);

Münchener Kommentar zum Bürgerlichen Gesetzbuch: Band 3, Schuldrecht - Allgemeiner Teil II, §§ 311-432 (Hrsg. Säcker/Rixecker/Oetker/Limperg), 8. Auflage 2019 (zit. MüKo/*Bearbeiter*);

Münchener Kommentar zum Bürgerlichen Gesetzbuch: Band 7, Schuldrecht – Besonderer Teil IV, §§ 705-853, Partnerschaftsgesellschaftsgesetz, Produkthaftungsgestz (Hrsg. Säcker/Rixecker/Oetker/Limperg), 8. Auflage 2020 (zit. MüKo/*Bearbeiter*);

Münchener Kommentar zum Bürgerlichen Gesetzbuch: Band 8, Sachenrecht, §§ 854-1296, WEG, ErbbauRG (Hrsg. Säcker/Rixecker/Oetker/Limperg), 8. Auflage 2020 (zit. MüKo/*Bearbeiter*);

Nelson/Manthe: Gai Institutiones III 88-181 – Die Kontraktobligationen, 1999 (zit. Gai Inst.);

Neumann: Der Bürgenregress im Rahmen des römischen Auftragsrechts, 2011 (zugleich Dissertation Berlin, 2010) (zit. Bürgenregress);

Nobbe: Kommentar zum Kreditrecht, Band 1, 2. Auflage 2012 (zit. Nobbe/*Bearbeiter*);

ders.: Kommentar zum Kreditrecht, Band 2, 2. Auflage 2012 (zit. Nobbe/*Bearbeiter*);

Nobel: Bürge oder Garantiegeber? -Eine schwierige Abgrenzung, in: Festschrift für Alfons Bürge (Hrsg. Babusiaux/Nobel/Platschek), 2017, S. 61 (zit. *Nobel*, in: FS Bürge);

Oechsler: Vertragliche Schuldverhältnisse, 2. Auflage 2017;

ders.: Gerechtigkeit im modernen Austauschvertrag, 1997 (zugleich Habil.-Schr. Saarbrücken, 1995/96);

Otto/Schilling/Sintenis (Hrsg.): Corpus Iuris Civilis, Übersetzung, Band 4, Neudruck der Ausgabe Leipzig 1832 (1984);

Palandt (Begr.): Bürgerliches Gesetzbuch (Kommentar), 80. Auflage 2021 (zit. Palandt/*Bearbeiter*);

Pawlowski: Ausgleich zwischen Bürgen und Hypothekenschuldner?, JZ 1974, 124;

Persky: Retrospectives: The Ethology of Homo Economicus, The Journal of Economic Perspectives, Vol. 9, No. 2 (Spring, 1995), pp. 221–231;

Peters: Der „germanische" Code civil, 2018 (zugleich Dissertation Köln, 2015/2016);

Pfeiffer: Nebenpflichten des Bürgschaftsgläubigers gegenüber dem Bürgen, Dissertation Gießen, 1991 (zit. Nebenpflichten des Bürgschaftsgläubigers);

Piette: Répertoire de droit civil – Cautionnement (Aktualisierung 2017);

Planiol/Ripert: Traité Pratique de Droit Civil Français, Tome XI (contrats civils), 1954;

Pothier: Oeuvres complètes, Nouvelle Édition, Traité des Obligations, Tome 1, 1821 (zit. Traité des Obligations);

ders.: Oeuvres complètes, Nouvelle Édition, Traité des Obligations, Tome 2, 1821 (zit. Traité des Obligations);

ders.: Oeuvres complètes, Nouvelle Édition, Les Traités des droit français, Tome 8, 1825 (zit. Traité des personnes et des choses);

Prütting/Wegen/Weinreich (Hrsg.): Kommentar zum Bürgerlichen Gesetzbuch, 14. Auflage 2019 (zit. PWW/*Bearbeiter*);

Puchta: Pandekten, 12. Auflage 1877;

Raisch: Zur Begriffsbestimmung der Gesamtschuld, JZ 1965, 703;

Raiser: Das Recht der Allgemeinen Geschäftsbedingungen, Habil.-Schr. Hamburg, 1935;

Ranieri: in: 200 Jahre Code civil, Die napoleonische Kodifikation, in Deutschland und Europa (Hrsg. Schubert/Schmoeckel), 2005;

Rassow: Die Verhandlungen der Kommission zur Ausarbeitung eines bürgerlichen Gesetzbuchs für Deutschland, in: Gruchot, 21. Jahrgang (1877), 167;

Rehbein: Neuere Rechtsprechung des Bundesgerichtshofs zur Bürgschaft, in: FS Werner (Hrsg. Hadding/Immenga/Mertens/Pleyer/Schneider), 1984;

Reichel: Anmerkung zum Urteil des SchweizBundG v. 28.10.1928, JW 1929, 469;

ders.: Die Schuldmitübernahme, 1909;

Reinicke: Bürgschaft und Gesamtschuld, NJW 1966, 2141;

Reinicke/Tiedtke: Kreditsicherung, 5. Auflage 2006;

dies.: Bürgschaftsrecht, 3. Auflage 2008;

RGRK: Das Bürgerliche Gesetzbuch mit besonderer Berücksichtigung der Rechtsprechung des Reichsgerichts und des Bundesgerichtshofs, Band II/2, 12. Auflage 1978, (zit. RGRK/*Bearbeiter*);

RGRK: Das Bürgerliche Gesetzbuch mit besonderer Berücksichtigung der Rechtsprechung des Reichsgerichts und des Bundesgerichtshofs, Band II/4, 12. Auflage 1978 (zit. RGRK/*Bearbeiter*);

RGRK: Das Bürgerliche Gesetzbuch mit besonderer Berücksichtigung der Rechtsprechung des Reichsgerichts und des Bundesgerichtshofs, Band III/3, 12. Auflage 1996 (zit. RGRK/*Bearbeiter*);

Rödl: Die Auswirkungen des Rechtsstreites zwischen Gläubiger und Hauptschuldner auf die Rechte des Gläubigers gegen den Bürgen, Dissertation Halle-Wittenberg, 2016;

Roth: Die Einrede des Bürgerlichen Rechts, 1988 (zugleich Habil.-Schr. München, 1986);

Rüthers/Fischer/Birk: Rechtstheorie, 11. Auflage 2020;

v. Savigny.: System des heutigen römischen Rechts, Band 1, 1840;

ders.: Vom Beruf unserer Zeit für Gesetzgebung und Rechtswissenschaft, 1814 (Neudruck 1997);

Schanbacher: Die verlorene Regreßhypothek: Regreßvereitelung bei der Gesamthypothek, WM 1998, 1806;

Schimansky/Bunte/Lwowski (Hrsg.): Bankrechtshandbuch, Band I, 5. Auflage 2017;

dies.: Bankrechtshandbuch, Band II, 5. Auflage 2017;

Schlechtriem: Ausgleich zwischen mehreren Sicherern fremder Schuld, in: Festschrift für Ernst Caemmerer (Hrsg. Ficker/König/Kreuzer/Leser/ v. Bieberstein/Schlechtriem), 1978, S. 1013 (zit. *Schlechtriem*, in: FS Caemmerer);

Schlosser: Grundzüge der neueren Privatrechtsgeschichte, 10. Auflage 2005 (zit. Privatrechtsgeschichte);

ders.: Neuere europäische Rechtsgeschichte, 3. Auflage 2017 (zit. Rechtsgeschichte);

Schmid: Die Mehrheit von Sicherungsgeber im deutschen und französischen Recht, Dissertation Hamburg, 2000;

Schmidt, Karsten: Ausgleich zwischen mehreren gleichrangingen Sicherungsgebern, Anm. zu BGH v. 29.06.1989 – IX ZR 175, 88, JuS 1990, 61;

Schmidt, Reimer: Die Obliegenheiten, 1953;

Schmitz: Der Ausgleich zwischen Bürgschaft und Schuldbeitritt, in: Festschrift für Franz Merz (Hrsg. Gerhardt/Henckel/Kilger/Kreft), 1992, S. 553 (zit. *Schmitz*, in: FS Merz);

Schöner/Stöber: (Hrsg. Riedel/Volmer/Wisch) Handbuch der Rechtspraxis, Band 4, Grundbuchrecht, 15. Auflage 2012;

Schubert (Hrsg.): Entwurf eines bürgerlichen Gesetzbuchs für das Großherzogthum Hessen, mit Motiven, Band 5 = Abteilung 4, I. Gesetzesentwurf (Nachdruck der Ausgabe 1853), 1986;

ders.: Entwurf eines bürgerlichen Gesetzbuchs für das Großherzogthum Hessen, mit Motiven, Band 5 = Abteilung 4, II. Motive (Nachdruck der Ausgabe 1853), 1986 (zit. Motive HessE);

ders.: Die Vorlagen der Redaktoren für die erste Kommission zur Ausarbeitung des Entwurfs eines Bürgerlichen Gesetzbuches, Recht der Schuldverhältnisse, Teil 3, Besonderer Teil II, 1980 (zit. Vorentwürfe SR III);

Schulze (Hrsg.): Nomos Handkommentar BGB, 10. Auflage 2017 (zit. HK-BGB/*Bearbeiter*);

Schürnbrand: Der Schuldbeitritt zwischen Gesamtschuld und Akzessorietät, 2003 (zugleich Dissertation Mainz, 2002) (zit. Schuldbeitritt);

Schwedhelm: Das Gesamtschuldverhältnis, 2003;

Selb: Handbuch des Schuldrechts, Band 5, Mehrheit von Gläubigern und Schuldnern, 1984;

Serick : Eigentumsvorbehalt und Sicherungsübertragung, Band I, 1963 (zit. Eigentumsvorbehalt I);

ders.: Eigentumsvorbehalt und Sicherungsübertragung, Band II, 1965 (zit. Eigentumsvorbehalt II);

ders.: Eigentumsvorbehalt und Sicherungsübertragung, Band III, 1970 (zit. Eigentumsvorbehalt III);

Siems: Fideiussores in frühmittelalterlichen Rechtstexten, in: Festschrift für Alfons Bürge (Hrsg. Babusiaux, Nobel, Platschek), 2017, S. 101 (zit. *Siems*, in: FS Bürge);

Simler: Cautionnement, 5e édition 2015;

Singer: Das Verbot widersprüchlichen Verhaltens, 1993 (zugleich Dissertation München, 1992);

Soergel: BGB (Kommentar), Band 11,2, Schuldrecht 9/2, §§ 759-779, 13. Auflage 2016 (Hrsg. Siebert) (zit. Soergel/*Bearbeiter*);

Soergel: BGB (Kommentar), Band 16, Sachenrecht 3, §§ 1018-1296, 13. Auflage 2001 (Hrsg. Siebert) (zit. Soergel/*Bearbeiter*);

Sohm: The Institutes of Roman Law, 1892;

Sonnenberger/Classen: Einführung in das französische Recht, 4. Auflage 2012;

Staub: Großkommentar HGB, Band 10/1, Bankvertragsrecht 1. Teil (Hrsg. Canaris), 5. Auflage 2015 (zit. *Bearbeiter*, in: Großkomm. HGB 10/1);

Staub: Großkommentar HGB, Band 10/2, Bankvertragsrecht Zahlungs- und Kreditgeschäft (Hrsg. Canaris), 5. Auflage 2015 (zit. *Bearbeiter*, in: Großkomm. HGB 10/2);

Staudinger (Begr.): Kommentar zum Bürgerlichen Gesetzbuch mit Einführungsgesetz und Nebengesetzen, §§ 241 – 243 (Treu und Glauben), Neubearbeitung 2019 (zit. Staudinger/*Bearbeiter*);

ders.: Kommentar zum Bürgerlichen Gesetzbuch mit Einführungsgesetz und Nebengesetzen, §§ 255 – 304 (Leistungsstörungsrecht I), Neubearbeitung 2009 (zit. Staudinger/*Bearbeiter*);

ders.: Kommentar zum Bürgerlichen Gesetzbuch mit Einführungsgesetz und Nebengesetzen, §§ 397 – 432 (Erlass, Abtretung, Schuldübernahme, Mehrheit von Schuldnern und Gläubigern), Neubearbeitung 2017 (zit. Staudinger/*Bearbeiter*);

ders.: Kommentar zum Bürgerlichen Gesetzbuch mit Einführungsgesetz und Nebengesetzen, §§ 765 – 778 (Bürgschaft), Neubearbeitung 2013 (zit. Staudinger/*Bearbeiter*, Neub. 2013);

ders.: Kommentar zum Bürgerlichen Gesetzbuch mit Einführungsgesetz und Nebengesetzen, §§ 765 – 778 (Bürgschaft), Neubearbeitung 2020 (zit. Staudinger/*Bearbeiter*);

ders.: Kommentar zum Bürgerlichen Gesetzbuch mit Einführungsgesetz und Nebengesetzen, §§ 812 – 822 (Ungerechtfertigte Bereicherung), Neubearbeitung 2007 (zit. Staudinger/*Bearbeiter*);

ders.: Kommentar zum Bürgerlichen Gesetzbuch mit Einführungsgesetz und Nebengesetzen, §§ 826 – 829, ProdHaftG (Unerlaubte Handlungen 2, Produkthaftung), Neubearbeitung 2018 (zit. Staudinger/*Bearbeiter*);

ders.: Kommentar zum Bürgerlichen Gesetzbuch mit Einführungsgesetz und Nebengesetzen, §§ 985 – 1011 (Eigentumsschutz und Eigentümer-Besitzer-Verhältnis), Neubearbeitung 2012 (Vorauflage, aktuell: Neubarbeitung 2019) (zit. Staudinger/*Bearbeiter*);

ders.: Kommentar zum Bürgerlichen Gesetzbuch mit Einführungsgesetz und Nebengesetzen, §§ 1353 – 1362 (Wirkungen der Ehe im Allgemeinen), Neubearbeitung 2018 (zit. Staudinger/*Bearbeiter*);

ders.: Kommentar zum Bürgerlichen Gesetzbuch mit Einführungsgesetz und Nebengesetzen, Eckpfeiler des Zivilrechts, 6. Auflage 2018;

Steinbach/Lang: Zum Gesamtschuldregreß im Verhältnis zwischen Personal- und Realsicherungsgeber, WM 1987, 1237;

Sternberg: Die Verteilung der Haftungslast bei mehrfacher Sicherung einer Forderung, in: Gruchot, 52. Jahrgang (1908), 545;

Stoll: Anmerkung zu BGH v. 27.06.1961 – VI ZR 205/60, FamRZ 1962, 64;

Straus: Der Schutz des Bürgen gegenüber dem Gläubiger, Dissertation Würzburg, 1912 (zit. Schutz des Bürgen);

Strohal: Zur Lehre vom Eintritt des Bürgen und des Drittverpfänders in die Rechte des befriedigten Gläubigers nach BGB, DJZ 1903, 373;

Stüven: Die Diligenzpflicht des Gläubigers gegenüber dem Bürgen, Dissertaton Hamburg, 1925;

Thelen/Thelen: Unsichere Sicherheit – AGB-Kontrollen und Direktkondiktionen bei der Bürgschaft, ZIP 2018, 901;

Tiedtke: Ausgleichsansprüche zwischen dem Eigentümer des mit einer Grundschuld belasteten Grundstücks und dem Bürgen, BB 1984, 19;

ders.: Die Rechtsprechung des Bundesgerichtshofs zum Bürgschaftsrecht seit 1980, ZIP 1986, 69;

ders.: Gesamtschuldklausel und Sicherungsklausel im Bürgschaftsrecht, JZ 1987, 491;

ders.: Ausgleichsansprüche zwischen dem Bürgen und dem Besteller einer Grundschuld, WM 1990, 1270;

ders.: Ausgleichsansprüche des Bürgen gegen andere Sicherungsgeber, DNotZ 1993, 291;

Vahldiek: Der Ausgleich zwischen mehreren Sicherungsgebern, Dissertation Erlangen, 1938;

Wacke: Der Erlaß oder Vergleich mit einem Gesamtschuldner, AcP 170 (1970), S. 42;

ders.: Auswirkung des Mithaftverzichts auf die dingliche Belastung eines anderen mitbelasteten Grundstücks, NJW 1969, 1850;

Wandt: Innenausgleich zwischen Gesamtschuldnern, in: Festschrift für Helmut Kollhosser, Band II (Hrsg. Bork/Hoeren/Pohlmann), 2004, S. 769 (zit. *Wandt*, in: FS Kollhosser II);

Watson: The Digest of Justinian, Volume 4 (Hrsg. Mommsen), 1985;

Weber, Christoph: Sicherheitenfreigabe und Regressbehinderung, WM 2001, 1229;

Weber, Hansjörg: Die Regreßansprüche zwischen Bürgen und Ausfallbürgen, BB 1971, 333;

Westermann/Gursky/ Eickmann: Sachenrecht, 8. Auflage 2011;

Wieacker: Zur rechtstheoretischen Präzisierung des § 242 BGB, 1956;

Wieling: Venire contra factum proprium und Verschulden gegen sich selbst, AcP 176 (1976), S. 334;

Williamson: The Economic Institutions of Capitalism, 1985;

Windscheid: Lehrbuch des Pandektenrechts, Band 2, 1. Auflage 1865 (Vorauflage; aktuell: 9. Auflage 1906) (zit. Pandekten);

ders.: Lehrbuch des Pandektenrechts, Band 2, 9. Auflage 1906 (zit. Pandekten, 9. Auflage);

Wolf/Neuner: Allgemeiner Teil des Bürgerlichen Rechts, 12. Auflage 2020;

Wolfsteiner: Die vollstreckbare Urkunde, 3. Auflage 2011;

Zimmermann: The Law of Obligations – Roman Foundations of the Civilian Tradition, 1990.

www.ingramcontent.com/pod-product-compliance
Ingram Content Group UK Ltd.
Pitfield, Milton Keynes, MK11 3LW, UK
UKHW021929290926
8980IPUK00016B/1526

9 783631 855638